D1987261

MARINE INTERN

Entwicklung und Fehlentwicklung der deutschen Marine 1888-1939

PAUL SIMSA

MARINE INTERN

MOTORBUCH VERLAG STUTTGART

Einband und Schutzumschlag: Siegfried Horn.

ZUR LITERATUR

Die zahlreichen wörtlichen Zitate im Text sollen als Illustrationen verstanden werden, Bilder aus der Zeit.
Der Wunsch des Verlages, die Darstellungen nicht mit Quellennachweisen beim jeweiligen Zitat und auch nicht mit Kennziffern oder Fußnoten zu belasten, entspricht der Auffassung des Autors, ein zur Diskussion anregendes Lesebuch mit historischen Impressionen zu liefern, kein Werk mit wissenschaftlicher Ambition.
Nahezu alle benutzten Schriften stehen in den privaten Bücherregalen des Autors. Wichtige Werke sind im Text erwähnt, wissenschaftlichen Interessenten werden die Herkunftsnachweise zu Zitaten auf Anfrage geliefert.

ISBN 3-87943-238-4

1. Auflage 1972.
Copyright © 1972 by Motorbuch Verlag, 7 Stuttgart 1, Postfach 1370. Eine Abteilung des Buch- und Verlagshauses Paul Pietsch GmbH & Co. KG. Sämtliche Rechte der Verbreitung – in jeglicher Form und Technik – sind vorbehalten.
Satz und Druck: H. Fink KG, Stuttgart.
Buchbinderische Verarbeitung: Verlagsbuchbinderei Fritz Wochner, Horb/Württ.
Printed in Germany.

INHALT

AN STELLE EINES VORWORTS

Wilhelm II. auf Nordlandfahrt, Stimmungsbild verfaßt von Fürst Philipp zu Eulenburg-Hertefeld, Freund und Fahrtgenosse des Kaisers. Die ›Hohenzollern‹ war ein 4460 Tonnen-Schiff mit 313 Mann Besatzung.

23. Juli 1898

Als wir die Lofoten verlassen hatten, spielte sich an Bord der ›Hohenzollern‹ folgendes kleines Lustspiel in einem Aufzug ab:
Personen der Handlung:
Der Kaiser.
Kapitän von Bodenhausen.
Erster Offizier von Grumme.
Ich.
Ort der Handlung: Auf Deck der ›Hohenzollern‹.

Das Schiff hat die Lofoten vor einigen Stunden verlassen. In der Ferne ist die Küste von Norwegen sichtbar. Auf Deck sitzt der Kaiser lesend in seinem Pavillon. Außer Kapitän von Bodenhausen und Erster Offizier von Grumme, die sich auf Deck im Dienstanzug aufhalten, ist niemand sichtbar. Ich komme von einem Vortrag bei dem Kaiser, eine Aktenmappe unter dem Arm, um einige sehr dringende dienstliche Depeschen nach Berlin aufzugeben.

Erste Szene.
Ich. Grumme.
Ich (zu Grumme tretend): Wo ist die nächste Telegraphenstation?
Grumme: Das weiß ich wirklich nicht
Ich: Ja, aber wohin fahren wir denn?
Grumme: Das weiß ich auch nicht.
Ich (sehr erregt, etwas erstaunt): Das wissen Sie als diensthabender Offizier nicht? Weiß es denn der Steuermann auch nicht?
Grumme: Ich werde den Kapitän fragen.
Ich: Also fragen wir den Kapitän, wohin wir fahren! (Ich gehe ärgerlich, von Grumme gefolgt, zu Bodenhausen.)

Zweite Szene.
Ich. Bodenhausen. Grumme.
Ich: Wohin fahren wir, Herr von Bodenhausen! Ich muß dringende Depeschen aufgeben.
Bodenhausen (verlegen): Das weiß ich wirklich nicht. Grumme, hat Seine Majestät nichts befohlen?
Grumme: Nein.
Ich (noch erstaunter als vorher): Ja — wir fahren doch, wie ich zu bemerken glaube, — aber wohin fahren wir denn?
Bodenhausen und Grumme (schweigen).
Ich: Nun — dann wird es mir wohl Seine Majestät sagen können! (Ich gehe schnell und ungeduldig zum Kaiser, der, in ein Buch vertieft, in seinem Rauchpavillon sitzt.)

Dritte Szene.
Der Kaiser. Ich.
Ich (schnell zum Kaiser tretend): Verzeihen Eure Majestät die Frage: Wohin fahren wir? — Die Depeschen nach Berlin sind dringend. Ich muß wissen, wo die nächste Telegraphenstation ist.
Der Kaiser: Wohin wir fahren? (Ruft) Bodenhausen!

Vierte Szene.
Die Vorigen. Bodenhausen.
Bodenhausen (den Degen haltend, die Finger an der Mütze, eilt herbei): Eure Majestät befehlen?
Der Kaiser: Bodenhausen — wohin fahren wir?
Ich (bin fassungslos erstaunt, zittere für den guten Bodenhausen, dessen Augen umherirren wie zwei sich jagende braune Schmetterlinge, während der köstlich lange (ach so wohlgepflegte!) Backenbart zu beben scheint).
Bodenhausen: Wir fahren — ja, Eure Majestät haben — wohl befohlen — wohl noch nicht befohlen? . . .
Der Kaiser (zerstreut an einem Bleistift kauend und in das anscheinend sehr interessante Buch blickend, schweigt).
Ich (für mich): Gottlob, er ist zerstreut.
Der Kaiser (aufblickend): Ja — ich denke, wir wollten zum Lyngenfjord fahren. Da ist ja doch wohl der Svartisen?
Bodenhausen: Zu befehlen, Majestät, da ist er.
Ich (für mich): Ich gehe die höchste Wette ein, daß Bodenhausen nicht weiß, wer der Svartisen ist.
Der Kaiser: Also zum Lyngenfjord? (Zu mir) Du wolltest die nächste Telegraphenstation wissen? (Aus der Zerstreutheit erwachend) Bodenhausen wir müssen zu der nächsten Telegraphenstation. Wo ist die?

Bodenhausen (salutiert): Ich werde sofort nachsehen. (Er eilt in das Kartenhaus, Grumme folgt ebenso eilig. Sie sind gerettet! Sie fahren nach Norwegen in den Lyngenfjord! Da wird sich finden, wer — oder was der Svartisen ist!)
(Der Vorhang fällt.)

Kritik
Nach einer Premiere pflegt eilig die Kritik einzusetzen. Ich überlegte, — während der Kapitän und Grumme in das Kartenhaus gestürzt waren, um den Lyngenfjord zu suchen, und sah den alten schweigsamen Lotsen, den Norweger Nordhaus, sah ihn schweigend, die Hände auf dem Rücken, ganz vorn am Bug stehen — er hing anscheinend seinen Gedanken nach. (Gern hätte ich gewußt, welche Gedanken das wohl gerade jetzt waren!)
Dort vorn sah ich auch unsern wohlbekannten, ernsten, festen deutschen Steuermann stehen, die Hand an der Kurbel — gedankenvoll wie der alte Nordhaus. Wohl weiß ich, daß man ihn nicht ansprechen darf (habe es doch gelegentlich im Laufe der Jahre getan). Ich trat zu ihm.
»Na«, sagte ich, »wohin geht die Fahrt des Kaisers? — Norden? Süden? Osten? Westen?«
»Nee«, sagte er gedehnt, »Ick fahre nur man so drauflos.«
Mit dieser klassischen Kritik der Fahrt des Kaisers sollte ich die meinige wohl lieber schließen. Aber ich kann mir doch nicht versagen, den ›Zustand‹, in dem sich das Haupt des Deutschen Reiches einen halben Tag bereits auf offenem Meere befand, ›sonderbar‹ zu finden.
Welche lächerliche Angstmeierei einerseits (denn weshalb fragte der brave Bodenhausen nicht vor der Abfahrt den Kaiser, wohin die Fahrt gehen soll? — und welche rührende ›Rücksicht‹ für die heilige Marine andererseits!

ÜBERBLICK ZUR VORGESCHICHTE:

Einst gab es Kurbrandenburgische Aktivitäten zur See, nur eine Episode in der Geschichte Preußens. In den Freiheitskriegen gegen Napoleon entstand der Gedanke an eine deutsche Reichsflotte. Sie blieb Utopie — bis Preußen 1848 vom Deutschen Bund, in dem Österreich den Ton angab, ersucht wurde, ›auf die Sicherung des deutschen Handels und der deutschen Schiffahrt Bedacht zu nehmen‹. Gegen die Dänen, die Schleswig-Holstein beanspruchten.
Die liberale Hoffnung auf ein neues deutsches Reich unter der schwarz-rot-goldenen Flagge scheiterte, als Friedrich Wilhelm IV. die Kaiserkrone ausschlug, die ihm die in der Frankfurter Paulskirche tagende Nationalversammlung anbot. Nur von den Fürsten wollte er sich krönen lassen. Preußen segelte auf eigenem Kurs. Die als Symbol der Reichseinheit gegründete Bundesflotte wurde 1852 liquidiert. Der Preußenprinz Adalbert, ein Landoffizier mit seemännischen Interessen, hatte als Fünfundzwanzigjähriger 1836 mit dem Programm eines englischen Seeoffiziers die Gründung einer preußischen Marine eingeleitet — zunächst erfolglos. 1849 wurde er Oberkommandierender der geringen Seestreitkräfte; er blieb es bis 1871. Im Ausland wurden Offiziere geworben. Die Tradition der preußischen Marine verzeichnet nur einige wenige Kampfhandlungen gegen die Dänen, die 1864 zu Land besiegt wurden, während die Armee durch den Sieg 1866 gegen Österreich und den Deutschen Bund die Wende zum preußisch-deutschen Kaiserreich einleitete. ›Seegeltung‹ errang Preußen nicht. Trotz mancher Bravourtat wurde die Marine geringgeschätzt. Und auch im Krieg gegen die Franzosen 1870/71 errang die Armee den Sieg; französische Seestreitkräfte hielten sich zurück, ihr Befehlshaber fürchtete Repressalien im Landkrieg. 1871 erhielt die Marine einen Landgeneral als Chef: Albrecht von Stosch brachte sie hart auf militärischen Vordermann, Matrosen wurden zu Soldaten. Eine neue Enttäuschung für die Marineoffiziere war der nächste Kommandowechsel 1883; wieder befahl der alte Kaiser Wilhelm I. einen Landgeneral an ihre Spitze: Graf Georg Leo von Caprivi.

Geld floß spärlich, aussichtslos nährten Marineoffiziere den Traum von einer starken Flotte, der Marine blieb in strategischen Planungen die untergeordnete Rolle einer Küstenverteidigungstruppe. Auslandskreuzer dienten üblicher Kanonenbootspolitik. England beherrschte die Meere. Die Mutter des späteren Kaisers Wilhelm II. war Tochter der Queen. Krieg zwischen England und Deutschland erschien als undenkbar. Spannungen ließen sich familiär oder diplomatisch lösen. Politische Sorgen galten dem Gleichgewicht der Kräfte auf dem Kontinent.

Als der alte Kaiser 1888 starb, war Friedrich III. unheilbar krank. Er regierte nur 99 Tage. Der neunundzwanzigjährige Prinz Wilhelm bestieg den Thron. Eine neue Aera begann — auch für die Marine.

MAJESTÄT WIRD ADMIRAL

„Muß sich denn der Mann immer in alle solche Dinge mischen"

Wilhelm II., Deutscher Kaiser und König von Preußen, geboren am 27. Januar 1859, folgte seinem Vater Friedrich III. in der Regierung am 15. Juni 1888. Vermählt am 27. Februar 1881 mit Auguste Victoria Friederike Luise Feodora Jenny, geboren 22. Oktober 1858, Schwester des Herzogs Ernst Günther zu Schleswig-Holstein.

Schloß Friedrichskron, den 15. Juni 1888:

An die Marine!

Ich mache der Marine mit tiefbewegtem Herzen bekannt, daß Mein geliebter Vater, Seine Majestät der Deutsche Kaiser und König von Preußen Friedrich III., heute vormittag 11 Uhr 5 Minuten sanft in dem Herrn entschlafen ist und daß Ich, an die Mir durch Gottes Willen bestimmte Stelle tretend, die Regierung der Mir angestammten Lande und somit auch den Oberbefehl über die Marine übernommen habe.
Es ist wahrlich eine tiefernste Zeit, in der Ich das erste Wort an die Marine richte.
Soeben erst sind die äußeren Trauerzeichen für Meinen unvergeßlichen teuren Großvater, den Kaiser Wilhelm I. abgelegt worden, der noch im vorigen Jahre bei Seiner Anwesenheit in Kiel Seine lebhafte Befriedigung und Anerkennung über die Entwicklung der Marine unter Seiner glorreichen Regierung in den wärmsten Worten aussprach — und schon senken sich die Flaggen wieder für Meinen vielgeliebten Vater, welcher so große Freude und so lebhaftes Interesse an dem Wachsen und den Fortschritten der Marine hatte.
Die Zeit ernster und wahrhafter Trauer stärkt und festigt aber den Sinn und die Herzen der Menschen, und so wollen wir — das Bild Meines Großvaters und Meines Vaters treu im Herzen haltend — getrost in die Zukunft sehen.
Die Marine weiß, daß es Mich nicht nur mit großer Freude erfüllt hat, ihr durch ein äußeres Band anzugehören, sondern daß Mich seit frühester Jugend in voller Übereinstimmung mit Meinem lieben

Bruder, dem Prinzen Heinrich von Preußen, ein lebhaftes und warmes Interesse mit ihr verbindet.

Ich habe den hohen Sinn für Ehre und für treue Pflichterfüllung kennengelernt, der in der Marine lebt. Ich weiß, daß jeder bereit ist, mit seinem Leben freudig für die Ehre der deutschen Flagge einzustehen, wo es immer sei. Und so kann Ich es in dieser ernsten Stunde mit voller Zuversicht aussprechen, daß wir fest und sicher zusammenstehen werden in guten und bösen Tagen, im Sturm wie im Sonnenschein, immer eingedenk des Ruhmes des deutschen Vaterlandes und immer bereit, das Herzblut für die Ehre der deutschen Flagge zu geben.

Bei solchem Streben wird Gottes Segen mit uns sein.

Wilhelm

Ein Admiral erinnert sich:

Wenige Wochen nach der Thronbesteigung, Anfang Juli, schiffte sich der Kaiser in Kiel an Bord der schleunigst in Dienst gestellten Jacht ›Hohenzollern‹ ein... Ein Zug freudiger Hoffnung ging durch unsere Reihen, als der Kaiser auf der Bahnhofstreppe sichtbar wurde. Das hatte niemand erwartet. Bisher hatte noch kein preußischer König oder deutscher Kaiser Seeoffiziersuniform getragen . . . Die Marine empfand mit stolzer Hoffnung, daß sie einer neuen Zukunft entgegenging.

Wilhelm wollte nicht nur den nominellen Oberbefehl über die Marine führen.

Die Reichsverfassung hatte die militärische Kommandogewalt ausdrücklich dem Monarchen übertragen. Der junge Kaiser suchte diese durch ein besonders zu begründendes Marinekabinett auszuüben; wie sein Großvater das Militärkabinett eingerichtet hatte, so wollte er es bezüglich der Marine tun und die monarchische Gewalt auf diesem zukunftweisenden Gebiet verstärken.

Er hatte Admiralsuniform angelegt.

Durch Allerhöchste Kabinettsorder vom 28. März wurde das Kaiserliche Marinekabinett gebildet und der Flügeladjutant, Kapitän z. S. Freiherr v. Senden-Bibran, zum Chef desselben ernannt.

Wie ernst nahm er sich als Admiral? – Graf Eulenburg notierte in seinem Tagebuch an Bord der ›Hohenzollern‹ am 17. Juli 1889:

Ein Telegramm hatte die Nachricht gebracht, daß die Königin von England den Kaiser bei dem bevorstehenden Besuch in London zum Großadmiral der englischen Flotte mit dem Rang eines Feld-

marschalls ernennen wird . . . Der Kaiser freut sich wie ein Kind über seine neue Würde und sagte mir, daß er diese Auszeichnung nicht als leere Form ansähe, sondern es sich zur Aufgabe stellen werde, die englische Flotte völlig zu reorganisieren, um bündnisfähige Freunde zu haben.

Graf Waldersee in seinem Tagebuch am 28. 1. 1891:

Er will sein eigener Chef des Generalstabes sein. Gott schütze das Vaterland!

Was kannte er vom Seewesen, als er mit der Regierung auch das Oberkommando übernahm und auszuüben gedachte?

Schon in seiner Jugend hatte der Kaiser große Begeisterung für alle Fragen der See und damit der Marine empfunden.

Das erste Schiff, auf dem er schaukelte, war eine Schaukel in Schiffsform; er war zwei Jahre alt, 1861:

Eine zierlich gegitterte Reling umrahmt den Schiffskörper, in dessen Achterteil das Prinzlein auf einem Bänkchen wie in einem Boot sitzt. Beim Vor- und Zurückbiegen des Oberkörpers konnte das Schaukelschiffchen den künftigen Kaiser auf die Seefahrten vorbereiten, vielleicht auch seefest gegen die Seekrankheit machen.

Letzteres gelang nicht recht; er hat einige Sturmfahrten mitgemacht, war aber nicht besonders seefest. Beispiel 1889:

. . . begann eine leise Bewegung des Schiffes, die sich während der Fahrt durch das Kattegat und Skagerrak stetig steigerte. Das Diner um 4 Uhr war infolgedessen höchst ungemütlich. Auch der Kaiser dankte für die meisten Gerichte, und die Unterhaltung war matt.

Noch matter:

Um 1 Uhr waren wir in das Eismeer gekommen, und es entstand eine heftige Bewegung des Schiffes . . . Der arme Kaiser hatte sich heftig im Bett übergeben.

Nordlandfahrt 1897:

Der Kaiser sagte mir: »Unter keinen Umständen fahre ich zu den bestimmten Stunden . . . ab, wenn draußen ein Wetter steht. Eine solche Nacht wie im vergangenen Jahre will ich auf einer Vergnügungsreise nicht mehr haben! Wir gehen einfach vor Anker und warten das ›Gute‹ ab . . .« Kapitän Bodenhausen strich sich, maritime Gedanken hinunterschluckend, den langen Bart . . .

Die Erziehung des späteren Kaisers begann fortschrittlich:

Wilhelms Vater, Friedrich Wilhelm, als Kaiser Friedrich III., vereinigte mit den strengen Erziehungsgrundsätzen seines Hauses die gemilderte Demokratie eines fürstlichen Liberalen. Die junge Mutter, (Victoria Adelaide Marie Luise, Vicky genannt, Tochter der Königin Victoria von England) damals erst achtzehn Jahre alt, hatte aus ihrer früheren ›überlegenen Umwelt‹ am englischen Hofe die neuesten hygienischen Ideen und ihres Vaters (des Prinzgemahls) Gedanken über Erziehung mitgebracht.

Sommersitz und Winterferienaufenthalt der Familie war das Gut Bornstedt bei Potsdam:

... die Kinder, die keine verderblichen Ideen über Rang und Kaste in sich aufnehmen sollten, jagten sich mit den Dorfkindern, planschten und liefen im Winter Schlittschuh auf dem Dorfteich.

Wilhelm wurde ›Fritz‹ gerufen, er hieß mit allen Namen Friedrich Wilhelm Victor Albert. Erst bei der Großjährigkeitserklärung, der Einberufung zu den kapitelfähigen Rittern des hohen Ordens vom Schwarzen Adler, wurde er Prinz Wilhelm von Preußen.

Als er acht Jahre alt war, ging die Erziehung von Fräulein von Dobeneck an den Theologen Dr. Hinzpeter über; damit

kam ein bewußt deutscher Zug in die Erziehung des künftigen Kaisers.

Der Kaiser hat des öfteren über die unerbittliche Härte dieser Erziehung berichtet, aber die Schwester seines Jugendfreundes v. Bunsen schreibt über Hinzpeter:

Nein, von byzantinischer Unterwürfigkeit war wirklich nicht die den. Von dieser verlautete auch später nichts; wenigstens empfing die Umgebung (bei Überlebenden habe ich mich erkundigt) keineswegs diesen Eindruck.

Und:

Oft frug ich mich, ob in der Erziehung dieses verwickelten, widerspruchsvollen Menschen vieles versäumt worden sei. Trotz gewissenhafter Bemühungen, redlichen Strebens mag Hinzpeter vieles auf dem Gewissen haben. Die mangelhafte gesellschaftliche Schulung war nicht von einschneidender Bedeutung, schlimm war das durch ihn verschuldete schlechte Verhältnis zu seinen Eltern. »Dr. Hinzpeter,« sagte meinem Vater und mir Frau von Stockmar, »hat in bewußter Weise das Ansehen der Eltern beim Sohn untergraben, hat deren Ansichten verspottet, hat ihnen Unwahrhaftigkeit und Phrasenhaftigkeit unterlegt. Mehrere Male warnte mein Mann die Kronprinzessin Friedrich, sie sagte jedoch: ›Das ist möglich, ich habe es ein paarmal schon vermutet, aber ich bringe das Opfer. Denn Hinzpeter ist der einzige, der es versteht, Wilhelm zur Konzentration zu zwingen und ihn anzuspornen.‹ Das ist so ganz die Kaiserin Friedrich! Intellektuell richtig, trotzdem vollkommen verkehrt.«

Fritz lernte das Schwimmen in der kronprinzlichen Badeanstalt beim Forsthaus Geisberg an der Purschheide. Zusammen mit seinem Bruder Heinrich, drei Jahre jünger. Sie ruderten auch gern und viel. Zwar:

Fritz ruderte mit einem Arm. Erst am dritten Tag nach der Geburt hatte man bemerkt, daß der linke Arm gelähmt war, durch eine schwere Zerstörung des Schultergelenks und der Oberarmmuskeln bei der Geburtshilfe: Versuche zur Heilung mißlangen, der Arm blieb im Wachstum zurück, die Hand unbrauchbar. Doch der rechte Arm und der Körper wurden gestählt und abgehärtet, die Muskeln wurden gekräftigt. Die recht einfachen Ruderboote lagen am Jungfersee bei der Matrosenstation, die im Sommer gewöhnlich mit sechs auserlesenen, echten Matrosen unter Leitung eines Oberbootsmannsmaaten besetzt war, um die Boote und Lustfahrzeuge der Potsdamer Schloßverwaltung instand zu halten.

Das dekorativste Lustfahrzeug:

Im Jahre 1832 hatte König Georg IV. von England dem König Friedrich Wilhelm III. für den Segelsport auf den Havelseen eine reizende Miniaturfregatte, die ›Royal Louise‹, mit allem Zubehör geschenkt; die Größe des Fahrzeugs entspricht etwa einer Segeljacht von 20 Tonnen Wasserverdrängung, aber die dreimastige Vollschiffstakelung mit Bugspriet und Klüverbaum, mit allen Rahsegeln bis zum Oberbramsegel hinauf genau im Zuschnitt der leichten Segelfregatten jener Zeit gehalten.

Wilhelm selbst erinnerte sich:

Ein halbes Dutzend Matrosen machte zu meiner Zeit die Besatzung aus. Einige kleine Modellkanonen dienten Heinrich und mir zum Feuern von Saluten. Ich bin nach meinem Regierungsantritt häufig mit den in Berlin anwesenden Admiralen auf der ›Royal Louise‹ gesegelt, wobei die Stationen von diesen besetzt wurden (sehr zum Gaudium der Matrosen!) und das Kommando meistens Admiral Hollmann führte.

Die Admirale beim Seemannsspiel zum Gaudium der Matrosen zu beschäftigen, machte Wilhelm Spaß. So beim ›Turnen‹ der Gäste auf der ›Hohenzollern‹, dem Frühsport, bei dem es den Kaiser erfreute,

die Herren des Gefolges mit Einschluß des ältesten Generaladjutanten auf Deck Freiübungen und Turnen ausführen zu lassen und sie dabei gelegentlich während der großen Kniebeuge oder Hocke anzustoßen, damit sie umfielen . . . Die alten Knaben tun dann so, als ob diese Auszeichnung ihnen eine besondere Freude macht, ballen aber die Faust in der Tasche und schimpfen nachher unter sich über den Kaiser wie alte Weiber.

1908 notierte der Hofmarschall über den 48 Jahre alten Kaiser:

Er ist ein Kind und wird es immer bleiben. Aber ein Kind mit einer Machtfülle, die alles erschwert, wenn nicht unmöglich macht. Wehe dir Land, dessen König ein Kind ist.

Der zielbewußte Tirpitz (Wahlspruch: ›Ziel erkannt, Kraft gespannt.‹), der dem Reichstag mit dem Flottengesetz von 1898 einen ersten Blankoscheck für den Aufbau einer starken Schlachtflotte abgewann, mußte Wilhelms Selbsteinschätzung ausnutzen. Ein Kompetenzkampf zwischen Tirpitz als Staatssekretär des Reichsmarineamtes und dem Admiral Knorr als Chef des Oberkommandos wurde durch Stärkung der kaiserlichen Kommandogewalt und damit Stärkung der kaiserlichen Kommando-Illusion beendet. Allerhöchste Order vom 14. März 1899:

Nachdem ich Mich entschlossen habe, den Oberbefehl über Meine Marine ebenso wie über Meine Armee selbst zu führen, erachte Ich es nicht für zweckmäßig, wenn zwischen Mir und den einzelnen Befehlshabern eine zentrale Kommandobehörde steht, die lediglich Meine Befehle zu übermitteln haben würde. Ich bestimme daher: 1. Die Behörde ›Oberkommando der Marine‹ kommt in Fortfall... - Und so weiter...

Der Kaiser war laut Reichsverfassung ›Chef der Marine‹, nach eigener Entscheidung in Uniform eines Großadmirals, von seiner Großmutter zum britischen Großadmiral ernannt, passioniert in Marinefragen, aktiv bis ins Detail, da wollte Bescheidung nicht gedeihen. Während er selbst für sich höchste Autorität beanspruchte, auch in Sachfragen, obwohl er nach Hinzpeters sarkastischem Urteil

... unfähig wäre, das kleinste Schiff von Kiel nach Eckernförde zu führen ...

war er um so kritischer gegen andere. Admiral von Müller, Chef des Marinekabinetts 1906—1918, Flügeladjutant schon seit 1904, vertraute seinen nicht zur Veröffentlichung bestimmten Aufzeichnungen an:

Geradezu eine Tragikomödie war die Erlangung der Großadmiralswürde für Tirpitz, eine Auszeichnung, die er, abgesehen davon, daß er ›dran‹ war, wohl verdiente und für die ich mich besonders eingesetzt habe.
Ich schnitt das Thema am 14. Januar 1911 in Hubertusstock beim Vortrage an. Der Kaiser lehnte ab, weil Tirpitz auf dem Wasser nicht geführt hatte. Dabei war er doch, wenn auch nicht lange Zeit,

Chef des Kreuzergeschwaders gewesen. Ich kam immer wieder auf den Vorschlag zurück. Schließlich, am 20. Januar, legte ich eine ausführliche Denkschrift darüber vor, erhielt sie aber mit ebenso ausführlicher Darlegung zurück. Am nächsten Tage, nach dem Vortrage, machte ich eine Eintragung in mein Tagebuch: »Fall Tirpitz hoffnungslos, Kaiser erkannte aber an, daß ich mit meiner Meinung nicht zurückgehalten habe.«

Endlich am 24. Januar letzter und erfolgreicher Vorstoß. Tirpitz sollte zu Kaisers Geburtstag am 27. Januar Rang und Titel als Großadmiral erhalten, als äußeres Zeichen hierfür vier Sterne in das Epaulett. Diesem schweren Zugeständnis folgte eine längere Ausführung des Kaisers über die Person von Tirpitz. Das Tagebuch sagt hierüber: »Im ganzen sehr richtiges Urteil. Will nicht andere Stellen zu Worte kommen lassen und hält immer irgendeine Reserve zurück, so daß es schwer wird, seine eigentliche Ansicht zu ergründen.«

Doch wessen Ansicht konnte der Kaiser überhaupt ergründen? Bülow sagte zum Beispiel über Hinzpeter:

Unsympathisch war an Hinzpeter, daß er hinter dem Rücken des Kaisers oft recht bissig über ihn sprach, ihm selbst aber gleichzeitig Briefe schrieb, die an Kriecherei ihresgleichen suchten.

Graf Robert Zedlitz-Trützschler in seinen Erinnerungen als Hofmarschall:

Häufig hatte ich Gelegenheit, den Reichskanzler Grafen Bülow im allerkleinsten Kreise, besonders im Neuen Palais zu beobachten. Er ist unzweifelhaft eine ungewöhnlich interessante Erscheinung. Mit großer persönlicher Liebenswürdigkeit, Sicherheit und Geschmeidigkeit verbindet er das Talent eines der gewandtesten Causeurs, die ich je gesehen habe. Eigentümlich aber war es, daß, trotz dieser fesselnden und häufig geradezu hinreißenden Begabungen, bei denen man das Gefühl haben konnte, ›endlich einmal ein Mann, der über der Schwüle und dem Druck der Atmosphäre steht,‹ Augenblicke kamen, in denen das Vertrauen in die Sicherheit seiner Persönlichkeit völlig zerstört wurde. Die unendlich geschickte Art, von einer ausgesprochenen Ansicht, die nicht ganz den Beifall des Kaisers fand — der weniger aufmerksame Beobachter hätte dies kaum wahrgenommen — zu der Auffassung von Seiner Majestät hinüberzugleiten, konnte Bewunderung, aber auch Mißtrauen erregen. Es gab jedoch auch Momente, in denen es selbst diesem Meister der Causerie passierte, daß er sich in seinen Äußerungen zu weit vorgewagt hatte, ein durchdringender Blick des Kaisers traf ihn, und bald oder sofort folgte eine scharfe Unterbrechung, in der Seine Majestät brüsk, keinen Zweifel und keinen

Widerspruch duldende Ansichten aussprach. Sowie dieser Blick sichtbar und dieser Ton hörbar ward, begann der Vielgewandte devot zu schweigen, um sich dann später unauffällig wieder in das Gespräch einzufädeln.

In solchen Augenblicken trat die außerordentliche Begabung des Kaisers, gepaart mit einem ungewöhnlichen Willen, ganz besonders hervor. Seine tatsächliche Macht war eigentlich eine ganz unbegrenzte, dadurch entwickelte sie sich nach und nach zu einem rein persönlichen und willkürlichen Regiment.

Anfangs wurde die Tendenz zum persönlichen Regime begrüßt, sogar von kritischen Betrachtern. Freifrau von Spitzemberg in ihrem Tagebuch am 19. August 1888, kurz nach Wilhelms Regierungsantritt:

Ja, der junge Kaiser hetzt seine Leute schön herum, besonders die Militärs, und die Zugluft, die gegenwärtig in Berlin weht, mag manchem gefährlicher dünken als ein Feldzug! Auf das greisenhafte Tempo des alten Kaisers folgt nun unvermittelt das eines ungestümen, tatendurstigen und tatkräftigen jungen Mannes — man hat seine Freude daran, und das Aufräumen tat der Armee not.

Doch schon ein Vorbehalt:

Aber stände nicht als letzter der Helden der großen Zeit unser Kanzler hinter dem jungen Draufgeher, es könnte einem ab und zu bange werden vor dem Übereifer, der allzu scharf dareinfährt.

Nur eineinhalb Jahre lang, bis zum 20. März 1890, stand der alte Kanzler Bismarck hinter dem jungen Draufgeher, der nun das Ruder unbehindert in die Hand nahm und sich hart gab:

. . . den ewigen mißvergnügten Anspielungen über den neuen Kurs und seine Männer erwidere ich ruhig und bestimmt: ›Mein Kurs ist der richtige, und er wird weiter gesteuert!‹

So sagte er am 24. Februar 1892. Und zwei Jahre später, am 22. September 1894:

Ich kann auch sehr unangenehm sein und werde es, wenn erforderlich, auch werden.

Wie er unangenehm werden konnte, notierte Hofmarschall Graf Robert Zedlitz-Trützschler 1904:

Am Mittwoch, den 21. November, entstand auf dem »Kaiser Wilhelm II.«, auf dem der Kaiser während der Anwesenheit in Kiel wohnte, eine gewisse Aufregung. Der Kaiser hatte bei Besichtigung der Werft einige dort aufbewahrte Deckwinker-Holzgestelle bemerkt. Dabei war ihm aufgefallen, daß er diese Deckwinker zwar seinerzeit in der Marine eingeführt, sie aber schon lange auf den Schiffen gar nicht mehr in Gebrauch gesehen hatte.

Bei der Mittagstafel sprach er von diesen Deckwinkern und äußerte, er wolle nicht hoffen, daß das Interesse für diese Einrichtung nachgelassen habe. In vorsichtiger Weise versuchten die Admirale v. Köster, Tirpitz, Senden, Büchsel usw. darzutun, daß sich im Gebrauch der Deckwinker nicht unerhebliche Nachteile gezeigt hätten und hierdurch ihre Anwendung etwas nachgelassen habe. (In Wirklichkeit waren sie alle außer Gebrauch und lagerten einfach auf der Werft.) Die Möglichkeit der Verständigung mit anderen Schiffen, so etwa äußerten sich die Admirale, sei auf andere Art einfacher und sicherer herzustellen, auch hinderten sie in nicht unerheblicher Weise für den auf der Kommandobrücke befindlichen Offizier die Fernsicht, und schließlich machten sie ein derartiges Geräusch, daß der wachthabende Offizier bei Nebel das Nebelhorn eines anderen Schiffes nicht rechtzeitig hören könne und dadurch die ernsteste Gefahr einer Kollision nicht ausgeschlossen erscheine. Der Kaiser äußerte diesen Bedenken gegenüber, er habe die Deckwinker seinerzeit eingeführt und wünsche sie daher auch wieder auf den Schiffen in Gebrauch zu sehen. Jedermann verstand, daß zunächst die Angelegenheit erledigt sei. Nach Tisch aber, beim Herumgehen an Bord, machte sich die innere Erregung der Admirale geltend, und sie begannen unter sich über die Angelegenheit zu sprechen und besonders die Frage zu diskutieren, ob sich nicht nach irgendeiner Richtung der Befehl Seiner Majestät doch etwas mildern ließe oder nicht mit der Zeit Aussicht auf eine Einschränkung des Befehls vorhanden sei. Der Kaiser bemerkte das Diskutieren und hatte wohl auch etwas mitgehört. Kurz, er ging plötzlich an die Admirale heran und fragte in sehr lautem und heftigem Ton: »Wie kommen Sie zu diesen Erörterungen? Werden in Meiner Marine Meine Befehle noch befolgt oder nicht?« Bestürzung und Stillschweigen. Am Abend zur Tafel aber hatte Admiral v. Köster bereits die Meldung, daß auf allen Schiffen der Flotte die Deckwinker wieder angebracht seien.
In Marineangelegenheiten befindet sich Prinz Heinrich häufig in einem Gegensatz zum Kaiser. An diesem Tage soll er zu einigen Seeoffizieren geäußert haben: »Muß sich denn der Mann immer in alle solche Dinge mischen?«

Aber er sagte es nicht zum Kaiser, und des Kaisers Geist durchwirkte auch die Marine.

Die Marine bekam 1888 den Kaiser auch als ungelernten Schiffbau-Gesellen. Dazu Tirpitz:

Kaiser Wilhelm II. hatte schon als Prinz Schiffstypen skizziert und, da er nicht an die Admiralität herankam, sich für diese Lieblingsbeschäftigung einen Schiffsbauer aus der Front geholt.

Sofort nach der Thronbesteigung befahl er den Chef der Konstruktionsabteilung zur Beratung zu sich. Diese Umgehung des Ministers war altpreußischen Begriffen ungewohnt und gab Caprivi den formellen Anstoß, den Abschied einzureichen. Caprivi schrieb mir, seine Person würde dem Kaiser auf die Dauer nicht genügen; der Kaiser liebte ihn nicht und hat ihn später nur darum zum Reichskanzler gemacht, weil man glaubte, gegen die Bismarck'sche Fronde eines starken Mannes zu bedürfen. Der tiefste Grund für Caprivis Abgang war indes, daß der Kaiser die Gewalten der Admiralität teilen wollte, um persönlich besser eingreifen zu können.

Daß Wilhelm sich zur Mitsprache berufen fühlte, beruhte auf Studien, die er seit seiner Jugend mit Eifer betrieben hatte. 1880, mit einundzwanzig Jahren, hat er in einem seiner Reiseberichte an seinen Großvater, Kaiser Wilhelm I., eine Beschreibung über den Besuch der Forts und Docks in Portsmouth und die Besichtigung der Panzerschiffe »Inflexible« und »Dreadnought« geliefert, die einem Fachjournalisten keine Unehre gemacht hätte. Selbstkritik lernte er nicht.

Immer wieder wollte Wilhelm beim Schiffbau mitspielen. Dazu Tirpitz:

Unter den Fragen, für welche der Kaiser Anregungen gab, und das waren freilich sehr viele, ragten technische Konstruktionen hervor, Gebäude, Küstenforts, vor allem aber Schiffe selbst. Die Fragen des Hineinpassens ins Ganze und des Geldes traten dann leicht zurück . . . Er entwarf mit großem Talent und Eifer Skizzen von Schiffen, ließ sie vervielfältigen und verschenkte sie reichlich, wie bekannt auch dem Reichstag, der sie mit geteilten Empfindungen entgegennahm . . .

Als Wilhelm auf den Thron kam, war der Entwurf für die vier Panzerschiffe der »Brandenburg«-Klasse in Arbeit. Auf Initiative des Kaisers wurde ein dritter 28 cm-Zwillingsturm (aus Raumgründen mit etwas kürzeren Rohren) eingefügt. Eine waffentechnisch fortschrittliche Entscheidung, die spätere Entwicklungen um anderthalb Jahrzehnte vorwegnahm: die »Dreadnought«-Idee, Vermehrung der schweren Artillerie auf Kosten der leichten statt des üblichen Sortiments verschiedenster Kaliber. Der kaiserliche Dilettant sah klarer als die Fachleute, die sich aber bei den Nachfolgeklassen durchsetzten.

Stilistisch hatte Wilhelm keinen guten Blick. Nach anfangs britischem Einfluß mit klaren Linien folgten die deutschen Kriegsschiffbauer bis an die Jahrhundertwende dem französischen Stil mit kühnen Bugformen, geschwungenen Bordwänden, getürmten Ausbuchtungen. Seine »Hohenzollern« hat Wilhelm besonders schnittig gestalten wollen, ebenfalls im französischen Imponierstil. Doch sie mißlang; ein Admiral meinte, sie sehe aus »wie ein ins Wasser gefallener Omnibus«. Tirpitz mußte den gekrönten Amateur mit Vorsicht behandeln:

Das Reichsmarineamt hatte neben seiner übergroßen Arbeit noch häufig die Pflicht, Vorkonstruktionen auszuarbeiten für Entwürfe des Kaisers, die häufig an inneren Widersprüchen litten. In den letzten Jahren vor dem Krieg war dem Kaiser zum Beispiel bekanntgeworden, in wie hohem Grade die verbesserte Schießleistung auf See und die großen Schießweiten moderner Geschütze es den Torpedobooten erschwerten, in der Tagschlacht an den Feind heranzukommen. Er begeisterte sich nun für ein Idealschiff, welches schwer gepanzert, schnell und mit vielen Torpedorohren armiert wäre, um den Torpedobooten ihre Aufgabe abzunehmen. Abgesehen davon, daß Schnelligkeit und schwere Panzerung bei einem großen Schiff in starkem Wettbewerb stehen, hätte die unter Wasser anzulegende Torpedoarmierung die Maschinen- und Kesselräume größtenteils weggenommen. Die Konstruktionsbedingungen fraßen sich gegenseitig auf. Wir machten uns dem erhaltenen Befehl gemäß an die Arbeit, und bei der Unmöglichkeit eines brauchbaren Ergebnisses entstand in der Behörde für dieses Projekt der Name Homunculus. Als ich dann in Rominten (Jagdrevier des Kaisers in Ostpreußen, Rominter Heide) *Gelegenheit hatte, die Entwürfe vorzulegen und zu erläutern, verzichtete der Kaiser auf seinen Gedanken und nahm meine Begründung an. Ich erhielt zur Belohnung die Erlaubnis, einen Hirsch zu schießen, so daß ich die Klärung der Atmosphäre meinem sorgenvoll in Berlin sitzenden Chef der Zentralabteilung mit den Worten melden konnte: »Hirsch und Homunculus tot.«*

FÜR DIE MARINE BEGEISTERT

„Schon ein sehr scharfsinniges und fachkundiges Urteil"

Von 1874 bis 1877, mit 15-18 Jahren, hatte der künftige Kaiser das Gymnasium in Kassel besucht. Aus seinen Erinnerungen:

Vornehmlich alles, was die See betraf, fand mein brennendes Interesse. Die englischen Marinebücher, die Königin Victoria meinem zur Seefahrt bestimmten Bruder zum Geburtstage und zu Weihnachten schenkte, habe ich immer zuerst gelesen. In meiner Gymnasiumzeit kam auch gerade das schon erwähnte Buch von Admiral Werner über die deutsche Flotte heraus; dieses hat mich in Kassel nie verlassen, ich habe, wie erwähnt, auch meinen Kameraden oft daraus vorgelesen, um meine Begeisterung auf sie zu übertragen und konnte es schließlich auswendig.

Wilhelm war etwa zehn Jahre alt, als die tiefere Marinepassion begann. Der abgedankte Kaiser erinnert sich des nachhaltigen Erlebnisses so:

Am Ende unseres Aufenthaltes in Norderney machten wir mit dem Raddampfer ›Roland‹ eine stürmische Fahrt nach dem als Kriegshafen im Juni eingeweihten Wilhelmshaven, wo ich zum erstenmal im Leben deutsche Panzerschiffe gesehen habe. Als wir auf der Reede ankamen, stand ich vorn am Bug des ›Roland‹ und sah mit klopfendem Herzen allmählich die riesige himmelhohe Takelage und dann den Rumpf des vordersten Schiffes auftauchen, von dem mir ein Matrose sagte, es sei die ›Königin Wilhelm‹! Bald darauf kamen auch die hinter ihm liegenden Schiffe ›Kronprinz‹ und ›Friedrich Karl‹ in Sicht. Je näher wir kamen, desto gewaltiger war der Eindruck den der ›König Wilhelm‹, damals wohl das größte Panzerschiff, auf mich machte. Schwer ruhte der gepanzerte Leib des Kolosses, aus dessen Batterie-Pforten eine Reihe von 21 cm-Kanonen drohend blickten, auf dem Wasser. Als wir neben ihm geankert hatten, bestaunte ich sprachlos dieses gewaltige, uns weit überragende Schiff. Plötzlich ertönten schrille Pfiffe von ihm herüber, und augenblicks enterten Hunderte von Matrosen die himmelanstrebende Takelage empor und legten auf den Rahen aus. Drei Hurras begrüßten meinen Vater, als wir *hinüber gerudert wurden, während uns auf dem geräumigen Deck Admiral Jachmann, der Sieger von Jasmund*, empfing.*

Der Rundgang auf dem Schiff, dessen Besatzung damals gegen tausend Mann betrug, enthüllte mir eine ganz neue Welt . . . Was das wohl für eine Freude wäre, war mein Gedanke, ein solches Schiff kommandieren zu können!

Wilhelm, damals noch Fritz genannt, reiste mit den Eltern oder mit dem Erzieher.

> 1870: *Ein Besuch des herrlichen, landschaftlich schönen Kriegshafens Toulon vermittelte uns auch einen lehrreichen Eindruck in die französische Marine . . .*
>
> 1871: *Im Jahre 1871 machte ich wiederum mit meinen Eltern und Geschwistern eine Reise nach England. Die erste Zeit brachten wir in London zu, die letzte auf der Insel Wight. Da ich großes Interesse für Seeschiffe und Seewesen überhaupt hatte, so fuhr ich öfters nach dem gegenüberliegenden großen Kriegshafen Portsmouth und sah dort die Schiffe alter und neuerer Konstruktion nebst den Werften und Werkstätten. Ich war auch auf dem Linienschiff ›Victory‹, welches der große Seeheld Nelson in der Schlacht von Trafalgar kommandierte, und auf welchem er den rühmlichen Tod fürs Vaterland starb. Überhaupt versuchte ich, soviel als ich nur konnte, meine Kenntnisse in bezug auf Flottenwesen zu bereichern; einmal auch war ich in dem noch viel größeren und* berühmteren Hafen Plymouth.

Das schrieb er in seinem »Lebenslauf«, den er 1876 vor dem Abitur vorzulegen hatte. Weiter auch

> 1872: *Im Sommer des Jahres 1872 reiste ich mit meinen Geschwistern ohne unsere Eltern nach dem Seebad Wyk auf Föhr. Hier feierte mein Bruder Heinrich seinen zehnten Geburtstag, an welchem er in die Marine eintrat.*

Das war eine formelle Einstellung, Dienstantritt erst 1877.

Wilhelm in seinen Erinnerungen:

> *Kurze Zeit nach dem erwähnten Geburtstagsfeste Heinrichs machten wir eine Fahrt auf dem Kanonenboot ›Blitz‹ mit. Sein Kommandant, Kapitänleutnant Glomsda von Buchholtz, zeigte uns unter anderem das große schwere Geschütz, das in der Mitte des Kanonenboots stand, und führte uns dann nach dem Bug, wo zwei leichtere ältere Bronzegeschütze standen, da wir Jungens gern das Geschütz*

---

* Jasmund: Gefecht gegen das dänische Blockadegeschwader bei Jasmund, Insel Rügen, 17. März 1864; von der preußischen Marine-Fregatte ›Arcona‹, Glattdeckskorvette ›Nymphe‹ und Aviso ›Loreley‹ in Auffangposition dazu Kanonenboote, gegen das Linienschiff ›Skjold‹, die Fregatte ›Sjaelland‹, die Korvette ›Heimdal‹ und ›Thor‹. Gefecht militärisch unentschieden, moralisch für die preußische Marine ein Erfolg: »In großen Teilen des deutschen Volkes, auch außerhalb Preußens, änderte der Tag von Jasmund das Urteil über die Möglichkeit und Notwendigkeit deutscher Seegeltung.«

darauf dampfte das Torpedoschulschiff ›Blücher‹, Kommandant Korvettenkapitän Tirpitz, zu, gab unter Volldampf auf 400 m Abstand aus dem Bugrohr einen Torpedoschuß ab, der sein Ziel trefflich genau mittschiffs traf. Eine mächtige Säule von weißem Gischt, Wasserdampf, Schiffstrümmern und braunem Grundschlamm stieg wohl 40 m senkrecht empor. Nach ihrem ebenso schnellen kaskadenartigen Zusammensinken war das große Schiff völlig verschwunden, seine Trümmer trieben in Tausenden von Balkensplittern auf der Wasserfläche.

Man lernte sich kennen; Erinnerung eines Offiziers 1881:

Am Abend des heißen Manövertages saßen in der Messe des Flaggschiffs nur wenige Kameraden beisammen bei einem sehr harmlosen Kartenspiel nach Art des ›Schwarzen Peters‹; die meisten waren an Land gestiegen, um die festliche Beleuchtung der hübschen, aber noch recht kleinstädtischen Hafenstadt (Kiel) zu bewundern. Kurz vor Zapfenstreich schrillte der Fallreepspfiff durchs Schiff, und plötzlich trat Prinz Wilhelm, nur von seinem Adjutanten gefolgt, in die stille, fast leere Messe, uns in seiner lebhaften Art guten Abend bietend. Das war eine freudige Überraschung, denn die große Vorliebe des Prinzen für die Marine war uns längst bekannt. Bei Bier und Zigarren entwickelte sich schnell ein ganz ungezwungenes, anregendes Gespräch . . .

Prinz Wilhelm, damals 22 Jahre alt, zeigte

in allen Ausbildungsfragen der Besatzung schon ein sehr scharfsinniges und sachkundiges Urteil. Von dem schönen Schaumanöver des ›Bram- und Oberbramrahen, Bramstengen an Deck‹ an jedem Abend bei Flaggenparade und demgemäß bei der Flaggenparade am Morgen wieder ›Bramstengen, Bram- und Oberbramrahen auf‹ hielt er sehr wenig; auch ein Anachronismus, denn die ganze Takelage der Panzerschiffe war eigentlich nur noch dafür da, daß dies schneidige Manöver gemacht werden konnte.

Prinz Wilhelm begeisterte sich für Torpedoboote. 1884 bei den Flottenmanövern war er mit Prinz Heinrich

an Bord des Geschwaderavisos ›Blitz‹ gemeinschaftlich mit dem Stabe des Chefs der Admiralität, als die ersten taktischen Übungen der kleinen Torpedobootsdivisionen vorgeführt wurden; dort war auch ein Offizier vom ›Blücher‹, der dem Prinzen und dem Chef der Admiralität die einzelnen Formen der neuen, von Tirpitz ersonnenen Angriffsweise der Torpedoboote zu erläutern und überhaupt auf Fragen hinsichtlich des Torpedowesens Auskunft zu geben hatte.

betrachten wollten, von dem ›der Schuß‹ gefallen war. Die Sache hatte folgende Bewandtnis. Dem ›Blitz‹ war der Schutz der deutschen Fischerei auf der Nordsee übertragen worden, und er mußte daher häufig Übergriffe der englischen Fischer zurückweisen. Bei einer solchen Gelegenheit hatte ein britisches Fischereifahrzeug sich geweigert, die am Heck des ›Blitz‹ wehende deutsche Kriegsflagge durch Setzen bzw. Dippen seiner Landesflagge zu grüßen. Nach mehrfachen fruchtlosen Aufforderungen hatte Kapitänleutnant von Buchholtz einen scharfen Schuß vor den Bug des Fahrzeugs gefeuert, worauf die verlangte Zeremonie in beschleunigter Weise erfolgt war. Hierdurch hatte sich ›Blitz‹ bei Engländern wie bei Deutschen in Respekt gesetzt, und wo das Kanonenboot sich von da ab sehen ließ, erschienen von jetzt ab sofort die Landesflaggen, denn auch die deutschen Seefischer hatten sich sehr oft nicht mit dem Zeigen der Flagge beeilt. Der ›Schuß‹ fand freudigen Widerhall im ganzen Vaterland, hatte doch das Deutsche Reich zum ersten Male zur See ein Machtwort gesprochen! So standen denn Heinrich und ich mit respektvollen Blicken vor dem Geschütz, während Hinzpeter seine pädagogischen Worte dazu fallen ließ: »Sehen Sie sich die Kanone ordentlich an! Das ist ein historisches Geschütz, das einen historischen Schuß getan hat!«

Das Manöver von 1881 hatte Wilhelm besonders beeindruckt:

... am Morgen des 17. September 1881 befand sich Prinz Wilhelm wieder in Kiel, diesmal an Bord der alten ›Hohenzollern‹, wo der Kaiser mit den königlichen Prinzen und großem Gefolge seines eigenen Hauptquartiers, darunter Moltke und viele fremdländische Offiziere, eine Flottenschau abhielt. Bei völliger Windstille und herrlichstem Kaiserwetter dampfte die Kaiserjacht an der kleinen, einfachen Linie von vier Panzerfregatten des Übungsgeschwaders entlang. Diesmal erfüllte die alte, unzeitgemäße Takelage der Schiffe ihren besten ›militärischen‹ Zweck: im strahlend weißen Paradeanzug standen die Matrosen wie die Kerzen auf den 48 kräftigen Rahen der Panzerschiffe und donnerten ihr dreifaches Hurra aus den Lüften herab, während unten an Deck die Geschütze in lebhaftem Feuer die Kaiserstandarte begrüßten ... Im freien Fahrwasser außerhalb Bülks Leuchtturm begann nun das Manöver mit allerlei formaltaktischen Übungen alten Stils.*

Nach Landungsmanövern und einer Minenvorführung — der alte Kaiser durfte durch eigenhändigen Knopfdruck eine alte Kanonenschaluppe von 1849 in die Luft sprengen — kamen die Torpedos dran.

In der Wieker Bucht lag das alte Transportschiff ›Elbe‹ verankert;

---

* Raddampfer, gebaut 1875–76, 1322 Tonnen, 8 19 Meter lang.

Er machte eine stürmische Nachtfahrt mit:

Führerschiff der Torpedobootsdivision war das älteste Torpedofahrzeug der Marine, der ›Jäger‹, ein ganz merkwürdiges Fahrzeug, das eigentlich nur zum Einschießen von Torpedos brauchbar war, aber keinen Gefechtswert hatte, weil es zu hochbordig war, mithin feindlichem Feuer eine zu große Zielscheibe bot. Kommandant des ›Jägers‹, zugleich Chef dieser ersten deutschen Torpedobootsdivision, war Kapitänleutnant Jäschke, ein außergewöhnlich befähigter und tatkräftiger Seeoffizier, der leider, für die Marine viel zu früh, 1901 als Gouverneur in Tsingtau starb.

Der erklärende Offizier vom ›Blücher‹ erinnert sich:

Vergeblich versuchte Jäschke, unter Hinweis auf das scheußliche Wetter und die durchaus nicht ungefährliche Fahrt, den Prinzen zurückzuhalten. »Wenn venezianische Nacht mit Mondschein bevorstünde, käme ich nicht mit, das würde mir nicht lohnen,« meinte der hohe Manövergast. Bis zum völligen Dunkelwerden ließ sich der Prinz noch die Torpedoboote zeigen, die hinter dem ›Jäger‹ am Bollwerk vertäut lagen, setzte sich dann in die sehr enge ›Jäger‹-Messe, erläuterte seinen Begleitern und uns die Manöverkarte und zeigte, welchen Weg wir einzuschlagen hätten, um ungesehen möglichst dicht an den Feind zu kommen. Alle Ausführungen waren sachlich, klar und unanfechtbar; sie bewiesen, wie gründlich der Prinz sich bereits mit dem noch ganz neuen Problem der nächtlichen Torpedobootsangriffe beschäftigt hatte.

Sechs Jahre später notierte Graf Waldersee in seinem Tagebuch:

(11. 8. 1890) Da er von den eigenen Fähigkeiten sehr eingenommen ist (was leider auf arger Täuschung beruht), so empfindet er Schmeicheleien sehr angenehm . . . Die große Stärke des Kaisers ist das ihm eigene Geschick, mit Menschen umzugehen, er besitzt eine bezaubernde Liebenswürdigkeit und gewinnt die Herzen überall, wo er hinkommt und — nicht lange bleibt.

(21. 9. 1890) Nach meiner Überzeugung hat der Monarch ein gewisses Verständnis für Exerzitienbewegungen, nicht aber für die eigentliche Truppenleitung . . .

SEGELN FÜR DEUTSCHLAND

„Befruchtende Gedanken für Mein Volk“

Wilhelm liebte das Marinewesen und verstand viel davon, doch Seemann war er nicht. Fürst Bülow, der vom 17. 10. 1900 bis zum 14. 7. 1909 sein Kanzler war, aber nicht sein Bismarck wurde, erinnert sich über Wilhelm als Segler:

> *Wenn wir den ›Meteor‹ bestiegen, standen am Steuer die beiden englischen Skipper, wie man die Kapitäne der Jacht zu nennen pflegte. Der Kaiser war stets von dem brennenden Wunsch erfüllt, die Jacht selbst zu steuern, wußte aber, daß die Skipper dies nicht gern sahen, da sie im Interesse ihrer Reputation zu siegen wünschten und überzeugt waren, daß dies ausgeschlossen wäre, wenn der Kaiser steuerte. Nun versuchte der Kaiser, die Skipper durch Liebenswürdigkeit für seine Absicht zu gewinnen. Er knüpfte freundliche Gespräche mit ihnen an, er klopfte ihnen auf die Schulter, er offerierte ihnen Zigaretten. Schließlich hatte er sie gewöhnlich so weit, daß sie ihm das Steuer überließen. Dann trat früher oder später der Moment ein, wo alles darauf ankam, die Jacht so um das Endziel herumzubringen, daß sie weder an die dort liegende Boje anstieß, noch auch einen zu weiten Bogen machte, der Zeitverlust bedeutete. Steuerte der Kaiser selbst, so stießen wir regelmäßig an die Boje. Dann war der Kaiser sehr betrübt, die Skipper brummten und fluchten auf englisch, Prinz Heinrich, der die Sache verstand, machte ein verdrießliches Gesicht, und dieser oder jener vorwitzige Flügeladjutant meinte mit melancholischem Lächeln: »So geht es immer, wenn er selbst steuern will.«*

Sein einstiger Erzieher Hinzpeter:

> *Jeder Seeoffizier würde sagen, daß niemand sich besser auf Flottensignale verstehe als Wilhelm II., daß kein Kapitän so genau jeden schiffstechnischen Ausdruck kenne, daß der Kaiser dabei aber unfähig wäre, das kleinste Schiff von Kiel nach Eckernförde zu führen. Zu Lande wäre es ebenso. Er könne Manöver kritisieren, aber in keiner Weise selbst Heere führen. Das wäre insofern ein Glück, als der Kaiser schon deshalb den Krieg scheue und, wenn es zu einem Krieg käme, sicherlich anderen ganz die Führung und die Verantwortung überlassen würde.*

Graf Waldersee in seinem Tagebuch am 23. März 1891:

Mit dem Kaiser, so sagte ich drastisch, kann ein Kanzler erst dauernd wirtschaften, nachdem der hohe Herr sich die Finger sämtlich dermaßen verbrannt hat, daß er keine Lust mehr spürt, noch irgend etwas selbst anzufassen.

Und am 4. Juli 1897:

Der Kaiser ist, wie ich dies ja seit langem weiß, keineswegs ein Mann der Offensive, für den er, wahrscheinlich zu unserem Nutzen, vor aller Welt gilt. Sein ganzes Verhalten den inneren Zuständen im Reich und in Preußen gegenüber müßte das eigentlich dem aufmerksamen Beobachter zeigen; man läßt sich aber durch die vielen Kraftaussprüche täuschen.

Starke Worte zum Beispiel bei der Taufe des Linienschiffs ›Wittelsbach‹ am 3. Juli 1900:

Der Ozean ist unentbehrlich für Deutschlands Größe. Aber der Ozean beweist auch, daß auf ihm in der Ferne, jenseits von ihm, ohne Deutschland und ohne den Deutschen Kaiser keine große Entscheidung mehr fallen darf.
Ich bin nicht der Meinung, daß unser deutsches Volk vor dreißig Jahren unter der Führung seiner Fürsten gesiegt und geblutet hat, um sich bei großen auswärtigen Entscheidungen beiseite schieben zu lassen. Geschähe das, so wäre es ein für allemal mit der Weltmachtstellung des deutschen Volkes vorbei, und Ich bin nicht gewillt, es dazu kommen zu lassen. Hierfür die geeigneten und, wenn es sein muß, auch die schärfsten Mittel rücksichtslos anzuwenden, ist Meine Pflicht nur, Mein schönstes Vorrecht.

Wilhelms Psyche hat Wissenschaftler und Literaten beschäftigt und beschäftigt sie weiter. Vor allem wegen des durch einen Fehler bei der Geburtshilfe verkrüppelten linken Armes. Marie von Bunsen, Schwester Karls von Bunsen, eines Jugendfreunds des Kaisers, hat dem meistgelesenen Wilhelm-Biographen widersprochen:

Bekanntlich legt Emil Ludwig das stärkste Gewicht auf psychologische Beeinflussung durch den verkürzten Arm. Dies widerspricht meinen Kindheits- und Jugendeindrücken: ich habe wohl fast alle noch Lebenden, die damals dem kronprinzlichen Hof nahestanden, ausgefragt, und ein jeder hielt die Ludwigsche Hervorhebung dieser Einzelheit für irreleitend und verkehrt.

Die Legende geht auf Hinzpeter zurück, Bülow hat sie kolportiert, ihr aber auch klar widersprochen:

In beinahe grausamer Weise führte Hinzpeter die starke Neigung des Kaisers, durch den Schein zu wirken und ihn für Wirklichkeit zu nehmen, auf seinen seit seiner Geburt verkrüppelten linken Arm zurück. Schon als Kind habe er, namentlich von dem Prinzen Friedrich Karl, der roh sein konnte, häßliche Äußerungen gehört, daß ein Einarmiger nicht König von Preußen werden dürfe. Das habe in ihm das Bedürfnis erzeugt, durch ein möglichst forsches Auftreten nach außen, durch Uniformen und Orden, durch den baumlangen Leibgardisten hinter sich und den vorgestreckten Marschallstab in der Rechten auf Truppen und Volk zu wirken. Dies Urteil ist ungerecht. Zu dem vielen, was nicht nur sympathisch, sondern achtungs- und selbst bewunderungswürdig an Wilhelm II. war, gehört die Energie, mit der er, ohne seinen unbrauchbaren linken Arm irgendwie zu verstecken, die durch ihn verursachten Schwierigkeiten meisterte.

Marie von Bunsen:

Beim Kaiser muß der moralische und der physische Mut unterschieden werden. Zweifellos fehlte ihm der erstere, den zweiten hat er besessen, wenn man auch, namentlich in Offizierskreisen, oft anderes hörte. Maßgebender als das Gerede ist mir die Schilderung eines Augenzeugen, des Oberst Niemann, über die vom Kaiser bewahrte erstaunliche Ruhe, als im kaiserlichen Zug eine Bombe einschlug — er zitierte eine zutreffende Shakespearesche Zeile. Maßgebender ist mir auch was Roda Roda berichtet. Ein Ungar zeigte ihn die geknipste Aufnahme vom Kaiser und dem General der Kavallerie von der Marwitz, 100-200 Schritt von einer durch russische Flieger geworfenen explodierenden Bombe genommen. Von Furcht war nichts zu bemerken. Herr von Reischach, der jahrelange Beobachter, hat diese Auffassung bestätigt, er sagte mir: »Auch hierin ähnelt er seiner Mutter, er hat nicht moralischen Mut, aber obwohl gewiß nicht tollkühn, besitzt er doch physischen Mut.«

Die Annahme, er habe durch forsches Auftreten einen Mangel an Mut kompensiert, wird sogar durch Hinzpeter im Grunde widerlegt:

Nie ist in die preußische Armee ein junger Mann eingetreten, der physisch so wenig geeignet erschien, ein brillanter und schneidiger Reiteroffizier zu werden . . . Die wenigen, die damals die Bedeutung . . . dieses Sieges der moralischen Kraft über körperliche Schwächen ermessen konnten, fühlten sich seit der Zeit zu den stolzesten Hoffnungen auf diese Persönlichkeit berechtigt.

1878 war er als Premierleutnant in die Armee aufgenommen worden, nach seiner Universitätszeit tat er bei verschiedenen Waffengattungen aktiven Dienst. Als er zum erstenmal seinem Großvater Wilhelm I. und seinem Onkel Prinz Friedrich Karl seine Husarenschwadron vorführte, erntete er Lob gerade von Friedrich Karl, den Hinzpeter als negativen Zeugen zitiert.

Zwar klingt Emil Ludwigs Deutung einleuchtend:

> *. . . dieses stündliche, lebenslängliche Bestreben, ein angeborenes, nicht einmal abstoßendes Zeichen der Natur zu verstecken, hat seine gesamte Charakterbildung mit entschieden. Der Schwache suchte die Stärke zu betonen . . .*

Aber so stimmt es ja gar nicht. Eine Verletzung bei der Geburt, Schuld der Geburtshelfer, ist weder ›angeboren‹ noch gar ›Zeichen der Natur‹, und forsch ist mancher Schwache auch ohne körperlichen Defekt.

> *Nur wer diesen lebenslangen Kampf gegen die angeborene Schwäche nachfühlt . . .*

. . . fühlt falsch. Es fällt auf, daß er den Arm nicht versteckt hat, und Emil Ludwig deutet hurtig:

> *Der stete Kampf gegen ein Übel, das jedem Besucher ins Auge fallen, das er darum lieber zur Schau tragen mußte . . .*

Als ob jedermann von vornherein und immerfort auf den Arm gestarrt hätte. Es gibt Gegenbeweise in Fülle. Auch in Tagebüchern, die nie zur Veröffentlichung bestimmt waren, ist vom Arm nicht die Rede. Prinz Friedrich Karl war zeitweise gegen die Thronfolge durch den ›Krüppel‹. Eulenburg hat über die Schwierigkeiten mit dem Arm gesprochen, aber das war zur Prinzenzeit. John Grand-Carteret hat 1904 sein Buch ›Lui — devant l'Objectif Caricatural‹ mit 348 Kaiser-Karikaturen zusammengestellt und Seiner Majestät ironisch gewidmet, ein Pamphlet. Doch kaum eine der Karikaturen deutet den verkürzten Arm auch nur an, keine mit karikierender Absicht, in fast allen wird der Kaiser mit zwei gesunden Armen gezeichnet, oft gerade mit dem linken kräftig tätig, sogar als Seemann.

Die unverdächtige Zeugin Marie von Bunsen:

> *Mein Neffe Eric, Lothars Sohn, spielte in Windsor, während seines letzten Etonjahres, manchmal Billard mit einem der Horse Guards dieser Paradetruppen. Dieser sagte, er und einer seiner Kameraden hätten ihren Wachtmeister bestochen, um bei dem Besuch des Kaisers in der Eskorte unmittelbar vor ihm reiten zu dürfen: ›Beim König von Griechenland war uns das egal, der Kaiser, der kennt sich aus, vor dem wollten wir uns zeigen‹.*

Und der kritische Admiral von Müller, 1906 bis 1918 als Chef des Marinekabinetts im unmittelbaren Gefolge des Kaisers:

> *Es wäre vermessen von mir, den Kaiser als Reiter beurteilen zu*

wollen, so oft ich ihn auch zu Pferde begleitet habe, bei Manövern, Paraden, Spazierritten. Aber ich kann sagen, daß er trotz des Versagens seines linken Armes ein sehr unerschrockener Reiter war. Er galoppierte mit absoluter Selbstverständlichkeit durch das Gelände, auch wenn es unübersichtlich war, wie in den Ginsterbüschen von Döberitz. Er machte bei Spazierritten unendlich lange Galopps, beinahe an die Grenzen dessen gehend, was man vernünftigerweise den Pferden zumuten konnte ...

Des Kaisers Freund Philipp Eulenburg schrieb zwar einmal (Emil Ludwig hat es zitiert):

Der arme Prinz ist wegen seines lahmen linken Armes sehr geniert. Da muß der Leibjäger, seinen rechten Arm auf eine lange Stange stützend, dem Prinzen als Stützpunkt zum Auflegen der Büchse dienen. Das lassen sich nicht alle Böcke gefallen.

Aber das war Mitte der 80er Jahre. Admiral von Müller:

Einen wichtigen Sport bildeten für ihn aber die Fasanenjagden bei seinen schlesischen Freunden. Denn er war ein glänzender Fasanenschütze, trotz aller körperlichen Erschwerung, die darin lag, daß er die Flinte nur mit dem rechten Arm hantieren konnte und deshalb kleinkalibrige (Nr. 20) Flinten führte, die bei ihrem engen Zusammenhalt ein sehr genaues Schießen erforderten.

Seine Jagderfolge steigerten sich bis in absolute Megalomanie.

Ausdauer ist ihm auch beim Segeln immer wieder bescheinigt worden, und bei sonstigem Sport hat er neben dem Reiten das Tennisspielen betrieben und gefördert.

Die körperliche Behinderung mit solchem Erfolg überwunden zu haben, stärkte sein Selbstbewußtsein. Trotz des Arms galt er als glänzende Erscheinung. Er war nicht klein und nicht dick, und er prägte mit schneidigem Schnurrbart und forschem Auftreten die Offiziersmode seiner Generation über die Grenzen seines Reichs hinaus. Je länger er regierte, desto weniger hatte er Anlaß, sich durch den behinderten Arm die Stimmung rauben zu lassen; auch in seinen Nervenkrisen war nie etwas zu merken, daß er sich als Krüppel empfunden hätte. Eher machte ihm ein chronisches Ohrenleiden zu schaffen, ohne daß er aber als kranker Mann am Ruder des Reichs zu betrachten gewesen wäre.

Beim Segelsport verband er Liebhaberei mit Politik.

Beim Festmahl an Bord des Schnelldampfers ›Fürst Bismarck‹ nach dem Wettsegeln des Norddeutschen Regattavereins auf der Unterelbe am 17. Juni 1899 wurde deutlich,

wie ernsthaft der Kaiser die hohen ethischen und patriotischen Aufgaben dieses edelsten Sports auffaßt.

In seiner als zündend gerühmten Rede sagte er unter anderem:

Und keine Kunst ist wohl so geeignet, den Mut zu stählen und das Auge zu klären, wie die Fahrt auf dem Wasser. Ich hoffe, daß jahraus, jahrein vom Innern des Landes mehr und mehr ein starker Zug hierher stattfinden werde, um immer mehr die Reihe der Segelsportfreunde zu stärken und zu vermehren und nicht bloß den Kampf mit den Elementen aufzunehmen, der Geschicklichkeit fordert, sondern Ich verspreche Mir auch von dem Verkehr des Inlandes mit der ›Wasserkante‹ große Vorteile und befruchtende Gedanken für Mein Volk.

Der älteste deutsche Segelklub war 1855 in Königsberg gegründet und nach dem Wendekommando ›Rhe‹ benannt worden, seit 1868 gab es den Norddeutschen Regattaverein in Hamburg. 1879 folgte Bremen. In Kiel wurde 1881 die erste Regatta veranstaltet. Der Erbgroßherzog von Oldenburg, seemännischer Patentinhaber, war aktiver Segler und förderte den Segelsport, 1883 gründeten Seeoffiziere den Friedrichsorter Regattaverein. Seit 1885 beteiligte sich des Kaisers Bruder Prinz Heinrich, aktiver Seeoffizier, mit seiner Gig ›Nelly‹ an den Kieler Regatten, und 1887 wurde der Marine-Regattaverein in Kiel unter Heinrichs Protektorat gegründet. Aber erst durch Wilhelm gewann der Segelsport Ausstrahlung. 1891 kaufte er die schottische Kutterjacht ›Thistle‹, seine erste ›Meteor‹.

Es ist bezeichnend für die hochgespannte Erwartungsfreude des Kaisers als Sportsmann, daß er seiner ersten eigenen Jacht an Bord des schnellsten Avisos, des ›Greif‹, von Kiel nach dem Belt entgegendampfte, sich sofort auf der Jacht einschiffte und sie bei strammer Brise selbst in den Kieler Hafen führte ...

Bis 1895 besuchte der Kaiser alljährlich die große britische Segelwoche in Cowes, 1894 richtete er nach ihrem Muster die Kieler Woche ein, seit 1895 in großem Stil.

In der Kieler Woche wurde der Segelsport als internationaler Wettbewerb jährlich Ende Juni durchgeführt. Zugegen war meist die gesamte deutsche Flotte, beteiligte sich ihrerseits aber nur bei den Kriegsschiffboot-Regatten. Die Kieler Woche sollte für die Marine neben dem Sport eigentlich eine Ruhe bedeuten. Da aber viele fremde Gäste anwesend waren, so mußten zwangsweise zahlreiche Feste gefeiert werden, die bei der jährlichen Wiederholung doch etwas zahlreich wurden. Wenngleich sich die Fremden zweifellos gut amüsiert haben, so waren doch die Seeoffiziere meist froh, wenn die Kieler Woche mit ihrer ›Reihe von guten Tagen‹ vorüber war ...

Wilhelminisch-gesellschaftliches; Erinnerung eines Seeoffiziers:

Unter den vielen gesellschaftlichen Veranstaltungen war der Blumenkorso auf dem Wasser damals der Hauptknalleffekt. Da wurden von jedem Schiff ein oder mehrere Boote attrappenartig hergerichtet und ausgeschmückt. Man sah griechische Trieren, genuesische Galeeren, brandenburgische Koggen, chinesische Dschunken, Nelsonsche Linienschiffe en miniature, venezianische Gondeln, Kameruner Kanus, Lohengrin Schwäne, Neptungespanne und andere seltsame Fahrzeuge, die in langer Linie die ›Hohenzollern‹ passierten. Dort erreichte die Blumenschlacht, an der sich Kaiser und Kaiserin vom Promenadendeck des Schiffes beteiligten, ihren Höhepunkt. Alles trug entsprechende Kostüme. Natürlich machten auch die Damen mit, ohne die so etwas ja keinen Reiz hat. Man sah Chinesinnen, Griechinnen, Venezianerinnen und wer weiß was alles. Bloß Negerinnen im Lawalawa gab es nicht, die wären damals noch aufgefallen. Auf ›Brandenburg‹ hatten wir aus einer Barkasse einen großen Kinderwagen gebaut, dessen Räder sich im Wasser drehten. Hinten an der Schubstange saß, als Schwarzwälder Amme verkleidet, unser Assistenzarzt, ein großer, rundlicher, rotbackiger Schwabe, während alle Insassen, Damen wie Herren, Babykostüme trugen und mit Trompeten, Trommeln und Rasseln einen Höllenlärm vollführten. Über dem Ganzen prangte ein Schild mit der Aufschrift: »Wir wollen alle zur Marine!« Mein Vorschlag, dafür die Worte zu wählen: »Unsere Zukunft liegt auf dem Wasser«, war nicht genehmigt worden.

Das ging ja auch wirklich nicht, denn es war ein Kaiserwort, gesprochen in der Festrede zur Eröffnung des neuen Hafens in Stettin am 23. September 1898.

Zum Abschluß der Kieler Woche nach der Kanaleröffnungsfeier 1895 gab die britische Flottendelegation an Bord des Flaggschiffs ›Royal Sovereign‹ ein Festmahl zu Ehren des Kaisers, bei dem Wilhelm in seiner englischen Admiralsuniform erschien und in der Abschiedsrede unter anderem sagte:

Ich kann Sie nur versichern, daß einer der schönsten Tage Meines Lebens, den Ich nicht vergessen werde, solange Ich lebe, jener Tag war, als Ich die Mittelmeerflotte inspizierte, an Bord des ›Dreadnought‹ stieg und Meine Flagge zum erstenmal aufgehißt wurde. Es ist bisher noch nie dagewesen, daß in den Kieler Gewässern die Standarte des Deutschen Kaisers mit der britischen Admiralsflagge Seite an seite auf einem Kriegsschiffe flatterte, und daß Admiral Alington als Mein Flaggenkapitän fungierte. Ich bin aber nicht nur der Admiral, sondern Ich bin auch der Enkel der mächtigen Königin von England. Ich hoffe, daß Sie Ihrer Majestät unsern herzlichsten Dank für die Güte ausdrücken werden, Sie hierher gesandt zu haben, und daß die Erinnerungen, die Sie von Kiel mitnehmen, nur freundliche und angenehme sein werden. Wir arbeiten hart und so schnell wir nur können, und jeder Mann versucht seine Pflicht zu tun, wie Nelson in seiner letzten Rede sagte.

Auch Nelson war ein einarmiger Admiral: Er verlor seinen rechten Arm als neununddreißigjähriger Geschwaderchef (Kommodore) bei einem unglücklichen Raubzug gegen reichbeladene spanische Schiffe im Hafen von Santa Cruz auf Teneriffa.

Nelson hatte intellektuelles Gespür für den Gegner und war ein Meister der hoch entwickelten Kunst des Segelns mit großen Flottenverbänden. Seit seinem zwölften Lebensjahr fuhr er zur See.

Konnte Wilhelm wirklich glauben, das Zeug zu einem Nelson zu haben? Er war 31 Jahre alt, als Graf Waldersee am 24. 9. 90 notierte:

> *Er beginnt sich militärisch zu fühlen und möchte infolgedessen nicht mehr von mir abhängig erscheinen. Und doch, welch Dilettantismus bei ihm gerade auf militärischem Gebiete! Wollte er im Krieg das Kommando führen, nicht bloß formell wie sein Vater und Großvater, es gäbe ein Unglück . . .*

Man hoffte für den Ernstfall auf die Macht der Realitäten, so sein Kanzler Bülow:

> *Daß der Kaiser nicht tatsächlich selbst führen könne, wäre insofern ein Glück, als der Kaiser schon deshalb den Krieg scheue und, wenn es zum Kriege käme, sicherlich anderen ganz die Führung und die Verantwortung überlassen würde. Höchstens in Marineangelegenheiten werde er sich einmischen wollen.*

AN BORD DER „HOHENZOLLERN"

„Allerlei Unsinn"

Der alte Kaiser, Wilhelm I., hatte die Staatsjacht (Aviso ›Grille‹ seit 1880) nur selten und nur aus dienstlichem Anlaß benutzt, für Besichtigungen im Hafenbereich, niemals für eine Seereise. ›Grille‹ kämpfte am 14. April 1864 ein Gefecht mit den dänischen Fregatten ›Skjöld‹ und ›Själland‹ bei Arcona mit Anstand durch und jagte am 24. April bei Dornbusch die dänische Fregatte ›Tordenskjöld‹ mit Bravour. Sie war ein glückliches, schnelles Schiff, ein 56,8 Meter langer 491-Tonnen-Schraubendampfer und wurde das langlebigste Kriegsschiff der deutschen Marine, erst 1920 nach 62 Dienstjahren abgewrackt. Der Rad-Aviso ›Hohenzollern‹ war wenig in Dienst; bei der Grundsteinlegung zum Nordostseekanal am 3. Juni 1887 scheute man die Kosten, diese ›Hohenzollern‹ für die kurze Paradefahrt klarzumachen; Kaiser Wilhelm I. benutzte dafür den Aviso ›Pommerania‹, einen früheren Postdampfer.

Wilhelm II. ließ sofort nach seinem Regierungsantritt die ›Hohenzollern‹ in Dienst stellen, reiste in Begleitung von zwei Geschwadern zum Besuch des Zaren Alexander nach Petersburg, sodann zum König von Schweden und Norwegen nach Stockholm und zum König von Dänemark nach Kopenhagen. Im nächsten Jahr nach England, 1890 ins Mittelmeer zur Hochzeit der Prinzessin Sophie (Schwester des Kaisers) mit dem Kronprinzen Konstantin von Griechenland; ferner wurde der König von Italien und der Sultan in Konstantinopel besucht. Bei jeder dieser Reisen Begleitung durch ein Geschwader der Flotte. Dann folgten in jedem Jahr die Erholungsreisen, im Sommer nach Norwegen (›Nordlandreise‹), häufig vorher im Frühjahr ins Mittelmeer, auch Besuchsreisen nach England, Treffen mit dem Zaren und andere offizielle Anlässe, Besichtigung von Flottenmanövern, Kieler Woche und anderes mehr.

Am 8. April 1893 wurde die neue ›Hohenzollern‹ in Dienst gestellt, die alte in ›Kaiseradler‹ umbenannt und 1904 dem Kronprinzen ›geschenkt‹, 1909 außer Dienst gestellt und 1912 abgewrackt.

Die neue ›Hohenzollern‹ war als eine Art von Passagierversion eines leichten Kreuzers stilisiert; sie war auch nicht billiger: 4 829 000 Mark.

Kaiser Wilhelm II. verbrachte auf der ›Hohenzollern‹ einen beträchtlichen Teil des Jahres:

46 Tage im Jahr 1893	90 Tage im Jahr 1898
63 Tage im Jahr 1894	69 Tage im Jahr 1899
68 Tage im Jahr 1895	49 Tage im Jahr 1900
63 Tage im Jahr 1896	65 Tage im Jahr 1901
55 Tage im Jahr 1897	69 Tage im Jahr 1902

(Außerdem fuhr Prinz Heinrich mit der ›Hohenzollern‹ nach Amerika)

58 Tage im Jahr 1903	80 Tage im Jahr 1905
89 Tage im Jahr 1904	

Nordlandreise 1906 mit dem Hamburg-Amerika-Passagierdampfer ›Hamburg‹, da die ›Hohenzollern‹ zum Einbau neuer Kessel in der Werft lag

88 Tage im Jahr 1907	92 Tage im Jahr 1911
90 Tage im Jahr 1908	98 Tage im Jahr 1912
89 Tage im Jahr 1909	49 Tage im Jahr 1913
61 Tage im Jahr 1910	80 Tage im Jahr 1914

Insgesamt war Wilhelm II. mehr als 1600 Tage an Bord der ›Hohenzollern‹, etwa viereinhalb Jahre der zwanzigjährigen Dienstzeit des Schiffes.

Die ›Hohenzollern‹ war ein 4460-Tonnen-Schiff, 116 Meter lang und 14,6 Meter breit, Besatzung 12 Offiziere und zunächst 301, später 342 Mann, 1891-1893 als Nachfolger einer älteren ›Hohenzollern‹ gebaut. Ein durchaus nicht ›roter‹ Admiral erinnert sich:

> *Sie war im Marineetat nicht unter Hinweis darauf, daß alle Staatsoberhäupter einer Jacht zur Erfüllung ihrer Repräsentationspflichten bedürften und daß die alte nicht mehr genügte, sondern unter dem Decknamen: ›Aviso* für größere Kommandoverbände‹ mit an Sophistik grenzenden Gründen gefordert worden. Das hatte wenig dazu beigetragen, das Vertrauen des Reichstags zum Staatssekretär Hollmann** zu heben, und tat es um so weniger, als der Kaiser in seiner Stapellaufrede betonte, das Schiff sei dazu gebaut worden, den Monarchen und seine Familie zu tragen.*

Ein anderer Admiral diagnostiziert:

> *Die neue ›Hohenzollern‹ war für den Kaiser ungefähr das gleiche, wie das Schloß Sanssouci für Friedrich den Großen.*

Aus des Kaisers Taufrede beim Stapellauf am Mittag des 27. Juni 1892 mit ›freudevoll erhobener Stimme‹:

---

* Aviso: Vorläufer der Kleinen Kreuzer, schneller Aufklärer.

** Vorgänger von Tirpitz als Staatssekretär des Reichsmarineamtes; Admiral.

Du stehst jetzt bereit, in dein neues Element abzugleiten. Du sollst in die Reihe der kaiserlichen Kriegsschiffe eingereiht werden, dazu bestimmt, unsere Landesflagge zu tragen. Dein schlanker Bau, dein leichtes Gefüge, welches nicht drohende Pforten und schwere Türme zur Abwehr zeigt, die die Schiffe Meiner Kriegsmarine zum Kampfe gegen den Feind bei sich führen, zeigt uns an, daß du dem Friedenswerk geweiht bist. Leicht über die Meere dahinzufliegen, vermittelnd von Land zu Land, den Arbeitsamen Ruhe und Erholung zu gönnen, den kaiserlichen Kindern und der hohen Mutter des Landes Freude zu bringen — das ist deine Aufgabe. Mehr zum Schmuck als zum Gefecht mögest du deine leichte Artillerie tragen ...

Diagnose des ›roten‹ Kapitäns Persius:

Von oben her fing der naive Mißbrauch fiskalischen Eigentums, d. h. des Geldes der Steuerzahler an.

Zu bedenken: Die ›Hohenzollern‹ fuhr als aktives Kriegsschiff auf Kosten des Reiches, jeweils begleitet von einem der neuesten Kreuzer, oft von einem oder mehreren Torpedobooten. 1900 wurde das neue große Torpedoboot S 97 (63 Meter lang, 26,5 Knoten, Besatzung ca. 55) als Begleitboot der ›Hohenzollern‹ in Dienst gestellt, weiß mit Goldstreifen, ohne Torpedorohre, mit einem Deckshaus für Gäste. Unter dem Namen ›Sleipner‹ stand es bis 1914 ausschließlich zur Verfügung des Kaisers. Es hatte 1 017 000 Mark gekostet.

Der Preis der ›Hohenzollern‹ entsprach etwa einem gleich großen leichten Kreuzer, 5 Millionen Mark.

Die Eigenart der ›Hohenzollern‹ lag im Aufwand für den Bau zu einer Zeit, als die Kaiserliche Marine noch klein und von ganz anderen Neubausorgen geplagt war, vor allem aber in der sehr ausgiebigen privaten Benutzung durch den Kaiser.

Die großen Dampfjachten der gekrönten Häupter waren nur selten in Dienst, die ›Hohenzollern‹ mußte jedoch im ganzen Jahr jederzeit für den Kaiser zur Verfügung stehen; daraus ergaben sich beträchtliche Mehrkosten.

GVM v. 30. 5. 1903, b. 54:

Leute Sr.M.Jacht ›Hohenzollern‹ müssen mindestens 1 Jahr gedient haben, von gutem Wuchs und Aussehen und in ihrem Dienstzweig tüchtig sein, ferner eine gute militärische Haltung und guten Verstand besitzen. Das seemännische Personal soll in Seemannschaft gut ausgebildet sein.

Um mit Haltung und Verstand auch als Bedienstete bei den Landausflügen der ›Hohenzollern‹-Gesellschaft tätig zu sein; zum Beispiel

. . . wurde alsdann in einem von den Matrosen errichteten Zelt das

Souper eingenommen, das seinen Abschluß darin fand, daß ein Bombardement mit zusammengedrehten Servietten alles in höchste Heiterkeit versetzte.

Für die erste Rundfahrt der alten ›Hohenzollern‹ nach Rußland, Schweden und Dänemark berief Wilhelm seinen Bruder als Kommandanten:

Auch die brüderliche Liebe kam zu ihrem Recht: dem jungen Korvettenkapitän Prinzen Heinrich vertraute er den Befehl über die Kaiserjacht ›Hohenzollern‹ zur Besuchsfahrt nach den nordischen Hoflagern an. Und noch ein kleiner, aber liebevoll-menschlicher Zug: seinen Spielkameraden von den Havelseefahrten, nunmehrigen Leutnant zur See von Bunsen kommandierte er als Wachoffizier auf die ›Hohenzollern‹; der prächtige Kamerad starb leider in jungen Jahren infolge eines ostafrikanischen Fiebers.

Die Kommandanten der neuen ›Hohenzollern‹ waren durchweg von Adel:

1893-1895	*Kapitän zur See v. Arnim*
1895-1898	*Kapitän zur See Freiherr von Bodenhausen*
1898-1902	*Konteradmiral Graf Baudissin*
1902-1904	*Kapitän zur See v. Usedom*
1905-1909	*Konteradmiral v. Ingenohl*
1909-1911	*Kapitän zur See Graf Platen*
1911-1914	*Kapitän zur See v. Karpf*

Aus der Biographie des Fahrtgesellen und späteren Staatssekretärs des Äußeren v. Kiderlen-Wächter, damals Vortragender Rat:

›. . . Bin ich aber einmal frei, will mich der Kaiser zum Skat haben‹ — stöhnt der arbeitsbelastete, häufig überlastete Vortragende Rat, der die Viertelstunden des Wäschewechselns dazu benützen muß, nebenher zu diktieren. Der Kaiser genießt die Ungebundenheit der Fahrt und die gesellige Natur Kiderlens. ›Für die Dauer der Nordlandreisen hat der Kaiser die Grenze der Hofetikette stark erweitert und gestattet seinen Fahrtgesellen eine große Bewegungsfreiheit im persönlichen Verkehr mit ihm‹; mit dieser allgemeinen Feststellung des Geheimrats Dr. Güßfeldt, eines Gasts der Nordlandreisen, stimmt überein, was Kiderlen selbst schreibt: ›Der Kaiser ist sehr nett und der Verkehr äußerst zwanglos. Der Kaiser sieht es nicht als Verstoß an, nimmt es vielmehr freundlich auf, wenn man ihn auf Deck anredet, und oft entwickeln sich daraus Gespräche, die eine bleibende Erinnerung zurücklassen.‹ Für das ganze Gefolge, das insgesamt bezeichnenderweise durch die gleiche Tracht des Kaiserlichen Jachtclubs uniformiert und nivelliert wird, gilt das Statut: ›Der Verkehr ist eingestimmt auf den Grundton

der Kameradschaft, des gegenseitigen Vertrauens und des daraus entspringenden Freimuts.‹ Die ganze Korona der ›Hohenzollern‹ bildet eine ›Nordlandfahrtsgesellschaft‹ — unter dem Vorsitz des Kaisers als ›Allerdurchlauchtigster Fahrtenmeister‹ und mit Verteilung der Rollen, ›Patente‹ und ›Beförderungen‹, etwa wie in einer Studentenverbindung. Kiderlen heißt ›Lustbarde‹ Schriftwart und Wiegenfestlotse‹ (dieses wohl, weil sein Geburtstag am 10. Juli regelmäßig auf der Nordlandfahrt gefeiert und besungen wird). Der einstige ›Fuchsmajor‹ der Tübinger ›Nordlandgesellschaft‹ wird ›Lustbarde‹ der Kaiserlichen ›Nordlandsfahrtgesellschaft‹. Es gilt für Kiderlen: Tags Arbeit! Abends Gäste! So berichtet er: ›Die Abende verlaufen harmlos: teils musikalisch, teils zaubert Hülsen etwas vor, teils muß man irgend etwas aufführen; ich habe schon den ›Zwerg‹ aufgeführt und zum allergrößten Gaudium des Kaisers das Licht ausgelöscht‹; und ein anderes Mal: ›Abends sind Zauber- und Theatervorstellungen; ich bin bereits in zwei Stücken aufgetreten: im ›Gespenst um Mitternacht‹ als Kellner Kaleb und in ›Othellos Erfolg‹ als Fräulein Eulalia Weizenkorn! In einem improvisierten Tingeltangel habe ich mit G. die siamesischen Zwillinge gemacht; zusammengewachsen waren wir mit einer großen Zervelatwurst; so wird allerlei Unsinn gemacht.‹ So sehen die ›Harmlosigkeiten‹ aus — wirklich anspruchslos, kneipzeitungsmäßig, wie die vorhandenen ›Dichtungen‹ und Reimereien dieser Herrengesellschaft ausweisen; harmloser also als jene spätere — vom Hofmarschall Graf Zedlitz-Trütschler beschriebene — Szene in Donaueschingen im November 1908, in der der Chef des Militärkabinetts, Graf Hülsen-Haeseler, in Gegenwart ›einer wirklich ungewöhnlichen, glänzenden und eleganten Gesellschaft (auch von Damen, Fürstinnen und Prinzessinnen) als Balletteuse kostümiert ein Ballettsolo tanzt‹ ...

Ein makabres Solo bekanntlich, weil der Graf tot zusammenbrach. Er hatte seinen Kaiser, der von den Folgen des Daily-Telegraph-Interviews bedrückt war, amüsieren wollen wie auf den Nordlandfahrten.

ALFRED TIRPITZ: KARRIERE PER TORPEDO

„Arbeitete zum Teil als Klempner mit eigener Hand"

In der Aera Stosch begann die Karriere des Alfred Tirpitz. War Stosch (Chef der Admiralität 1871-83)

der Begründer einer des Deutschen Reiches würdigen Flottenpolitik, hat Tirpitz das Werk erfolgreich auf neuen Bahnen fortgeführt. Als dann der Weltkrieg 1914 ausbrach, war die deutsche Flotte noch in unfertigem Zustand, aber das gewaltige Werk des Flottenausbaues näherte sich der Vollendung. Unsere verfehlte auswärtige Politik brachte es dahin, daß die junge deutsche Flotte im Kriege sich den sämtlichen Seemächten der Welt gegenüber sah. Trotzdem hätte sie sich auch dieser fast übermenschlichen Aufgabe gewachsen gezeigt, wäre nicht zum Unheil Deutschlands jene falsche Politik auch im Kriege fortgesetzt worden.

Schrieb der Tirpitz-Biograph v. Hassell 1920.

Tirpitz hat wohl gehofft, Deutschland allein durch den Risiko-Gedanken zur Weltmacht ohne Krieg machen zu können. Das war der tragische Fehlschluß seiner Flottenpolitik, der sich vielleicht hätte vermeiden lassen, wenn er neben oder über sich einen Staatsmann vom Format Bismarcks gehabt hätte.

Schrieb Fritz E. Giese, Korvettenkapitän a. D., 1966 in seiner Kleinen Geschichte der Deutschen Flotte.

Die Flottenmannschaften haben im Kriege Übermenschliches geleistet. Versagt hat ein großer Teil der Führer, die sich durch die Nachahmung der üblen Gewohnheiten ihrer Vorbilder, Wilhelms des Zweiten und Tirpitz, Ansehen und Vertrauen bei den Matrosen verscherzten.

Schrieb Ludwig Persius, Kapitän zur See a. D., 1920 in seiner Kampfschrift »Der Seekrieg«.

Tirpitz war prosaisch zur Marine gelangt. Er stand schlecht auf der Schule; das Weihnachtszeugnis 1864 machte die Aussicht aufs Abitur zweifelhaft.

Mein Schulfreund Maltzahn hatte die Absicht ausgesprochen, zur Marine zu gehen, und so fiel mir ein, daß es eine gewisse Milderung für meine Eltern bedeuten könnte, wenn ich den Gedanken mit aufnähme.

Der Vater nahm das ernster als der Sohn und erlaubte es. Dazu Tirpitz:

Niemand konnte überraschter sein als ich; aber was blieb mir übrig? Ich beharrte bei meinem Wort, unterzog mich im Frühjahr 1865 sechzehnjährig der Aufnahmeprüfung im damaligen Seekadetteninstitut in Berlin, bestand dieselbe zum Erstaunen aller als Fünfter und wurde Seemann.

Seine Karriere:

24. 4. 1865	*Tirpitz tritt in die Marine ein*
24. 6. 1866	*Seekadett (= Fähnrich)*
22. 9. 1869	*Unterleutnant zur See (= Leutnant)*
25. 5. 1872	*Leutnant zur See (= Oberleutnant)*
18. 11. 1875	*Kapitänleutnant*
17. 9. 1881	*Korvettenkapitän*
24. 11. 1888	*Kapitän zur See*
13. 5. 1895	*Konteradmiral*
15. 6. 1897	*Staatssekretär des Reichsmarineamtes*
28. 3. 1898	*Staatsminister*
5. 12. 1899	*Vizeadmiral*
12. 6. 1900	*geadelt: v. Tirpitz*
14. 11. 1903	*Admiral*
27. 1. 1911	*Großadmiral*
15. 3. 1916	*Abschied.*

In die Machtstellung als Chef des Reichsmarineamtes gelangte er unter Wilhelm II., aber sie beruhte nicht auf einer Günstlingskarriere.

Der Vater war Jurist, 1843 Gerichtsassessor in Küstrin, 1850 Kreisrichter in Frankfurt an der Oder, 1875 wurde er Kammergerichtsrat in Berlin, Geheimer Justizrat. Alfred war der jüngste Sohn nach Bruder Max und Schwester Olga. Biograph v. Hassell:

Je eher, desto besser, meinte Alfred! Der Vater nahm die Sache, ohne Widerspruch laut werden zu lassen, rasch in die Hand und fragte bei der Marinebehörde an, ob sein Sohn etwa 1866, d. h. mit 17 Jahren Seekadett werden könnte. Die Antwort lautete: ja, aber nicht erst 1866, sondern sofort, und zwar müsse Alfred sich zur Ablegung der Seekadettenprüfung am 1. April 1865 in Berlin einfinden ...

Als ich im Sommer 1918 den Großadmiral fragte, was ihn eigentlich damals bewogen habe, Seemann werden zu wollen, sah er mich lächelnd an und meinte dann: »Raus aus der Schule«. Von der

Marine und von Kriegsschiffen, von dem Leben an Bord usw. habe er, wenn er auch einmal mit den Eltern in Misdroy gewesen sei, keine Ahnung gehabt.*

»Raus aus der Schule« — wiederholte er. Den Eltern war wohl, wie aller Welt, bekannt, daß die Marine nach dem vielbeklagten Untergang der ›Amazone‹ (1862) durchaus Kadetten, und zwar aus guten Familien, dringend brauchte, und da schien die Laufbahn des Seeoffiziers nicht aussichtslos — im Gegenteil vielverheißend . . . Der Seekadett in spe mußte zunächst nach Verlassen des Gymnasiums Privatunterricht nehmen usw., um sich während des März 1865 auf die Prüfung vorbereiten zu lassen und in den Realfächern die Abiturientenreife zu erlangen. Zum Glück fand er zum ersten Male Lehrer, die ihr Handwerk auch bei eigenartigen Jungen zu üben verstanden und nicht am Schema klebten. Bisher hatte er bei schriftlichen Arbeiten vom Mathematiklehrer . . . immer nur gehört: »Die blanke 5! Es läuft die Wände in die Höh! — Arrest!« Bei dem Privatlehrer fiel es, wie Alfred selbst sagte, ihm wie Schuppen von den Augen. Schon nach zehn Tagen erklärte dieser Mathematiker dem nicht wenig erstaunten Vater: »Der Junge ist das reinste mathematische Genie!«

Die Prüfung war am 1. April 1865, und er bestand sie zum hellen Erstaunen aller, die ihn kannten, als fünfter unter 24 Genossen. Allerdings hatte er schon die Untersekunda des Gymnasiums hinter sich, stand vor der freilich nicht ganz sicheren Versetzung nach Obersekunda, und vielleicht waren manche Prüflinge noch weit tiefer auf der Stufe zum Abitur — aber wunderbar war nach allen Erlebnissen auf dem Gymnasium dieser Erfolg doch, für ihn selbst nicht zum wenigsten. Er wußte sich wieder geschickt durchzuhelfen, so verblüffte er im Englischen, von dem ihm in den vier Wochen nur ein paar Brocken beigebracht waren, die Lehrer dadurch, daß er sie auf englisch anredete. In der Sorge, der Junge könne etwa mehr wie sie, unterließen die alle weiteren Prüfungen. Auch in der Erdkunde hatte er Glück, denn er wurde nach Städten in der Ukraine gefragt, über die er zufällig einen Vers wußte. Diesen sagte er langsam und außer der Reihe her — man hielt ebenfalls weitere Fragen bei dem ›fabelhaft beschlagenen‹ Jungen für unnötig. Sein glänzendes Gedächtnis half ihm natürlich neben allem Glück und aller Unverfrorenheit. Aber er hatte auch während der Zeit tüchtig gearbeitet, war sogar zum Erstaunen aller schon um 5 Uhr früh aufgestanden, um die Vorarbeiten für den Unterricht zu erledigen.

---

* Misdroy: Ostseebad auf der Insel Wollin, Pommern.

Das Eintrittsexamen der Marine war in späteren Jahren nicht nur vom Glück abhängig — oder vom Wissen. 1883: Für den Nachhilfe- und Vorbereitungsunterricht hatte sich in Berlin eine ›Presse‹, eine Privatschule zum Hineinpressen der nötigen Kenntnisse etabliert. Kapitän Persius berichtet über seine Erfahrungen:

In langen Reihen standen auf den Regalen Bücher, voll mit all den Aufsätzen, die seit Jahrzehnten in Kiel von den Prüflingen hatten bearbeitet werden müssen. Da war wohl kein Thema, das nicht vor dem Examen in Kiel und in Berlin bei Reetzke durchgeackert worden wäre ...

Die Anmeldungen von Aspiranten überschritten stets die Ziffern der Einstellungen um das Doppelte und Dreifache. Es war also ein Konkurrenzexamen bösester Sorte. Ohne Konnexionen könne man das Examen nie bestehen, so wurde mir von Kameraden Begas, dem Sohn des Bildhauers, versichert. Dessen Vetter war ein Herr Philipp, der auch die Reetzke-Presse besuchte, und dessen Onkel ein Admiral Deinhard. So waren die beiden unbesorgt, obgleich Begas es auf der Schule nur bis Quarta und Philipp es gar nur bis ›Oberquinta‹ gebracht hatte und nun seit Jahren die Presse ohne starke Mühewaltung bezüglich des Lernens besuchte ...

Gerade damals hatte mich ein Marinelieferant — so stellte sich der Herr vor — aus Kiel besucht. ›Bartsch‹ nannte er sich und gehörte einer der vier Firmen an, die die Equipierung für die Seeoffiziere und Kadetten besorgen durften. Er nahm mir Maß für alle Uniformen, trotz meines Einwandes, es sei ja noch gar nicht sicher, daß ich das Examen bestehen, daß ich eingestellt würde. Er lächelte und meinte, ich solle unbesorgt sein, ich würde bestimmt eingestellt. Ich glaube, der Herr wolle mir etwas Angenehmes sagen. Bei Philipp und Begas war er auch, bei dem Grafen Hoffmannsegg und dem Freiherrn v. Schönaich ebenfalls. Bei allen übrigen Aspiranten jedoch nicht. Begas und Philipp schmunzelten, sie wußten allerhand, schauten hinter die Kulissen des Examens!

Auf Grund meiner Unterredung mit Herrn Bartsch, dem Marineschneider, interpellierte ich meinen Vater: »Du bist doch einer der höchsten Beamten, du solltest doch etwas für mich tun, damit ich das Examen bestehe.« Na, da kam ich an den Rechten. »Ich habe meine Karriere ohne Konnexionen gemacht« und ähnliches mehr mußte ich hören. Immerhin . . . meine Bitte hatte doch meinen Vater bewogen, an gewisser Stelle zu erwähnen, daß sein Sohn in die Marine einzutreten beabsichtige. Wie das geholfen hat! Als ich Ende März nach Kiel abdampfte, gab mir mein Vater einen verschlossenen Brief. »Hier, dies Schreiben sollst du dem Direktor der Marineschule, Herrn Admiral Freiherrn v. Reibnitz, persönlich abgeben. Herr v. Caprivi, der Chef der Admiralität, hat es mir zugesandt.«

Später erzählte mir mein Vater, daß Herr von Caprivi, dem er auf einer Cour im Königlichen Schlosse gelegentlich gesagt hätte, daß ich in die Marine einzutreten gedächte, sich sehr bald eine Gegenleistung ausgebeten hatte. Zwei seiner früheren Feldwebel wünschten als Militäranwärter im Staatsdienst unterzukommen und hätten sich das Oberverwaltungsgericht in Berlin auserlesen. Hier mußte ihnen mein Vater den Weg ebnen zu der Laufbahn als Kanzleirat usw. Freudig nahm ich den Brief Caprivis an mich. Große Arbeit hatte sich der Herr nicht gemacht. Der Wortlaut war: »Überbringer, der Marinekadettaspirant L. P., ist einzustellen.«

Ich habe ähnliche ›Befehle‹ später, als ich zwei Jahre lang der Kadettenannahmekommission angehörte, öfters zu Gesicht bekommen. In Laienkreisen waren früher absurde Ansichten über die Frage vertreten: »Wer wird als Offiziersaspirant bei Armee und Flotte angenommen?« Wenn man die Frage unter dem Gesichtswinkel betrachtet, der doch in Preußen-Deutschland maßgebend war, maßgebend sein mußte, dann wird man sich die Antwort selbst geben können. Der Offiziersstand war nun einmal der erste, es mußte daher dafür gesorgt werden, daß gesellschaftlich, politisch und wirtschaftlich nur erstklassiges Material in ihm Aufnahme fand. Es ging eben nicht an, daß der Sohn eines Schuhmachers — um ein Beispiel zu nennen —, der Sohn eines Sozialdemokraten, der Sohn eines Tagelöhners Offizier wurde. Tatsächlich war es wichtiger, daß z. B. ein vornehmer Name vorhanden war, als ausgedehntes Schulwissen. Die paar Vokabeln, die man vom Gymnasium her mitbrachte, wurden rasch vergessen, ob einige mehr oder weniger, darauf kam es nicht an. Das Fehlende konnte später nachgeholt werden. Nicht aber ausgeglichen werden konnte eine minderwertige Familie, ein politisch der Regierungsverfassung feindlich gegenüberstehender Charakter, fehlende Wohlhabenheit, wenn auch in beschränkten Grenzen. Wenn einmal Ausnahmen gemacht wurden, so erwiesen sie sich bald als fehlerhaft. So wurde in der Marine einst ein Sohn eines Feuerwerksleutnants als Seekadett eingestellt. Feuerwerksoffiziere gehen aus dem Mannschaftsstand hervor. Bald wurde eingesehen, daß man weder den Seeoffizieren noch dem jungen Mann einen Dienst erwiesen hatte. Der Gedanke, der Vater dieses Seekadetten war einst simpler Matrose, war so beherrschend, daß der Betreffende nie als vollgültig angesehen wurde.

Alfred Tirpitz machte Karriere per Torpedo.
Lexikon 1968:

Torpedo (span.), der oder das, seit 1868 entwickelte Unterwasserwaffe mit Eigenantrieb, Selbststeuerung und Sprengladung im Torpedo-Kopf . . .

Marinebuch 1901:

Unstreitig ist der Fischtorpedo eine der sinnreichsten Maschinen der Neuzeit. Der Torpedo ist ursprünglich erfunden von dem Ingenieur Whitehead und dem österreichischen Kapitän Lupis.

In der Maschine befinden sich zahlreiche feine und doch einfache Apparate, welche wirklich den Torpedo wie ein halb lebendes Wesen erscheinen lassen . . .

Tirpitz und die Torpedowaffe:

Was ein Torpedo ist, welche Wirkung er ausüben kann, weiß heute jeder; damals steckte man, auch in der österreichischen Flotte, überall in mühsamen und kostspieligen Versuchen, und der Chef der Admiralität von Stosch entschloß sich 1877, den Korvettenkapitän Heusner (später kurze Zeit Staatssekretär), begleitet durch Tirpitz (damals Kapitänleutnant, 27 Jahre alt) nach Fiume (im Norden des adriatischen Meeres) zu senden, um die österreichischen Torpedoversuche zu studieren. Nach dieser Reise folgten Versuche auf dem Aviso ›Zieten‹ . . .

Stosch forderte, da ihm doch allerlei Zweifel bei einer Besichtigung kamen, eine Reihe von Seeoffizieren zur Einreichung einer schriftlichen Äußerung auf, unter ihnen auch Tirpitz. Seine Denkschrift war so klar und ausgezeichnet gefaßt, traf den Nagel so auf den Kopf, daß sie von Stosch als mustergültig bezeichnet wurde.

Tirpitz wurde Kommandant des ›Zieten‹ und Leiter der Torpedoversuche, auch an Land (Schießplatz in Friedrichsort). Es war seine große Chance und wurde sein Leistungsbeweis. Auch ohne seinen späteren spektakulären Aufstieg hätte er seinen Platz in der deutschen Marinegeschichte als Schöpfer der Torpedowaffe. Er erinnerte sich:

Seit Mai 1878 leitete ich als Kommandant des ›Zieten‹ das Torpedowesen. Ich fing sozusagen mit nichts an, arbeitete zum Teil als Klempner mit eigener Hand und schuf mir einen Apparat. Als 1879 der Kronprinz und 1880 der Kaiser die Marine inspizierten, durfte ich das Torpedoscharfschießen vorführen, dessen unerwartet sicheres Gelingen dazu beitrug, Stoschs durch die Katastrophe des ›Großen Kurfürsten‹ etwas erschütterte Stellung wieder zu befestigen.

Die Erfahrungen prägten seinen Sinn für Technik und seine methodische Geduld:

Es ging mir beim Torpedowesen wie später mit allen neuen Erfin-

dungen, sei es Luftschiff, Uboot oder anderes. Ich hielt mit verfrühten Einführungen zurück, griff aber fest zu, sobald ich sah, daß wirkliche Entwicklung in der Sache lag. Dieses Verfahren habe ich stets als das einzig richtige befunden. Mir auch als Staatssekretär die Ruhe nicht nehmen zu lassen, war bei dem ungeduldigen Drängen von allen Seiten im Zeitalter sich jagender Erfindungen häufig ein schwerer Teil meiner Aufgabe, aber auch ein sehr wichtiger, sollten wir in der kurzen Zeit mit begrenzten Mitteln eine erstklassige Flotte anstelle eines Museums von Experimenten erhalten ...

Bei der Torpedowaffe habe ich zuerst die für Schiffsverhältnisse notwendige technische Genauigkeit ausgebildet, auf der meine Arbeit stets beruht hat. Der Whiteheadsche Torpedo war der Idee nach richtig; aber es steckte in ihm noch zu viel rohe Maschinenarbeit, er entbehrte daher der uhrwerksartigen Sicherheit. Ähnliches hat sich u. a. beim Uboot wiederholt, das ja ebenfalls Qualitätsarbeit erfordert. Diese Qualitätsarbeit, auf der die Kriegsbrauchbarkeit beruht, haben wir erst in Deutschland geschaffen, zuerst bei der Torpedowaffe, deren große Schußsicherheit noch im Krieg von den Engländern nicht ganz eingeholt war. Als ich 1879 dem Kronprinzen die Whitehead'schen Torpedos vorführte, war es trotz vielwöchiger Vorbereitungen die reine Lotterie, ob sie bei der Vorführung einigermaßen ans Ziel kamen oder wilde Sprünge machten. Das Glück war uns hold, aber nachher erklärte ich Stosch, wir müßten nun zu eigner Präzisionsarbeit übergehen.

Die Admiralität trat zunächst an die deutsche Fabrik von Schwartzkopff heran, welche für die angeblichen Vorzüge ihrer Bronzetorpedos solche Reklame gemacht hatte, daß ihr die Admiralität ein Monopol überlassen wollte. Hiergegen habe ich mich gewandt ...

Entgegen Versuchungen:

Schwartzkopff hatte mir den Vorteil auseinandergesetzt, der darin läge, von seinen Aktien zu kaufen, die, wie vorauszusehen war, durch die Bestellung der Marine ihren Wert verdreifachten. Ich habe selbstverständlich keine Aktien gekauft und hätte jeden Beamten, der anders gehandelt hätte, weggeschickt.

›Zieten‹ war das erste Torpedofahrzeug der kaiserlichen Marine nach Versuchen mit fünf ›Torpedodampfern‹, gebaut 1874-76; sie trugen einen Sprengkörper an Spieren vor dem Bug:

Anfangs mußte der Spierentorpedo zum Gefecht durch Taucher angebracht werden, automatische Konstruktion . . . erst seit 1878. Angriff: In Schußweite des Gegners stieg Besatzung auf Rettungs-

floß, nachdem Ruder auf Kurs festgelegt worden war. Evtl. konnte die Besatzung nach Angriff sich an der langausgesteckten Schleppleine des Floßes wieder an Bord verholen, wenn Schiff intakt.

Der von Whitehead entwickelte Torpedo mit eigenem Antrieb führte zum Torpedoboot mit Torpedorohren. Die deutschen Torpedoboote bis 1888 wurden unter der Leitung von Tirpitz entwickelt und erprobt. Durch die Torpedoboote kam es 1887 zur ersten persönlichen Bekanntschaft zwischen Tirpitz und dem jungen Prinzen Wilhelm, der ein Jahr später als Kaiser Wilhelm II. den Thron bestieg. Wilhelm I. und Friedrich III., Großvater und Vater, waren kurz nacheinander 1888 gestorben. Tirpitz:

Im Jahr 1887 fuhr Prinz Wilhelm, der spätere Kaiser, zum Jubiläum seiner Großmutter nach England, wo man ihn, wohl schon wegen des Ärztestreits um seinen Vater, schlecht aufgenommen hat. Ich führte die Torpedoflottille, die den Prinzen begleitete und überflüssigerweise den Engländern vorgeführt werden sollte. Da lernte ich den Prinzen kennen, der mit leidenschaftlichem Interesse in alles Technisch-Maritime hineinsprang.

Tirpitz hatte entscheidende Entwicklungsjahre hinter sich:

Indem also der Zufall mir in der Entwicklung der Torpedowaffe die erste größere Aufgabe stellte und sich so günstig erwies, daß wir die entsprechenden Leistungen der anderen Marinen überholten, bekam ich nebenbei auch einigen Einblick in den Gedankenkreis eines technischen Fabrikdirektors. Doch war ich froh, als das Problem des Torpedoboots mich wieder auf mein natürliches Feld, die Taktik, führte. In meiner Entwicklung hat sich die Linie vom Technischen über das Taktische zum Organisatorischen mehrfach wiederholt.

Stosch war Gegner der Torpedoboote, die in England schon gebaut wurden. Als ich aber im Jahre 1882 in seinem Auftrag das erste Manöver ausgearbeitet hatte, fiel es mit unseren damaligen schlechten Versuchsbooten immer noch so günstig aus, daß Stosch für die Torpedoboote Interesse gewann. Caprivi, der im Torpedoboot ein seinem strategischen Grundgedanken entsprechendes Mittel erkannte, beauftragte mich dann, das Torpedobootswesen zu entwickeln. Die Ansichten schwirrten durcheinander. Die einen wollten kleine Küstenboote. Ich forderte seefähige Fahrzeuge, die in der Nordsee schlagen könnten. Der Kampf für Hochseefahrzeuge gegen den Küstenschutzgedanken zieht sich durch mein ganzes Wirken bis zum U-Bootsbau.

In seiner Denkschrift von 1877 hatte Tirpitz betont, daß die Seeschlacht im Gegensatz zur Landschlacht als alleiniges Ziel die Vernichtung der feindlichen Flotte anstreben müsse:

Nur im Vernichten liegt auf der See der Erfolg.

Tirpitz hat als Staatssekretär erbittert die Verfechter der These bekämpft, Torpedo- und U-Boote würden die Schlachtflotten im Krieg entwerten.

Caprivi (Chef der Admiralität 1883-88), Stoschs Nachfolger,

wollte viele Kreuzer für den Auslandsdienst zum Schutze des Handels und der Kolonien, Förderung des Seeminenwesens, Wachstum der Torpedoschiffe, Verstärkung des Küstenschutzes — Summa Summarum: Verwendung der Seemacht im Falle eines Krieges zur rein passiven Verteidigung unserer Küsten.

Mit den von Tirpitz gehegten Gedanken paßte dieses System schwerlich zusammen, wohl aber fesselte ihn der Plan, die Torpedowaffe zu prüfen und zu vervollkommnen.

Tirpitz wurde 1884 Chef der neugebildeten Torpedoversuchsdivision, gleichzeitig Kommandant der Korvette ›Blücher‹, Torpedo-Versuchs- und Schulschiff. Er prüfte hart:

In der Nordsee sollten die Versuche sein, weil da auf schweres Wetter zu ›hoffen‹ war. Als man draußen war, schieden einige Boote sofort aus.

(Sie waren klein, von nur 56 Tonnen und 31,5 Meter Länge bis — bei den von Tirpitz beeinflußten Typen der Schichau-Werft — 99 Tonnen, 37,7 Meter Länge).

Zwei Schichauboote fuhren . . . ineinander, und eines wurde beschädigt, das andere hatte nur noch ein nicht völlig brauchbares Ruder. Im Kattegat ging gerade deshalb Tirpitz an Bord dieses letzteren, während Kapitän von Ahlefeld den Befehl über ›Blücher› übernahm mit der Weisung, in der Nähe der beiden Schichauboote zu bleiben. Hätte Tirpitz die beiden beschädigten Schichauboote nach Wilhelmshaven zurückgeschickt, so galten sie (und es waren größere Boote) als beseitigt, der Versuch, mit ihnen um Jütland herum nach Kiel zu fahren — so war der Plan — wäre als mißglückt angesehen. Tirpitz beschloß deshalb, mit den Booten weiterzufahren.

In Höhe der jütischen Küste machte sich ein Südweststurm auf, und das Ruder des Bootes, auf dem Tirpitz sich befand, brach ganz weg, nur der Stumpf blieb übrig. Man befestigte den Stumpf mittels Flaschenzuges. Ein englischer Dampfer fragte an, ob er Hilfe bringen sollte, Tirpitz lehnte dankend ab. Bald darauf versuchte Ahlefeld, das Boot durch ›Blücher‹ schleppen zu lassen, aber die Stahltrosse mußte abgeworfen werden, weil das Boot beim

Anziehen fast senkrecht in die Höhe schnellte. Ein zweiter Versuch, das Boot durch das in der Nähe sich befindende Thornycroftboot schleppen zu lassen, mißlang gleichfalls, weil die Trosse in die Schraube dieses Schiffes geriet, so daß Tirpitz rief: »Auf diese Weise versäuft das Boot auch noch!« ...

Zunächst fuhr Tirpitz in der Nähe des ›Blücher‹ weiter, ohne aber, der hohen See wegen, mit deren Kommandanten Verbindung irgend welcher Art zu haben. Jenes Schiff (ohne Geschütze) machte schlimme Bewegungen; es hatte, nicht richtig mit Eisenballast beschwert, zu große Stabilität und stampfte ›wie toll‹, war einmal so nah dem Schichauboot, daß Tirpitz und ein anderer Offizier, der spätere Admiral von Heeringen (1911-1913 Chef des Admiralstabs der Marine), sich die Öljacken auszogen, um am ›Blücher‹ aufentern zu können, falls sie gerammt würden. ›Blücher‹ ging aber noch rechtzeitig rückwärts. Von da ab ging jede Verbindung beider Schiffe verloren.

Das Boot schaffte die Fahrt um Jütland durchs Skagerrak.

Mit dieser Fahrt

begann die Aera der größeren Schichauboote, wie der Aufschwung des Torpedowesens überhaupt. Daß Tirpitz selbst hierdurch an Ansehen gewann, bedarf keiner Versicherung.

Tirpitz sagt dazu:

Aus den Kämpfen zwischen den Technikern der Admiralität und mir um die Torpedobootstyp fand Caprivi den Ausweg, 1886 eine Torpedo-Inspektion zu errichten, die er mir übergab und die nun einheitlich alle Zweige des Torpedowesens umfaßte. Wir entwickelten das seefähige, mit Artillerie bewaffnete Boot; die militärische Ausbildung wie die Werften und Werkstätten wurden jetzt von einer Hand geleitet, was in jedem Entwicklungsstadium seine Vorteile hatte.

Aber als 1888 der junge Kaiser den Marine-General Caprivi abberief und der Marine die Freude machte, endlich einen Seeoffizier an ihre Spitze zu setzen, wurde dem Aufschwung der Torpedowaffe zunächst ein Ende gesetzt.

Der neue Chef der Admiralität war Admiral Graf Monts, der 1878 Kommandant des durch Rammstoß von ›König Wilhelm‹ versenkten ›Großer Kurfürst‹ gewesen und bei der Untersuchung des Unfalls entlastet worden war. Tirpitz in seinen Erinnerungen über Graf Monts:

Dieser hegte gegen alles Torpedowesen unverhohlene Abneigung, die übrigens fast allen älteren Offizieren damals eigen war, teils aus einer natürlichen Ablehnung des Neuen, teils wohl deshalb, weil nach ihrer Auffassung jüngere Offiziere dabei zu früh in selbständige Kommandantenstellungen kamen. Jedenfalls erklärte Graf Monts bei der ersten Inspizierung der Flottille das Ganze als Paradestück, das für die Front unverwendbar wäre.

Ich bat darauf beim Kabinettschef einerseits um ein Bordkommando, andererseits darum, daß dem Grafen Monts bei seinen Bestrebungen gegen die Torpedowaffe einige Zurückhaltung auferlegt werden möchte.

Drei Jahrzehnte später gab es ähnliche Meinungsverschiedenheiten um das U-Boot. Nur stand Tirpitz da auf der anderen Seite.

Im ganzen Jahr 1916, das für die Bestellung von U-Booten von ausschlaggebender Bedeutung war, wurden trotz aller scharfen Anforderungen durch den Reichstag, mehr U-Boote zu bauen, und trotz aller schönen und beruhigenden Erklärungen, die Herr v. Capelle wie sein Vorgänger v. Tirpitz immer abgab, vom R.M.A. nur ganze 90 Boote in Bau gegeben, einschließlich der kleinen und kleinsten nur beschränkt verwendungsfähigen U-Minenboote. Und von dieser Zahl ist die bei weitem größte Bestellung durch den Reichskanzler Bethmann Hollweg veranlaßt, dem Dr. Struve die schweren Fehler Tirpitz' im U-Bootbau klargelegt hatte — an einem Tage wurden mehr U-Boote bestellt als von Tirpitz im ganzen Jahr 1915!

»Der Krieg der Leutnants und Kapitänleutnants«, wie der U-Boot-Krieg mit einem gewissen Unterton von den älteren Seeoffizieren und namentlich denen in den leitenden Landstellungen genannt wurde, war diesen aus dem Grunde nicht sympathisch, weil es ihnen nicht angenehm war, sich vorzustellen, daß ein solcher »Krieg der Leutnants und Kapitänleutnants« allein oder in der Hauptsache die Entscheidung bringen könnte. Dies einmal aus einer gewissen Rangeifersucht heraus und dann: wie sollten in einer Marine mit sehr vielen U-Booten sich die bei dem bisherigen Aufbau der Marine so ungewöhnlich guten Beförderungsverhältnisse namentlich in den höheren Chargen gestalten!?

Zu diesem Thema bemerkt Kapitän Persius 1919,

daß die Kriegsschiffbaupolitik in der Admiralität bestimmt wird, von Admiralen, die Flotten und Geschwader von Großkampfschiffen kommandieren, und allenfalls von Kapitänen zur See, die Dreadnoughts befehligen, während die Führer der U-Boote Kapitänleutnants und Leutnants sind. Man darf nicht vom Schuster verlangen, er solle Propaganda fürs Barfußlaufen machen.

Nicht anders war es mit den Torpedobooten, als 1888 der Admiral

Graf Monts nach den Generalen ans Ruder der Marine kam.

Auch Graf Monts, mit dem Torpedo-Tirpitz zusammenstieß, hatte auf dem Weg zum Admiralsrang einen Gesinnungswandel hinter sich:

Er war der älteste ›moderne‹ Seemann, insofern er schon 1870 während des Krieges die ersten Versuche mit Whiteheadtorpedos angestellt hatte; diese beiden unvollkommenen Urahnen ihrer Gattung taten freilich nie, was sie sollten, erhielten deshalb die treffenden Namen Max und Moritz.

Aber das lag achtzehn Jahre zurück, als er dem Torpedochef Tirpitz die Arbeitsfreude verdarb. Die Karriere des Korvettenkapitäns Tirpitz war jedoch vorangekommen. Am 24. November 1888 wurde er Kapitän zur See, 38 Jahre alt. Die Karriere blieb in Schwung, die Torpedobootszeit wirkte weiter. Sie erklärt auch den scharfen Zug mancher Gruppenkämpfe in den Kommandostellen der Tirpitz-Zeit. Kein Zweifel: Er konnte führen und begeistern, scharte einen Anhängerkreis um sich, mit dem er zu operieren wußte, er war ein Politiker.

Der spätere Großadmiral war 38 Jahre alt, Wilhelm 28, als sie sich näher kennenlernten. Wilhelms Erinnerungen:

Im Mai 1887 erhielt ich von meinem Großvater den Befehl, ihn bei dem 50jährigen Krönungsjubiläum der Königin Victoria am 21. Juni in London zu vertreten, da mein erkrankter Vater der Schonung bedurfte und deshalb nur inoffiziell an den Feierlichkeiten teilnehmen konnte . . .

Mit Genehmigung meines Großvaters schiffte ich mich an Bord des Flottillenfahrzeugs ›Blitz‹ der Torpedobootsflottille unter dem damaligen Kapitän z. S. Tirpitz ein; die nach England mitgehende erste Division der Flottille kommandierte mein Bruder Heinrich als Chef. Wir liefen bei schönstem Wetter nachts über die Nordsee und erreichten am frühen Morgen das englische Festland. Ein herrlicher Sommertag brach an, als wir die Küste entlang auf die Themsemündung zu dampften.

Tirpitz-Biograph v. Hassell:

Der damalige Prinz Wilhelm wurde in England nicht besonders gut behandelt, so wurde z. B. bei der Einfahrt in die Themse seine Standarte gar nicht beachtet. Tirpitz selbst wurde, obwohl er ältester begleitender Offizier des Prinzen war, ganz zuletzt zu einer Feier eingeladen und lehnte deshalb ab.

Der Ärztestreit um Wilhelms Vater:

Im Januar 1887 begann der damals sechsundfünfzigjährige Kronprinz zuerst an Heiserkeit zu leiden, und sein Leibarzt, Generalarzt

Wegner, erkannte bald, daß das Leiden hinlänglich ernsthaft war, um die Konsultation eines Spezialisten zu erfordern.

Die Behandlung hatte keinen Erfolg.

Nun wurde Professor Ernst von Bergmann, ein hervorragender Chirurg, liberaler Politiker und Freund des Kronprinzen, konsultiert; er gab der Meinung Ausdruck, daß das Gewächs durch einen operativen Eingriff entfernt werden sollte.

Thyrotomie: Spaltung des Kehlkopfs, Entfernung des Gewächses mit Verlust der Sprechfähigkeit. Ein Konzil von sechs Spezialisten bestätigte die Empfehlung.

Nachdem Bismarck diesen Bericht gelesen und den Ernst der Situation erkannt hatte, bestimmte er, daß der beste Spezialist Europas, gleichgültig welcher Nationalität, sofort zugezogen werden sollte. Obgleich er in politischen Dingen heftiger Gegner des Kronprinzen war und die Einmischung der Kronprinzessin in die Staatsaffären, die seiner Ansicht nach bestand, mißbilligte, empfand er, daß alle Meinungsverschiedenheiten im Verhältnis zu dieser Frage über Tod und Leben gleichgültig waren. Zwei oder drei Spezialisten wurden empfohlen, von denen einer ein Österreicher, der andere ein Engländer war: Dr. Morell Mackenzie, dessen hervorragende Bedeutung in der Laryngologie von seinen Kollegen anerkannt wurde. Seine leichte Hand und seine operative Geschicklichkeit bildeten nicht die kleinsten seiner Empfehlungen, aber er war, wie die nachfolgenden Ereignisse beweisen, vielleicht ein wenig indiskret, überempfindlich und etwas polemisch.

Die nachfolgenden Ereignisse: Mackenzies Rat, die Operation nicht vorzunehmen. Fortschreitende Todkrankheit des Kronprinzen. Tod des alten Kaisers Wilhelm I. am 9. März 1888. Thronfolge durch den schon nicht mehr regierungsfähigen Kronprinzen als Kaiser Friedrich III. für 99 Tage, er starb am 15. Juni. Wilhelm II. trat die Regierung an, mit neuem Kurs. Seine Mutter Victoria, die Kronprinzessin, klammerte sich an Mackenzies beruhigendes Urteil gegen die deutschen Ärzte. 9. Oktober 1887:

Dr. Mackenzie ist gestern abgereist . . . Nach seiner Ansicht bessert Fritzens Gesundheit sich in erfreulicher Weise, es hinge aber alles von ihm und davon ab, daß er nicht spricht und Kälte und Feuchtigkeit vermeidet — dann könnte er in drei oder vier Monaten gesund sein!

Die deutschen Ärzte waren außer sich, Klatsch und Intrigen spielten, nationale Leidenschaft wurde aufgerührt. Victoria in einem Brief am 5. Oktober 1887:

Ich bin eine Engländerin, bei der man liberale, freidenkerische und künstlerische Tendenzen argwöhnt. Ich habe kosmopolitische und humanitäre Empfindungen und andere, die in den Augen Bismarcks Greuel sind; so werde ich mit dem Etikett ›verdächtig‹ und ›gefährlich‹ von der Clique versehen, die jetzt allmächtig ist.

Der Vorwurf gegen Mackenzie, durch Fehldiagnose den Tod Friedrichs III. verschuldet zu haben, war unberechtigt. Zwar hat er der Krebsdiagnose widersprochen und verfehlte Hoffnungen erweckt, aber auch Virchow war zunächst gleicher Meinung. Und Mackenzie war grundsätzlich gegen die Operation, weil er sicher war, der Patient würde sie nicht überleben. Das hat erst die Autobiographie des Chirurgen Rudolf Nissen geklärt, der damals Assistent des schärfsten Mackenzie-Gegners Ernst v. Bergmann war. Doch der Öffentlichkeit prägte sich Ernst von Bergmanns Anklage ein, er selbst war felsenfest überzeugt. Als ihm nach dem Tod Friedrichs III. spontan ein Fackelzug dargebracht wurde, sagte er:

Wer zurückdenkt an die traurige Zeit, als unser Volk die Hoffnung am Krankenbett des heißgeliebten Kronprinzen fallen lassen mußte, nachdem ein unverantwortlich trügerisches Gaukelspiel so lange sie ihm vorgetäuscht hatte ...

Die Affäre spielt in der Entstehungsgeschichte des Englandhasses in Deutschland und der Deutschfeindlichkeit in England keine geringere Rolle.

Tirpitz wurde nach seinem Rücktritt als Torpedochef 1889 Kommandant des Panzerschiffs S.M.S. ›Preußen‹, 1890 Kommandant S.M.S. ›Württemberg‹, einem der vier stärksten Panzerschiffe, die wegen ihrer vier paarweise stehenden Schornsteine ›Zementfabriken‹ genannt wurden.

„Das einzige wahre Interesse des Kaisers liegt bei der Marine"

Wilhelm beim Marinemanöver 1888 auf der von Prinz Heinrich kommandierten alten ›Hohenzollern‹; Tagebuchnotiz des Grafen Waldersee vom 9. Oktober:

Der ganze Tag wurde in Manövern beider Flotten hingebracht und endgültig mit der Zurückdrängung der Verteidigungsflotte nach dem Hafen. Der Kaiser war, mit Ausnahme der Mahlzeiten, stets auf Deck und unglaublich passioniert; um 10 Uhr ging er sehr ermüdet zu Bett und ließ sich durch nächtliche Übungen nicht stören.

Die Marinepassion des Kaisers äußert sich stark; stärker als es für uns gut ist. Die Marine weiß dies und beutet es in einer, wie ich meine, ungehörigen Weise aus. Der Kaiser ist nun auch entschlossen, für die Marine erhebliche Geldforderungen zu machen, um wieder größere Schiffe zu bauen, was Caprivi nicht für wichtig gehalten hatte.

Dem Kaiser fehlte es jedoch an Programm und Kraft, der Flottengedanke war noch nicht überzeugend formuliert worden. Waldersee notierte am 30. März 1892:

Gestern ist im Reichstag die Kreuzerkorvette K mit großer Majorität abgelehnt worden, und zwar mit Hilfe des Zentrums. Dies die Antwort auf das Zurückziehen des Schulgesetzes. Was gilt diesen Herrschaften das Vaterland? Sie fechten nur im Interesse der katholischen Kirche.

Seit 1892 gab Tirpitz als Stabschef im Oberkommando den Marineforderungen Plan und Richtung; die Forderungen des Reichsmarineamts überzeugten den Reichstag mehr als zuvor. Waldersee am 10. März 1895:

Schon jetzt heißt es, das einzige wahre Interesse des Kaisers liegt bei der Marine; da seine Forderungen diesmal im großen und ganzen bewilligt würden, so sei ihm alles andere gleichgültig.

Dann gab es wieder Schwierigkeiten. Waldersee zur Zeit der Eröffnung des Kaiser-Wilhelm-Kanals, 2. April 1895:

Unbequem ist die Geldfrage. Boetticher sagte, er habe für die Feier nur 350 000 Mark, nach seiner Meinung seien wohl 2 Millionen nötig, der Reichstag würde die aber nicht bewilligen.

Die Idee aktiver, direkter Flottenpropaganda, später von Tirpitz zu Meisterschaft entwickelt, kam auf:

Der Kaiser befahl, daß sie verlangt würden. Boetticher schlug dann vor, 75 Reichsboten einzuladen; der Kaiser meinte, das sei viel zu wenig, die Zahl wurde also auf 150 erhöht.

Der Kaiser stürzte sich mit Begeisterung in die Feierlichkeiten als Demonstration deutschen Seegeltungswillens; Waldersee am 23. Juni 1895:

Der Kaiser persönlich hat dabei sehr gut abgeschnitten, was man, da das Ereignis vor Vertretern der ganzen Welt stattfand, nicht gering veranschlagen darf, Hinzpeter war zugegen und hat im Hinblick auf den Monarchen gesagt: »Zur Repräsentation eignet er sich gut, im übrigen kann er nichts.«

Viele glauben, daß die Feste das Ansehen Deutschlands heben werden; ich bezweifle es. Von bloßem Pomp und Prachtentfaltung gehen heute solche Wirkungen nicht mehr aus. Möglich, daß bei einigen Reichsboten die Marinepassion erwacht ist, was den Bewilligungen zugute kommen könne; das viele verausgabte Geld wäre aber besser zum Bau neuer Schiffe verwandt worden.

Der Kaiser wollte aber sehr viel mehr Geld für die Flotte und stieß auf Widerstand. Waldersee am 21. Januar 1896:

Er wünschte eine große Anleihe — 300 Millionen — für Marinezwecke, war daraufhin auch schon mit dem ›Vulkan‹ in Verbindung getreten; Hohenlohe** jedoch erklärte, das ginge nicht ... Der Kaiser ist außer sich gewesen. »Ich werde alle Kreuzer zurückberufen, dann wird man in den Seestädten bald großen Lärm schlagen, und alle Kolonialmänner werden sich ausschließen,« hat er in Unmut geäußert.*

Wilhelm fuhr sich fest. Waldersee am 9. Februar 1896:

Der Kaiser hat seine Flottenvermehrungspläne zurückgestellt, vorläufig bis zum Herbst, im Zusammenhang damit scheint auch die Absicht, einen Kanzlerwechsel vorzunehmen, von ihm zunächst aufgegeben zu sein.

Stimmungsbild 28. Juni 1896:

Der Monarch war von größter Freundlichkeit. Augenscheinlich befindet er sich auf See und unter Marineleuten in der ihm ange-

---

* Werft Vulkan – Bremen.

** Fürst Chlodwig zu Hohenlohe-Schillingsfürst, Reichskanzler 1894–1900.

nehmen Luft. Daß er zum Herbst mit hohen Forderungen für seine Lieblinge kommen wird, halte ich für sicher.

Aber die Kraft fehlte. Waldersee am 6. Januar 1897:

Das ist das Eigenartige unserer Lage: der Monarch gilt als höchst selbständiger, zielbewußter Charakter, während er tatsächlich, verschiedenen Strömungen nachgebend, in völlige Unsicherheit, oft auch Entschlußlosigkeit geraten ist.

Am 31. Januar 1897:

Während der Unterhaltung vervollständigte der Kaiser mit Buntstift eine graphische Darstellung des Anwachsens der französischen und deutschen Marine und kam auch auf die Notwendigkeit der Flottenvermehrung bei uns. Schließlich gab er mir die Zeichnung und empfahl mir deren Studium ...

Daß der Kaiser mir die Zeichnung mit der betonten Bemerkung übergab, für die Flotte müsse nun bald Großes geschehen, deutet die Möglichkeit eines Kanzlerwechsels infolge dieses Problems an, denn Hohenlohe leistet jenen Marineplänen Widerstand.

Am 28. Februar 1897:

Der Prinz (Heinrich) glaubt, der Kaiser wolle jetzt die Dinge ruhig laufen lassen, aber für die neuen Reichstagswahlen mit großen Plänen hervortreten; auf meiner Einwurf, daß die Marineparole nicht ausreiche, um einen guten Reichstag zu erhalten, deutete er an, daß die soziale Frage damit wohl verbunden werden würde.

Und am 1. März 1897:

Ich erhielt heute ein Schreiben von Admiral Senden (Anm.: Übersichten von Kriegsschiffneubauten), wodurch meine Kieler Vermutung, daß der Kaiser mich für seine Marinepläne gewinnen will, sich bestätigt. Ich kann nicht leugnen, daß es mir nicht leicht werden wird, seinen Auffassungen beizustimmen, es sei denn, daß er mir politische Ziele zu zeigen vermag. die ich zunächst noch nicht erkennen kann. Die Geldfrage würde schließlich zu lösen sein, wenn die Pläne nicht gar zu großartig sind. Das Schlimme ist aber, daß von einer Konkurrenz mit England doch keine Rede sein kann, und daß ich nicht zu glauben vermag, daß wir mit diesem Lande je wieder auf einen guten Fuß kommen. Solange wir keine Kolonialpolitik trieben und eine nur winzige Flotte hatten, auch unsere Industrie nicht so entwickelt war, galten wir bei den Engländern als ganz wünschenswerte Bundesgenossen. Jetzt ist es Englands Ziel, uns als Seemacht nicht aufkommen zu lassen. Auch dieser Umstand weist deutlich auf Wiederherstellung des guten Verhältnisses zu Rußland.

Übrigens: Die deutschen Koloniegründungen in Südwestafrika, Togo, Kamerun, Ostafrika, Neuguinea, Bismarck-Archipel, Marshall-Inseln und andere Erwerbungen lagen ein Dutzend Jahre zurück, 1884-1885. Ohne Flottenmacht, mit Politik unter Bismarck!

Am 20. März 1890 hatte Wilhelm II. Bismarck entlassen. Neuer Reichskanzler wurde der frühere Chef der Admiralität General v. Caprivi, 1894 abgelöst durch den fünfundsiebzig Jahre alten Fürsten Chlodwig zu Hohenlohe-Schillingsfürst.

In dieser Aera Hohenlohe, am 18. Juni 1897, wurde der achtundvierzig Jahre alte Konteradmiral Alfred Tirpitz zum Staatssekretär des Reichsmarineamts ernannt:

Die oberste Verwaltungsbehörde der Marine, deren Ministerium in Berlin, ist einem Admiral als Staatssekretär, unter Verantwortlichkeit des Reichskanzlers unterstellt; dieser hat den unmittelbaren Vortrag beim Kaiser und vertritt die gesamten Angelegenheiten der Marine beim Bundesrat und im Reichstag. Die Eigenart der Kriegsmarine bedingt aber, daß seine Stellung außer der eines Verwaltungsbeamten auch die eines technischen und teilweise militärischen höchsten Vorgesetzten ist.

Wilhelm hatte gleich nach seinem Regierungsantritt eine entscheidende Weiche gestellt:

Die erste Maßnahme auf dem Gebiet der Marinepolitik war die bereits zu Anfang Juli erfolgende Entlassung des Generals von Caprivi und die Ernennung des Vizeadmirals Graf von Monts zum stellvertretenden Chef der Admiralität.

Dazu das »Handbuch der deutschen Marinegeschichte« von Röhr, 1963:

Mit der Kommandierung dieses Seeoffiziers als Führungsspitze macht der Kaiser die Marine mündig.

Graf Monts starb nach wenigen Monaten, am 19. Januar 1889. Ein neuer Chef der Admiralität wurde nicht ernannt, denn am 30. März erfolgt eine

Neuorganisation der obersten Marinebehörden, die die bisher in der Hand des Chefs der Admiralität vereinigte oberste Kommando- und Verwaltungsbehörde zerschlug und an ihrer Stelle ein Marinekabinett schuf, die alle drei dem Kaiser unmittelbar unterstellt waren. Admiral von Tirpitz schreibt darüber in seinen Erinnerungen: »Fürst Bismarck, der bei seinen Zusammenstößen mit Stosch die in dessen Hand vereinigte Macht unbequem empfunden hatte, begünstigte bedauerlicherweise diese Zerlegung der Marinegewalten, die schon im Frieden schädlich, im Kriege geradezu als

Verhängnis gewirkt hat«, und weiter: »Das Feld zu Spiel und Gegenspiel, zu drei bis vierfach verschiedener Marinepolitik war eröffnet.«

Stosch war übrigens an der Neuorganisation beratend beteiligt, ihm ging es um Stärkung der kaiserlichen Kommandogewalt, die nun ein Organ hatte, das Marinekabinett.

Kaiser Wilhelm II. an den Reichskanzler, Berlin 30. März 1889:

1. *Das Oberkommando der Marine wird vom 1. April d. J. von der Verwaltung derselben getrennt und von dem von Mir ernannten Kommandierenden Admiral nach meinen Anordnungen geführt.*
   Die Pflichten und Rechte desselben entsprechen denjenigen eines kommandierenden Generals in der Armee.
2. *Die Verwaltung der Marine wird unter der Verantwortlichkeit des Reichskanzlers von dem Staatssekretär des Reichs-Marine-Amtes mit den Befugnissen einer obersten Reichsbehörde geführt.*

Die dritte Führungsstelle, das Marine-Kabinett,

wurde nach Analogie des Militärkabinetts geschaffen, das eigentlich nur die Kanzlei des obersten Kriegsherrn darstellte, keineswegs aber als verantwortliche Behörde aufzufassen war. Ursprünglich vom Kriegsministerium ressortierend, war das Militärkabinett allmählich selbständig geworden und hatte namentlich durch die Bearbeitung aller persönlichen Angelegenheiten des Offizierkorps (Beförderungen bzw. Ernennungen, Kommandierungen, Ordensverleihungen, Heiratsgenehmigungen (›Konsens‹), Verabschiedungen etc.) eine große Machtstellung errungen. Denn wer in irgend einem staatlichen oder privaten Betrieb die maßgebende Stimme für die Besetzung der leitenden Stellen hat, der regiert.

Zudem nahmen die Kabinettchefs

an allen Immediatvorträgen der verantwortlichen Ratgeber teil und hatten, da sie dauernd in der Umgebung des Kaisers waren, weit mehr als diese Gelegenheit, ihren Einfluß geltend zu machen.

Aber bis zum Krieg ergab sich aus dieser Position des Marine-Kabinettchefs kein schwerer Konflikt. Eher war das Kabinett ein Puffer bei den immer wieder vehement aufflammenden Kämpfen zwischen den geteilten Spitzenbehörden. Beweis für die verhältnismäßig neutrale Rolle des Kabinetts ist die lange Amtszeit seiner Chefs: 1889 bis 1906, siebzehn Jahre lang, war es Admiral (anfangs noch Kapitän) Freiherr von Senden-Bibran, 1906 bis 1918 Admiral von Müller, der allerdings im Krieg zum Watschenmann bei marinepolitischen Auseinandersetzungen wurde.

Staatssekretär des Reichsmarineamts, Chef der Marineverwaltung einschließlich Planung und Bau der Schiffe, der Etatplanung und der Vertretung von Marineforderungen im Reichstag wurde Konteradmiral Heusner. Wegen Krankheit wurde er schon 1890 abgelöst durch Konteradmiral Hollmann, der dem Kaiser nahestand, aber kein starker Vertreter der Marine im Reichstag war. Zudem hatte er kein klares marinepolitisches Konzept. Der starke Mann mit Konzept wurde 1897 berufen: Tirpitz.

Chef des Oberkommandos, kommandierender Admiral der Streitkräfte einschließlich der Admiralstabsarbeit, war zunächst Vizeadmiral Freiherr von der Goltz. 1895 folgte ihm Vizeadmiral von Knorr, der 1870 Kommandant des ›Meteor‹ im Gefecht gegen ›Bouvet‹ gewesen war. Wegen des Einklangs von Temperament und Gesichtsfarbe war er in der Marine als ›roter Eduard‹ bekannt. Er war tatkräftig, geriet aber eben deshalb schon mit Admiral Hollmann in Kompetenzstreit. Nach Auffassung des Oberkommandos sollte das Reichsmarineamt sich auf die Verwaltung beschränken und die Forderungen der militärischen Marineführung, nämlich des Oberkommandos, übernehmen und vertreten. Das Reichsmarineamt sah sich demgegenüber als verantwortliche technische Planungsbehörde aufgrund eigener marinepolitischer und strategischer Überlegungen. Tirpitz setzte sich durch. Wie schon Stosch, mit dem er bis zu dessen Tod 1896 in Briefwechsel stand, appellierte er an die Autorität des Kaisers als Chef der Marine, bei Wilhelm II. mit bestem Erfolg im Sinne des Reichsmarineamtes gegen das Oberkommando.

Kaiserliche Kabinettsorder vom 14. März 1899; auszugsweise:

Nachdem Ich Mich entschlossen habe, den Oberbefehl über Meine Marine ebenso wie über Meine Armee selbst zu führen, erachte Ich es nicht für zweckmäßig, wenn zwischen Mir und den einzelnen Befehlshabern eine zentrale Kommandobehörde steht, die lediglich Meine Befehle zu übermitteln haben würde.

Ich bestimme daher:

1. *Die Behörde »Oberkommando der Marine« kommt in Fortfall.*
2. *Die bisherige Admiralstabsabteilung des Oberkommandos wird selbständig mit der Bezeichnung »Admiralstab der Marine«, mit dem »Chef des Admiralstabs der Marine« an der Spitze und dem Sitz in Berlin. Der Chef des Admiralstabs der Marine wird Mir unmittelbar unterstellt. Ich verleihe ihm die Disziplinar- und Urlaubsbefugnisse, wie sie bisher dem Kommandierenden Admiral zustanden. Im Admiralstab werden außer den Admiralstabsgeschäften die militärpolitischen Angelegenheiten der im Ausland befindlichen Schiffe bearbeitet.*

Alle übrigen Abteilungen und Dezernate des Oberkommandos werden aufgelöst.

Doch dieser Niederlage des Oberkommandos im Kompetenzgerangel ging wenige Jahre zuvor noch eine kurze Blüte voraus:

1892 wurde Tirpitz Stabschef im Oberkommando. Dort qualifizierte er sich für seine spätere Machtposition als Reformator mit dem Ziel, eine schlagkräftige Panzerflotte zu schaffen. Er stärkte das Oberkommando, das er später als Chef des Reichsmarineamtes beiseitedrängte:

Es lag eine gewisse Ironie darin, daß Tirpitz als Chef des Stabes im Oberkommando mit gleichem Geschick für die Machtbefugnisse dieser Behörde gekämpft hatte, die er später wieder zurückzugewinnen hatte.

So schreibt Vizeadmiral Paschen 1908 in seinen Memoiren.

STABSCHEF TIRPITZ

„Ich führte den Spitznamen Meister"

Am 27. April 1889 hatte der Staatssekretär des Reichsmarineamtes, Vizeadmiral Heusner, ans Oberkommando geschrieben, er stehe der unhaltbaren Lage gegenüber,

> *erst durch dienstliche Anfragen bei Euer Exzellenz Ressort feststellen zu müssen, ob ich es mit Tatsachen oder sensationellen Zeitungserfindungen zu tun habe.*

Doch ähnlichen Ärger hatte auch das Oberkommando mit dem Reichsmarineamt, so daß der Kaiser eingreifen mußte:

> *Betreffend Art der Prüfung und Begutachtung der Pläne über Schiffsneubauten erachte Ich es für zweckmäßig, daß dem Oberkommando der Marine auch die fertigen Konstruktionspläne zur Durchsicht zugehen, wenn auch in diesem Stadium die Entscheidung über Berücksichtigung etwa noch hervortretender Wunsch der Verantwortung des Reichsmarineamtes überlassen werden muß.*

Dazu Vizeadmiral Paschen, damals Chef der Marinestation der Nordsee:

> *In Berlin verursachte die Teilung der Geschäfte mancherlei Schwierigkeiten und Reibereien, die zunächst noch nachteilig auf das Ganze zurückwirkten. Man vermochte die Grenzen der beiden Machtsphären noch nicht klar zu erkennen, weil sie den Inhabern selbst noch nicht klar waren, und man trat bald diesem, bald jenem zu nahe, was Gefühle der Eifersucht erweckte. Leider war Heusner schon so krank, daß er nicht mehr die Kraft fand, einer kurzsichtigen Verwaltung zu widerstehen, die eine ungebührliche Gewalt an sich zu raffen strebte, und manche Verdrießlichkeiten, die daraus entstanden, beschränkten sich nicht nur auf die nächstbeteiligten Kreise, sondern wirkten auch auf die Stationen zurück.*

1890 wurde der kranke Staatssekretär des Reichsmarineamtes, Vizeadmiral Heusner, durch Vizeadmiral Hollmann abgelöst, der mit dem Kaiser gut stand und einige Kampfpositionen gegen das Oberkommando fürs Reichsmarineamt eroberte. Seltsamkeiten: Der Kommandierende Admiral, Chef des Oberkommandos der Marine,

> *führt nach den Anordnungen Seiner Majestät des Kaisers den*

Oberbefehl über sämtliche Kommandobehörden sowie die Marineteile zur See und an Land . . . Dem Kommandierenden Admiral fällt die Aufgabe zu, Anregungen zu geben in bezug auf Verbesserungen und Vervollkommnungen organisatorischer und technischer Einzelheiten der Marine sowie der militärischen Dienstvorschriften . . . Die Admiralstabsgeschäfte umfassen alle marinewissenschaftlichen Gegenstände, die Sammlung der für Operationsentwürfe nötigen Materialien und die Bearbeitung derselben, das Nachrichtenwesen und dessen Nutzbarmachung . . .

Aber die Bearbeitung aller Dienstvorschriften einschließlich der taktischen lag beim Reichsmarineamt, das zudem »in technischen und Verwaltungsangelegenheiten« unmittelbar mit Kommandostellen und Schiffen verkehren konnte,

ohne daß dadurch die betreffenden Angelegenheiten dem Einflusse und der Leistung des Kommandierenden Admirals entrückt werden sollen . . .

Am 17. März 1891 gab der Kaiser zu Operationsplänen, Taktik und Mobilmachung, bei denen das Reichsmarineamt organisatorisch mit dem Oberkommando zusammenspielen mußte, eine Order, in der er Rettung im persönlichen Kontakt sucht:

. . . will Ich dem Kommandierenden Admiral die Berechtigung erteilen, seine etwa abweichende Meinung bei Mir unmittelbar zur Geltung zu bringen durch Anwohnung bei dem betreffenden Immediatvertrage des Staatssekretärs des Reichsmarineamtes.

Die Behörden sollten sich vertragen — das Oberkommando hat dem Reichsmarineamt

jede Unterstützung auf militärischem Gebiet zuzuführen, welche dasselbe für die Weiterentwicklung der Marine bedarf . . .

während das Reichsmarineamt bei Vorbereitung und Durchführung der Mobilmachung dafür sorgen soll,

daß diese im Einklang bleibt mit der vom Kommandierenden Admiral beabsichtigten Verwendungsweise der Flotte.

Man biß sich weiter herum. Der Kommandierende Admiral teilte dem Reichsmarineamt mit, er wolle die Seewarte in Hamburg besuchen. Das Reichsmarineamt machte ihn darauf aufmerksam, daß er laut Allerhöchster Kabinettsorder dort kein Besichtigungsrecht habe, die Seewarte aber mit einem Besuch beehren könne. Worauf der Kommandierende Admiral aber »durchaus keinen Wert« legte.

Solche Spitzigkeiten in wichtigen (z. B. Stellung von Marinebefehlshabern und Kommandanten im Ausland gegenüber der Regierung) und unwichtigen Angelegenheiten zogen sich durch die Jahre hin, bis

Tirpitz 1897 Staatssekretär des Reichsmarineamtes wurde und in zwei Jahren das Oberkommando buchstäblich niederkämpfte. Es wurde aufgelöst, die Admiralstabsfunktionen einem Chef des Admiralstabs übertragen — aber bis 1914 wurden sieben Admiralstabschefs verschlissen, denn Tirpitz bestritt ihnen wesentliche Funktionen.

Stimmungsbild 1895/96, Oberkommando an Reichsmarineamt:

> *Euer Exzellenz erwidere ich auf das sehr gefällige Schreiben . . . ganz ergebenst, daß . . . der Gebrauch der Kurialen ›ergebenst‹ an Stelle von ›ganz ergebenst‹ in meinem Schreiben . . . auf einem Versehen beruht, wie solche Versehen auch öfters in Schreiben des Reichsmarineamtes vorkommen.*

Der 43jährige Kapitän Tirpitz hat 1892 als Chef des Stabes beim Kommandierenden Admiral von der Goltz keine Zeit an Spitzigkeiten verschwendet, er trat dem Feind entgegen:

> *Alsbald nach Übernahme meiner neuen Stellung suchte ich den Staatssekretär des Reichsmarineamtes auf und erklärte ihm, ich würde ihn in jeder Richtung als Leitenden anerkennen, er müßte mir nur in Beziehung auf die intellektuelle Ausbildung der Marine freie Hand lassen. Wir sind als gute Freunde geschieden, aber Hollmann ging sachlich auf meinen Wunsch nicht ein und äußerte die Ansicht, das Oberkommando müßte sich verflüchtigen.*

Das schaffte dann erst Tirpitz sieben Jahre später in Hollmanns Stellung. Zur Lage 1892 sagt er:

> *Beim damaligen Stand unsrer taktischen Erkenntnis konnte diese Auffassung aber nur dann Anspruch auf Geltung machen, wenn der Staatssekretär die taktische Erziehung der Marine selbst in die Hand nahm, wie es Caprivi als Chef der Admiralität getan hatte.*

Ab 1899 war das die Aufgabe des Admiralstabschefs. Eben deshalb der Verschleiß in dieser Position angesichts der Interessen und Aktivitäten des ›Meisters‹, 1892 beanspruchte er die intellektuelle Führung fürs Oberkommando. Das Reichsmarineamt hätte die taktische Erziehung in die Hand nehmen können.

> *Das beabsichtigte aber Hollmann nicht, den die parlamentarischen Schwierigkeiten völlig absorbierten. Dagegen wurde ein von einer Kommission ausgearbeiteter Exerzierentwurf zum Reglement für die Flotte mit bindender Kraft erhoben. Nun enthielt aber dieses Reglement nichts als Evolutionen, d. h. die reinen Bewegungen der Schiffe sozusagen im luftleeren Raum, die Übergänge von einer ›Quadrillen-Tour‹ in die andere. Der eigentliche Gefechtswert spielte bei ihnen keine Rolle, konnte es auch nicht, da man sich nicht klar war, wie man kämpfen wollte, ob nach Art von Nelson*

oder Tegetthoff. Man erschöpfte die Phantasie darin, möglichst viele Formationen theoretisch zu finden und zu bewegen, von denen der Admiral sich dann auswählen sollte.

Dieses ›Karussellreiten‹ ersetzte ich durch den Grundsatz, uns zuerst darüber klar zu werden, wie man sich im Gefecht zu schlagen hätte. Aus den hierauf zugeschnittenen Herbstübungen 1892 ergab sich ein neuer Zwist zwischen Marineamt und Oberkommando, in dessen Verlauf (Herbst 1892) jenes Reglement durch einen von mir ausgearbeiteten Entwurf ersetzt worden ist.

Tirpitz setzte sich als starker Stabschef durch:

Zunächst hoben wir die Einzelausbildung der Schiffe und gingen dann stufenmäßig weiter. Es war verständlich, daß dieser Eingriff von oben her von den Kommandanten und dem Geschwaderchef nicht angenehm empfunden wurde, und ich führte den Spitznamen ›Meister‹.

Tirpitz machte mit der kleinen Flotte den Modellversuch für eine große:

Gegen den Herbst hin zogen wir alles, was wir an Schiffen in der Heimat aufbringen konnten, zu einer Übungsflotte zusammen, die unter dem persönlichen Befehl des Oberkommandos operierte. Indem wir sie ohne Rücksicht auf die Schiffsart zu Schlachtkörpern formierten, vereinigten wir Mengen von Schiffen, wie sie noch niemals zusammen geübt hatten. Man konnte auch hier sagen, daß Menschen fochten, nicht Schiffe.*
(Stosch hatte den Satz geprägt: »Nicht Schiffe kämpfen, sondern Menschen«)
Denn die Flotte war ja so klein, daß wir nur durch das Zusammenschrapen der Schulschiffe, Versuchsschiffe, Minensuchschiffe und anderer Simulaker größere Gefechtsbilder zustande bringen und Parteien gegeneinander manövrieren lassen konnten.

Gegen alte, von zufälligen Konstellationen ausgehende Seeschlachttheorien und gegen Improvisationen wie Tegetthoffs Keil bei Lissa erarbeitete Tirpitz eine klare taktische Konzeption, auf die sich Flottenführung und Flottenbau einzustellen hatten:

Wir fanden 1892/94 unsre Lineartaktik. Dabei kam es darauf an, den Gegner, wie immer er sich bewegte, auf der Mitte unsrer Linie zu halten. Wir fanden ferner unsern Geschwadergrundsatz. Bisher hatte keinerlei Theorie der Seeschlacht und keine Klarheit darüber bestanden, welche Schiffsmenge die kampfkräftigste Geschwadereinheit abgäbe. Mit Rücksicht auf das Wesen der Lineartaktik

* Admiral v. d. Goltz.

einerseits, den Erfolg unsrer intensiven Ausbildungsarbeit andererseits durften wir als günstigste Norm für die in einer Linie fechtenden Verbände die Zahl von acht Schiffen aufstellen; beim Vorhandensein von mehr Schiffen wurden mehrere Geschwader gebildet, die in einer Kombination von Linien kämpfen sollten. So erwuchs aus der Taktik eine neue Organisation, die auf das Flottengesetz nochmals bestimmend eingewirkt hat. Auf Grund unsrer Ergebnisse habe ich auch den alten Namen ›Linienschiff‹ wieder in die Kriegsmarine eingeführt.
(»alt« = englisch: ship of the line)

Flottengesetz, von Tirpitz 1897 als Chef — Staatssekretär — des Reichsmarineamts entwickelt, 1898 vom Reichstag angenommen: Gesetzliche Festlegung des Schiffsbestandes und der Erneuerungs-Intervalle für die Kampfschiffe statt der Einzelbewilligung. Dabei die Linienschiffe nach Geschwadern gerechnet. Beim ersten Flottengesetz 1 Flottenflaggschiff und zwei Geschwader zu je acht Schiffen, dazu zwei Divisionen Küstenpanzerschiffe zu je vier Schiffen. 2. Flottengesetz 1900 erweitert auf 2 Flottenflaggschiffe und vier Geschwader Linienschiffe. Später Novellen 1906, 1908 und 1912.

Der Geschwadergrundsatz war schon 1892-94 auf eine vergrößerte Flotte angelegt.

Das zielbewußte Wirken des Gespanns v. d. Goltz-Tirpitz blieb international nicht unbemerkt. Seine Tendenz entsprach auch der Entwicklung der Artillerie zu größerer Schußweite.

Tirpitz registrierte nach dem verlorenen Weltkrieg mit Befriedigung, daß die kleine deutsche Marine durch ihre taktischen Novitäten schon vor dem spektakulären Flottengesetz die Engländer alarmierte:

Die Engländer schienen mir damals in der Taktik sehr zurück zu sein . . . Die Schlacht von Trafalgar hatte jeden Wettbewerb in der Seegewalt ausgeschaltet, und so stand von da an der Seekrieg, wie in der Praxis, so auch in der theoretischen Fortbildung still . . . Mit ihrer erdrückenden Übermacht konnte die britische Flotte jeden Gegner so oder so zusammenschießen. In einer solchen Lage waren wir nicht. Durch unser Beispiel wurden dann freilich auch die Engländer gezwungen, zu arbeiten und den Seekrieg geistig wieder zu durchdringen.

TIRPITZ UND TSINGTAU

„Die nationale Kraft hinauszutragen in die Welt"

Nur für kurze Zeit hat Tirpitz einen Flottenverband geführt: Er wurde 1896 — seit 13. Mai 1895 Konteradmiral — Chef des Kreuzergeschwaders in Ostasien. Als technischer Kopf und Organisator hatte er sich bei den Torpedo- und Torpedobootsentwicklungen bewährt, als Panzerschiffskommandant die Vorstufe zum Geschwaderchef absolviert, als Stabschef des Oberkommandos seine Fähigkeiten als Taktiker in Theorie und Praxis bewiesen und den Kaiser mit einem strategischen Konzept beeindruckt, in Ostasien trieb er Flottenpolitik in der Praxis. Ohne große Flotte hatte das Deutsche Reich seine Kolonien erworben, Auslandskreuzer hatten sich bei Konflikten durchgesetzt. Tirpitz bereitete einen befestigten Handels- und Flottenstützpunkt vor, eine Musterkolonie in Ostasien: Tsingtau (Kiautschou).

Drei Plätze waren in Aussicht genommen worden, Tsingtau eigentlich schon fallengelassen worden. Tirpitz und der neue Gesandte in China, von Heyking, hatten den gleichen Auftrag, eine Entscheidung zu treffen.

Tirpitz setzte Tsingtau durch. 1897 wurde durch seinen Nachfolger Admiral von Diederichs dort die Flagge gehißt. Tirpitz war wieder in Berlin, nun als Staatssekretär des Reichsmarineamts in seine Schlüsselposition berufen, tatkräftig und zielbewußt wie immer:

Die Form der Pachtung hatte ich mir schon in Ostasien so zurechtgelegt, daß sie möglichst wenig nach gewaltsamem Eingriff aussah und den Chinesen erlaubte, das Gesicht zu wahren; zuletzt habe ich den Pachtvertrag in Berlin gemeinsam mit Herrn von Holstein aufgesetzt.

»Das eigene Reich der Marine« hat Tirpitz Tsingtau genannt:

Daß Tsingtau nicht dem Kolonialamt unterstellt wurde, habe ich grundsätzlich durchgesetzt. Die Sache mußte, wenn sie gedeihen sollte, in einer Hand bleiben . . . Da wir die Verantwortung für den ostasiatischen Stützpunkt übernommen hatten, war ich der Ansicht, daß wir gesegneter seien, auch die wirtschaftliche Entwicklung voranzutreiben.

Für Tsingtau hatten wir nun eine große Zahl von Technikern und

Besten zur Hand, die wir aus dem großen Topf der Marine nehmen und ohne weiteres dahin zurückgeben konnten, falls sie sich als ungeeignet erwiesen, während das Kolonialamt nur ein bürokratisches Kopfstück war. Wir waren imstande, den Hafen, die Stadt, die Anlagen usw. selber zu bauen. Unsere Mannschaften haben im Pachtgebiet überall gearbeitet; wir konnten die Marinewehrpflicht beibehalten, und was wir an Truppen dort brauchten (ein Seebataillon), war von vornherein den Marineverhältnissen angepaßt; wir hatten Ärzte, die schon tropengewöhnt und geübt waren, Lazarette einzurichten usw. So fühlten wir uns nicht bei jedem Schritt durch Reichsschatzamt und Reichstag geknebelt, wie es beim Reichskolonialamt der Fall gewesen wäre.

Bismarck war gegen eine starke Admiralität, die eigene Politik trieb. Tirpitz trieb eigene Politik als Chef der Marineverwaltung, machte Front gegen Zivilbehörden und Reichstag, gestützt auf die Gunst des Kaisers gegen irritierte Gegner; Tsingtau sah er als Musterfall für die weltpolitischen Fähigkeiten der Marine:

Unsere Kolonien hätten sich jedenfalls in mancher Hinsicht günstiger entwickelt, wenn sie anfänglich mit militärischen Heimatsbehörden vereinigt gewesen wären. Für die Marine wäre das natürlich eine zu große Belastung geworden. Erst wenn einmal das Flottengesetz fertig ausgeführt war, wollte ich meinem Nachfolger die Aufgabe hinterlassen, dem Bau von Stützpunkten näher zu treten. Vom Kolonialamt wurden diese nicht beachtet, und doch waren sie Vorbedingung für die Entwicklung eines etwa notwendig werdenden Kreuzerkriegs und vor allem für die Verknüpfung des überseeischen Deutschtums.

Tirpitz kannte für den guten Zweck keine Klassen mehr, was jedoch nicht schwer fiel:

Wo immer deutsche Ansätze waren, haben wir uns für die Erstarkung des nationalen Zusammenhangs über See bemüht. Um die Deutschen zusammenzuhalten, waren die verschiedensten Anlässe gut. Wir sind über alle Klassenunterschiede hinweggegangen, was in Ostasien leichter war, als anderswo, weil dort die dienende Schicht unter den Deutschen fehlte.

Doch auch Negatives begab sich, vom Kapitän Persius notiert:

Die Überhebung des Offiziers wurde gefördert durch die Anbetung, die ihm von seiten der Zivilisten zuteil wurde. Die Auslandsdeutschen leisteten in dieser Beziehung mancherlei. Es galt für einen deutschen Klub als höchste Ehre, wenn der Kommandant und die Offiziere dort verkehrten. Und wenn sie gar Einladungen in die Familien annahmen, dann kannte die Freude keine Grenzen. Viele

Auslandsdeutsche bemühten sich bei solchen Gelegenheiten, sich gegenseitig den Rang abzulaufen. Ich verkehrte einst im gastfreundlichen Hause eines jungen Ehepaars. Zufällig erfuhr ich, daß die Frau des Hauses binnen kurzem ihren Geburtstag feiern würde. Ich sandte meine Schiffskapelle an dem betreffenden Morgen zum Ständchen hin. Neid machte sich breit, verschiedene Damen der Kolonie sprachen mich ungeniert an, ich hätte Frau Sch. meine Musik geschickt, die jünger wäre als sie; sie erwarteten auch, ein Ständchen zu bekommen. Häßliche Zänkereien entstanden, widerlicher Klatsch trat auf. Man tuschelte, ich hätte Frau Sch. mit Erfolg die Kur geschnitten, so sei die Auszeichnung zu verstehen. An dem Platz, von dem ich hier spreche, kam allerhand vor, was nach streng moralischen Begriffen besser unterblieben wäre. Ich persönlich habe mir Anschauung und Geschmack bewahrt, die es mir verbieten, sich um die Gunst einer verheirateten Frau zu bemühen. Ich muß leider eingestehen, daß verschiedene Kameraden nicht meines Sinnes waren. Ihnen schmeckten verbotene Früchte. Äußerst peinlich war es für mich, als ich einst an einer Tiroler Hoteltafel hören mußte, wie Auslandsdeutsche über einen unserer Admirale herzogen, der eine verheiratete Frau gar zu innig umworben hatte. Die erzählten, daß der Herr v. H. in Tsingtau im Strandhotel früh morgens aus dem Zimmer seiner Angebetenen im Pyjama herausgekommen sei. Mir wurde schwül, als ich die weiteren Details vernahm. Ich war unterrichtet, die Sache hatte seinerzeit argen Staub aufgewirbelt, besonders weil der Admiral verheiratet, Vater mehrerer Kinder war. Er war damals von seinem Vorgesetzten verwarnt worden, die Dehors etwas mehr zu beachten. Aber im allgemeinen war wohl die Stimmung keineswegs gegen den Admiral. Wenn er Freiwild antraf, so hieß es, solle er es erlegen . . .

Es ist unbestritten hart, wenn man jahrelang getrennt von seinem Eheweib leben soll. Als Prinz Heinrich 1898 die Heimat verließ, konnten Wilhelm II. und eine gewisse Presse gar nicht genug Aufhebens davon machen, daß Seine Königliche Hoheit nun wie jeder andere Seemann sich für Jahre auf der ostasiatischen Station ohne seine Frau behelfen müßte. Na — Irene war nach wenigen Monaten bereits draußen, war ihrem Heinrich nachgereist. Es hieß, es sei nötig, weil Heinrich zu viele Dummheiten getrieben habe. Ich kann versichern, daß das, soweit ich unterrichtet bin, und ich bin recht gut unterrichtet, haltloses Gewäsch war. Heinrich hat in jungen Jahren, als Leutnant auf der Korvette ›Olga‹ in Südamerika z. B., mancherlei Späße getrieben, aber als Ehemann war er untadelig.

Über den maritimen Werdegang des Prinzen Heinrich, Wilhelms

Bruder, berichtet ein Marinebuch um die Jahrhundertwende:

Prinz Heinrich wurde als zweitältester Sohn am 14. August 1862 zu Potsdam geboren, trat im Jahre 1877, 15 Jahre alt, in die Marine ein, wo ihm in der Person des Kapitänleutnants, später Admirals v. Seckendorff erst ein Erzieher, dann ein militärischer Begleiter zur Seite gestellt wurde. Prinz Heinrich, heute Konteradmiral, wurde 1881 Leutnant zur See, 1884 Kapitänleutnant, 1887 Korvettenkapitän und 1889 Kapitän zur See, er hat demnach den Dienst in der Marine in allen Stellungen durchgemacht. Als Kadett an Bord der ›Niobe‹ eingeschifft und die Schule besuchend, machte Prinz Heinrich von 1878-1880 an Bord des ›Prinz Adalbert‹ eine Weltumseglung mit. Nach verschiedenen Dienstleistungen kam er als wachthabender Offizier 1882 an Bord der ›Olga‹ und besuchte Südamerika und Westindien, der Kommandant Kapitän v. Seckendorff wurde bei der Rückkehr Flügeladjutant des Kaisers. Dann besuchte der Prinz die Marineakademie, wurde wachthabender Offizier auf der Kreuzerfregatte ›Stein‹, erster Offizier auf der Panzerkorvette ›Oldenburg‹, Kommandant eines Torpedodivisionsbootes und führte dann die Korvette ›Irene‹ nach dem Mittelmeer. Durch diese und andere Kommandierungen ist es dem Prinzen Heinrich ermöglicht worden, vollkommene Einsicht in alle Zweige des Dienstes zu gewinnen und sowohl das Personal und Material der eigenen Marine kennen zu lernen, wie ebenso durch seine vielfachen Reisen sich bei anderen Nationen umzusehen, so daß ihm keine Tätigkeit im Seedienste verschlossen geblieben ist.

1897 ging Prinz Heinrich als Konteradmiral mit der Panzerfregatte ›Deutschland‹ und den Kreuzerkorvetten ›Kaiserin Augusta‹ und ›Gefion‹ zur Verstärkung des Ostasiatischen Geschwaders nach China. Wilhelm II. hatte in seinen neun Regierungsjahren bis zu dieser Entsendung Prinz Heinrichs die Flotte schon stark gefördert. Der Etat für feste Kosten war von 36 856 800 Mark (1888/89) auf 57 451 729 Mark gesteigert worden. Der Etat für Einmalige Ausgaben betrug 40 267 967 Mark gegenüber 14 192 100 Mark, die Personalstärke 21 835 gegenüber 15 573. Aber der Chef des Reichsmarineamts, Admiral Hollmann, war kein Meister im Umgang mit dem Reichstag, (Tirpitz trat erst 1897 die Nachfolge an): Viele Schiffe waren stark veraltet. Der Kaiser entschuldigte sich bei seinem Bruder, daß er ihm kein besseres Schiff als die ›Deutschland‹ als Flaggschiff der Division mitgeben konnte. Der spätere Admiral v. Müller, 1906-1918 als Chef des Marinekabinetts eine Schlüsselfigur, damals Persönlicher Adjutant Prinz Heinrichs, erinnert sich:

Es war für seine Zwecke ein äußerst ungeeignetes Schiff, da es nur

Einschraubenschiff war mit einer alten, unzuverlässigen Trunk-Maschine, die fortwährend Reparaturen benötigte und einen phantastischen Kohlenverbrauch hatte. Um Kosten zu sparen, mußten wir uns lange Strecken von der uns begleitenden ›Gefion‹** schleppen lassen, konnte doch die ›Deutschland‹ die Strecke Gibraltar-Port Said selbst mit bescheidener Geschwindigkeit nicht schaffen. Und dann war sie mit der verkrüppelten Takelage*** — der Kreuzmast war einfach fortgenommen, die beiden vorderen Masten bis auf die Untermasten reduziert — abnorm häßlich. »She has not the slightest pretention to be an beauty«, sagte ein englischer Admiral von ihr. Man kann sich denken, wie in jener Zeit der auflodernden Weltpolitik nicht nur die Marine nach neuen Kreuzern schrie.*

Man konnte allerdings auch anderer Ansicht sein über Sinn und Unsinn von Kreuzerneubauten, wenn man Prinz Heinrichs Ostasienreise mit den Augen eines kritischen Offiziers betrachtete.

Als gepanzerte Faust des Reiches war die II. Division des Kreuzergeschwaders, deren Kommando dem Prinzen mit dieser Rede übergeben wurde, tatsächlich nicht geeignet.

›Kaiserin Augusta‹ war 1892 in Dienst gestellt worden, wurde 1902 aus Ostasien in die Heimat geschickt, in Reserve, 1914 Artillerieschulschiff.

›Gefion‹, das dritte Schiff des Geschwaders, war ein kleiner Kreuzer, 4275 Tonnen, 110,4 Meter lang, 19,3 Knoten. 1894 in Dienst gestellt, 1897-1901 in Ostasien, 1901-1904 umgebaut, doch veraltet.

Die I. Division des Kreuzergeschwaders, die Prinz Heinrich in Ostasien von Admiral v. Diederichs übernahm, war nicht begeisternder: ›Kaiser‹ war Schwesterschiff der ›Deutschland‹. Die kleinen Kreuzer ›Irene‹ und ›Prinzeß Wilhelm‹ waren zehn Jahre alt, schon veraltet. ›Arcona‹ war noch eine besegelte Korvette und wurde 1899 in die Heimat geschickt, 1902-1904 noch als Hafenschiff ›Mercur‹ verwendet, dann abgewrackt.

Das materiell kaum kampffähige Geschwader und die Stützpunktgründung in Ostasien beunruhigten die dort interessierten Mächte, besonders Rußland und England. Die martialische Abschiedsrede trug beträchtlich dazu bei; der spätere Admiral v. Müller spricht von

wenig glücklichen Reden, die viel kommentiert wurden.

Prinz Heinrich hatte in seiner Erwiderung auf Wilhelm Rede

* 1872–1873 bei Samuda Brothers in London gebaut, 8940 Tonnen, 88,5 Meter lang.

** Prototyp der späteren Kleinen Kreuzer, 1892–94 bei Schichau in Danzig gebaut, 4275 Tonnen, 110,4 Meter lang, sehr leicht gebaut.

*** bis Umbau 1894–97 Segeltakelage, Vollschiff mit drei rahgetakelten Masten, nach Umbau ›Großer Kreuzer‹.

Devotion mit Schwulst unglücklich verbunden, vielzitiert:

Das eine versichere ich Eurer Majestät: mich lockt nicht Ruhm, mich lockt nicht Lorbeer, mich zieht nur eines: das Evangelium Eurer Majestät geheiligter Person im Auslande zu künden, zu predigen jedem, der es hören will, und auch denen, die es nicht hören wollen . . . Dieselben Gesinnungen, mit denen ich hinausgehe, teilen auch meine Kameraden.

Zur Praxis des Kündens mißbilligte Herr v. Müller, daß

auf Seiten des Prinzen die Neigung bemerkbar wurde, sich in militärischem Kraftgefühl über chinesische Sitten und Gebräuche hinwegzusetzen.

Das trat z. B. ein, als unser Prinz durchsetzen wollte, daß die in unserer Gesellschaft mitreisende Gattin des deutschen Legationssekretärs auf den für Frauen verbotenen, eine Art Heiligtum bildenden Kohlenhügel mitkam. Yin Tschang fand bei mir eine entschiedene Unterstützung, und Frau v. P. war verständig genug, von sich aus zu verzichten.*

Lorbeer hat Prinz Heinrich nie um seine Stirn geflochten, doch spricht das für ihn. Wilhelm hatte bei Auflösung des Oberkommandos aufgrund des Anspruchs

den Oberbefehl über Meine Marine ebenso wie über Meine Armee Selbst zu führen . . .

an Heinrich als Führer der Flotte im Kriegsfall gedacht, 1907 bis 1910 war eHinrich tatsächlich Chef der Hochseeflotte, und das Volk rechnete mit dem ›Prinz-Admiral‹. Doch im Krieg beschied sich der Prinz einsichtig mit dem weniger wichtigen Oberbefehl in der Ostsee. Prinzessin Irene war übrigens nur vom 17. Dezember 1898 bis 29. April 1899 in Ostasien; Prinz Heinrich übernahm 1899 — 36 Jahre alt — den Befehl über das vereinigte Kreuzergeschwader.
Prinzessin Irene war damals 32, Tochter des Großherzogs Ludwig IV. von Hessen-Darmstadt und der englischen Prinzessin Alice (Tochter der Königin Victoria, Tante von Wilhelm und Heinrich). Irene wurde 86; sie starb 1952. von Müller, dem Prinzen als Adjutant und Reisebegleiter attachiert, wurde Kommandant der ›Deutschland‹ und als Flaggkapitän zugleich Heinrichs Geschwaderstabschef (1906 wurde er Chef des Marinekabinetts und blieb es bis 1918). Er notierte:

Die prinzlichen Herrschaften nahmen in der ihnen zur Verfügung gestellten Villa des Herrn Siebs für zwei Monate Wohnung. Als am 15. Februar 1899 der Prinz nach langer Reparatur der ›Deutschland‹ wieder nach Norden gehen mußte, schiffte sich die Prinzessin

---

* Ein »jugendlicher, vorzüglich deutsch sprechender« chinesischer Major.

mit ihren Damen mit auf dem Flaggschiff ein, wohnte aber in den angelaufenen Häfen immer an Land, so auch in Tsingtau. Aber ob an Bord oder an Land, überall fand sie sich in bester Laune in die oft primitiven Verhältnisse und gewann die Herzen aller, die mit ihr in Berührung kamen.

Dazu ein Stimmungsbild des kritischen Kapitäns Persius:

Am Lande wohnte ein sehr gastfreundlicher deutscher Handelsherr S., der seit vielen Jahren — es war an der ganzen Küste bekannt — mit einer Chinesin nähere Beziehungen pflegte und von ihr reichlich mit Kindern beschenkt worden war. Später heiratete er die Chinesin. Mein Admiral und die Offiziere verkehrten im Hause des Herrn, und auch dieser wurde mit seiner Frau und Töchtern an Bord von uns eingeladen. Einen Tag nach unserer Abreise aus dem Hafen betrat einer der Offiziere meine Kajüte: »Ich melde gehorsamst, daß ich mich gestern mit der Tochter, Fräulein X, des Herrn S. verlobt habe. Ich bitte um die Erlaubnis zur Veröffentlichung meiner Verlobung.« Mir war noch nie begegnet, daß mir jemand mitten auf dem Meere seine Verlobung meldete, und vor allem nicht — nach meiner damaligen Anschauung — eine solche Verlobung! Einen Augenblick dachte ich, der Offizier erlaube sich einen Scherz. Aber sein tiefernstes Gesicht belehrte mich eines anderen. Als ich ihn, wie es meine Pflicht war, darauf aufmerksam machte, daß er kaum hoffen könne, als aktiver Offizier die Auserwählte zu heiraten, antwortete er: »Der Herr Admiral, mit dem ich bereits Rücksprache genommen habe, hat mir versprochen, die Angelegenheit zu ordnen.« In der Tat, die Angelegenheit wurde geordnet, d. h. der Offizier heiratete die in Frage kommende halbe Chinesin und machte zum größten Erstaunen seiner Kameraden noch gute Karriere. Ich bin in Kiel ein paar Jahre später im Schloß des Prinzen und der Prinzessin Heinrich den beiden begegnet. Prinz Heinrich hatte, als er 1898 bis 1900 auf der ›Deutschland‹ in Ostasien weilte, die Gastfreundschaft des Kaufmanns S. reichlich in Anspruch genommen. Als die Prinzessin Irene hinauskam, verbot Herr v. Müller, der Aufpasser des Prinzen, der von Wilhelm II. bestellte Mentor, den Verkehr bei S.

Aus Glück konnte auch Unglück werden: Eine Ehefrau, deren Mann — nach einem halben Jahr ins Ausland kommandiert — wurde von einem Kapitänleutnant kompromittiert.

Als der vor seinen Richtern stand, sprach er in richtiger Selbsterkenntnis die Worte: »Ich gestehe, daß ich wie ein Schweinehund gehandelt habe.« Auf schlichten Abschied lautete das Urteil. Viel zu gering für das zerstörte Glück zweier Menschenkinder. Auch der betrogene Ehemann mußte nach der Heimkehr aus der Marine scheiden. So verlangte es der Ehrbegriff!

Tirpitz, konfliktfrei verheiratet, hatte keine Zeit für Seitensprünge. Er war immer eifrig. Tsingtau faszinierte ihn damals mehr als jede private Ablenkung. Nicht nur als Marinestützpunkt, sondern als Modell für die Fähigkeit des Militärs, Musterkolonien zu errichten. Völkisch-alldeutsche Ziele mit Handelsinteressen vereint.

Wenn wir ein wirkliches gleichgeachtetes Weltvolk wurden, wozu die Möglichkeit vorlag, und die Heimat dann so voll Menschen wurde, daß wir davon abgeben mußten, so blieben sie in der Ferne deutsch und wurden für uns ein Zuwachs statt eines Blutverlustes.

Ein Tirpitzjünger, Kommandant des Linienschiffs ›Kaiser‹, schrieb 1915 in einem Brief an den Meister, der es mit Stolz zitiert wie einen vorangegangenen Brief von 1914, in dem der Kapitän die Ambition der Marine in Tsingtau charakterisiert:

Die Arbeit kann nur von uns geleistet werden, denn sie braucht eine starke patriotische Stimme und ein augenfälliges Objekt, an dem man sich begeistern kann.

Public Relations; von Tirpitz geschickt gehandhabt, naiv formuliert:

Dann errichteten wir in Tsingtau eine Hochschule, von dem Grundsatz geleitet, den Chinesen kulturelle Wohltaten zu erweisen und in der Annahme, daß es sich auch wirtschaftlich bezahlte, wenn wir ihnen unsere Kultur brächten.

Und der abgestrittene Stich gegen England:

Wir mußten schnell beginnen, weil sonst die Engländer anfingen, uns Konkurrenz zu machen.

Eigene Politik der Marine:

Nicht das Auswärtige Amt, sondern der von mir beauftragte Chinakenner Professor Otto Franke führte im wesentlichen die Verhandlungen mit der Pekinger Regierung und vereinbarte in vorbildlicher Weise, daß bei unseren Prüfungen chinesische Regierungsbevollmächtigte sich beteiligten; damit bekamen unsere Prüflinge das Recht auf Anstellung in China . . . Wir würden auf diese Weise einen Strom junger Leute nach China gelenkt haben, die vollständig deutsch sprachen, unsere Einrichtungen kannten und an unsere Erzeugnisse gewöhnt waren.

Denn es ging nicht zuletzt auch um Handelspolitik:

Für den deutschen Einfuhrhandel wurde unsere Kolonie mehr und mehr zum Stapelplatz. Wir begannen, eine Musterausstellung deutscher Erzeugnisse zu errichten, eine Reklame ersten Ranges, die wir in einer englischen Siedlung nie hätten erreichen können . . .

Von Jahr zu Jahr gewann das Deutschtum in dem riesigen Reich festeren Boden.

Tsingtau war als Stützpunkt wertlos. Am 15. Januar 1914 forderte Japan die Übergabe. Tirpitz setzte gegen den Reichskanzler die Weisung zu »Pflichterfüllung bis zum Äußersten« durch.

Tsingtau hielt sich drei Monate, dann kapitulierte der Gouverneur, Kapitän z. See Meyer-Waldeck, als die Munition der spärlichen Artillerie verschossen war und der Gegner zum Sturm ansetzte. Episode laut Admiralstabswerk:

Leider war die Besatzung des vorgeschobenen Standes von einer japanischen Pioniertruppe überrascht und bis auf einen Vizefeldwebel und den Telefonisten niedergemacht worden. Der Beobachtungsoffizier, Oberleutnant z. S. Aye, hatte schließlich mit dem Marinesäbel gegen Samuraischwerter gekämpft. Von furchtbaren Säbelwunden bedeckt, wurde er am Nachmittag gefunden.

Tirpitz als Weltpolitiker:

. . . das Bündnis mit Japan, auf das wir hinstreben mußten, war . . . nur denkbar, wenn wir zuvor in Ostasien unsere Ehre wahrten.

Der Gegner hat diesen Standpunkt nicht honoriert. Und das Bündnis mit Japan schloß erst Adolf Hitler.

STAATSSEKRETÄR TIRPITZ

„Reichsgewalt bedeutet Seegewalt"

In einem prinzipiellen Meinungsstreit trat Tirpitz dem Kaiser couragiert entgegen. Die französische ›jeune école‹ der Seeoffiziere vertrat in den neunziger Jahren das Konzept starker Kreuzer in aller Welt als entscheidenden Faktor im Krieg. Handelskrieg, Bedrohung der Kolonien, Bindung und Diversion des Gegners in Übersee als mittelbarer Schutz der heimatlichen Küste gegen Angriffe konzentrierter Panzerflotten. Unmittelbarer Küstenschutz: Torpedoboote, Minen, Küstenbefestigung. Das war in Deutschland Caprivis Konzept. Der Kaiser war ohnehin von der experimentierfreudigen französischen Marinetechnik beeinflußt, nicht zuletzt auch vom martialischen Stil der französischen Schiffe: Seine Jacht ›Hohenzollern‹ sah reinrassig französisch aus, ebenso die Küstenpanzer, die wegen ihrer Form als ›Meerschweinchen‹-Klasse bekannt waren.

Das Tirpitz-Konzept:

Im Dezember 1895 reichte das Oberkommando eine Denkschrift über den erforderlichen Flottenbau ein; ich erhielt vom Kaiser Befehl, mich unmittelbar dazu zu äußern, was um die Jahreswende 1895/6 schriftlich und mündlich geschah.
Zwei Gedankengänge bildeten sich damals heraus: die taktische Notwendigkeit einer Schlachtflotte, wenn wir überhaupt auf Seegeltung losstrebten und mit Zweck und Nutzen Schiffe bauen wollten; und die politische Notwendigkeit, für die unaufhaltsam und reißend anwachsenden deutschen Seeinteressen eine sie schützende Flotte zu schaffen. Die Flotte erschien mir niemals als Selbstzweck, sondern stets als eine Funktion der Seeinteressen. Ohne Seemacht blieb die deutsche Weltgeltung wie ein Weichtier ohne Schale.

Politisch gesehen:

Es war die Frage, ob wir nach der fast schon vollendeten Aufteilung der Erde nicht zu spät dran wären; ob überhaupt jene Entfaltung, der wir unsern Rang unter den Großmächten verdankten, künstlich und auf die Dauer unhaltbar wäre, ob dem raschen Aufstieg nicht ein furchtbarer Niederschlag folgen müßte. Die leicht zuzuschlagende ›Offene Tür‹ war für uns dasselbe wie für die übrigen Welt-

mächte ihre weiten Flächen und unerschöpflichen Naturschätze. Dies und dazu unsre eingezwängte und gefährdete festländische Lage bestärkte mich in der Überzeugung, daß keine Zeit zu verlieren wäre, um den Versuch der Seemachtsbildung zu beginnen. Denn nur eine Flotte, welche Bündniswert für andere Großmächte darstelle, also eine leistungsfähige Schlachtflotte, könnte unsrer Diplomatie dasjenige Werkzeug an die Hand geben, das, zweckentsprechend genützt, unsre festländische Macht ergänzte.

Seerüstung als Friedenskonzept, nach Tirpitz-Theorie:

Wir nahmen jährlich fast um eine Million Menschen zu, das heißt gewannen auf dem unveränderlich engen Spielraum der heimischen Scholle alljährlich etwas, das dem Zuwachs einer Provinz gleichkam, und dies alles beruhte auf der Aufrechterhaltung unsres Ausfuhrhandels, der mangels eigener Seemacht ausschließlich vom Belieben der Fremden, d. h. der Konkurrenten abhing.

Gemeint: England, weil

unsre Entfaltung auf dem breiten Rücken des britischen Freihandels und der britischen Weltherrschaft sich auf Widerruf vollzog.

Am 21. Juni 1897 wurde der deutsche Botschafter in Rom, Fürst Bernhard Heinrich Martin Karl von Bülow, telegraphisch nach Kiel auf die ›Hohenzollern‹ berufen, um Staatssekretär des Auswärtigen Amts zu werden.

Er reist über Berlin, wo er einige zweckdienliche Besuche machte. So bei seinem Vorgänger Freiherr von Marschall und beim allmächtigen Geheimrat Holstein. Und nicht zuletzt bei seinem Freund Fürst Philipp zu Eulenburg-Hertefeld, dem Intimus des Kaisers, der ihm schriftliche Ermahnungen mitgab:

Wilhelm II. nimmt alles persönlich. Nur persönliche Argumente machen ihm Eindruck. Er will andere belehren, läßt sich aber ungern belehren. Er verträgt keine Langeweile; schwerfällige, steife, allzu gründliche Menschen gehen ihm auf die Nerven und erreichen nichts bei ihm. Wilhelm II. will glänzen und alles selbst machen und entscheiden. Was er selbst machen will, geht leider oft schief aus. Er ist ruhmliebend, ehrgeizig und eifersüchtig. Um einen Gedanken bei ihm durchzusetzen, muß man tun, als ob der Gedanke von ihm käme ...

Bülow berichtet, was er dem Kaiser unter anderem sagte:

Soviel wisse ich schon aus meiner Botschaftertätigkeit und schließlich auch aus der Geschichte und den Zeitungen, daß das Problem, vor das ich gestellt werden würde, im wesentlichen darauf hinauskomme, zu unserem Schutz und für unsere Sicherheit eine Flotte zu bauen, ohne durch den Bau dieser Flotte in Krieg mit England zu geraten.

Am 18. Juni wurde Tirpitz zum Staatssekretär des Reichsmarineamts ernannt. Am gleichen Tage nahm der Kaiser in einer Rede im Gürzenich in Köln die Einweihung eines Denkmals für seinen Großvater Wilhelm I. zum Anlaß, um eine Figur des Vater Rhein, die mit Dreizack das Denkmal zierte, als Neptun zu mißdeuten:

Der Meergott mit dem Dreizack in der Hand ist ein Zeichen dafür, daß, seitdem unser großer Kaiser unser Reich von neuem zusammengeschmiedet, wir auch andere Aufgaben auf der Welt haben. Deutsche aller Orten, für die wir sorgen, deutsche Ehre, die wir auch im Ausland aufrecht zu erhalten haben. Der Dreizack gehört in unsere Faust.

Tirpitz-Vorgänger Admiral Hollmann, Staatssekretär seit 1890, war mit dem Kaiser befreundet, hatte aber dessen Flottenbaupläne nicht im Reichstag durchsetzen können. Profilierter Gegner war der Abgeordnete Eugen Richter von der Freisinnigen Volkspartei. Admiral Hollmann fehlte es an Energie und Konzept.

Tirpitz hatte Energie und Konzept. Bei seinem Start im Reichsmarineamt setzte er sofort eine Neuorientierung der Flottenpolitik durch. Nach den Vorstellungen, die er schon als junger Offizier formuliert und als Stabschef im Oberkommando theoretisch fixiert hatte.

Als ich im Frühjahr 1897 den Rückberufungsbefehl aus Ostasien bekam und über Amerika heimreiste, teilten mir in Salt Lake City neugierige amerikanische Journalisten mit, Eugen Richter hätte in den Zeitungen bereits gegen mich als den zukünftigen Staatssekretär geschrieben. Ich war damals parlamentarisch noch nicht genügend geschult, um meinem unerbittlichen Gegner gegenüber diese Tatsache auszuspielen, daß er mich schon angriff, als er mich noch gar nicht kannte.

Ich schied mit schwerem Herzen aus der Front und hatte dem Kaiser 1895 gesagt, der Flottenbau könnte meines Erachtens nur in Gesetzesform gelingen, zu deren parlamentarischer Durchführung nach allgemeinen Erfahrungen eine sogenannte ›Schlagschnauze‹, in meiner bisher rein militärischen Linie läge. Als ich nun im Juni 1897 in Potsdam eintraf, sagte mir der Kaiser, es wäre alles fertig für die Flottenkampagne; ich brauchte nur zuzustimmen. Der Kaiser hatte während meiner Abwesenheit durch eine Kommission einen Gesetzentwurf ausarbeiten lassen, der meines Erachtens aber nicht brauchbar war. Bei produktiven Aufgaben habe ich nie Großes von Ausschüssen gesehen. Sie sind mehr für kritische Leistung. Die Verantwortung verdunstet in ihnen, und es fehlt der

Ernst gegenüber dem gewaltigen Unterschied zwischen Idee und Verwirklichung. Im vorliegenden Fall war aber der Kaiser von dem Werk seiner Kommission sehr eingenommen. Ich erbat mir einige Tage Bedenkzeit.

*Dieser Entwurf legte den Schwerpunkt auf eine riesige Auslandflotte. Nun gab es zu jener Zeit nur noch wenige Staatsbildungen auf der Erde, wie Haiti usw., bei denen Schädigungen unserer Rechte mit Auslandskreuzern wieder gutgemacht werden konnten, ohne daß daraus ein eigentlicher Konflikt entstand. Auch schon Staaten wie Argentinien verfügten über moderne Kriegsschiffe, so daß hinter jedem Auslandskreuzer eine heimische Seemacht stehen mußte, wenn er seinen Zweck als Vorposten erfüllen sollte. Wir besaßen zudem keinen einzigen Auslandsstützpunkt.**

In meiner ganzen Laufbahn habe ich immer wieder zwei namentlich bei Laien beliebte Vorstellungen zu bekämpfen gehabt, den Gedanken eines besonderen Küstenschutzes und den Gedanken einer Auslandskreuzerflotte. Daß der beste Küstenschutz in einer Schlachtflotte besteht, hat der Weltkrieg bewiesen ...

Typisch für die Reaktion der ›Laien‹ Graf Waldersee, der am 1. März 1897 notierte:

Ich erhielt heute ein Schreiben von Admiral Senden (Übersichten über Kriegsschiffneubauten), wodurch meine Kieler Vermutung, daß der Kaiser mich für seine Marinepläne gewinnen will, sich bestätigt. Ich kann nicht leugnen, daß es mir nicht leicht werden wird, seinen Auffassungen beizustimmen, es sei denn, daß er mir politische Ziele zu zeigen vermag, die ich zunächst noch nicht erkennen kann.

Doch Tirpitz überwand die wichtigste Hürde:

Der Kaiser stimmte ... mit einer mich überraschenden Sinnensänderung sofort meinem Flottenplan zu, und damit verschwand im Juni 1897 endgültig aus den Entwürfen jene Auslandsflotte, die im Kriege zweifellos einen kurzen Atem gehabt hätte.

Der Kaiser bei der Reichstagseröffnung am 30. November 1897:

Die Entwicklung unserer Kriegsflotte entspricht nicht den Aufgaben, welche Deutschland an seine Wehrkraft zur See zu stellen gezwungen ist. Sie genügt nicht, bei kriegerischen Entwicklungen die heimischen Häfen und Küsten gegen eine Blockade und weitgehende Unternehmungen der Feinde sicherzustellen. Sie hat auch nicht Schritt gehalten mit dem lebhaften Wachstum unserer übersee-

---

* Zu Tsingtau schreibt er einige Seiten vorher: »Sollte der deutsche Handel immer mehr aufhören, ein Zwischenträger zwischen englischen und chinesischen Erzeugnissen zu sein, und deutsche Waren auf den asiatischen Markt zu werfen, so bedurfte er ebenso wie unser Geschwader eines eigenen Hongkongs«.

ischen Interessen. Während der deutsche Handel an dem Güteraustausche der Welt in steigendem Maße teilnimmt, reicht die Zahl der Kriegsschiffe nicht hin, unseren im Auslande tätigen Landsleuten das der Stellung Deutschlands entsprechende Maß von Schutz und hiermit den Rückhalt zu bieten, den nur die Entfaltung von Macht zu gewähren vermag. Wenngleich es nicht unsere Aufgabe sein kann, den Seemächten ersten Ranges gleichzukommen, so muß Deutschland sich doch in den Stand gesetzt sehen, auch durch seine Rüstung zur See sein Ansehen unter den Völkern der Erde zu behaupten ...

Am 18. Januar 1896 bei der Vierteljahrhundertfeier des Deutschen Reichs hatte er das beflügelt illustriert:

... Aus dem Reich ist ein Weltreich geworden. Überall in fernen Teilen der Erde wohnen Tausende unserer Landsleute. Deutsche Güter, deutsches Wissen, deutsche Betriebsamkeit gehen über den Ozean. Nach Tausenden von Millionen beziffern sich die Werte, die Deutschland auf der See fahren hat. An Sie, meine Herren, tritt die ernste Pflicht heran, Mir zu helfen, dies größere Deutsche Reich auch fest an das heimische zu gliedern ...

Weiter bei der Reichstagseröffnung 1897:

Hierzu ist eine Verstärkung der heimischen Schlachtflotte und eine Vermehrung der für den Auslandsdienst im Frieden bestimmten Schiffe erforderlich. Um für diese dringenden und nicht länger hinauszuschiebenden Maßnahmen einen festen Boden zu gewinnen, erachten die Verbündeten Regierungen es für geboten, die Stärke der Marine und den Zeitraum, in welchem diese Stärke erreicht werden soll, gesetzlich festzulegen. Zu diesem Zweck wird Ihnen eine Vorlage behufs verfassungsmäßiger Beschlußnahme zugehen.

Doch im Frühjahr 1897 waren diese Flottenpläne wieder einmal gestrandet:

Am 28. März 1897 hatte der Reichstag in dritter Lesung die Anträge der Budgetkommission angenommen, die an den Forderungen der Regierung für Ersatzbauten, Armierung und Neubauten beträchtliche Abstriche vornahmen.

So wäre es weitergegangen, wenn Admiral Hollmann Staatssekretär geblieben wäre. Dazu Tirpitz-Biograph v. Hassell:

Hatte Hollmann von Jahr zu Jahr gewisse Forderungen in den Haushaltplan des Reiches hineingebracht, so war dies, wohl mit Rücksicht auf den Sparsamkeitssinn des Reichstages, nur tropfenweise und derart geschehen, daß sich niemand ein Bild machen konnte, wohin die Reise ging, und was von der Marineleitung angestrebt wurde. Eines nur war sicher: zur Bildung einer brauch-

baren Schlachtflotte konnten die damaligen Forderungen nicht führen.

Tirpitz kam und handelte schnell.

> *War früher immer nur von Verteidigung der Küsten, und zwar meinte man damit Küstenschutz und passive Verteidigung, die Rede gewesen, sprach Tirpitz jetzt bestimmt aus, die Flotte müsse auch schlagen und kämpfen können, wenn sie die heimatlichen Küsten schützen solle.*

Schreibt Herr v. Hassell 1920 ohne Kritik und schildert freudig im einzelnen den Triumph, den Tirpitz ganz bewußt — doch ohne es dem Reichstag etwa anzudeuten — als ersten Wechsel auf eine große Flottenzukunft kalkulierte.

Tirpitz-Gegner Eugen Richter erkannte sofort:

> *Man sagt, der Gesetzentwurf binde auch den Regierungen die Hände in bezug auf Mehrforderungen. Das ist aber durchaus nicht der Fall. Ausdrücklich ist in der Begründung hervorgehoben, daß der Sollbestand im Gesetz »nicht nach künftigen Bedürfnissen, sondern nach den heutigen Seeinteressen des Reiches bemessen« sei. Damit ist schon angedeutet, daß, wenn nach Ansicht der Regierung alsbald neue oder erhöhte Bedürfnisse sich herausstellen, auch wie bisher weitere Forderungen im Gesetz oder im Etat erhoben werden sollen ...*
> *Man sagt: von ›uferlosen Plänen‹ könne nicht mehr die Rede sein. Aber die Pläne, die an den Reichstag selbst gelangt sind, waren, für sich allein betrachtet, nie uferlos; sie hatten zu jeder Zeit bestimmte Ufer. Es fragt sich immer nur, was am Horizont hinter diesen, den Ausblick zunächst begrenzenden Ufern noch im Nebel liegt. Auch hier liegt sehr vieles noch im Nebel.*

An Warnern hat es Deutschland nie gefehlt.

Eugen Richter erkannte auch die Täuschung über die Kosten schon im ersten Stadium.

Tirpitz hatte keinerlei Verständnis für Rechte des Parlaments, er sah nur ›Betätigungstrieb‹ der Parlamentarier:

> *Der Reichstag begab sich eines Teiles seines Rechtes, jährlich in die Marineentwicklung einzugreifen. Der nationale Gesichtspunkt verdrängte den des parlamentarischen Betätigungstriebes ...*

In der Zustimmung zum Flottengesetz sah er ein grundsätzliches Bekenntnis des Parlaments als Vertretung der Nation zu seiner Politik, die er nun um so mehr weiter zu verfolgen hätte.

Der Admiral als Politiker ohne Schranken: Wahrnehmer der innen-

und außenpolitischen Lage, Manipulator des Parlaments. War in diesem Kopf voll Intelligenz kein Raum für Klugheit?

Er hat sich zu einer fixen Idee bekannt, eine andere nie gefaßt:

Bei der britischen Feindseligkeit gegen uns, wie sie sich seit 1896 schonungslos offenbarte, war die Machtfrage so gestellt: wie wir, auf unserer übervölkerten Scholle zusammengedrängt, den Frieden mit England bewahren könnten, ohne wirtschaftlich vor seinem Handelsneid zu kapitulieren, oder wie wir, falls England unsere Eindämmung beschließen würde, einen Krieg mit ihm bestehen könnten. Für Beides diente weder der Zustand der Flottenlosigkeit noch eine Auslandsflotte zur Abhilfe, sondern allein eine Schlachtflotte, deren kriegerische Achtbarkeit und Bündniswert es den Engländern erschweren mußte, mit uns anzubinden.

Erschweren — war das genug? These gegen Tirpitz:

Die Frage, wie wir im Falle eines europäischen Krieges unsere Handelsmarine schützen, ist nicht beantwortet, weil im Falle eines Krieges mit den großen Seemächten die deutsche Kriegsmarine nicht imstande ist, dieser Aufgabe zu genügen, sondern dies nur indirekt durch unsere Landmacht geschehen kann. Der deutschen Kriegsmarine wird dann nur die Aufgabe zufallen, die in ihr liegende Kraft auszunutzen, um ihr Scherflein zur Entscheidung beizutragen. Sie wird sehen müssen, was sie leisten kann mit denjenigen Schiffen, welche für Aufgaben in entfernten Gegenden bestimmt sind, und denjenigen, welche wir als Ausfallschiffe für unsere Küstenverteidigung beschafft haben.

Hatte die Denkschrift zum Flottengründungsplan unter Stosch 1873 gesagt! Nicht Prophetie, nur Nüchternheit.

Eugen Richter hat es 1897 zitiert, vergeblich.

Der Vizeadmiral Karl Galster ist 1907 als Tirpitz-Gegner aufgetreten. Er hat sich in der Broschüre »Welche Seekriegsrüstung braucht Deutschland?« gegen die Konzentration einer Schlachtflotte in der Heimat ausgesprochen; Torpedoboote gegen eine blockierende feindliche Flotte, starke Kreuzer für den Handelskrieg in Übersee blieben als Gegenprogramm in der Diskussion. Die Unangreifbarkeit der deutschen Küsten hat Stosch nach seinem Ausscheiden 1886 in einer Denkschrift betont, die erst 1897 durch Vizeadmiral Batsch im Januarheft der ›Deutschen Revue‹ veröffentlicht wurde:

Die Verteidigung unserer Häfen nach der Wasserseite ist ungemein leicht. Die Nordseehäfen verteidigen sich ganz allein: man nehme den durch meilenweite Watten und Sandbänke sich jedes Jahr anders schlingenden Fahrrinnen ihre Seezeichen, und der best-

bewanderte Lotse wird es nicht wagen, ein Schiff in dieselben einzuführen ...
An der Ostsee ist das Landen leichter, wie schon die Geschichte lehrt ... Aber heute, wo Telegraph und Eisenbahn rascher ein geschlossenes Truppenkorps zur Stelle führen als eine begonnene Landung zur Aufstellung gelangt, kann man überhaupt die Gefahren einer Landung äußerst gering anschlagen ... Die größeren Häfen der Ostsee aber sind so flach, daß sie, mit Ausnahme von Kiel, für größere Kriegsschiffe überhaupt unerreichbar sind; und die Fahrrinnen sind so schmal und gewunden, daß auch für kleinere Schiffe ihre Benutzung ohne Seezeichen ganz unmöglich ist. Was haben 1870 die auf der See unbeschränkt herrschenden Franzosen unserer Küste getan?

Admiral Hollmann im März 1897 bei den Verhandlungen der Budgetkommission über den Marineetat:

Man sagt wohl: man wolle nur eine Marine zum Küstenschutz. Aber für den Küstenschutz brauchen wir gar keine Marine; die Küsten schützen sich selbst. Solange die Dinge gut laufen, hüten sich fremde Mächte, Truppen zu landen. Eine Flotte von großen Kriegsschiffen kann auch nicht in die Flüsse einlaufen, etwa um Hamburg zu bombardieren. Auch haben wir Sperrforts. Also zum Küstenschutz brauchen wir höchstens ein paar kleine Boote, die hervorbrechen können.

Tirpitz war für Machtpolitik:

Bezüglich des Kreuzerkrieges sagte ich dem Kaiser damals etwa folgendes: da ein durchschlagender Kreuzerkrieg und transozeanischer Krieg gegen England und andere große Staaten wegen Mangels an auswärtigen Stützpunkten und wegen der geographischen Lage Deutschlands vollkommen ausgeschlossen ist, die fremden Admiralitäten dies auch wissen, so kommt es auf einen Schlachtkörper an, der zwischen Helgoland und der Themse stehen kann.

Der deutsche Handel, die »Offene Tür«, konnten nicht mehr durch fliegende Geschwader geschützt werden; wir mußten an allgemeiner Macht zunehmen, d. h. bündnisfähig mit Weltmächten werden. Bündniswert aber besaß und gab nur eine Schlachtflotte. Ein einziger Verbündeter zur See aber hätte sogar im späteren Weltkrieg genügt, uns den Kampf um die freie See mit den günstigsten Aussichten zu ermöglichen.
Eine bündnisfähige Flotte zu schaffen, war also das erste; eine entsprechende Bündnispolitik sowie Vermeidung aller weltpolitischen Anstöße vor Erreichung dieses Zieles war das zweite, wonach

wir unter erschwerten Umständen des Zeitalters zu streben hatten...

Für die Schlachtflotte mußte der Reichstag das Geld bewilligen. Damit stand es schlecht. Tirpitz' Vorgänger als Staatssekretär des Reichsmarineamtes, Admiral Hollmann, war mit bescheideneren Forderungen gescheitert.

Nachdem der Reichstag den Etat für Schiffsneubauten im Frühjahr 1897 gekürzt hatte, reichte Staatssekretär Hollmann, welcher seit 1890 dem Reichsmarineamt vorgestanden hatte, seine Entlassung ein.

Tirpitz folgerte:

Mit Parteikoalitionen, die Schiffe als Kompensationsobjekte behandelten, konnte man keinen Flottenkörper aufbauen, der ein Menschenalter geduldigen, einheitlichen Wachstums verlangte.
Ich brauchte ein Gesetz, um die Stetigkeit des Flottenbaus nach verschiedenen Flanken zu schützen. Äußerlich sprach für die Gesetzesform am meisten der Umstand, daß der Reichstag sich dadurch selber die Versuchung abschneiden sollte, alljährlich neu in technische Einzelheiten einzugreifen, wie früher, wo jedes Schiff zum »Exerzitium von Debatten« geworden war und im Spiel wechselnder Mehrheiten das Reichsmarineamt nicht das sachlich Wichtigste, sondern das, was gerade durchging, forderte . . .

Dagegen Eugen Richter, der profilierteste Tirpitz-Gegner im Reichstag:

. . . soll durch das Flottengesetz das Etatsrecht des Reichstags dauernd in einer Weise gebunden werden, wie es bis dahin bis zum Erscheinen des Gesetzes niemand auch nur erwartet hat und auch in keinem anderen Lande bisher geschehen ist . . .
Und was ist der Grund für diese Zumutung? Die Mehrheit des Reichstags hatte im Frühjahr 1897, nachdem sie 1895 und 1896 fast alle geforderten neuen Schiffsbauten bewilligt und dadurch den Marineetat außerordentlich gesteigert hatte, die Inangriffnahme des Baues von 2 neuen Kreuzern 2. Klasse und einiger kleinerer Fahrzeuge für dieses Jahr abgelehnt. Deshalb wird dem Reichstag zugemutet, in dem Flottengesetz sich selbst die Hände derart ein für alle Mal zu binden, daß weder er noch sein Nachfolger bei der Etatsberatung in ähnlicher Weise den finanziellen Rücksichten Rechnung tragen können.

Tirpitz-Vorgänger Hollmann hatte noch im Frühjahr 1897 im Reichstag erklärt, die Flotte könne nicht auf langfristige Pläne festgelegt sein.

Richter kommentiert:

Diese Erklärung trat den Gerüchten über einen kostspieligen

Flottenvermehrungsplan entgegen, der vom Konteradmiral Tirpitz dem Kaiser vorgelegt sein sollte. Ein Flottenvermehrungsplan, so hieß es im ›Reichsanzeiger‹, sei von jenem Flaggoffizier weder bei allerhöchster noch bei der verantwortlichen Stelle zur Vorlage gebracht worden. Konteradmiral Tirpitz sei zu einer derartigen Vorlage nie berufen gewesen und habe sich auch nicht in einer Stellung befunden, in welcher ihm ein Auftrag zur Ausarbeitung einer Marinevorlage hätte zugehen können. Es liege nicht in der Absicht der Marineverwaltung, von dem bisherigen Gebrauch, durch den Etat dasjenige zu fordern, was die Marine zur Erfüllung ihrer Aufgaben gebraucht, abzugehen und den gesetzgebenden Körperschaften einen weit ausschauenden Plan oder eine besondere Marinevorlage zu übergeben, die durch die unübersehbare weitere Entwicklung der Dinge in kürzester Zeit wertlos werden konnte. Schnurstracks im Gegensatz hierzu wurde nunmehr derselbe Konteradmiral Tirpitz, der sich bis dahin in Ostasien als Befehlshaber der dortigen Kreuzerdivision befunden hatte, zum Nachfolger des Staatssekretärs Hollmann berufen.

Kaum war Tirpitz in Deutschland angelangt, so verlautete auch, daß im Gegensatz zu obigen Erklärungen des Reichskanzlers, des Staatssekretärs Hollmann und des ›Reichsanzeigers‹ ein Flottenplan dem nächsten Reichstag vorgelegt werden sollte in einer Gesetzesvorlage, dazu bestimmt, den Reichstag über das einzelne Etatsjahr hinaus in der Geldbewilligung festzulegen und zu binden.

Bei der Eröffnung des Reichstags am 30. November 1897 betonte der Kaiser die Notwendigkeit des Flottenausbaues mit folgenden Gründen:

»Die Entwicklung unserer Kriegsflotte entspricht nicht den Aufgaben, welche Deutschland an seine Wehrkraft zur See zu stellen gezwungen ist. Sie genügt nicht, bei kriegerischen Entwicklungen die heimischen Häfen und Küsten gegen eine Blockade und weitergehende Unternehmungen der Feinde sicherzustellen. Sie hat auch nicht Schritt gehalten mit dem lebhaften Wachstum unserer überseeischen Interessen. Während der deutsche Handel an dem Güteraustausche der Welt in steigendem Maße teilnimmt, reicht die Zahl unserer Kriegsschiffe nicht hin, unseren im Auslande tätigen Landsleuten das der Stellung Deutschlands entsprechende Maß von Schutz und hiermit Rückhalt zu bieten, den nur die Entfaltung von Macht zu gewähren mag ...«

Trotz vortrefflicher Begründung des Gesetzes gelang seine Annahme erst nach längerem Hin- und Herstreiten in der Presse und unter den Parteiführern. Doch begann die öffentliche Meinung, also die Strömung des Volksempfindens, sich mehr und mehr für die

Flottenfrage zu erwärmen dank der Aufklärungsarbeit, die viele Flottenfreunde in Schrift und Wort übernommen hatte. Zur Ehre unseres Gelehrtenstandes muß hervorgehoben werden, daß er schon damals, mit ganz vereinzelten Ausnahmen, an der Spitze der Volksbewegung für die Flotte stand. Seltsam genug, daß gerade die idealen Berufsstände den sehr realen Wert der Flottenvermehrung zuerst erkannten. Daß die gesamte Stahl- und Eisenindustrie einen wirtschaftlichen Aufschwung vom Bau vieler großer Schiffe erwartete, ist leicht zu begreifen; nur ganz unverständlich war die ablehnende Haltung der Sozialdemokratie: denn hier handelte es sich doch um großzügige Ausgaben für die Wehrkraft, die unbedingt nicht nur zum größten Teil als Arbeitslöhne in die Taschen der Arbeiter zurückfließen mußten, sondern die auch das einzige Mittel boten, dem deutschen Gewerbefleiß für künftige Zeiten den Weltmarkt zum Vertrieb seiner Erzeugnisse offen zu halten . . .

Die Abstimmung im Reichstage zeigte neben der Parteigegnerschaft leider auch noch einen Gegensatz Süddeutschlands gegen Norddeutschland. Man war im Süden noch zu wenig über den Einfluß der Seemacht im gesamten Vaterland aufgeklärt worden. Später ist das ganz anders geworden, und jetzt (1912) stellt Süddeutschland noch mehr begeisterte Flottenfreunde als der kaltblütigere Norden. In Summa stimmten 212 Reichstagsabgeordnete für das Gesetz und 139 dagegen; 45 fehlten bei der Abstimmung, davon ein Drittel unentschuldigt; das war am 24. März 1898, bei der zweiten Lesung des Gesetzes. Als am 28. März mit der dritten Lesung das Gesetz angenommen war, ernannte der Kaiser seinen erfolgreichen Staatssekretär des Reichsmarineamts, den Konteradmiral Tirpitz, zum Staatsminister und drahtete sofort seinem hochverehrten Verwandten und väterlichen Freund, dem Großherzog Friedrich von Baden:

»Das Flottengesetz ist soeben mit starker Majorität in dritter Lesung angenommen worden, und vor allem ist es Deiner unermüdlichen Mitarbeit zu danken, mit der Du, wie immer, wenn es sich um das Wohl des Vaterlandes handelt, mit Hingabe und Nachdruck Mir beigestanden hast. Zum Dank dafür stelle ich Dich à la suite unserer Marineinfanterie, deren brave Jungen im fernen Osten unsere Flagge beschirmen. Gott segne Dich.«

In der Thronrede beim Schluß des Reichstags am 6. Mai 1898 leuchtet aus den kaiserlichen Worten die Freude über den Erfolg:

Indem der Reichstag die Bedeutung des Flottengesetzes für unsere wirtschaftliche Entwicklung und für die Stärkung unserer maritimen Wehrkraft anerkannte, hat er die Hand zu einem Werke geboten, welches die dankbare Würdigung kommender Geschlechter finden wird.

Und am 15. Dezember 1897 bei Verabschiedung seines Bruders Heinrich zur Machtdemonstration in Ostasien hatte er gesagt:

Reichsgewalt bedeutet Seegewalt, und Seegewalt und Reichsgewalt bedingen sich gegenseitig so, daß die eine ohne die andere nicht bestehen kann.

Der Seegeltungsgedanke war manifestiert, mit dem Flottengesetz als Werkzeug.

Der Reichstag verzichtete auf sein Recht, von Etatjahr zu Etatjahr auf Antrag zu bewilligen oder abzulehnen. Er stimmte pauschal dem Aufbau eines Sollbestandes der Hauptschiffsklassen zu.

Ohne Gefahr einer Überhastung könne der erforderliche Zeitraum auf sieben Jahre bemessen werden.

Die »Schlachtflotte zur Verteidigung der vaterländischen Küsten« sollte 19 Linienschiffe, 8 Küstenpanzerschiffe, 6 große und 16 kleine Kreuzer umfassen. Dazu wurden Torpedoboote und andere kleine Kriegsfahrzeuge gefordert. Die Auslandsflotte »zum Schutze des Seehandels« sollte 6 große Kreuzer und 14 kleine umfassen. An Neubauten waren zum Erreichen dieses Solls 11 Linienschiffe für je 20 Millionen Mark, 5 große Kreuzer für je 15 Millionen Mark, 17 kleine Kreuzer für je 4,6 Millionen Mark erforderlich. Dazu sieben Torpedobootsdivisionen zu je 5,9 Millionen und drei Kanonenboote zu je 1,6 Millionen Mark. Die Personalstärke sollte von 18 138 Mann auf 26 637 Mann erhöht werden. Die Gesamtkosten für den Flottenplan betrugen eine Milliarde Mark.

Zugrunde lag das taktische Konzept, das Tirpitz entwickelt und 1895 dem Kaiser vorgelegt hatte. Die Zahl der Linienschiffe ergab zwei Geschwader zu je acht Schiffen, dazu ein Flottenflaggschiff und je Geschwader ein Linienschiff als Reserve.

Das militärische Prinzip: nicht die Zahl der Schiffe, sondern die Zahl der Geschwader aus gleichartigen Schiffen macht die Kampfkraft der Schlachtflotte aus.

Von den Gegnern des Gesetzes erkannte Eugen Richter am klarsten, daß es sich nicht nur um einen Aufbauplan handelte, sondern daß die Erhaltung des Bestandes bei Weiterentwicklung der Technik zu uferlosen Ausgaben führen konnte. Denn laut Entwurf entsprach der Voranschlag

dem jetzigen Stande der Technik, sowie den heutigen Arbeitslöhnen und Materialpreisen.

Richter:

Aufgabe des Reichstages sei es, einer gewissen subjektiven Vorliebe Schranken zu ziehen, welche einen Zweig der öffentlichen Verwaltung mehr pflege, als seiner Bedeutung im Verhältnis zu anderen Zweigen entspreche.

Aber die gewisse subjektive Vorliebe siegte, nicht zuletzt dank der Aktivität des Nachrichtenbüros, das Tirpitz schon am Tag vor seinem offiziellen Amtsantritt im Reichsmarineamt installiert hatte. Es propagierte den Seegeltungsgedanken, für den es ohnehin offene Ohren fand, in den wenigen Monaten bis zur Parlamentsdebatte mit äußerster Betriebsamkeit vor allem über die Presse, nicht zuletzt aber auch in Handels- und Industriekreisen und an den Universitäten.

SCHIFFBAU MIT GESETZESKRAFT

„Von uferlosen Plänen nicht die Rede“

Fürst Bülow über Tirpitz:

> *. . . Bedenklich war seine Neigung, andere, ebenfalls wichtige und beachtenswerte Interessen seinen Zielen zu opfern.*

Eugen Richter mißtraute ihm:

> *. . . Es fragte sich immer nur, was am Horizont hinter diesen, den Ausblick zunächst begrenzenden Ufern noch im Nebel liegt. Auch hier liegt sehr vieles noch im Nebel.*

Nämlich:

> *Man sagt, der Gesetzentwurf binde auch den Regierungen die Hände in bezug auf Mehrforderungen. Das ist aber durchaus nicht der Fall. Ausdrücklich ist in der Begründung hervorgehoben, daß der Sollbestand im Gesetz »nicht nach künftigen Bedürfnissen, sondern nach den heutigen Seeinteressen des Reiches bemessen« sei. Damit ist schon angedeutet, daß, wenn nach Ansicht der Regierung alsbald neue oder erhöhte Bedürfnisse sich herausstellen, auch wie bisher weitere Forderungen im Gesetz oder im Etat erhoben werden sollen.*

Das schrieb Richter 1898, und genau so kam es.

Doch Tirpitz sah in solchen Mahnungen nur den »parlamentarischen Betätigungstrieb« im Gegensatz zum »nationalen Gesichtspunkt« und schaffte es, sogar Richters Partei, die Freisinnigen, zu spalten. Das Flottengesetz nur als einen Anfang durchzusetzen, als »Sprung über den Stock«, also Täuschung des Parlaments über den wahren Umfang der Planung, war für Tirpitz nie ein moralisches, stets nur ein technisches Problem. Den Reichstagsbeschluß zu einem ausdrücklich begrenzten Gesetz nahm er als Volksentscheid fürs Ganze:

> *Nachdem 1897 die Nation die Frage, ob eine starke Flotte Daseinsberechtigung haben sollte, grundsätzlich bejaht, den materiellen Umfang aber eng begrenzt hatte, reifte die Zeit heran, wo wir uns zu entschließen hatten, ob der politische Schritt zur wirklichen Seemacht gewagt werden oder das ganze Unternehmen nur eine grundsätzliche Demonstration bleiben sollte. Ich war persönlich*

entschlossen, nach dem ersten Schritt auch den zweiten zu tun, unter Wahrnehmung der innen- und außenpolitischen Lage. Ich dachte an ein »sprungweises Vorgehen«, wobei in der Zwischenzeit der Reichstag möglichst zu schonen war.

Jedoch:

Dies Schonen erwies sich aber als schwierig, denn nachdem man angefangen hatte, ernsthaft zu bauen, stiegen die Wünsche bald bis in die »aschgraue Pechhütte«. So kam ich früher, als ich selber geahnt hatte, aus der Notwendigkeit, die Geldgrenze höherzutreiben, heraus in Erwägungen und Vorarbeiten zu einem zweiten Flottengesetz hinein.

Nicht so ohne Vorsatz; Tirpitz selbst gibt zu:

Schon seit Herbst 1898 nahm ich mir zur Richtschnur, alle Einzelheiten des organisatorischen Vorgehens so einzurichten, wie es für künftige Flottenverstärkungen zweckmäßig wäre.

Am 10. April 1898 trat das Flottengesetz in Kraft. Es war nur ein erster Schritt.

Vorangegangen war die Flottenagitation, die Tirpitz sofort nach seinem Amtsantritt als Staatssekretär angekurbelt hatte und an deren Idee Bernhard von Bülow (damals noch nicht Reichskanzler, aber dem Kaiser schon als ratgebender Gesprächspartner verbunden) seinen Teil beansprucht.

Bülow irrt in seinen Erinnerungen, wenn er vom Flottenverein schon 1897 gesprochen haben will. Der Deutsche Flottenverein zur Hebung des Verständnisses für Wesen und Zweck einer starken deutschen Flotte wurde erst am 30. April 1898 gegründet.

Die Flottenpropaganda, die im Reichstag die Mehrheit fürs Flottengesetz brachte, ging vielmehr von dem Nachrichtenbüro im Reichsmarineamt aus, von Tirpitz am 17. Juli eingerichtet und von Korvettenkapitän v. Heeringen versehen. Das Nachrichtenbüro konzentrierte seine intensive Arbeit auf Personen und Medien der Meinungsbildung. Es versah Zeitungen und Nachrichtenagenturen mit Material, warb bei Redakteuren und Schriftstellern, auch bei Handelskammern, Behörden, Schulen, vor allem aber an den Universitäten. Und dort besonders bei den Professoren, deren Autorität dann auch einen wesentlichen Teil der Propagandawirkung für den Flottengedanken brachte. Der Begriff von den ›Flottenprofessoren‹ ist bezeichnend für den Erfolg des Werbens.

Man rannte vielfach schon offene Türen ein, zum Streben nach deutscher Weltgeltung gehörte die starke Flotte ganz selbstverständlich. Ein Professor (D. Schäfer):

Korvettenkapitän v. Heeringens Wunsch, ich möchte mich an der Vertretung der Marinevorlage beteiligen, konnte ich mit der Erklärung beantworten, daß die Schrift »Deutschland zur See« schon in Druck gegeben sei.

Verlautbarungen von Flottenprofessoren im Zuge der Begeisterung nach dem ersten Flottengesetz:

Das friedliche deutsche Volk hat die moralische Pflicht, sich stark zu machen, einen Guten stark zu machen, der zwischen Rücksichtslosen Gutes zu wirken die Pflicht, die welthistorische Aufgabe hat.

Oder:

Wir Deutschen sind ein gottbegnadetes Volk ... unsere Frömmigkeit und unsere Bildung (mögen) auch zu denjenigen Völkern kommen, die dieser Güte am meisten bedürfen.

Das sind Äußerungen in den Jahren bis 1908, die Begeisterung verblich nicht, wuchs zu einer Bürgerbewegung, wurde als Volksbewegung empfunden, obwohl die Arbeiterschaft andere Sorgen hatte. Während von deutschem Wirken in Übersee unter dem Schutz einer starken Flotte geschwärmt wurde, traten Mahner auf:

Kein Lohn auf Kosten der Beherrschten, kein Vorteil ohne gleichzeitige Hebung der Unterworfenen!

Und während die Marine 121,7 Millionen Mark für 1898/99 mit ansteigenden Ausgaben bis über 150 Millionen Mark für 1903/04 im Flottengesetz beanspruchte, begab sich auch folgendes im Deutschen Reich:

Das ›Reichsarbeitsblatt‹, Jahrgang 1903, Nr. 2, bringt eine sehr bemerkenswerte Zusammenstellung über die Arbeits- und Lebensverhältnisse der unverheirateten Fabrikarbeiterinnen in Berlin . . .
Der Wochenlohn betrug im Durchschnitt 11,36 Mark; im einzelnen stellte er sich sehr verschieden. 4,3% der Arbeiterinnen erhielten weniger als 6 Mark, 1,1% über 20 bis 30 Mark. Überwiegend lagen die gezahlten Löhne zwischen 8 und 15 Mark . . .
Daß diese Löhne gänzlich unzureichend sind, ergibt sich aus folgender Zusammenstellung der Ausgaben einer Wäschenäherin für Wohnung und Ernährung (nach den Mitteilungen des Gewerberats von Stülpnagel)

	Mk.	*Pf.*
Schlafstelle und Kaffee	—	*20*
Zweites Frühstück (Butterbrot)	—	*15*
Mittagessen	—	*30*
Vesperbrot	—	*15*

Abendessen	*—*	*20*
Für 2 Flaschen Bier	*—*	*20*
Zusammen	*1*	*20*

Das macht wöchentlich 8 Mark 40 Pfennige nur für Nahrung und Wohnung. Von dem übrigen sind Kleidung, Wäsche und etwaige Vergnügungen zu bestreiten, was nur bei den höchsten Löhnen zwischen 12 und 15 Mark möglich ist . . . In vielen Fällen beträgt der Wochenlohn nur 5 bis 8 Mark. In der Mehrzahl der Konfektionsbetriebe ruht überhaupt die Produktion 4 — 6 Monate. Da fällt also jede Entlohnung aus.

Für das gesamte Deutsche Reich ergab die Erhebung des Statistischen Amts nur ein Durchschnittsjahreseinkommen von 322 Mark! Da ist es kein Wunder, daß z. B. die Gewerberäte von Frankfurt a. M. und Wiesbaden in ihrem in den »Ergebnissen der von den Bundesregierungen angestellten Ermittlungen über die Lohnverhältnisse der Arbeiterinnen in den Wäschefabriken und der Konfektionsbranche im Jahre 1887« veröffentlichten Berichten sagen: »In Frankfurt waren zu Ende des vorigen Monats unter 226 daselbst unter sittenpolizeilicher Kontrolle stehenden Personen (also die heimlichen Prostituierten nicht mitgerechnet) 98 Arbeiterinnen, die teils in Wäsche-, teils in Konfektionsgeschäften tätig waren. Da für einen notdürftigen Unterhalt täglich mindestens 1,25 Mark gerechnet werden muß, so reicht der bei Anfertigung gewöhnlicher Artikel zu erzielende Verdienst von 1,50 bis 1,80 Mark in der Tat kaum aus, um alle Bedürfnisse zu bestreiten; es wird daher der geringe Lohn nicht ganz ohne Einfluß in der vorliegenden Frage sein.«

Das war natürlich kein Thema für Seine Majestät; solche Berichte bekam er nicht.

Der Kaiser beschäftigte sich mit einem anderen Problem:

. . . bitter not ist uns eine starke deutsche Flotte . . .

Graf Waldersee notierte am 5. Februar 1900 in seinem Tagebuch:

Wer es gut mit sich meint, gründet jetzt einen Flottenverein und meldet es dem Kaiser telegraphisch.

Der Verein äußerte sich zu seinen Aufgaben als Volksbewegung:

Der ›Deutsche Flotten-Verein‹ treibt keine Politik, in ihm können Mitglieder aller Parteien friedlich nebeneinander wirken, wenn sie nur die Weiterentwicklung der Größe des Vaterlandes im Auge haben; aber national gesinnt müssen die Angehörigen des ›Deutschen Flotten-Vereins‹ sein, deutsch bis ins Mark! Das ist Vorbedingung! So wird der ›Deutsche Flotten-Verein‹ eine Vereinigung aller deutschgesinnten Staatsbürger werden, die Zeiten überdauernd! Der beste Beweis für die unpolitische Richtung des Vereins ist die Tatsache, daß Offizieren und Militärpersonen, welche sich doch von aller Politik fernhalten müssen, der Beitritt von Allerhöchster Stelle gestattet ist. Der Umstand ferner, daß die Angehörigen vieler Herrscherfamilien an der Spitze der einzelnen Landesgruppen stehen, spricht doch wohl dafür, daß die Ersten des Volkes mit den Zielen des Vereins einverstanden sind.

»Für Mitglieder des Deutschen Flotten-Vereins und solche, die es werden wollen,« wird vermerkt:

Ein Mindestbeitrag ist nicht vorgeschrieben. Der Verein erwartet von seinen Mitgliedern eine Selbsteinschätzung. Jeder soll ermessen, wieviel er nach Maßgabe seines Einkommens zur Wehrhaftmachung Deutschlands zur See imstande ist.

Durch Zahlung eines einmaligen Beitrags von mindestens 1000 Mark wird die lebenslängliche Mitgliedschaft und die Befreiung von weiteren Jahresbeiträgen erworben. Diese Mitglieder erhalten ein vom Präsidium vollzogenes Ehrendiplom.

Für die Mitglieder wird ein von Seiner Majestät dem Kaiser und König Allerhöchst genehmigtes Vereinsabzeichen ausgegeben. Dasselbe ist in Neusilber zum Preis von 80 Pfg. und in Silber zum Preise von Mk 10.— von dem Kanzleramt zu beziehen gegen Voreinsendung des Betrages oder gegen Nachnahme.

Für Werften, Waffen- und Panzerproduzenten — Krupp! — und Zulieferer aller Art bis zu Uniformfabriken versprach das Flottengesetz eine weit im voraus kalkulierbare Konjunktur. Am 24. März 1898 wurde das Gesetz im Reichstag mit 218 gegen 139 Stimmen angenommen, bald darauf (am 30. April 1898) der deutsche Flottenverein gegründet, der alsbald seine rege Propaganda zugunsten weiterer Flottenrüstung begann.

Für die aktive Schlachtflotte besaß die Marine 1898 vier Linienschiffe der Klasse ›Kurfürst Friedrich Wilhelm‹. Hauptbewaffnung sechs 28 cm-Kanonen, in Dienst gestellt 1891-1893; verhältnismäßig kleine (10 670 Tonnen, 116 Meter lang), aber dafür recht stark bewaffnete Schiffe. Den dritten 28 cm-Doppelturm hatte Wilhelm persönlich in den Entwurf eingefügt und damit den späteren Dreadnought-Gedanken vorweggenommen: viel schwere, wenig mittlere und leichte Artillerie.

Die nächste Klasse ›Kaiser Friedrich III.« war größer. Knapp 12 000 Tonnen, 125 Meter lang, stärker gepanzert, somit standfester im Kampf, kaum schneller, aber für die Begriffe der Zeit ausgeglichener bewaffnet: nur vier schwere Kanonen, nur 24 cm Kaliber, dennoch durch moderne Konstruktion größere Schußweite (16,9 statt 14,6 Kilometer), stärkere Mittelartillerie. Das war Tirpitz-Prägung. Die Klasse umfaßte fünf Schiffe, Stapelläufe 1896-1900, Indienststellung 1900-1902. Damit war das erste Geschwader von acht Linienschiffen und Flaggschiff komplett. Nur das vorgesehene Reserveschiff fehlte. Dazu besaß die Marine die acht Küstenpanzerschiffe, die nach Wilhelms Regierungsantritt unter Caprivi noch unter dem Küstenschutzgedanken konzipiert und 1890-94 in Dienst gestellt worden waren. Sie waren wesentlich kleiner und langsamer (3500 Tonnen, 79 Meter lang, ca. 15 Knoten). Sie hatten als Hauptbewaffnung drei 24 cm-Kanonen und genossen als Kampfschiffe wenig Ansehen, waren im Tirpitz-Kalkül aber wichtig, weil sie nach Ablauf der für Linienschiffe und Küstenpanzerschiffe vorgesehenen Lebensdauer von 25 Jahren durch Neubauten entsprechend dem Fortschreiten der Technik ersetzt werden konnten. Ebenso wie die älteren Panzerschiffe, die für die modernen Geschwader nicht mehr in Frage kamen. Am 19. Juni 1895 war der Nord-Ostseekanal als ›Kaiser-Wilhelm-Kanal‹ eingeweiht worden. Die Flotte konnte jetzt schnell und sicher zwischen den möglichen Kriegsschauplätzen bewegt werden. Das zweite Geschwader wurde in Gestalt der ›Wittelsbach‹-Klasse — wiederum mit vier 24 cm-Kanonen als Hauptwaffe — in Bau genommen. Aber schon bei Verabschiedung des Flottengesetzes war klar, daß sich Kaiser und Marine nicht mit dem genehmigten Bestand zufriedengeben würden. Zufrieden geben könnten, sagte die Flottenagitation, die bald den Charakter einer breiten Gesinnungsfront im Bürgertum gewann, zum Mißfallen der Armee und gegen die Opposition der Sozialdemokraten wie der Großagrarier und der Armee. Die sozialdemokratischen Führer Wilhelm Liebknecht und August Bebel prangerten die soziale Rückständigkeit des Kaiserreichs an, die fürchterlichen Mißstände auf allen Gebieten, die das Bürgertum nicht interessierten. Die stets sorgenvollen Agrarier hatten kein Verständnis für die Flottenmarotte Seiner Majestät, und die Armee sah ihre finanziellen Felle buchstäblich davonschwimmen. Wenngleich der Kaiser ihr äußerst gewogen war.

Doch dem eisern entschlossenen Tirpitz kamen weltpolitische Ereignisse zu Hilfe. 1895 war China beim Kampf um Korea durch Japan besiegt worden, die ›gelbe Gefahr‹ wurde als Schreckgespenst Europas an die Wand gemalt, vor allem aber zeigte die Niederlage Spaniens im Krieg gegen die USA, daß eine große Vergangenheit zur See durch einen mit moderneren Schiffen entschlossen angreifenden Gegner ihre Positionen verlor. Warum sollte die junge deutsche Marine nicht ebensolche Chancen haben? Die deutsche Marinekolonie Tsingtau-Kiautschou, 1897 etabliert, erschien als Handelsstützpunkt mit größter Zukunft. Zur Sicherung brauchte man Seestreitkräfte auch in der Heimat, die Risikoflotte. Kein Gegner sollte einen Angriff mit überseeischen Folgen wagen können.

Da halfen keine Warnungen des unermüdlichen Eugen Richter, dessen Partei unter seinen Füßen an Meinungsverschiedenheiten über die Flottenfrage zerbrach. Vergeblich berief er sich auf seinen einstigen Gegner Bismarck:

> *. . . sollte eine Einwirkung des Parlaments eher erleichtert und begünstigt, als durch ein solches Flottengesetz erschwert und beeinträchtigt werden.*

Vergebliche Mahnung 1898. Schon zwei Jahre später, am 12. Juni 1900, wurde ein zweites Flottengesetz angenommen, mit größerer Mehrheit als das erste, 201 gegen 103 Stimmen, fast Zweidrittelmehrheit.

Am 11. Dezember 1899 hatte der nun achtzigjährige Reichskanzler Fürst Chlodwig Hohenlohe-Schillingsfürst es eingebracht. Sein Staatssekretär des Auswärtigen, Fürst Bülow legte dar, daß niemand vor zwei Jahren die Entwicklung der Weltpolitik habe voraussehen können.

Gefordert und genehmigt wurde Verdoppelung der Schlachtflotte und der großen Auslandskreuzer. Zum neuen Doppelgeschwader 44 neue Torpedoboote, und alles teurer, weil

> *infolge der Steigerung der Löhne, der Materialkosten und infolge technischer Verbesserungen der Kostenvoranschlag von 1898 nicht eingehalten werden konnte. Deshalb wurden die Kosten in Millionen Mark veranschlagt für ein Linienschiff auf 28 statt 20, für einen gr. Kreuzer auf 18 statt 15, für einen kl. Kreuzer auf 5,5 statt 4,6 und eine Torpedobootsdivision auf 6 statt 5,9.*

Das ergab 725,5 Millionen Mark und für fällige Ersatzbauten in den nächsten 16 Jahren dazu 642 Millionen Mark. Nur 6 große Auslandskreuzer wurden gestrichen, aber 1905 nachgefordert und genehmigt — diese

> *neue Flottennovelle fand bei keiner Seite, ausgenommen natürlich die Sozialdemokratie, Widerspruch.*

Tirpitz baute mit voller Kraft. Nach der ›Wittelsbach‹-Klasse kam die ›Braunschweig‹-Klasse, dann die ›Deutschland‹-Klasse. Jeweils fünf Schiffe, ein Standardtyp in zwei Entwicklungsstufen, ca. 14 300 Tonnen, knapp 128 Meter lang, 18,2-19 Knoten, Hauptbewaffnung vier 28 cm-Kanonen. ›Braunschweig‹ lief 1902 vom Stapel. Als letztes Schiff der ›Deutschland‹-Klasse 1906 ›Schleswig-Holstein‹. Tirpitz plante solcherart eine Kampflinie von 38 gleichartigen Schiffen, und die Seeschlacht bei Tsuschima, in der am 27. Mai 1905 der japanische Admiral Togo die Russen unter Rojestwensky schlug, schien ihm für den Verlauf künftiger Seekriege recht zu geben. Schlachtflotte gegen Schlachtflotte, wie es uralte Tradition war. Und als Entscheidung das Geschoßgewicht der Breitseiten, die über den Feuerbeginn entscheidende Schußweite, die Feuergeschwindigkeit und die Zielsicherheit und nicht zuletzt die Standfestigkeit der Schiffe, Panzerung und Vorsorgen für Lecksicherheit.

Bei der Größe der Schiffe mußte er auf den Kaiser-Wilhelm-Kanal, die geringen Wassertiefen der Nordsee und die Wilhelmshavener Schleusen Rücksicht nehmen. Und Größe ist maßgebend für die Tragfähigkeit! Mehr Panzer mußte auf Kosten der Bewaffnung gehen; ein Kompromiß war unvermeidlich. Tirpitz blieb mit dem 28 cm-Kaliber unter dem Standardkaliber der anderen Seemächte — 30,5 cm —, weil er Standfestigkeit für wichtiger hielt und sicher war, das artilleristische Handicap durch Treffsicherheit und hohe Feuergeschwindigkeit ausgleichen zu können. Admiral Thomsen hatte das Schießverfahren zur Kunst entwickelt, hervorragende Schulung der Besatzungen war oberstes Gesetz, unerbittliche Kritik brachte den Kommandanten perfektes Fahren bei.

Und dennoch mußte sich Tirpitz im eigenen Land gegen lautstarke Vorwürfe wehren. Der Flottenverein, der auf die publizistischen Initiativen des Nachrichtenbüros unter Kapitän von Heeringen zurückging, hatte sich in chauvinistische Agitation hineingesteigert und hatte unter General Keim kein Verständnis für die technischen, finanziellen und personellen Gegebenheiten, auf die sich der Admiral präzise einstellte. Mit vergleichenden Flottentabellen, die auch des Kaisers Hobby waren, wies man auf die zahlenmäßige und scheinbar auch technische Überlegenheit fremder Flotten hin, verlangte größere und stärkere Schiffe und Steigerung der Schiffszahlen. Das erwünschte Machtwort des Kaisers ließ auf sich warten, 1908 mußte General Keim nach wilder Verwicklung in innenpolitische Kämpfe zurücktreten und wurde durch den Großadmiral Köster ersetzt, der als Flottenchef zum berühmten ›Exerziermeister‹ geworden war. Der Flottenverein war gebändigt, die Flottenpolitik konnte ungehindert nach Tirpitz-Konzept weitergehen (Einzelheiten des Konflikts s. S. 111 ff).

Aber gerade zu dieser Zeit war dem technischen Manager Tirpitz, der mit seinen Planungstechniken seiner Zeit weit voraus war, ein arges, auf den ersten Blick vernichtendes Unglück zugestoßen:

Die aufs äußerste beunruhigten Engländer bauten ein Schlachtschiff, das nicht nur wie die bisherigen etwas größer und etwas schneller und etwas stärker bewaffnet war als die deutschen, sondern viel größer, viel schneller und mit zweieinhalb so viel schweren Kanonen bestückt:

den ›Dreadnought‹ — »der sich vor nichts zu fürchten hat«. Die Deutschen übersetzten es kurz in ›Fürchtenichts‹, die ›Fürchtenichtse‹ wurden zum vielzitierten Alptraum.

Während sich Tirpitz für seine ›Deutschland‹-Serie auf innere Verbesserungen konzentriert hatte (wasserdichte Unterteilung ohne Schott-Türen, noch bessere Mitverwendung der Kohlenbunker als Schutz gegen Artillerie- und Torpedotreffer) schalteten die Engländer auf ein neues Konzept um: nur noch schwere Artillerie. Die bis dahin übliche, bei den deutschen Schiffen besonders starke Mittelartillerie wurde aufgegeben. Zehn 30,5 cm Kanonen! Da die Engländer weitere Schiffe dieses Konzepts in Angriff nahmen, war die Tirpitzflotte auf einen Schlag waffentechnisch veraltet, praktisch entwertet.

Für die Engländer war das die Rettung aus dem Dilemma, haufenweise Schlachtschiffe alten Konzepts bauen zu müssen, um Vorsprung vor den Deutschen zu halten. Wie sie ihre Zwangslage einschätzten, beweist die noch nie dagewesene kurze Bauzeit von nur 18 Monaten — die allerdings Folgen hatte. Es war ein ziemlich schlechtes Schiff, das aber als Prototyp wertvoll war und entscheidende politische Wirkung versprach. Denn es erschien als undenkbar, daß die Deutschen einen entsprechenden Typ bauen könnten, finanziell wie angesichts der Gewässer, auf die sie sich einstellen mußten.

Tirpitz mußte sich sagen lassen, daß er eine Möglichkeit des potentiellen Gegners vollkommen verkannt hatte, obwohl sie in der Luft lag. Wilhelm II. selbst hatte den Dreadnought-Gedanken beim dritten Turm der ›Kurfürst Friedrich Wilhelm‹-Klasse vorweggenommen. Und die Engländer hatten nur einen kleinen Schritt von ihrem neuesten Typ ›Agamemnon‹ zu machen, der zu den üblichen vier 30,5 cm-Kanonen zehn 23,4 cm-Mittelartillerie hatte, ähnlich die Japaner bei ›Satsuma‹ und die Russen bei ›Andrei Perwoswanny‹. Auch bei den Kreuzern gingen die Engländer zum ›Dreadnought‹-Konzept über, womit sämtliche bis dahin gebauten Panzerkreuzer entwertet waren: Der Schlachtkreuzer wurde geboren, bewaffnet wie ein Schlachtschiff, aber leichter gepanzert zugunsten hoher Geschwindigkeit.

Nun wäre ein Flottenabkommen fällig gewesen. Aber Deutschland hatte keinen Politiker als Reichskanzler, sondern den Diplomaten und Höfling Bülow, der 1900 den alten Hohenlohe abgelöst hatte und seinen inneren Widerstand für sich behielt, während er mit dem Kaiser auf der ›Hohenzollern‹ alberte.

Und für Tirpitz gab es nur seinen Wahlspruch: »Ziel erkannt, Kraft gespannt«. Der Kaiser drängte, der Flottenverein agitierte, die sechs großen Kreuzer der Vorlage von 1906 wurden als Schlachtkreuzer konzipiert, die Weichen im Reichstag wurden gestellt, ausgehend von einer vielbeachteten, stark nach Tirpitz-Anregung klingenden Rede des Zentrumführers Spahn am 11. August 1907. Am 27. März 1908 stimmte der Reichstag gegen die Stimmen der Sozialdemokraten und der polnischen Fraktion für die Flottennovelle, die den Bau deutscher Dreadnoughts freigab, den Weg ins Verhängnis.

Die politische Verantwortung trug der Reichskanzler.

Wilhelm trat 1888 die Regierung mit neunundzwanzig Jahren an, Reichskanzler Bismarck war dreiundsiebzig. Das Nebeneinander bei vierundvierzig Jahren Altersunterschied konnte nicht gut gehen. Am 20. März 1890 wurde General Leo von Caprivi Reichskanzler, 1831 geboren, achtundzwanzig Jahre älter als der Kaiser, ein braver Diener seines Herrn, abgelöst am 26. Oktober 1894 durch Fürst Chlodwig Hohenlohe-Schillingsfürst, vierzig Jahre älter als der Kaiser, bei Amtsantritt schon fünfundsiebzig Jahre alt, behutsam, klug und ohne Kraft, die Macht des Kaisers wuchs. Am 17. Oktober 1900 folgte des Kaisers Traumkanzler, den er als Freund nach den Greisen betrachtete,

»Bülow soll mein Bismarck werden«, hatte der Kaiser schon 1895 ausgerufen, nicht ohne Bewunderung für den schmiegsamen begabten Diplomaten, der, wie er selbst, ein Schüler des großen Kanzlers gewesen war. Aus dem Gesandten in Bukarest war der Botschafter am Quirinal und dann der Staatssekretär geworden, damals schon ausersehen, den Reichskanzler Fürst Hohenlohe zu ersetzen.

Bernhard Fürst von Bülow war nur zehn Jahre älter als der Kaiser, geboren 1849, überwältigend tiefe Freundschaft versicherten sich beide bis zum Überschwang.

»Lieber Bernhard«, schrieb der Kaiser am 26. 6. 07, und gar am 11. 8. 05 . . . auf ein Abschiedsgesuch Bülows: »Meinen Seelenzustand Ihnen zu schildern, werden Sie, lieber Bülow, mir wohl erlassen. Vom besten, intimsten Freund, den ich habe . . . so behandelt zu werden . . . hat mir einen solchen fürchterlichen Stoß gegeben, daß ich vollkommen zusammengebrochen bin und befürchten muß, einer schweren Nervenkrankheit anheimzufallen . . . Und im selben Atemzug glauben Sie es vor Gott verantworten zu können . . . , Ihren Kaiser und Herrn, dem Sie Treue geschworen, der Sie mit Liebe und Auszeichnungen überhäuft hat . . . , Ihren treuesten Freund . . . sitzen lassen zu können? Was ich nicht überleben kann . . . Der Morgen nach dem Eintreffen Ihres Abschiedsgesuches würde den Kaiser nicht mehr am Leben treffen! Denken Sie an meine arme Frau und Kinder!«

Unter Hohenlohe hatte Admiral Tirpitz seine Flottengesetze im

Reichstag durchgesetzt. Unter Bülow blühte die kaiserliche Flottenpolitik auf, ohne Bülow ging sie weiter — die Freundschaft hatte nicht gehalten. Am 14. Juli 1909 wurde Bülow durch Theobald von Bethmann Hollweg abgelöst; der Kaiser

zeigte dem König von Württemberg ein Bild des Schloßgartens, in dem sich dieser Abschied abgespielt hatte, und sagte dazu: »Hier habe ich das Luder weggejagt!«

Bis dahin war Bülow eine Schlüsselfigur wilhelminischer Politik. Ein Wissender, der nichts verhinderte, wissend neben dem spielenden Kaiser und dem von Idee und Aufgabe besessenen Admiral.
Bülow zur Flottenpolitik, die er vertrat:

Schiffe müßten wir haben, da wir nicht wissen könnten, von wem, wo und von wievielen wir angegriffen werden würden. (11. 6. 1905)
Auch nach der Ansicht Ballins beruhen die deutsch-englische Spannung und die Kriegsgefahr in erster Linie auf den deutschen Flottenbauten und speziell auf dem Tempo, in dem wir Schlachtschiffe bauen. (15. 7. 1908)

Die Situation schiebt sich immer mehr in der Richtung zusammen, daß die Beziehungen zwischen allen Mächten sich glätten, nur zwischen uns und England wird durch die Flottenfrage der Gegensatz schärfer, neben England aber steht Frankreich und neben Frankreich Rußland. (30. 9. 1908)

Er warnte Tirpitz; behutsam:

Natürlich bleibt das Haupterfordernis für uns eine ruhige, feste, stetige und möglichst geschickte auswärtige Politik ohne Schwäche und Ängstlichkeit, aber auch ohne Rodomontaden und Provokationen. In dieser Hinsicht möchte ich meinen, daß wir dahin wirken müssen, einerseits, daß die Verhandlungen über unseren Marineetat, denen man in England sehr aufmerksam folgen wird, glatt und ohne Kleinmütigkeit verlaufen, andererseits aber, daß keine forcierte Flottenagitation einsetzt, die auf die krankhaft überreizten englischen Nerven gerade jetzt sehr übel wirken würde. Ich bin sicher, daß Eure Exzellenz meine Bemühungen nach diesen Richtungen hin unterstützen werden. (27. 1. 1909)

Mit Angst vor dem Großadmiral:

In unserer Antwort an Tirpitz müssen wir uns vor allem gegen den Vorwurf schützen, als ob unsere Anfrage bei ihm aus Furcht vor englischen Drohungen hervorgegangen wäre, ein Zurückweichen bedeuten und eine Demütigung des Reiches einleiten sollte. (5. 1. 1909)

Und mit einem Aufschwung zu Schärfe; in Bezug auf Flottenagitation:

Ich müßte in diesem Falle Eurer Exzellenz allein die Verantwortung vor Seiner Majestät, dem Lande und der Geschichte überlassen, wenn die Folgen unerwünschte und ernste sein sollten. (9. 4. 1905)

Im Caprivi-Plan von 1884 für den Ausbau einer Torpedobootsstreitmacht war die Problematik von Panzerschiffen dargelegt worden:

Man wendet enorme Kosten und Besatzungsstärken an ein einziges Schiff, um Kraftäußerungen zu erzielen, die kein Schiff eines anderen Staates zu überbieten imstande sein soll. Man kommt hierbei zu Verhältnissen, welche dazu nötigen, die Leistungen im Gefecht fast nach allen Richtungen hin von Maschinen abhängig zu machen. Eine einzige an sich unbedeutende Störung in den Funktionen eines Maschinenteils kann im entscheidenden Augenblick den ganzen Aufwand an Kraft und Geld erfolglos machen.

Das zielte zwar noch auf Probleme um die Zuverlässigkeit der Maschinen zu jener Zeit. Admiral Hollmann wettete noch in den neunziger Jahren mit dem Kaiser, in Zukunft würden die Auslandskreuzer wieder segeln, um von Stützpunkten unabhängig zu sein. Doch die Denkschrift nahm Probleme voraus, auf die die Tirpitz-Flotte stieß, als die Engländer mit dem ›Dreadnought‹ 1906 auf einen Schlag alle bis dahin gebauten Schlachtschiffe artilleristisch entwerteten:

Eine Marine, wie die unsere, kann sich den Luxus fehlgeschlagener Experimente nicht gewähren; sie darf konstruktiv wenig wagen. Wir werden um so eher auf dem Gebiete der gepanzerten Schiffe vorsichtig vorgehen können, als es noch andere Richtungen gibt, in denen wir mit Sicherheit Erfolge erwarten können und als die Zeit des Abwartens sich für die Heranbildung von Personal nutzen läßt.

Daß die überseeischen Interessen im Frieden ohne starke Heimat-Schlachtflotte gewahrt werden konnten, bewies die Geschichte der Kolonial-Erwerbungen und des Auftretens deutscher Kriegsschiffe in zahlreichen Fällen.

Und gegen das Tirpitz-Argument, ein ›größeres Deutschland‹ müsse gesichert werden, sagt Eugen Richter:

Man ist auch sonst vielfach geneigt, die Aufgabe der Kriegsflotte in Bezug auf den überseeischen Handel weit über das berechtigte Maß auszudehnen. Immer kann es sich doch von vornherein nur handeln um den Schutz von Reichsangehörigen, nicht aber um den Schutz von ›deutschen Landsleuten‹ im allgemeinen. Die deutsche Macht tritt ja auch nicht ein für die Millionen von Deutschen, welche unmittelbar an den deutschen Grenzen in Deutsch-Österreich und Rußland wohnen. Ebensowenig kann es die Aufgabe Deutschlands sein, für die 2 1/2 Millionen geborener Deutscher, welche in den Vereinigten Staaten von Nordamerika wohnen, einzutreten, insoweit dieselben nicht mehr deutsche Reichsangehörige sind.

Gegen Tsingtau als Handelsbasis (Tirpitz-Lieblingsgedanke) hat Richter harte Argumente:

Die Kiautschou-Bucht ist bestimmt zur Flottenstation für die in Ostasien sich aufhaltenden deutschen Kriegsschiffe. Wie weit diese Erwerbung auch als ›Stützpunkt des deutschen Handels‹ eine Bedeutung erlangen kann, erscheint sehr zweifelhaft, da die Bucht abseits der großen ostasiatischen Seestraße gelegen ist und keinerlei Verkehrsverbindungen zu Wasser und zu Lande mit dem Hinterland besitzt.

Zum Kernargument der Denkschrift, die zum Flottengesetz führte, hat Richter den Seeoffizieren, die sich auf Kriege vergangener Jahrhunderte beriefen, den Weg ins zwanzigste Jahrhundert gewiesen:

Im internationalen Warenaustausch kommt es zunächst darauf an, daß die richtige Erkenntnis von den gegenseitigen Interessen der Länder, welche in Handelsbeziehungen zueinander stehen, aufrecht erhalten wird …

Am Schluß der Denkschrift wird das Ergebnis derselben dahin zusammengefaßt, daß die maritimen Interessen der deutschen Volkswirtschaft in ständigem gedeihlichem Fortschritte begriffen sind und daß dies dem Reich mehr als proportional dem Zuwachs anschwellende Vorteile gewährt. Dann aber wird ausgeführt, daß nach der einen Seite der Kriegsmarine die Gefahr des Entstehens einer Lücke in der Ausrüstung für den internationalen Wettkampf vorliege. Bei einer Erhöhung von Risiken nach Menge und Art seien die Aufwendungen zu Versicherungsprämien nicht entsprechend erhöht worden. Unter Versicherungsprämien ist hier die Ausdehnung der deutschen Marine zu verstehen. Die Denkschrift aber hütet sich, dem Wachstum der Seeinteressen auch das Wachstum des Marineetats gegenüberzustellen. Andernfalls würde sofort in die Augen springen, daß die sogenannten Risikoprämien sich schon bisher weit mehr erhöht haben als die Risiken selbst. Während Deutschland im Jahre 1872 31 Millionen Mark für die Marine im Ordinarium und Extraordinarium ausgab und 1882/83 36 Millionen Mark, ist in dem letzten Etat vor dem Flottengesetz, im Etat für 1897/98, der Aufwand für die Marine auf 117 Millionen Mark gestiegen, hat sich also seit 1872 mehr als verdreifacht. Der Außenhandel dagegen hat nach der Zusammenstellung der Denk-

schrift seit 1872 nur um 60%, der Seeverkehr nur um 124% sich erhöht.

Also selbst wenn die ganze Gegenüberstellung richtig wäre, beweist sie in diesem Fall gerade das Gegenteil von demjenigen, was in der Denkschrift bewiesen werden soll.

Doch solche Argumente halfen ebensowenig wie das Mißbehagen in den Spitzenbehörden. Denn Tirpitz war ein begabter Propagandist seiner Ideen. Und er hatte den Kaiser hinter sich, der mit flammenden Reden und vergleichenden Flottentabellen zur Gefolgschaft aufrief. Ein Flottenrausch erfaßte die Majorität der Volksvertreter und bald auch weite Kreise des Volkes. Der Deutsche Flottenverein umfaßte bereits am Ende des Jahres 1898

14 252 Einzelpersonen und 51 Vereine mit 64 400 Personen als Mitglieder. Beim Ausbruch des Krieges 1914 . . . 333 574 Einzelpersonen und 780 054 körperschaftlichen Vereinen angehörenden Personen als Mitglieder.

Es war eine vaterländisch-alldeutsche Bewegung, die sehr bald in ihren Forderungen weit über die personellen Reserven der Marine und die materiellen Möglichkeiten der Werften hinausschoß und von Tirpitz mit erheblichen Konflikten gebändigt werden mußte. Von diesen Konflikten gingen die schweren Vorwürfe aus, die der ›Meister‹ sich im Krieg, als die Flotte enttäuschte, von einem Teil seiner einstigen Parteigänger im Verein mit alten und neuen Gegnern anhören mußte. Hier schon begann die Spaltung im nationalen Lager, die im Krieg fatale Folgen hatte.
Die Ideologie des Flottenvereins mit seinen Verbindungen zur alldeutschen Bewegung hat nachgewirkt. Von Tirpitz führt ein Weg zu Adolf Hitler.

„Verstehe das besser als Sie, der ein Zivilist ist"

Die innenpolitischen Auseinandersetzungen um das grundlegende Flottengesetz von 1898 waren für Tirpitz nicht annähernd so aufreibend gewesen wie die Kämpfe um die Vorlage von 1906.
Scheinbar stand er auf der Höhe von Erfolg und Prestige. Als er am 15. Juni 1897 in seine Schlüsselstellung (Staatssekretär des Reichsmarineamts) gelangte, war er erst zwei Jahre zuvor vom Kapitän zur See (Oberst) zum Konteradmiral befördert worden. Am 28. März 1898 wurde er Staatsminister, am 5. Dezember 1899 Vizeadmiral. Er hatte die Neuorganisation der Marine eingefädelt, die am 14. März 1899 durch Kaiserliche Kabinettsorder verfügt wurde.
Für Verwaltung, Finanzen, Bereitstellung von Schiffen, Waffen und Personal war weiterhin das Reichsmarineamt zuständig, dessen Chef als Staatssekretär dem Reichskanzler unterstand und die Marine im Reichstag vertrat.
Bis zur Neuordnung mußte sich jedoch Tirpitz in dieser Position mit dem militärischen Oberkommando der Marine auseinandersetzen, dessen Chef, der kommandierende Admiral, mit einigem Recht beanspruchte, die Art der Schiffe und Waffen und der Marinepolitik zu bestimmen. Tirpitz selbst hatte zuvor als Stabschef des Oberkommandos die Stärkung dieser Behörde betrieben, nun war sie seinen Plänen im Wege, zumal der kommandierende Admiral von Knorr alles andere als verständigungsbereit war.
Tirpitz hatte das Ohr des Kaisers. Knorr wurde am 8. März 1899 verabschiedet, die Neuordnung gab Tirpitz frei Bahn: Der Kaiser übernahm nur zu gern persönlich den Oberbefehl, wie es ihm Tirpitz suggeriert hatte. Zu diesem Zweck wurde das Kaiserliche Marinekabinett installiert, das vor allem die Offizierspersonalien in der Hand hatte, somit die Berufung eines Flottenchefs, der an die Befehle des Kaisers gebunden war. Vom bisherigen Oberkommando blieb praktisch nur der Admiralstab übrig, der für die operative Planung zuständig war und künftig erfolglos versuchte, gegenüber dem nun allmächtigen Tirpitz ein militärtechnisches Mitspracherecht zu behaupten — daher der häufige Wechsel der Admiralstabschefs. Nur der Admiral Büchsel hielt sechs Jahre (1902-1908) aus, die anderen zumeist nur zwei Jahre.

Durch seine gestärkte Position war Tirpitz gegenüber dem Parlament zudem nun praktisch Marineminister neben dem Kriegsminister. Der Generalstab hatte sich nicht mit der Marine zu befassen, der Admiralstab war schwach, Tirpitz um so stärker, und der Kaiser glaubte allen Ernstes, als Chef des Heeres und der Marine die militärische Gesamtführung in Krieg und Frieden ausüben zu können. Im Reichskanzler sah er ohnehin nur einen Berater. Alles war auf sein persönliches Regime zugeschnitten.
Von dieser Seite her kamen nun die Nervenproben, die Tirpitz auszustehen hatte, nachdem er mit dem Flottengesetz in die Weltpolitik eingestiegen war.
Er hatte die Phantasie Seiner Majestät und weiter Kreise des Bürgertums entflammt. Der Flottenverein war auf 900 000 Mitglieder angewachsen, die mit dem Kaiser einer Meinung waren: Die Flotte konnte nicht groß genug sein.
Die Flottennovelle von 1906 wurde durchgebracht. Vergeblich mahnte August Bebel im Reichstag, die Isolierung Deutschlands sei ein Fehler der Diplomatie, für den die Nation die Kosten tragen solle. Die Rüstung auch zu Land sei in den letzten zehn Jahren erheblich verstärkt worden, ohne daß Deutschland einflußreicher dastehe als zuvor, im Gegenteil. Für Deutschland bestehe kein Grund zu einem Zerwürfnis mit England, das die ›Flottenschwärmer‹ herbeizuführen suchte. Für eine geschickte Politik sei ein Bündnis leicht gewesen, denn zwischen England und Frankreich hätten größere Reibungsflächen bestanden.

Als die Novelle, die eine Verdoppelung der Flotte und Übergang zum ›Dreadnought‹-Konzept brachte, genehmigt worden war, brach statt Beifall der Flottenfreunde eine erneute Flut von Kritik über Tirpitz herein, der sich der Kaiser anschloß. Erst als Tirpitz drohte, den Abschied zu nehmen, lenkte Wilhelm ein, und die militante Führung des Flottenvereins mußte zurückstecken.

Die Krise zwischen Tirpitz und Kaiser entzündete sich an einer Randbemerkung Wilhelms zu einer Notiz der ›Neuen Politischen Korrespondenz‹, die am 16. März 1906 den Admiral gegen die Vorwürfe der Flottenfanatik in Schutz genommen hatte. Sie hatte unter anderem geschrieben:

> *Aus flottenfreundlichen, parlamentarischen Kreisen schreibt man der ›Neuen Politischen Korrespondenz‹: Die Reichsmarineverwaltung ist bei den mehr oder minder unberufenen Ratgebern, die in der Presse mit ausschweifenden Flottenplänen Lärm machen, augenscheinlich arg in Ungnade gefallen, weil sie sich durch diese Pressetreibereien nicht beirren ließ, sondern den ihr vorgezeichneten Weg ohne Schwanken fortsetzte und mit ihren Vorschlägen sich*

streng innerhalb des auf Grund sachkundiger Erwägung festgestellten Rahmens hielt . . . Es ist . . . geradezu vermessen, wenn von Stellen, deren Kenntnis auf dem Gebiet des Flottenwesens doch nur sehr oberflächlicher Art ist, der Versuch unternommen wird, die Tätigkeit solcher, ihrer Verantwortlichkeit vollbewußter Männer dadurch zu diskreditieren, daß man sie als Düpen des Reichsmarineamts hinstellt.

Was insbesondere dem Vorwurf galt, die flottenfreundlichen Reichstagsabgeordneten hätten sich von Tirpitz mit technischen Argumenten täuschen lassen.

Darunter schrieb nun der Kaiser, der nie genug Schiffe sehen konnte:

Flausen! Man hat nicht genug seinerzeit gefordert und fühlt nun, daß die Leute, die darauf hinweisen, recht haben! Hinc illae lacrime. (Daher jene Tränen)

Das nahm Tirpitz als persönlichen Vorwurf, aber der Kaiser gab das Abschiedsgesuch zurück und ließ Tirpitz durch den Marinekabinettschef Admiral von Senden mitteilen, er habe seiner Zufriedenheit mit dem Staatssekretär noch neulich durch besondere Auszeichnung der Frau Admiral Tirpitz Ausdruck gegeben — indem er

bei dem letzten Hoffest Frau von Tirpitz neben sich gesetzt und sie damit allen Fürsten vorgesetzt habe —

und

er schmisse den anderen Ministern noch viel tollere Sachen an den Kopf, was solle daraus werden, wenn jeder darauf seinen Abschied einreichen wolle.

Tirpitz konnte kaum mit einer anderen Reaktion rechnen; seine Position war gestärkt.

Schon 1908 und dann nochmals 1912 kamen neue Flottenvorlagen. Zu der Vorlage von 1912 schrieb der sozialdemokratische ›Vorwärts‹, es sei die alte pfiffige Praxis, die Bauten für die nächste Zeit zu häufen, den Steuerzahler auf die spätere Verminderung zu vertrösten und dann eine neue Vorlage zu bringen.
Wogegen das Reichsmarineamt sagte, ab 1917 würden regelmäßig nur je drei Schiffe pro Jahr gebaut, was durchaus im Sinne der Arbeiterschaft eine konstante Beschäftigung der Werften garantiere. Die internationalen Spannungen beruhten keinesfalls nur auf der Flottenfrage. Bei der Bosnischen Krise von Oktober 1908 bis März 1909 (Österreich-Ungarn hatte Bosnien und die Herzegowina annektiert) kam das Wort von der deutschen ›Nibelungentreue‹ zum österreichischen Verbündeten ins Spiel.
Daß die Engländer sich nach der Flottennovelle von 1908 zu beruhigen schienen (das Königspaar besuchte 1909 Deutschland, der

britische Staatssekretär des Äußeren Sir Edward Grey suchte immer wieder nach Ausgleichsformeln) bestärkte Tirpitz in seinem Selbstbewußtsein. Die Politik der Stärke wurde offenbar hingenommen. So schien es auch nach der Flottennovelle von 1912 zu sein, als der britische Kriegsminister Lord Haldane bei Gesprächen in Berlin den Friedenswillen Englands betonte — was Tirpitz allerdings nur als erneuten Versuch zur Lähmung der deutschen Flottenrüstung deutete. In seinen Erinnerungen hat Tirpitz behauptet, er sei zum Abbau seiner Planungen bereit gewesen, wenn ein Neutralitätsabkommen zustande gekommen wäre.
Aber die Engländer wollten Neutralitätsabkommen und zugesicherten Flottenabbau koppeln. Und das war für Tirpitz unannehmbar. Denn er wollte mindestens bis 1916 weiterrüsten, weil er erst dann den Risikogedanken vollendet glaubte. Mit der dann erreichten deutschen Flottenstärke sei das Risiko eines Krieges gegen Deutschland für England endgültig zu groß.

So ging das Wettrüsten weiter, auch auf englischer Seite und mit beiderseitiger Beteuerung friedlicher Absichten. Winston Churchill, seit 1911 Erster Lord der Admiralität, sagte Anfang November 1912 im Parlament, England müsse durch weiteres Rüsten der Flottenrivalität ein Ende machen. Und Ende März 1913:

er wünsche ausdrücklich den Gedanken zurückzuweisen, daß Großbritannien jemals einer Seemacht erlauben könne ihm so nahe zu kommen, daß sie imstande wäre, nur durch einen Druck zur See Englands politische Einwirkung abzulenken oder einzuschränken. Eine solche Lage würde ohne Frage zum Kriege führen.

Das Verhältnis der Großkampfschiffe 16:10, wie es sich aus der deutschen Flottennovelle von 1912 ergibt, sei nur als zeitweilig genügend anzusehen.
Er mußte inzwischen auch mit der k.u.k. Marine Oesterreich-Ungarns rechnen, die 1911 ihren ersten ›Dreadnought‹ vom Stapel laufen ließ — getauft als ›Viribus Unitis‹, mit vereinten Kräften, was ebenso auf die Einheit des österreichischen Vielvölkerstaats wie auf das Zusammengehen mit der deutschen Marine deuten konnte und eher im letzteren Sinne zu verstehen war. In gleicher Weise hatte jedoch Tirpitz den zu gleicher Zeit begonnenen Bau entsprechender französischer Schlachtschiffe zu berücksichtigen, so daß sich die Auseinandersetzungen doch weiterhin in erster Linie auf das Verhältnis der deutschen zur englischen Flotte bezogen.
Wie die Engländer durch die deutsche Flottenrüstung, so war Frankreich durch die deutsche Heeresrüstung beunruhigt. Am 28. Januar 1912 wurde nach Muster des ›Flottenvereins‹ der ›Wehrverein‹ gegründet. Nicht zuletzt seine Agitation bereitete den Boden für die

große Wehrvorlage von 1913, die eine erhebliche Verstärkung der deutschen Landstreitkräfte brachte und Frankreich zur Einführung der dreijährigen Dienstzeit veranlaßte.
Wer vor Tirpitz gewarnt hatte, sah sich durch die Flottenvorlage von 1912 endgültig bestätigt. Nach der Novelle von 1908 hatte Reichskanzler Bülow ausdrücklich versichert, nun werde der Flottenbau genau nach Plan weiterlaufen. Bülows Nachfolger, Bethmann-Hollweg, hatte sich angeschlossen. Unablässig hatte Tirpitz seinen Gegnern Unkenntnis des Flottengesetzes vorgeworfen, der Kaiser hatte buchstäblich sein Wort verpfändet, Mahner waren desavouiert worden. Nun war endlich das Jahr gekommen, in dem laut Flottengesetz nur noch zwei statt vier Großkampfschiffe gebaut werden sollten. Zweiertempo statt Vierertempo, ab 1917 dann Dreiertempo. So hatte man es den Engländern versprochen: Nur mit Nachholbedarf sei das Vierertempo begründet, fünf Jahre deutsches Zweiertempo würden die versprochene Entspannung ermöglichen.
Die Flottennovelle forderte nur drei zusätzliche Schlachtschiffbauten. Ihre Tragweite lag jedoch in der Bildung eines dritten Schlachtgeschwaders. Die bisherigen Geschwader zu je acht Schiffen hatten jeweils ein überzähliges Schiff als Reserve, dazu das zweite Flottenflaggschiff. Diese fünf Reserveschiffe sollten nun mit den drei Neubauten das dritte Geschwader bilden. Begründet wurde die Forderung mit ›Erhöhung der Kriegsbereitschaft‹. Als außenpolitischen Vorwand brachte Tirpitz beim Reichskanzler vor, die zweite Marokko-Krise habe eine diplomatische Niederlage Deutschlands gebracht und Frankreich in seiner antideutschen Politik bestärkt. Tatsächlich war die deutsche Marokko-Politik ungeschickt gewesen: Erst spektakuläre Entsendung des Kanonenboots ›Panther‹, der ›Panthersprung nach Agadir‹, dann Anerkennung des französischen Protektorats über Marokko gegen recht unbedeutende Gegenleistungen in Äquatorialafrika, viel Lärm um wenig.

Aber Tirpitz konnte den Reichskanzler nicht überzeugen, der Kaiser sprach schließlich ein Machtwort. Die ›Frankfurter Zeitung‹ hat Ende November 1918 im Rückblick geschrieben:

> *War nicht Lord Haldane in Berlin, schlug er nicht einen Vertrag vor, der uns in nur mäßiger Entfernung hinter der englischen Flotte gelassen haben würde? Diesen Vorschlag nahm Bethmann nicht an, und wir wissen auch wohl, warum. Nicht weil er nicht selber gewollt, nicht, weil er diese Lösung nicht als durchaus hinreichend für Deutschlands berechtigte Interessen erkannt hätte, sondern aus erbärmlicher Feigheit vor Tirpitz und seinen journalistischen Spießgesellen, vor der frechen, verbrecherischen Propaganda, die das Reichsmarineamt auf Kosten des deutschen Steuerzahlers betrieb.*

Tirpitz zitiert das selbst in seinen Erinnerungen und entgegnet empört, die Engländer hätten mit ihrem Vorschlag das Flottengesetz beseitigen, die Flottenentwicklung lähmen wollen.
Tatsache ist, daß England die deutsche Flottennovelle als ›Programm der Ursache‹ für ein daraufhin angekurbeltes ›Programm der Folge‹ bezeichnet hat. Die Zahl der britischen Schlachtgeschwader wurde 1912 von vier auf fünf, schon 1913 auf sechs erhöht. Bei den Schlachtschiffbauten ging man auf Vierertempo, nachdem es 1912 sogar fünf Großkampfschiffe gewesen waren. Ebenfalls 1912 schloß England ein Marineabkommen mit Frankreich: Frankreich verlegte seine Schlachtflotte ganz ins Mittelmeer, England konzentrierte seine Schlachflotte nun ganz in der Heimat und verpflichtete sich, auch den Schutz der französischen Atlantikküste zu übernehmen.
Während Tirpitz in der englischen Politik nur Winkelzüge sah und aus der Aufrüstung der britischen Flotte eine Zwangslage für die deutsche ableitete, waren nicht wenige hohe Offiziere der Kaiserlichen Marine vom britischen Friedenswillen überzeugt. An ihrer Spitze Prinz Heinrich, Admiral und von 1907 bis 1910 Chef der Hochseeflotte. Er drückte dem auf Tirpitz eingeschworenen Kapitän Widenmann, der als Marine-Attaché bei der deutschen Botschaft in London 1907 bis 1912 seinen Meister und den Kaiser mit scharfmacherischen Berichten belieferte und gegenüber den Engländern deutsche Unbeugsamkeit demonstrierte, mehrfach seine Abneigung und sein Mißfallen aus. 1909 führte Heinrich bei einem Besuch in London Gespräche mit der Admiralität und mit Politikern, in denen er sich gegen den Vorwurf deutscher aggressiver Absichten wandte. Widenmann wandte sich gegen solche Kontakte und wurde vom Prinzen der Englandfeindlichkeit bezichtigt. Widenmann schreibt in seinen Erinnerungen:

> *In diesem planlosen Gerede erblickte ich eine Gefahr für die deutsche Sache und habe deswegen dem Kaiser davon Meldung gemacht und gebeten, den Prinzen vor solchen Eskapaden zu warnen. Als der Kaiser mir daraufhin sagte: »Lassen Sie Heinrich doch, er ist ein politisches Kind«, setzte ich dem Kaiser auseinander, daß mir dies ebensogut bekannt sei wie den Engländern selbst.*

Widenmann befürchtete, die Engländer könnten im Prinzen Heinrich einen offiziellen Sprecher sehen und ihn beeinflussen. In der Tat war es für Tirpitz äußerst unangenehm, wenn sich eine so hochgestellte Persönlichkeit, noch dazu Admiral in einer aktiven Führungsstelle, auf Seite der für Kompromisse plädierenden Diplomaten und Politiker beider Seiten stellte. Als völlig in Ordnung empfand man hingegen, daß der Korvettenkapitän Widenmann, bei seinem Dienstantritt in London 36 Jahre alt, gegen die Tendenzen des Botschafters und des Auswärtigen Amts als Agent des persönlichen Regimes Wilhelms II. agitierte. Beispielsweise hatte er 1911 beim Besuch des Kaiserpaares in London Gelegenheit,

den Kaiser über verschiedene Vorgänge zu unterrichten, die sich bei den Besuchen des Prinzen Heinrich in den letzten Jahren abgespielt hatten.

So ist es höchst naiv, wenn er aus der gleichen Zeit in seinen Erinnerungen berichtet:

Plötzlich und ohne jeden Grund sagte der Prinz zu mir in deutsch: »Widenmann, ich kann Sie nicht ausstehen.«

Das war bei den Regatten in Cowes. Widenmann war im Jachtsport aktiv und auch deshalb dem Kaiser sympathisch. Nur der Kriegsausbruch hat den eifrigen Tirpitz-Jünger um die Ehre gebracht, Kommandant der ›Hohenzollern‹ zu werden.

Marinefachlich und als Englandkenner war er übrigens äußerst qualifiziert, nur stand er im Banne seines Meisters und war (unbewußt — ein typisch wilhelminischer Offizier) auf seine Waffe und seine Karriere fixiert. So schrieb er es durchaus nicht aufs Konto der deutschen Marinepolitik, als er über die Solidarisierung des Empire bei der ersten Imperial Conference berichtete:

Australien übernahm die bisher geschaffene Fleet Unit auf eigene Kosten unter gleichzeitiger Errichtung einer lokalen Admiralität. 1912 erfolgte bei Vickers der von Australien bezahlte Stapellauf des Schlachtkreuzers ›Australia‹.
Neuseeland erklärte sein Einverständnis, daß der auf seine Kosten zu bauende Schlachtkreuzer ›New Zealand‹ in den englischen Gewässern verbleiben sollte.
Die Malaien-Staaten schlossen sich diesem Beschluß hinsichtlich des von ihnen bezahlten Schlachtschiffs ›Malaya‹ an.
Südafrika erklärte sich bereit, die Kosten für den Bau und die Unterhaltung von 6 Kreuzern zum Handelsschutz zu tragen, die in den südafrikanischen Gewässern stationiert werden sollten.
Da Kanada momentan ohne Regierung war, konnten dort keine Zusagen gemacht werden.

Kanada zog erst bei Kriegsausbruch nach und bezahlte das Schlachtschiff ›Canada‹, das als ›Almirante Latorre‹ für Chile im Bau war und in die britische Flotte übernommen wurde. Ende 1920 gelangte es dann an Chile.
Auch das für die Türkei im Bau befindliche Schlachtschiff ›Reschadije‹ hatte Tirpitz bei seinen Kalkulationen nicht mitgerechnet. Es wurde als ›Erin‹ in die britische Flotte eingestellt. Ebenso das zunächst von Brasilien als ›Rio de Janeiro‹, dann noch während des Baues von der

Türkei als ›Osman I.‹ erworbene Schlachtschiff, das bei Kriegsausbruch beschlagnahmt und als ›Agincourt‹ von England übernommen wurde. Alle diese Schiffe haben an der Skagerrak-Schlacht teilgenommen.

Die deutsche Flotte wurde nicht zum unmittelbaren Kriegsanlaß. Als am 28. Juni 1914 der österreichisch-ungarische Thronfolger Franz Ferdinand in Serajewo ermordet wurde, war zwar die britische Flotte seit 16. Juli 1914 mobilisiert, aber es handelte sich um eine im voraus gemeldete Übung. Die deutsche Hochseeflotte lag nach den Sommermanövern zur Erholung in Norwegen, wo sich seit dem 6. Juli bereits der Kaiser mit der ›Hohenzollern‹ befand.

Die Lage war gekennzeichnet durch die Flottenstärken und Bauprogramme, mehr noch durch die Konzentration der Schlachtflotten in den Heimatgewässern: Sie lagen einander waffenstarrend gegenüber. Seit 1907 hatte die britische Flotte entgegen ihrer Tradition kein Schlachtschiff mehr auf Auslandsstationen. Die Heimatflotte wurde auf die Nordsee konzentriert, nachdem vorher der Grundsatz bestand, durch Verteilung auf Mittelmeer, Atlantik und Kanal die Franzosen von Seemachtsträumen abzuhalten und den Weg zum Suez-Kanal zu sichern. Je sechs ältere Schlachtschiffe blieben für Atlantik und Mittelmeer, die modernen Großkampfschiffe waren in der Nordseeflotte — Home Fleet — zusammengefaßt.

Durch Flottenpolitik ohne Bündnispolitik hatte sich Deutschland den Gegner zur See selbst geschaffen.

Die Engländer bauten im Jahr durchschnittlich drei Schlachtschiffe und blieben auch nach ›Dreadnought‹ bei diesem Dreiertempo. Da die neuen Schlachtkreuzer im Gegensatz zu den früheren Panzerkreuzern unter die Großkampfschiffe zu rechnen waren, ergab sich durch — im Durchschnitt — zwei Schlachtkreuzer pro Jahr bis 1911 ein ›Fünfertempo‹.

Die deutsche Flottengesetz-Novelle von 1906 sah bis 1910 je zwei Schlachtschiffe und einen Schlachtkreuzer vor, 1911 und 1912 je ein Schlachtschiff und zwei Schlachtkreuzer, somit Dreiertempo. Ab 1913 Zweiertempo mit je einem Schlachtschiff und einem Schlachtkreuzer. Das mußte die Engländer nicht entscheidend alarmieren, um so mehr aber die Novelle von 1908, die bis 1911 je ein Schlachtschiff mehr vorsah, Vierertempo. Das war die Konsequenz aus dem unscheinbaren Passus der Novelle, der die Lebensdauer der vorhandenen Schiffe auf zwanzig Jahre herabsetzte.

In England waren Marine, Flottenverein — ›Royal Naval League‹ — und ein großer Teil der polären Presse außer sich, Politiker besorgt. Kaiser Wilhelm nutzte einen Aufenthalt in England, um in einer Rede am 9. November 1907 seine Politik des Friedens und der guten Beziehungen zu England ausdrücklich zu betonen, doch bald setzte sich die Erkenntnis durch, daß Deutschland in den nächsten Jahren die gleiche Zahl von Schlachtschiffen bauen würde wie England. Der scheinbare Geniestreich des Ersten Seelords Admiral Fisher, mit ›Dreadnought‹ und ›Invincible‹ die Deutschen zu deklassieren, hatte sich als Bumerang erwiesen. Daß die deutschen Schiffe schwächer armiert waren, minderte das Risiko nur wenig, und der 1907 vom Reichstag genehmigte Ausbau der deutschen Kriegshäfen und des Kaiser Wilhelm-Kanals für große Schiffe ließ künftige Vergrößerung der deutschen Großkampfschiffe erwarten. Fisher schlug im März 1908 der Regierung vor, die Unfertigkeit der deutschen Flotte auszunutzen, um sie mit einem Handstreich zu vernichten, wie es einst Nelson getan habe, als er Kopenhagen überfiel (›to copenhagen à la Nelson‹). Was übrigens Tirpitz in seiner Dokumentation 1924 hohnvoll berichtigt, weil Fisher die Schlacht auf der Reede von Kopenhagen am 2. April 1801 mit dem Überfall vom 2. September 1807 unter Gambier verwechselt hat. Die Engländer bombardierten damals Kopenhagen, um dem möglichen Einsatz der starken dänischen Flotte auf Seite Napoleons zuvorzukommen. Sie zerstörten Hafenanlagen und Werften und nahmen 16 Linienschiffe, 10 Fregatten, 5 Korvetten und 38 weitere Fahrzeuge mit nach England.

Daß Fisher 1908 einen derart anachronistischen Vorschlag machte, ist bezeichnend für den Grad der Alarmierung. Der britische Premierminister Sir William Campbell-Bannerman war keinesfalls ein Partner für solche Abenteuer. Bei der Haager Friedenskonferenz 1907 hatte England allgemeine Rüstungsbegrenzungen vorgeschlagen, und am 16. Februar hatte der Kaiser einen Brief an den Marineminister Lord Tweedmouth gerichtet, in dem er seine friedlichen Absichten beteuerte.

Lord Esher, der dem Königshaus nahestand, hatte in einem veröffentlichten Brief geschrieben, daß »jeder Deutsche, vom Kaiser bis zum letzten Mann herab, den Sturz Sir John Fishers wünschte«. Der Kaiser bezeichnete das als »gänzlichen Unsinn« und »durchaus unwahr«.

Wilhelm wies die britische Pressekampagne zurück, bestritt jede Gegnerschaft zu Sir John Fisher, drückte seine Bewunderung für die britische Marine aus, unterschrieb mit seinem britischen Ehrenrang als ›Admiral of the Fleet‹ — Großadmiral — und baute einige wilhelminische Entgleisungen ein. Wie er auch im eigenen Lande alle außerhalb der Marine stehenden Kritiker zurückwies, qualifizierte er Lord Esher ab:

Ich kann nun wirklich nicht sagen, ob die Aufsicht über die Grundmauern und Entwässerungsanlagen der Königlichen Paläste dazu geeignet ist, jemanden zur Beurteilung von Marineangelegenheiten im allgemeinen zu befähigen.

Mitdenkende Staatsbürger paßten nicht in sein Weltbild, und er baute in seinen Brief auch noch taktvolleres ein:

Überdies ist meiner bescheidenen Meinung nach diese ewige Anführung der ›Deutschen Gefahr‹ durchaus unwürdig der großen britischen Nation mit ihrem Weltreich und ihrer mächtigen Marine, die etwa fünfmal so groß ist wie die deutsche Marine. Es liegt fast etwas Drolliges (offizielle deutsche Übersetzung von ludicrous) darin. Die Bewohner anderer Länder könnten leicht den Schluß ziehen, daß die Deutschen ausnehmend starke Kerle (an exceptionally strong lot) sein müssen, da sie anscheinend imstande sind, den Engländern, die fünfmal überlegen sind, Angst und Schrecken einzujagen.

Und er drohte, durch die ständige Kritik könne in Deutschland die Volksstimmung verletzt werden ...
Die britische Regierung hat diesen Brief nicht veröffentlicht, aber die Times vermerkte es schon sauer genug, daß der Kaiser offenbar brieflich den Marineminister beeinflussen wolle. Veröffentlichung hätte einen Entrüstungssturm hervorgerufen, wie es dann im gleichen Jahr durch das kaiserliche Daily Telegraph-Interview geschah. Lord Tweedmouth antwortete höflich, in seinem Haushaltsplan sei von fremden Flotten nicht die Rede, und die Presse könne nicht von der Regierung beeinflußt werden.
Schon am 9. Januar 1907 versuchte der britische Marineattaché in Berlin, Commander Dumas, ein Gespräch zwischen Lord Fisher und Tirpitz bei der Kieler Woche zustandezubringen, das die beiderseitige Furcht vor einem Flottenüberfall beheben sollte. Es kam nicht dazu. Am 11. August 1908 trafen sich Wilhelm und König Edward VII. in Schloß Cronberg. Kurz zuvor hatten die Engländer den als deutschfreundlich bekannten Sir William Edward Goschen zum Botschafter in Deutschland ernannt. Und Sir Charles Hardinge, Unterstaatssekretär im Auswärtigen Amt, begleitete Edward ausdrücklich zu dem Zweck, mit dem Kaiser über die Flottenfrage in ein Gespräch zu kommen. Wilhelm berichtete in einer Aktennotiz seinem Reichskanzler Bülow, wie er Hardinge abgefertigt habe, der von der beunruhigenden ständigen Präsenz der deutschen Schlachtflotte in den heimischen Gewässern ausging.

Hardinge sprach von der Sorge in allen Kreisen Englands über den Flottenbau, Wilhelm verwies auf die Offenheit des Flottengesetzes, die deutsche Flotte sei zum Schutze des Handels nötig und referiert das weitere Gespräch (›Er‹ = Hardinge):

Er: Sie bleibt aber immer in Kiel oder Wilhelmshaven oder Nordsee.

Ich: Da wir keine Kolonien und keine Kohlenstationen haben, ist das unsere Basis, uns fehlt ein Gibraltar oder Malta.

Er: Von ihrer Basis aus ist kein Handel zu schützen. Warum fahren sie nicht mehr umher?

Ich: Weil Londoner Botschaft und auswärtige Behörden der Ansicht waren, daß, je weniger die Briten unsere Flotte zu sehen kriegen, um so besser; ein Erscheinen derselben im Kanal würde Mißvergnügen hervorrufen.

Er: Sie wollen wohl einen faulen Scherz machen.

Ich: Es ist mein bitterer Ernst; meine Mannschaften haben genug darunter gelitten, ihre Dienstzeit nur in nordischen Gewässern zu verbringen.

Er: Das ist ja unglaublich, in England hat man das ganz anders ausgelegt.

Ich: In diesem Sommer habe ich meine Flotte ins Ausland geschickt, während Ihrer großen Manöver in der Nordsee, ein untrügliches Zeichen meiner Friedfertigkeit und meines Vertrauens zu England.

Hardinge regte an, die Flotte auch künftig mehr zu bewegen, bezeichnete den Dreadnought-Bau und die Presseäußerungen, er sei als Vernichtungsinstrument gegen die deutsche Flotte gedacht, als Fehler, verwies jedoch auf die Meinung der britischen Admiralität, die deutsche Schlachtflotte werde der englischen 1912 »an Stärke gleich oder sogar überlegen sein«, was Wilhelm heftig bestritt.
Wilhelm dazu:

Ich: Ihr Material ist falsch, ich bin Admiral auch der englischen Flotte, welche ich genau kenne und verstehe das besser als Sie, der ein Zivilist ist und davon nichts versteht.

Wilhelm ließ den ›Nauticus‹ mit den Flottentabellen holen, den Hardinge nicht kannte, aber auch nicht als Beweis akzeptierte. Wilhelm verwies erneut auf den defensiven Charakter seiner Flotte, Hardinge auf die Notwendigkeit einer Vereinbarung:

Er: Aber ein Arrangement müßte doch getroffen werden. You must stop or build slower. (Sie müssen aufhören oder langsamer bauen).

Ich: Then we shall fight, for it is a question of national honour and dignity. (Dann werden wir kämpfen, denn es ist eine Frage der nationalen Ehre und Würde).

Dabei ist es bis 1914 geblieben, trotz unablässiger Bemühung von Politikern und Diplomaten auf beiden Seiten, die brisante Konfrontation einzudämmen. 1909 entließ Wilhelm seinen Reichskanzler Bülow, der sich angesichts des fatalen Daily Telegraph-Interviews nicht hinter die persönliche Politik Seiner Majestät gestellt hatte. Bethmann-Hollweg kam, war gegen Steigerung der Flottenspannung,

konnte sich aber ebensowenig durchsetzen wie Bülow, und keine Beschwörung der deutschen Botschafter in London, Graf Paul von Wolff-Metternich bis 1912 und Fürst Karl Max Lichnowsky bis 1914, kam zur Wirkung. Denn längst arbeiteten Kaiser und Tirpitz mit dem eigenen Agenten, dessen Berichte und Kontakte am Botschafter vorbei ihre verhängnisvolle Wirkung taten: Der Marine-Attaché bei der deutschen Botschaft in London, Kapitänleutnant, seit 27. Januar 1908 Korvettenkapitän Wilhelm Widenmann, geboren am 20. Juni 1871, wurde in der kritischen Zeit 1907 bis 1912 zu einer Schlüsselfigur des deutsch-englischen Zerwürfnisses.
Widenmann gelangte auf seinen Posten, als sich die Spannung um die Flottennovelle von 1908 anbahnte, die nach den erfolglosen Gesprächen in Cronberg zur Annäherung zwischen Rußland und England führte.

König Eduard war in Reval gewesen, ehe er Wilhelm 1908 aufsuchte. Hammann zu der in Cronberg vertanen Chance:

Noch gab es eine Möglichkeit, ein aktives Auftreten Englands Schulter an Schulter mit Rußland gegen Oesterreich-Ungarn und infolgedessen auch gegen Deutschland zu vermeiden. Sie lag in einer Verständigung zwischen England und Deutschland über den beiderseitigen Flottenbau. Für das liberale Kabinett bildete das fortgesetzte, nach englischer Ansicht trotz aller deutschen Gegenversicherungen für bedrohlich gehaltene Wachstum der deutschen Flotte den größten Stein des Anstoßes, um wieder zu den alten freundlichen Beziehungen zu gelangen, und gerade in die Zeit zwischen Reval und dem Ausbruch der sogenannten bosnischen Krisis fiel ein wirklicher Versuch, dies Hindernis hinwegzuschaffen.

Das Treffen in Cronberg war vergeblich. Die Zukunft gehörte den Scharfmachern, durchaus auf beiden Seiten und der Marine-Attaché Widenmann, absolut auf seinen Großadmiral und die Schlachtflotte eingeschworen, hat an entscheidender Stelle dazu beigetragen.
Im März 1907 trat Widenmann seinen Posten an. Er sah sich in Gestalt des Admirals Fisher einem englischen Tirpitz-Kontrahenten gegenüber. Von Fisher war die Initiative zu ›Dreadnought‹ und ›Invincible‹ ausgegangen. Schon seit 1904 auch zur Ölfeuerung, die eine beträchtliche Einsparung bei den Besatzungen ergab, die Brennstoffergänzung beschleunigte und den Wirkungsgrad der Feuerung erhöhte. ›Dreadnought‹ hatte 800 Mann Besatzung, die nachfolgenden verbesserten Schlachtschiffe 850 bis 900, bei den deutschen Konkurrenztypen waren es 1000 bis 1100. Fisher leitete die Ölversorgung in die Wege, die Engländer arbeiteten mit der ›Royal Dutch‹ (Shell) zusammen. Sie eröffneten im Vertrag von Petersburg den britischen Zugriff auf die Ölquellen am persischen Golf. 1907 wurde die ›Anglo

Persian Oil Co‹ gegründet (heute BP) unter dem Protektorat der britischen Regierung.

Wie Tirpitz wußte Fisher geschickt mit der Industrie zusammenzuarbeiten und sah sich auch ähnlichen Vorwürfen ausgesetzt, ein politischer Admiral zu sein, wobei er das Offizierskorps durchaus nicht so auf seiner Seite hatte wie Tirpitz das seinige. In England wurde offener diskutiert.

Wie Tirpitz betrieb Fisher eine rigorose Personalpolitik. Widenmann würdigt demgegenüber im Rückblick den Konteradmiral John Jellicoe, den Scheer-Gegner vor dem Skagerrak, der damals (1908-1910) Dritter Seelord und ›Controller of the Navy‹ war und Verständnis für den marinepolitischen deutschen Standpunkt hatte.

Jellicoe war es dann auch, der in der zweiten Hälfte der zwanziger Jahre die Versöhnung zwischen den Marineoffizieren der früheren Gegner betrieb, die Einladung des Vizeadmirals von Trotha nach England veranlaßte, sich mit Admiral Scheer treffen wollte (was durch Scheers Tod verhindert wurde) und die Atmosphäre des deutsch-englischen Flottenabkommens von 1935 bestimmte, das dann zu der schweren Enttäuschung geführt hat, die er nicht mehr erlebte.

Tatsache war jedoch bei der Spannung von 1908, daß das deutsche Flottengesetz auch bei versöhnlichster Auslegung von England die Aufgabe des Two Power-Standards verlangte — des Grundsatzes, daß die britische Flotte den beiden nächststärksten gewachsen sein müsse. Was seit Jahrzehnten auf Frankreich und Rußland bezogen war. Gegenüber Deutschland sollte sich England im Zuge der Tirpitz-Politik mit einem Verhältnis 3:2 begnügen. In der letzten Phase vor dem Krieg ergab sich durch eine erneute deutsche Flottenaufstockung schließlich 16:10. Die Zahlen allein machen verständlich, warum Reichskanzler und Diplomaten unablässig, wenn auch ohne Erfolg, auf sichtbare Mäßigung drangen. So schrieb Bülow am 25. Dezember 1908 beispielsweise an Tirpitz,

> *daß Erwägungen politischer Natur darauf hinweisen, der Frage näherzutreten, ob nicht eine Verlangsamung in der Durchführung des jetzigen Flottenprogramms in ernste Erwägung zu ziehen wäre . . .*

Bülow wollte, wie er im gleichen Brief schreibt,

> *unter Wahrung unserer Würde die englische Nervosität . . . verringern und es uns . . . ermöglichen, ungefährdet über die Jahre hinwegzukommen, in denen unsere Rüstung noch nicht vollendet ist.*

Mit solcher Halbheit des geschmeidigen Bülow war aber in der Tat nicht weiterzukommen. Und Tirpitz hatte trotz mancher Konflikte das Ohr des Kaisers, der gegenüber allen politischen Mahnern den Fachmann herauskehrte und die Berichte des pflichttreu offen kritisierenden deutschen Botschafters in London, Graf Metternich, mit gröbsten Randbemerkungen versah:

Olle Kamellen — Der Herr hat bei Fisher ein Kolleg gehabt — Kindisch! — Falsch! Die Engländer sind die einzigen, denen er glaubt — Blech — Ich glaube, daß es besser wäre, wenn Metternich endlich den Mund hielte. Er ist unverbesserlich! — Unsinn — (1911:) Hätten wir vor vier bis fünf Jahren, wie Metternich und Bülow wollten, mit dem Bauen aufgehört, so wäre der Krieg ›Copenhagen‹ jetzt da. So respektieren sie unseren festen Willen und müssen sich den Tatsachen beugen! Also ruhig weitergebaut — Was weiß der Zivilist davon? — Quatsch! — Unglaubliches Blech! — Hasenfuß! — Ich stimme dem Urteil des Botschafters nicht bei! Der Marineattaché hat Recht.

Der Marineattaché Widenmann agitierte unablässig im Sinne seines Meisters Tirpitz, war immer wieder zur Berichterstattung und zur Teilnahme an Manövern in der Heimat, trug dem Kaiser seine Meinungen vor und fand höchstes Lob.

Was 1890 Waldersee über den jungen Kaiser notiert hatte, traf unverändert zu:

Große Sicherheit im Urteil über Dinge, die der Herr doch nicht recht durchdringt, also Überhebung über das Urteil erfahrener Leute. Häufige Bevorzugung einzelner, was man allein auf persönliche Empfindungen zurückführt, umgekehrt harte Behandlung anderer und harte (wohl meist unbedachte) Urteile, die sogar an . . . streifen. Ungeniertes Sprechen mit jungen Offizieren über deren Vorgesetzte.

Und schon Caprivi hatte als Reichskanzler 1890 die Situation zu verhindern versucht, die sich zwei Jahrzehnte später durch den agilen Widenmann ergab:

Der Kanzler fürchtet den direkten oder indirekten Verkehr der Attachés mit dem Kaiser hinter seinem Rücken.

Widenmann wurde zum Exponenten einer der parlamentarischen Kontrolle entzogenen eigenen Politik der Marine. Die Konsequenz hat Bülows Nachfolger Theobald von Bethmann-Hollweg, der sich von 1909 bis 1912 unablässig für ein Flottenabkommen mit England einsetzte, 1911 klar ausgesprochen. Er sagte zu Widenmann, der Gründe für eine weitere Flottenverstärkung vortrug:

Sie bringen uns den Krieg!

Widenmann hat das als ›jämmerlichen Angstausbruch‹ bezeichnet und hielt

den vom Großadmiral von Tirpitz diesem Kanzler verliehenen

Ehrentitel für berechtigt: ›Schi . . . kasten I.‹

In solcher Stimmung zwischen Kanzler und Marine trat man zum Kriege an.

ADMIRALSKRITIK

„Das einseitige Drängen gewisser Kreise"

Die neue Konzeption des britischen Schlachtschiffs ›Dreadnought‹ und der ›Invincible‹-Schlachtkreuzer brachten Tirpitz 1907 in eine Lage, aus der es keinen unmittelbaren technischen Ausweg gab. Sein Konstruktionsbüro, die Werften und Krupps Waffen- und Panzerschmiede konnten wohl entsprechende Schiffe schaffen, aber er mußte weiterhin die seichten Gewässer und schmalen Schleusen berücksichtigen, und es war auch noch nicht klar, wie die Engländer ihren Flottenbau weiterführen würden. Immerhin hatten sie auch die eigenen Schlachtgeschwader und Panzerkreuzer deklassiert. Hätte Deutschland einen starken Politiker gehabt, so wäre ein Baustopp in beiderseitigem Einvernehmen möglich gewesen, Gebot der Stunde. Wenige ›Dreadnoughts‹ und ›Invincibles‹ waren noch kein entscheidendes Potential. Nach dem Krieg hat das Washington-Abkommen bewiesen, daß die großen Seemächte durchaus in der Lage waren, sich auf Einfrieren vorhandener Bestände zu einigen. Die Amerikaner stoppten eine Serie von sechs Super-Schlachtkreuzern, die noch im zweiten Weltkrieg die stärksten Kriegsschiffe der Welt gewesen wären, mit acht 40,6 cm-Kanonen und 33,3 Knoten Geschwindigkeit: die im Bau schon fortgeschrittenen Schiffe ›Lexington‹ und ›Saratoga‹ wurden zu Flugzeugträgern umgebaut.

Aber aus der Flottenrivalität war 1907 schon Völkerhaß erwachsen, Vermittlungsversuche besonnener englischer Politiker — die nicht zuletzt an die ungeheuren Kosten dachten — fanden kein Gehör auch bei den Aufrüstern im eigenen Land. Admiral Fisher hat als Anti-Tirpitz auch nur in Kategorien der Stärke zu denken vermocht, und daß ein Tirpitz sich seinen Flottenaufbau vom Gegner durchkreuzen ließ, war ausgeschlossen. Er baute weiter. In technischen Grenzen, die ihm bald in den eigenen Reihen zum Vorwurf gemacht wurden und ins Offizierskorps eine Spaltung brachten, die sich schon vor dem Krieg und vollends im Krieg zur Fronde gegen den ›Meister‹ entwickelte.

Zunächst machte ihm der Vizeadmiral a. D. Karl Galster erheblichen Ärger. Dieser Fachmann wagte aus dem sicheren Hafen der Pensionierung einen Alternativvorschlag für die weitere Flottenrüstung: Er forderte Schiffe für den Krieg im Küstenvorfeld, wie Tirpitz

rechnete er mit dem Aufmarschieren der britischen Flotte zu enger Blockade vor Helgoland, möglicherweise mit Landungsversuch oder Durchbruch in die Ostsee mit gleichem Ziel. Mehr Minen, mehr Torpedoboote und vor allem 60 U-Boote, davon 30 kleine zur unmittelbaren Defensive, 30 größere zur Attacke auf die Blockadeflotte. Daß U-Boote zu weitreichenden Operationen tauglich waren, ist erst im Krieg erkannt worden. 1907 entsprach es von vornherein nicht dem Stand der Technik.
Die Gefahr für das Tirpitz-Konzept lag nicht zuletzt auch darin, daß Galster eine größere Zahl von Kreuzern mit hoher Geschwindigkeit und großem Aktionsradius forderte, was einer früheren Lieblingsidee des Kaisers entsprach, die Tirpitz in den 90er Jahren Seiner Majestät mühsam ausgeredet hatte.

Galster forderte aber durchaus nicht Aufgabe der Schlachtflotte:

> *Da . . . ohne Kampfflotte Seegeltung nicht möglich ist, entsprach es durchaus den Verhältnissen, daß Deutschland seine völlig unzureichende Flotte den Seeinteressen entsprechend vergrößerte . . . Eine andere Frage ist jedoch, ob das einseitige Drängen gewisser Kreise nach beschleunigtem Ausbau der Kampfflotte das Richtige und zunächst Notwendige trifft . . .*

Womit er das Drängen des Flottenvereins meinte, aber Tirpitz traf, der seine Gelder ungeteilt der Schlachtflotte zukommen lassen wollte, in der er die stärkste Friedensgarantie und im Kriegsfall die stärkste Waffe sah. Denn er glaubte, sich durch einen Sieg über die erwartete Blockadeflotte den Weg zum Atlantik freihalten zu können. Bei einer Niederlage stand der Gegner immer noch vor den naturgegebenen Problemen, die eine Landung an der Küste des Reichs äußerst riskant machten. Die Franzosen hatten es 1870/71 ja auch nicht gewagt. Um Galster, auf den sich prompt die Flottengegner beriefen, den Wind aus den Segeln zu nehmen, wurde verstärkte Armierung der Insel Helgoland vorgesehen.
Übrigens hat Hitlers Kriegsmarine 1938 einen Zerstörer ›Karl Galster‹ genannt, nicht nach dem Mahner von einst, sondern nach dem Kapitänleutnant Karl Galster — wohl seinem Sohn —, der am 23. Mai 1916 als Kommandant des Torpedoboots S 22 durch einen Minentreffer mit seiner Besatzung unterging, 76 Tote.
Der Vizeadmiral a. D. Karl Galster hat sich nicht nur mit der für Tirpitz so unangenehmen Broschüre als klarer Denker ausgewiesen; auch später trat er als Fachschriftsteller hervor und war neben Raeder der einzige Dr. phil. h. c. der Marine (wenn auch nicht als aktiver Offizier), als er 1925 mit seiner Schrift ›England, deutsche Flotte und Weltkrieg‹ die beste bis heute erschienene Analyse der Flottenspannungen lieferte. Leider in unscheinbarer Aufmachung und geringer

Auflage, während Tirpitz mit beträchtlicher finanzieller Unterstützung interessierter Kreise (er war deutschnationaler Reichstagsabgeordneter) seine ›Erinnerungen‹ und in zwei Bänden seine ›Politischen Dokumente‹ vorlegen konnte, in der Tendenz unterstützt durch das offizielle Werk der Marine, ›Der Krieg zur See 1914-1918‹.
Galster war unbestreitbar Sachkenner, schon als Kommandant von S.M.S. ›Kurfürst Friedrich Wilhelm‹, dem Flaggschiff des 1. Geschwaders 1899 zur Zeit des aufbauenden Exerzitiums der Schlachtflotte hatte er praktischen Einblick in die Tirpitz-Überlegungen gehabt. Zuletzt stand er 1905 noch im aktiven Dienst zur Verfügung des Chefs der Marinestation der Nordsee.

Ärgerlich war für Tirpitz, daß Reichskanzler Bülow in der entscheidenden Phase 1908, als der deutsche Botschafter in England beschwörend vor dem Flottenwettlauf warnte, von Galster stark beeindruckt war und beispielsweise am 19. September an den Pressechef des Auswärtigen Amts Hammann schrieb:

Ich bin auf diesem Gebiet natürlich vollkommen Laie, aber manche Ausführungen (jenes Admirals) haben mich frappiert ...

Tirpitz berief sich demgegenüber in seiner Dokumentensammlung, in der er diesen Bülow-Brief zitiert, auf die Notwendigkeit eines einheitlichen Standpunkts gerade der Pressestellen der Reichsämter — gewiß im Prinzip mit Recht. Nur sah er keine andere Wahrheit als die von ihm vertretene und hat noch 1925 bewiesen, wie häßlich er zu agitieren wußte, wenn er auf Widerstand stieß.
Das selbständige Denken in der Marine wurde niedergeknüppelt. Die zähe Resistenz des Tirpitz-Epigonen Raeder in den dreißiger Jahren und schon seines Vorgängers Zenker gegen einen Admiralstab oder gar einen Generalstab für die Gesamtwehrmacht hat hier ihren psychologischen Ausgangspunkt.
Dabei wußte Tirpitz ganz genau, daß Galster durchaus nicht so undifferenziert urteilte. Vor der Budgetkommission des Reichstags hatte Tirpitz am 17. März 1909 — laut Bülow ein Mann mit ›Schlangenaugen‹ — durchaus richtig, aber mit einem tückischen Trick referiert:

Dann ist gesagt worden, ich hätte dem Admiral Galster durchaus Unrecht gegeben; im Gegenteil, ich habe gesagt, daß er in vielen Dingen Recht hat. Er ist doch auch davon durchdrungen, daß zunächst die Schlachtflotte nötig war, ich habe es ja vorgelesen, wir machen ja alles, was er will, aber er weiß eben nicht alles, was wir machen.

Galster wußte es nur allzu gut, es war kein Geheimnis. Die Flottenplanung war durchaus nicht geheim und gab im weiteren Verlauf auch ihren prinzipiellen Verfechtern Anlaß genug zu Sorgen. Der jährlich erscheinende ›Nauticus‹ und die ›Marine-Rundschau‹ gaben ausführliche Einblicke auch in theoretische Überlegungen. Und in ›Weyers Taschenbuch der Kriegsflotten‹ konnte jeder Interessierte die Schiffe mit allen wesentlichen Daten vergleichen.

Nicht zuletzt daraus ergab sich der Konflikt zwischen dem Flottenverein und Tirpitz, wobei man allerdings dem Flottenbauer das technische Mitgefühl nicht versagen kann.

Er wollte sich auf gar keinen Fall in technische Abenteuer einlassen. In der ganzen Zeit seiner Herrschaft über die Marine war er nie etwas anderes als ein gewissenhafter technischer Direktor, ein auf seine Produkte eingeschworener Manager, insofern seiner Zeit weit voraus. Er erkannte, daß die Engländer ohne rechte Entwicklungsarbeit ihre Schiffe und Waffen vergrößerten. Daß beispielsweise in der Skagerrakschlacht der riesige ›Invincible‹ auf einen Schlag explodierte, ebenso 1941 der mit allen Erfahrungen des Weltkriegs gebaute Schlachtkreuzer ›Hood‹ im Kampf gegen ›Bismarck‹, hat dem methodischen Schiffbauer Tirpitz recht gegeben. Kein englisches Großkampfschiff hätte es geschafft, wie ›Seydlitz‹ nach der Skagerrakschlacht mit 5300 Tonnen Wasser im Schiff in die Heimat zu gelangen.

Eben dies methodische Arbeiten bescherte der Tirpitz-Flotte aber einen Rückstand an Schiffsgröße und Kaliber, der bis in den Krieg hinein offenkundig war und den Ruf des Flottenschöpfers in seiner eigenen Marine trübte.

Ein besonders krasser Fall war der erste Panzerkreuzer, mit dem Deutschland auf die neuen englischen Typen reagierte: ›Blücher‹, benannt nach dem ›Marschall Vorwärts‹ der Freiheitskriege.

Am 11. April 1908 lief ›Blücher‹ vom Stapel. Ein volles Jahr nach den drei englischen ›Invincibles‹, die mit 20 300 Tonnen, 170 Meter Länge und acht 30,5 cm-Kanonen den neuen Standard setzten. Ihr Turbinenantrieb brachte sie auf mehr als 26 Knoten Geschwindigkeit. Der jüngere ›Blücher‹ war mit 17 500 Tonnen und 162 Meter Länge nicht viel kleiner, hatte aber Kolbenmaschinen und erreichte mit 25,8 Knoten nicht ganz die Geschwindigkeit der englischen Rivalen — für einen Kreuzer ein klarer Minuspunkt. Vor allem aber war das Kaliber beträchtlich unterlegen: Zwölf schwere Kanonen zwar, aber nur 21 cm. Zudem hatten die Engländer die schweren Türme so angeordnet, daß sie nach beiden Seiten schießen konnten. Bei ›Blücher‹ standen nicht anders als bei den ›Invincibles‹ acht Kanonen für die Breitseite zur Verfügung. Doch das Geschoßgewicht der Breitseite, wesentlich für die Kampfkraft, betrug bei den Engländern 3084 kg, bei ›Blücher‹ nur 1184 kg. Bei unterlegener Reichweite! Nicht einmal Tiefgang und Rumpfbreite mit Rücksicht auf Gewässer und Schleusen konnte als Rechtfertigung für die Unterlegenheit des ›Blücher‹ dienen.

Die ›Invincibles‹ hatten sogar weniger Tiefgang und waren kaum breiter.
›Blücher‹ blieb ein Einzelstück, machte sich bald nur noch als Artillerieschulschiff nützlich, wurde aber nichtsdestoweniger im Krieg aktiv verwendet und brachte der Marine eine böse Schlappe ein. Als der Flottenchef Admiral von Ingenohl, der als früherer ›Hohenzollern‹-Kommandant ein Offizier nach dem Herzen des Kaisers war, im Januar 1915 die ›Aufklärungsschiffe‹ (Große Kreuzer, Kleine Kreuzer und Torpedoboote) unter Vizeadmiral Hipper aussandte, um die ›Doggerbank aufzuklären und etwa dort befindliche leichte Streitkräfte des Feindes zu vernichten‹, befanden sich dort schwere Streitkräfte des Feindes. Die drei modernen deutschen Schlachtkreuzer ›Seydlitz‹, ›Derfflinger‹ und ›Moltke‹ mußten den schwachen und langsamen ›Blücher‹ beschädigt zurücklassen. Er kenterte und sank, 792 Tote bildeten eine schwere Anklage gegen den Flottenchef von Ingenohl, der das unzeitgemäße Schiff eingesetzt und zudem den schweren Kunstfehler begangen hatte, seine Großkampfschiffe, die ›Hochseeflotte‹, nicht als Rückhalt für die Kreuzer bereitgestellt zu haben. Sie lagen noch nicht einmal auf der Reede vor Wilhelmshaven, obwohl sich schon beim Gefecht vor Helgoland erwiesen hatte, mit welchem Risiko zu rechnen war. Schon damals hatte Ingenohl mangelnde Voraussicht bewiesen, nach dem Doggerbank-Debakel mußte er den Abschied nehmen. Aber ein Schuldvorwurf in Sachen ›Blücher‹ traf den Schiffbauer Tirpitz — nicht offiziell, aber in den heißen Diskussionen der Stäbe und Offiziersmessen.
Dem Vorwurf unter Fachleuten, unzureichend bewaffnete Schiffe gebaut zu haben, war er von Anfang an ausgesetzt. Betrachtet man seine Abwehr mit historischem Abstand, so zeigt sie sich als schwach. Er ging von einem Irrtum aus. Er ging noch mit ihm in den Krieg: Er glaubte, die Engländer würden zur engen Blockade der Nordseeküste auffahren oder wenigstens mit ihrer Heimatflotte die Konfrontation suchen.
Das verführte ihn zu — gemessen an den Anforderungen des heraufbeschworenen Krieges — Konzeptionsfehlern in allen Kampfschiffsklassen. Nur die mechanische Zuverlässigkeit der Schiffstechnik und vor allem die Tapferkeit der Besatzungen haben das weitgehend ausgeglichen, wenn auch mit unnötigen Verlusten an Effektivität und unnötigem Einsatz von Menschenleben.
Die Engländer gingen vom Prototyp ›Dreadnought‹ 1907-1908 zu sechs Schlachtschiffen der ›Bellerophon‹ und ›St. Vincent‹-Klasse weiter, jeweils mit zehn 30,5 cm-Kanonen, von denen acht nach beiden Seiten feuern konnten, Geschoßgewicht einer Breitseite 3084 kg. Tirpitz befrachtete die vier Schiffe seiner ›Nassau‹-Klasse mit zwölf Kanonen, aber weiterhin nur mit 28 cm Kaliber, nur acht

standen für die Breitseite zur Verfügung, Geschoßgewicht 2676 kg. Die Zahl der Kanonen bedeuteten totes Gewicht; Tirpitz ließ in der ›Marine-Rundschau‹ das sehr schwache Argument publizieren, den deutschen Schiffen sei es durch die Turmaufstellung möglich, nach beiden Seiten zu kämpfen, was immerhin vorkommen könne.

Daß es rückständig war, schwere Geschütztürme nicht sämtlich in der Mittschiffslinie anzuordnen, zeigt jeder internationale Vergleich in jenen Jahren. In den USA war 1905 das letzte Schiff mit der Turmaufstellung vom Stapel gelaufen, mit der Tirpitz noch fünf Jahre später mit ›Oldenburg‹ die ›Helgoland‹-Klasse abschloß. Und wiederum um fünf Jahre waren die Amerikaner wie die Engländer und Italiener in diesem Punkt der ›Markgraf‹-Klasse voraus, den modernsten deutschen Schlachtschiffen bei Kriegsausbruch.

Kritiker wurden als ›Außenseiter‹ abgetan. In der Tat hätte kein Insider es wagen können, gegen den ›Meister‹ zu polemisieren. An der Spitze der Marinewerften standen nicht Techniker, sondern Seeoffiziere. Die Kritik kundiger Beamter wurde höheren Orts nicht zur Diskussion gestellt. Erst nach dem Krieg kam sie vor dem Untersuchungsausschuß des Reichstags zutage, der sich in Hearings mit den Ursachen des deutschen Zusammenbruchs befaßte. Etwa so: Wenn gesagt würde, unsere Schiffe seien solider gebaut und durch bessere Unterteilung des Unterschiffs sinksicherer gewesen als die englischen — sagte der Werftbeamte Alboldt:

> *Dann wäre zu erwidern, daß die Aufstellung der Türme mit diesen Faktoren an sich nichts zu tun hat. Andererseits liegt es auf der Hand, daß durch die Anhäufung großer Gewichte auf den Schiffsseiten bei unserer ›Nassau‹- und ›Helgoland‹-Klasse die Stabilität (Sinksicherheit) dieser Schiffsklassen gegenüber solchen, bei denen die Türme mehr auf der Mittschiffslinie verteilt waren, vermindert erscheinen mußte! Der Wegfall eines Turmes aber bei den vorgenannten Klassen und möglichste Verteilung der verbleibenden fünf auf die Mittschiffslinie hätte bei unveränderter artilleristischer Wirkung folgende Vorteile geboten: verbesserte Schiffsstabilität, Ausnutzung des ersparten bedeutenden Gewichtes entweder für Kalibersteigerung, Maschinenstärke, Panzerung oder sonst einen wichtigen Faktor.*

Nicht erst im Krieg, als die Großkampfschiffe untätig, der Dienst öde und die Verpflegung schlecht waren, kam die schleichende Vertrauenskrise auf, die zu Revolten 1917 und Aufstand 1918 führte. Die Verhältnisse im Krieg bilden nur einen der roten Fäden, andere reichen weit in die Vorkriegszeit zurück, so die Frustration der Unteroffiziere, mindestens ebenso aber die technische Krise, die nur im Bewußtsein von Tirpitz geprägten herrschenden Kaste der Seeoffiziere verdrängt wurde.

Tatsächlich war die Bilanz, wie sie sich für jedermann mit allen Daten in den Flottentaschenbüchern und anderen Publikationen darbot, äußerst besorgniserregend. Vom Schlachtschiff bis zum Torpedoboot hatte sich Tirpitz offenbar in einen unrealistischen Qualitätsbegriff verbissen. Alboldt:

> *Unser Artilleriematerial war, vom Grundstoff über die präzise Fertigung bis zu dem fertigen Stück als solches dem der Engländer, also relativ, überlegen. Das Gefühl hatte jeder Mann bei uns mit Recht. Und fragte sich daher: Was ist das für eine Waffenpolitik, die geradezu damit renommiert, daß wir auf Grund unseres besseren Materials dem Engländer gegenüber immer an der sogenannten unteren Kalibergrenze bleiben, d. h. im Kaliber zurückbleiben, — (oder wie es einmal in dem bekannten halbamtlichen ›Nauticus‹ ausgedrückt wurde: »nahezu gleichwertig sind«), — anstatt unsere Qualitäts-Überlegenheit auszunützen und mit gleichem Kaliber weitaus überlegen zu sein! Eine einfachere und richtigere Überlegung gab und gibt es wohl kaum.*

Daß Tirpitz diese Überlegung nicht anstellte, hat einfache Gründe: Er war ein Taktiker und kein Stratege, und während er mit seinem spektakulären Flottenbau die Dissonanz mit England einleitete und auf die Spitze trieb, duldete er — der Verwaltungschef — kein profiliertes strategisches Gremium neben sich. Er nutzte seine Machtstellung, um reihenweise die Admiralstabschefs abzuschießen: Während er am Ruder blieb, wechselten sie 1899, 1902, 1908, 1909, 1911, 1913 und zweimal 1915.

Sein starres Beharren auf veralteten Konzeptionen beruhte auf dem taktischen Gedanken, mit möglichst gleichartigen Kampfschiffen zu arbeiten. Die neuen sollten die alten nicht deklassieren, und seinen Waffenproduzenten war an gewinnträchtigem Serienbau gelegen. Neue Modelle erforderten neue Investitionen. Serie brachte mehr Gewinn. So gehen schwere Verluste auf sein Konto. ›Blücher‹ war der ärgste, doch hätte beispielsweise der Kreuzer ›Emden‹ nicht verloren sein müssen, als er von ›Sydney‹ gestellt wurde. Schon seit dem Stapellaufjahr 1909 rüsteten die Engländer ihre leichten Kreuzer mit zwei 15,2 cm-Kanonen zusätzlich zum bis dahin üblichen 10,2 cm-Kaliber aus. Seit 1911 nur noch mit 15,2 cm, während in Deutschland erst 1915 der erste Kreuzer mit 15 cm statt 10,5 cm vom Stapel lief — die unglückliche ›Wiesbaden‹, die bei der Skagerrakschlacht hilflos zwischen den Linien der Schlachtschiffe zusammengeschossen wurde und mit 589 Toten verloren ging. Darunter war der Dichter Johann Kinau, der sich Gorch Fock nannte.

Zu Kaisers Geburtstag 1911 — dem zweiundfünfzigsten — am

27. Januar, wurde Tirpitz zum Großadmiral befördert, er war zweiundsechzig. Der dekorative Gunstbeweis Seiner Majestät für den Flottenschöpfer erfreute die Flottenfreunde, und die Dividenden der Rüstungsindustrie stiegen schon mit der Aussicht auf die neue Flottenvorlage weiter. Krupp zahlte 10 Prozent, die Rheinisch-Westfälische Sprengstoff 14 Prozent, die Deutsche Waffenfabrik 25 Prozent. Und der Kapitän zur See a. D. Persius versicherte im Flottenkalender für 1912, daß keine Drohung gegen England beabsichtigt sei. Seemacht sei nötig zum Schutz des Handels und der überseeischen Interessen:

> *Ein 62 Millionen Volk von einer urwüchsigen Kraft und Tüchtigkeit, wie sie ihresgleichen auf Erden sucht, und von einer alles überwindenden Vaterlandsliebe beseelt, wie das unsrige, das treu zu seinem Herrscherhaus steht, läßt sich nicht dauernd in Fesseln schlagen.*

Doch trotz aller Flottenpropaganda stand das Volk durchaus nicht so begeistert zur Rüstungspolitik seines Kaisers. Die Sozialdemokraten, die sich im Reichstag unerschütterlich gegen die Rüstung wandten, erhielten bei den Wahlen am 12. Januar 1912 einen Stimmenzuwachs um fast eine Million auf 4 250 000 Stimmen und errangen 110 Reichstagsmandate. Jeder dritte Mann über 25 Jahre wählte SPD und damit gegen das Streben von Kaiser und Großadmiral.

Auch des Bürgertums konnte sich Tirpitz nicht sicher sein. Reichskanzler und Auswärtiges Amt stemmten sich gegen die Provokation Englands durch gesteigerten Flottenbau. Im Einklang mit den Tendenzen der britischen Politiker, denen die gewaltigen finanziellen Lasten ihrer Gegenrüstung und die Fesselung ihrer Flotte an die Heimat Sorge bereitete. Sie fürchteten, Rußland könne die britische Schwächung im Fernen Osten für seine Zwecke nutzen.

Und im eigenen Lager sah sich Tirpitz fortdauernd der Kritik aus Kreisen des Flottenvereins, der nationalistischen Presse und gleichgesinnter Parlamentarier ausgesetzt, die ihm zu langsame Rüstung und zu schwache Schiffe vorwarfen.

Schon zu dieser Zeit zeigte sich die Spaltung der Nation, die nach der einigenden Begeisterung des ersten Kriegsjahres zum fortschreitenden Zerfall führte und mit dem Zusammenbruch endete.

Der Verlauf des Krieges erwies, daß sich Tirpitz total verkalkuliert hatte. England hatte sich durch das Risiko nicht abschrecken lassen. Die Einschränkung der Flottenforderung von 1912 hatte eine gewisse Beruhigung der Beziehungen gebracht, zugleich aber in Deutschland den Vorwurf gegen Tirpitz, er habe sich durch Reichskanzler und Reichstag einschüchtern lassen, wie es der Flottenverein von jeher behauptete.

Adolf Hitler hat in ›Mein Kampf‹ in gröbsten Tönen diesen Standpunkt vertreten und ihn zum Bestandteil seiner These gemacht. Das parlamentarische System sei Deutschlands Unglück gewesen und werde es bleiben, wenn der Kampf der nationalsozialistischen Bewegung nicht zum Siege führe. Hitler schrieb:

> *Wenn im Lande zu wenig Rekruten ausgebildet wurden, so war zur See die gleiche Halbheit am Werke, die Waffe der nationalen Selbsterhaltung mehr oder weniger wertlos zu machen.*

Er kritisierte am Tirpitz-Konzept, die Schiffe seien zu klein, zu schwach armiert und zu langsam gewesen und erinnerte an Lehren des russisch-japanischen Kriegs.

Das ist genau die Argumentation des Flottenvereins, der als Massenorganisation neben den Alldeutschen, dem Allgemeinen Deutschen Verband und anderen chauvinistischen Gruppen vieles vorweggenommen hat, was dann die nationalsozialistische Bewegung kennzeichnete. Wer 1914 das Taschenbuch der Kriegsflotten des Kapitänleutnants a. D. Bruno Weyer zur Hand nahm, konnte tatsächlich nur eine krasse deutsche Unterlegenheit erkennen. Die englischen Großkampfschiffe hatten von vornherein 30,5 cm-Kanonen. Auch schon die veralteten Schlachtschiffe aus der Zeit der Jahrhundertwende, als Tirpitz seine Linienschiffe noch mit 24 cm-Kanonen bestückte. 1902 ging er auf 28 cm über, 1909/1910 auf 30,5 cm, die Engländer 1910 auf 34,3 cm, und während die neuest in Dienst gestellten deutschen Schlachtkreuzer noch 28 cm hatten, waren die Engländer bei diesen schnellen Großkampfschiffen schon zwei Jahre zuvor bei 34,3 cm angelangt. Zudem waren die englischen Schlachtkreuzer schneller als die deutschen. Die kleinen deutschen Kreuzer hatten 10,5 cm, die englischen seit 1909 zum Teil und seit 1910 ausschließlich 15 cm. Und die englischen Zerstörer waren größer, schneller und mit 10,2 cm gegenüber 8,8 cm stärker armiert als die deutschen Torpedoboote. Und nicht zuletzt machte man schon vor dem Krieg Tirpitz den Vorwurf, zugunsten Schlachtschiffe aus der Zeit der Jahrhundertwende, als Tirpitz seine seiner Schlachtflottendoktrin den U-Boot-Bau sträflich vernachlässigt zu haben.

Die anderen Seemächte hatten schon sehr früh mit dem U-Boot-Bau begonnen. Das älteste 1914 in den Flottenlisten verzeichnete U-Boot stammte aus dem Jahr 1896 (›Delfino‹-Italien). Vorkämpfer waren die Franzosen: 1886 hatten sie den Weg zum funktionsfähigen U-Boot gefunden, zunächst mit rein elektrischem Antrieb und sehr geringem Aktionsradius, in den neunziger Jahren kombinierte man Benzinmotor oder Dampfmaschine für Überwasserfahrt und Batterieladen mit Elektroantrieb für Unterwasserfahrt. Epochemachend war das amerikanische U-Boot ›Holland‹, benannt nach seinem Erbauer. Es hatte

Benzin- und Elektromotor. Vom Typ Holland gingen die Engländer aus 1901 bei ihren U-Boot-Entwicklungen.

Als Tirpitz 1900 das erste Flottengesetz durchdrückte, waren die U-Boote noch durchweg klein und sehr klein, gedacht für taktischen Einsatz unmittelbar an der Küste. Etwa gegen eine zum Artilleriegefecht gegen Küstenforts formierte feindliche Panzerflotte. Sie waren umstritten wegen Mängeln an ihren Taucheinrichtungen und der unvollkommenen Spiegelapparate für die Sicht bei Unterwasserfahrt. Es gab Explosionsunfälle durch das Benzin. Dampfantrieb erforderte Löschen der Feuer und Abkühlen der Kessel vor dem Tauchen und langwieriges Anheizen nach dem Auftauchen. Aber die neue Waffe reifte aus. Als Antrieb kam der Petroleummotor in die Debatte. Und als 1901 die Engländer ihr erstes U-Boot vom Stapel laufen ließen, erschien ein Mitziehen der deutschen Marine als selbstverständlich. Tirpitz lehnte es schroff ab.

1904 behauptete Tirpitz im Reichstag, die U-Boote seien blind.

> *... eine große Umwälzung werden sie niemals hervorbringen, wenn nicht noch große technische Mankos beseitigt werden und speziell die Frage des Sehens unter Wasser in weit höherem Maße gelöst sein wird, als es bisher der Fall gewesen ist.*

Er konnte aber den Vorwurf nicht zum Schweigen bringen, hier wahrhaft kurzsichtig gewesen zu sein. Tatsächlich hatten die Franzosen schon 1899 ein funktionsfähiges Sehrohr entwickelt. Tirpitz hat später gesagt, er habe wegen der Explosionsgefahr des Benzins auf die Verwendungsfähigkeit des Petroleummotors gewartet, und in seinen Erinnerungen liefert er eine weitere Erklärung:

> *Ich habe es abgelehnt, für U-Boote Geld wegzuwerfen, solange sie nur in Küstengewässern fahren, also uns nichts nützen könnten ..*

Angesichts der Wirrnis von Ideen und Versuchen hatte er, von seinen einstigen Erfahrungen mit Torpedobooten belehrt, tatsächlich gute Gründe zur Zurückhaltung. Nicht ohne Selbstgefälligkeit schreibt er:

> *Schon im Frieden war ich gewöhnt, mir Rückständigkeit vorwerfen zu lassen; die Öffentlichkeit immer aufzuklären, hielt ich angesichts des Auslandes nicht für richtig. Meine von früh an bewährte Methode, die Kriegsbrauchbarkeit einer neuen Erfindung vor ihrer allgemeinen Einführung abzuwarten, bewahrte vor Rückschlägen und begründete hauptsächlich unsere Erfolge, setzte mich aber selbstverständlich den Vorwürfen der Erfinder und ungeduldiger Patrioten aus.*

Auf einem anderen Gebiete, bei den Luftschiffen, hatte er damit sogar recht:

> *Von den Luftschiffen habe ich als Seeoffizier, der noch die Kraft*

des Windes und die Tücken der Böen auf Segelschiffen kennengelernt hatte, mir niemals viel versprochen, worin mir der Krieg recht gegeben hat. Meine Erwartung stelle ich viel mehr auf die Entwicklung des Flugwesens. Bei dem Zeppelinrausch, der durch Deutschland ging, hielt ich mich zurück, ohne doch ganz als Stimmungsverderber erscheinen zu dürfen.

Wozu er einen auf Luftschiffbau drängenden Brief des Abgeordneten Erzberger zitiert, in dem der spätere ›Novemberverbrecher‹ unter anderem geschrieben hatte:

Ein systematisches Vorgehen würde einen großen Wurf darstellen, sonst geht es wie bei der Flotte bis 1898 ...

Aber bei den U-Booten hatte der Meister doch allzu deutlich gemacht, daß es ihm nicht paßte, den Wert seiner erstrebten Panzerflotte durch dies neue Kampfmittel überhaupt in Frage gestellt zu sehen. Die Kritik ebbte nicht ab, nachdem er die Anfrage des Abgeordneten Kardorff mit einem zweifellos verfehlten Argument abgewiesen hatte. Den Mitgliedern des Flottenvereins standen die Haare spätestens 1905 zu Berge, wenn sie im Flottentaschenbuch nicht weniger als 64 französische und 39 englische U-Boote zählten und bei Deutschland nur einen kargen Verweis auf bewilligte Versuchsboote. In späteren Jahrgängen ergänzte das Flottentaschenbuch seine Tabellen mit demonstrativen Additionen. 1909 beispielsweise bei den Franzosen 110 Boote fertig und im Bau, bei den Engländern 70, während Deutschland 2 Boote fertig und 3 im Bau hatte. Der Vizeadmiral Karl Galster goß 1907 mit seiner vieldiskutierten Forderung einer starken defensiven Streitmacht von Torpedo- und U-Booten Öl ins Feuer der Diskussion, zum äußersten Ärger von Tirpitz.

Tatsächlich haben die Gegner im Krieg sich nicht gescheut, ihre U-Boote mit Benzinmotoren einzusetzen. Das britische U-Boot B 11, das am 13. Dezember 1914 in den Dardanellen das türkische Panzerschiff ›Messudije‹ versenkte, stammte aus dem Etatjahr 1904 und bewies bei dieser Unternehmung auch die beträchtliche Tauch- und Manövrierfähigkeit (es untertauchte ein Minenfeld), von der bei den 1906 und 1908 vom Stapel gelaufenen deutschen U-Booten U 1 und U 2 noch nicht die Rede sein konnte. Deutschland hatte einige Mühe, den Entwicklungsrückstand aufzuholen, was dann allerdings ab 1909 gut gelang.

Krupps Germaniawerft in Kiel hatte bereits 1902 ein sehr kleines (26 Tonnen) Versuchsboot gebaut, ›Forelle‹. Es wurde vom Kaiser besichtigt und an Rußland verkauft. 1907 lieferte die gleiche Werft zwei weitere russische Boote, etwa halb so groß wie die späteren deutschen, schon mit Petroleummotoren. Der Kaiser und Tirpitz ließen sich eine Schießübung in der Kieler Bucht vorführen, und die

Germaniawerft hat dann auch ›U 1‹ gebaut.
Ein französischer Ingenieur, d'Equeville, lieferte als maßgebender Mitarbeiter die konstruktive Grundlage, so daß der Vermerk in Groeners Standardwerk ›Entwurf Fried. Krupp‹ einigermaßen irreführend ist. An ›U 1‹ wurde lange herumgebaut, fronttauglich wurde es nicht. Ebensowenig das zwei Jahre später bei der Kaiserlichen Werft in Danzig gebaute ›U 2‹.
Während es gelang, ab ›U 3‹ von 1909 zu einer frontfähigen schiffbaulichen Lösung zu kommen, wäre es beinahe bei den Motoren zu einer folgenschweren Fixierung auf den Petroleummotor gekommen, der mit seiner starken Rauchentwicklung, hohem Kraftstoffverbrauch, starkem Auspuffknallen und bei Dunkelheit auffälligen Auspuffflammen nur eine Übergangslösung sein konnte. Die Firma Krupp wollte einen Zehnjahresvertrag mit der Motorfirma Körting abschließen. Der Werftdirektor Toussaint und sein Oberingenieur Noé setzten gegen den Unmut ihrer Arbeitgeber durch, daß die weitere Arbeit am schon 1908 vorgestellten umsteuerbaren Diesel abgewartet wurde. Krupp verpaßte den Abschluß, MAN baute die U-Boot-Diesel, die dann ab ›U 19‹ (Stapellauf 10. Oktober 1912) verwendet worden sind und auch erheblich mehr Leistung brachten. Erst ein Jahr vor Kriegsbeginn gelangte das erste Diesel-Boot schließlich in Dienst.

Hätte beispielsweise der ›Panthersprung nach Agadir‹ 1911 zum Krieg geführt, so hätte sich Deutschland mit einigen wenigen U-Booten einer schon potenten U-Boot-Streitmacht der Gegner gegenüber gesehen. Die Unlust, sich in Schlachtflottenplänen durch die Unterwasserwaffe stören zu lassen, ist beim Kaiser wie bei Tirpitz bis zur Peinlichkeit deutlich geworden. In dem Prachtband ›Kaiser Wilhelm II. und die Marine‹ von 1912 ist nur beiläufig von ›einer Anzahl U-Boote‹ die Rede, abgebildet ist keines, obwohl das Werk sonst an Ausführlichkeit nichts zu wünschen übrig läßt und beispielsweise notiert:

> *daß am 1. März die ›Posen‹ einen Bekohlungsrekord schuf, der am 14. März von der ›Ostfriesland‹ mit 722 Tonnen Höchstleistung übertroffen wurde.*

Noch 1909 schoß Tirpitz den Admiralstabschef Graf Baudissin nicht zuletzt deshalb ab, weil der Graf für Beschleunigung des U-Boot-Baues eintrat.
Wenn Tirpitz zwar mit Recht sagen kann, daß seine U-Boote 1914 technisch gut entwickelt waren, so waren es doch nicht viele. Und über ihre taktischen Möglichkeiten war sich der große Taktiker nicht im klaren. Erst 1913 war überhaupt eine eigene U-Boot-Inspektion gebildet worden. Bis dahin unterstanden die U-Boote der Inspektion des Torpedowesens gemeinsam mit den Torpedobooten, man wollte

sie auch ähnlich operieren lassen, in Flottillen auf nahe Entfernung. Zu Kriegsbeginn hatte Deutschland 27 fahrfertige U-Boote, davon 13 mit Petroleummotor, die Diesel-Boote größtenteils noch durch Probefahrten und Ausbildung gebunden. Schon am 5. September 1914 versenkte Hersing beim Forth of Forth den britischen Kreuzer ›Pathfinder‹, am 24. September Otto Weddigen mit ›U 9‹ vor der niederländischen Küste die Panzerkreuzer ›Cressy‹, ›Hogue‹ und ›Aboukir‹. Die Bedeutung der neuen Waffe war auf einen Schlag deutlich geworden, das Volk begeistert, und während die Schlachtflotte untätig im Hafen lag, sah sich Tirpitz dem Vorwurf unzureichenden U-Boot-Baues ausgesetzt.
In dem Interview, das er am 21. November 1914 dem amerikanischen Journalisten Wiegand gab, hat er noch die Theorie vertreten, U-Boote seien ein Küstenkampfmittel, während die hohe See dem Schlachtschiff gehöre.

Es ist eine Ironie des Schicksals, daß Tirpitz bald verschärften U-Boot-Krieg forderte, während man ihm gleichzeitig vorwarf, nicht genügend U-Boote gebaut zu haben. Mit den U-Boot-Erfolgen begann für ihn eine böse Zeit. Sie endete damit, daß er am 9. März 1916 ›krankheitshalber‹ seinen Abschied einreichte, den der Kaiser mit ›lebhaftem Bedauern‹ gern annahm — verborgen blieb dem Volke die Randbemerkung Seiner Majestät auf dem Abschiedsgesuch:

Er verläßt das sinkende Schiff.

„Befördert werden sie auch ohne Entwicklung von Geistesgaben"

Die ›Wehrwissenschaftliche Rundschau‹, Zeitschrift für die Europäische Sicherheit, herausgegeben vom Arbeitskreis für Wehrforschung, hat in Heft 10/1962 einen Aufsatz von Professor Wahrhold Drascher »Zur Soziologie des deutschen Seeoffizierkorps« veröffentlicht. Zitat:

Es ist in den letzten Jahrzehnten oft erörtert worden, wie sich soziologisch die Bildung einer Elite vollziehen soll. Die Geschichte des deutschen Seeoffizierkorps ist ein Beispiel dafür, wie sich unter an sich ungünstigen Vorbedingungen durch sorgsame Übernahme einer großen Tradition und Anpassung an neue Notwendigkeiten einer jeweiligen Gegenwart dieses Zieles erreicht werden kann. Der deutsche Seeoffizier ist ein Stand geworden, der sich durch besondere Eigenschaften deutlich abhob und sich langsam, aber sicher, eigene Regeln des Verhaltens gab. Er war sozusagen Repräsentant des Bürgertums in einer Wehrmacht, die noch viele Züge der alten Vormachtstellung des Adels trug. Er nahm als ausgeprägter Spezialist eine Sonderstellung ein, ohne sich eigentlich bewußt absondern zu wollen. Diese Eigenständigkeit hat ihm Glück, aber vielleicht auch hier und da Nachteile gebracht, weil er eben auf seine Waffe zu sehr vertraute und sich dabei nicht immer im Rahmen des für die Gesamtpolitik Notwendigen hielt. Aber daran ist doch kein Zweifel: er stand dem Herzen seines Volkes, das wohl instinktiv diese inneren Zusammenhänge begriff, besonders nahe; er war daheim beliebt und draußen geachtet, weil er soziologisch dem Übergang in eine neue Zeit Rechnung trug. Was einst die preußische Krone vollbracht hatte, als sie den Adel zum Träger der Armee machte und ihm den Dienst am Ganzen, an Stelle nur am eigenen Interesse vorschrieb, das hat die Kriegsmarine dadurch getan, daß dem Nachwuchs des Bürgertums eine Chance gab, nunmehr auch nach seinen Ideen einen Wehrmachtsteil zu formen.

Wir haben das Vertrauen, daß auch die Führer unserer neuen Bundesmarine unter völlig veränderten Verhältnissen, gestützt auf diese große Tradition, Gleiches erreichen werden.

Die Formung:

Die Verfeinerung der Bewaffnung, das Aufkommen der Torpedo-

waffe und die fortschreitende Technisierung des Schiffsbetriebes erforderte immer mehr Vorgesetzte, die über Spezialkenntnisse verfügen mußte, was eine vielseitige und gründliche Ausbildung unbedingt voraussetzte, wie sie eben nur durch höhere Schulbildung und eine Seekadettenerziehung zu erreichen war. Es ergab sich von selbst, daß sich dadurch der Stand des Seeoffizierkorps hob. Die Folge war, daß allmählich, wenn auch zunächst nur langsam, sich immer mehr Aspiranten aus den gebildeten Schichten, die nicht von der Wasserkante stammten, für diesen Beruf meldeten. Dadurch wiederum glich sich das Offizierkorps der Marine demjenigen der Armee an. Das Vorurteil, die Marine sei eben nur ›zweite Klasse‹, schwand. In die Ausbildung wurden immer mehr Bestandteile der alten preußischen Tradition übernommen, vor allem die Pflege des gesellschaftlichen Auftretens, das für Überseebesitzungen unbedingt erforderlich war. Je deutlicher sich die Notwendigkeit ausprägte, im Zeitalter der Weltpolitik Deutschland draußen durch eine würdige Präsenz zu vertreten, desto mehr mußten diese Faktoren berücksichtigt werden. Vertrautheit mit der großen Politik, Sprachkenntnisse, eine gewisse diplomatische Gewandtheit im Umgang mit Fremden traten nun gleichberechtigt neben die eigentliche seemännische Ausbildung. Daher mußten die Anforderungen an die eintretenden Bewerber immer höher gestellt werden, welche die alten ›Teerjacken‹ allmählich ersetzten.

Ein schönes, allzu schönes Bild. Vorwurf nach dem Zusammenbruch von 1918 gegenüber dem Fähigkeitsanspruch des Seeoffizierkorps:

Dabei war die Ausbildung der Seeoffiziere der letzten Epoche doch so, daß sie von gar zu vielem etwas, in keinem Fach aber Gründliches lernten, eben weil die Ausbildung auf absolute Hegemonie des Korps über alle anderen zugeschnitten war. So waren sie eigentlich in fast allen Dingen unbedingt auf Untergebene aller Grade angewiesen, und da lag es namentlich bei den jüngeren von ihnen bei der ihnen zuteil gewordenen falschen, nur auf das eigene Prestige eingestellten Erziehung gar zu nahe, daß in dem sich immer mehr technisch komplizierenden Marinebetriebe tatsächliche Unkenntnis an einem Platz, den sie auf Grund ihrer Ausbildung gar nicht auszufüllen vermochten, häufiger und häufiger durch ein zwar sehr schneidig klingendes, aber im Bordbetrieb absolut unangebrachtes »Ach was, das ist mir ganz egal!« ersetzt werden sollte. Natürlich mußte das zu einer Quelle dauernder, unerfreulicher Reibungen werden und wurde es.

Die deutschen Seeoffiziere hatten sich, wie man zu sagen pflegt, übernommen. Es ist ihr menschliches Unglück gewesen, — und damit zugleich das Unglück der deutschen Flotte —, daß sie zur gegebenen Zeit nicht einen Mann an der Spitze hatten, der die Gefahr der Zersplitterung erkannte und den Seeoffizier rechtzeitig auf sein ureigenstes Gebiet zurückführte, da aber auch ganz gründlich ausbildete: auf die Führung des seemännischen Teils der Besatzungen der Schiffe, auf gründlichste Waffenkunde und Waffenleitung und schließlich auf die Schiffs- und Verbandsführung. Sie haben unseligerweise immer gemeint, sie gäben etwas von der überragenden Stellung, die dem Seeoffizier ganz selbstverständlich im Flottenleben gebührt, auf, wenn sie sich nicht überall den maßgeblichen Einfluß vorbehielten, selbst da, wo sie ihn auf Grund allgemeiner menschlicher Könnensgrenzen gar nicht mehr auszuüben vermochten . . .

Zwar, wir hätten, wenn die Seeoffiziere diese weise Beschränkung zu üben vermocht hätten, dann in der deutschen Flotte nicht ganz so viele Seeoffiziere gehabt, wie es schließlich der Fall war, aber die vorhandenen wären von allen anderen Gruppen um so mehr als die Führer anerkannt und respektiert worden. Denn so töricht ist keiner aus diesen anderen Gruppen gewesen, zu verkennen, daß dem Seeoffizier die Hauptführung obliegt und immer obliegen muß, und daß dadurch seine Stellung immer aus allen anderen herausgehoben ist.

Die ehemaligen Seeoffiziere pflegen darauf zu antworten: Die deutsche Flotte hat aber doch bis zuletzt gute Leistungen aufzuweisen gehabt, also muß ihr Organismus gesund gewesen sein; auch waren solche guten Leistungen nur zu erzielen, wenn ein gutes Verhältnis zwischen Offizieren und Mannschaften herrschte — folglich muß auch dieses gut gewesen sein.

Das ist abwegig. Der Mechanismus der deutschen Flotte war gut eingespielt, und dieser Mechanismus wurde bedient von Männern, die, trotz allem, was ihnen das Leben schwer machte, ihre selbstverständliche Pflicht fürs Vaterland taten, denn sie wußten, worum es ging. Der Organismus aber, das lebendige Leben, war krank, wie ich gezeigt habe.

Am 4. April 1916, wenige Wochen vor der Skagerrakschlacht, schrieb der Matrose Stumpf von S.M.S. ›Helgoland‹ in sein Tagebuch:

Wenn ich all die kleinlichen Schikanen und Bosheiten, die gewisse unserer Vorgesetzten gegen uns loslassen, notieren wollte, so hätte ich viel zu tun. So begnüge ich mich damit, nur gelegentlich mal eine besondere handgreifliche Sache anzunageln. Das meiste wird mit Humor getragen, gebührend belacht, verspottet und vergessen. Laßt uns verfahren nach dem Grundsatz: Alles verstehen, heißt alles verzeihen. Wir geben zu, daß ihr auf Grund eurer Dummheit, Geburt und zum Teil auch des Geldbeutels verrückt wärt, wenn

ihr die Macht, die euch gegen uns gegeben, nicht ausnützen würdet. Ihr aber verlangt von uns nicht, daß wir euch achten und ehren, daß wir euch nicht als die Retter des Vaterlandes betrachten, sondern als dessen Drohnen, und deshalb seid ihr gewiß nicht böse, wenn in passender Stunde euer Dünkel gebrochen wird, und ihr dann mit Glanz von dem Throne, welchen der Unverstand der Massen euch errichtet hat, herunterpurzelt.
Es mag dies wohl mal eine schwere Arbeit geben, aber sie ist des Schweißes der Edlen wert. Ich bin gewiß nicht dagegen, wenn auch in Zukunft Beamte und Offiziere gut, ja besser bezahlt werden als heute.
Aber da sie unserem braven arbeitstüchtigen Volke ein Vorbild sein sollen, müssen sie etwas Positives, Sichtbares dafür leisten. Ein Kapitänleutnant zum Beispiel hat 650 Mark Gehalt monatlich. Und was tut er dafür dem Staat, der Allgemeinheit? Er putzt und poliert seine Fingernägel, hält seinen Scheitel in Ordnung und geht nur auf See Wache. Hundert Ausnahmen sind von vornherein zugestanden. Gewiß, rühmenswerte Ausnahmen gibt es, die sich auch mit den Problemen beschäftigen, die nicht in ihren Beruf einschlagen und uns auch mal praktisch was vormachen können. Aber die kann ich mit der Hälfte der Finger einer einzigen Hand abzählen.
Wie sollen sie auch? Haben sie doch hier eine sichere Existenz, und befördert werden sie auch ohne Entwicklung von Geistesgaben. Was will man denn auch? Mit 19 Jahren ist einer Leutnant und hat als solcher ein Gehalt von etwas über 300 Mark. Kann's da etwas Besseres geben als die Laufbahn bei der Kriegsmarine?
Wenn am Ersten Gehaltsauszahlung ist, denkt wohl keiner der noblen Herren daran, wieviel saurer Schweiß auf diesem Geld liegt.

Die Herren gingen allerdings von dem Gedanken aus, daß sie ernteten, wo ihre Eltern und Anverwandten gesät hatten; Zuschuß während der ersten Jahre war Pflicht, Voraussetzung für die Annahme zur Laufbahn:

Verpflichtung
zur Hergabe der für die Laufbahn zum Seeoffizier erforderlichen Geldmittel.

Die Vorschriften für die Ergänzung des Seeoffizierkorps sowie die zugehörigen Ausführungsbestimmungen für die Annahme und Einstellung als Seekadett in der Kaiserlichen Marine sind mir bekannt. Ich verpflichte mich danach, für meinen zur Einstellung als Seekadett angemeldeten . . . .

a) die erste Ausrüstung bei der Einstellung als Seekadett zu beschaffen,

b) den ausreichenden Unterhalt im Mindestwerte von monatlich 40 M — während eines 18monatigen Landkommandos (Marineschule, Waffenlehrgänge) im Mindestwerte von monatlich 60 M — bis zur Beförderung zum Offizier, und alsdann bis zum Aufrücken in die Gehaltsstufe von 1900 M und 180 M nicht pensionsfähiger Zulage einen weiteren Zuschuß im Mindestbetrage von monatlich 50 M zu zahlen.

c) außerdem einzuzahlen: die Mehrkosten der Verpflegung während der ersten militärischen Ausbildung am Lande als Seekadett im Mindestbetrage von 50 M,

d) ferner einzuzahlen: die Kosten für die erforderlichen Lehrbücher im Mindestbetrage von 145 M,

e) die Kosten der Ausrüstungen während der Fähnrichszeit und bei der Beförderung zum Offizier zu tragen,

f) beim Ausscheiden meines . . . . . . auf eigenen Antrag vor der Beförderung zum Leutnant zur See, ohne daß körperliche Ungeeignetheit vorliegt, die für das erste Dienstjahr bezogenen persönlichen Gebührnisse (Besoldungsvorschrift für die Kaiserliche Marine im Frieden § 5) in Höhe von etwa 1300 M zurückzuerstatten,

g) etwaige Mehrkosten, die sich aus einer Änderung der jetzt bestehenden Regelung der Ausbildung, Ausrüstung und Verpflegung bis zur Beförderung zum Offizier ergeben, soweit nicht staatliche Mittel zu ihrer Deckung zur Verfügung stehen, zu tragen.

Ferner ist mir bekannt, daß mein Sohn, im Falle er sich im ersten Dienstjahre für die Seeoffizierslaufbahn als ungeeignet erweist, und ihm nicht der Übertritt zur Armee bewilligt wird, den Rest seiner Dienstzeit bei einer Matrosendivision oder Matrosenartillerieabteilung abzuleisten hat, und zwar, falls die hierfür geltenden allgemeinen Bestimmungen (W.O. § 8,1 und M.O. Anlage 8, Ziffer 1) erfüllt sind, als Einjährig-Freiwilliger.

. . . . den . . . . 19. . .

. . . . .

(Unterschrift)

Anlage VII zu § 3,4 der »Vorschriften für die Ergänzung des Seeoffizierkorps nebst Ausführungsbestimmungen« (Seeoffz. E.V.) Berlin 1909 (Oktober 1913), Reichs-Marine-Amt:

Berechnung
der ungefähren Kosten der Laufbahn vom Seekadetten bis zum Oberleutnant zur See.
Erstes Jahr.
1. Vollständige Ausrüstung bei der Einstellung,

einschließlich Schuhwerk, Wäsche usw. etwa . . . 900.— M
2. Für den Unterhalt für 12 Monate
je 40.— M . . . . 480.— M
3. Mehrkosten für Verpflegung der ersten militärischen
Ausbildung am Lande als Seekadett ungefähr . . . 50.— M
4. Für Lehrbücher etwa . . . . 75.— M
Zusammen: 1505.— M

Zweites Jahr.
1. Für den Unterhalt während der Kommandierung
auf der Marineschule für 12 Monate je 60.— M . . 720.— M
2. Ergänzung der Ausrüstung etwa . . . . 300.— M
3. Für Lehrbücher etwa . . . . 70.— M
Zusammen: 1090.— M

Drittes Jahr.
1. Für den Unterhalt während der Kommandierung
zu den Lehrgängen am Lande für 6 Monate
je 60.— M . . . . 360.— M
2. Für den Unterhalt während der Dauer eines
Bordkommandos für die übrigen 6 Monate
je 40.— M . . . . 240.— M
3. Ergänzung der Ausrüstung etwa . . . . 400.— M*
Zusammen: 1000.— M

** Die Einzahlungen für Ergänzung der Ausrüstung im 2. und 3. Dienstjahr sind nur auf Grund besonderer Aufforderung der Seekadetten-Kleiderkasse zu leisten. Für Fähnriche zur See, die im 3. Dienstjahr zur praktischen Ausbildung an Bord eines im Auslande stationierten Schiffes kommandiert werden, erhöht sich der Betrag für die Ergänzung der Ausrüstung auf etwa 500.— M.*

Viertes Jahr.
1. Für den Unterhalt für 6 Monate je 40.— M . . . 240.— M
2. Für die Offiziersausrüstung etwa . . . . 1000.— M
Zusammen: 1240.— M

Mithin bis zur Beförderung zum Offizier im ganzen
etwa . . . . 4835.— M

Danach bis zum Aufrücken in die Gehaltsstufe von 1900 M und 180 M nicht pensionsfähiger Zulage (ungefähr 4 Jahre) einen jährlichen Zuschuß im Mindestbetrage von . . . . . . 600.— M*

** An Bord wird freie Unterkunft und Verpflegung gewährt. Der nach der Beförderung zum Offizier festgesetzte Zuschuß von 50 M monatlich ist ein Durchschnittssatz, der bei einem Landkommando höher bemessen werden muß wie bei einem Bordkommando.*

Zur Erstattung dieser Kosten konnten sich Großvater, Onkel oder Vormund verpflichten. In jedem Falle hatte einer dieser Verwandten oder der Vormund zu unterzeichnen. Stipendien für minderbemittelte Bewerber gab es nicht. Die Ingenieurlaufbahn war billiger, Zuschuß 2252.— M in vier Jahren. Die Klassenschranke war in bar berechnet.

Im bürgerlichen Sinn war es unzweifelhaft eine Elite, nach Herkunft wie im Leben. Beispiel: Die Seeoffiziercrew 1914. Bei der Vereidigung waren es 286 Mann (Crew = Jahrgang, ursprünglich Schulschiffsbesatzung des Jahres).

Nach den 1971 in einer Zeitschrift an die MOV-Nachrichten veröffentlichten Aufzeichnungen eines Crewmitgliedes, das sich seit 40 Jahren als ›Crewbetreuer‹ um eine möglichst vollständige Statistik bemüht hat, waren es Söhne von

Industriellen und Kaufleuten	*12%*
Ärzten	*12%*
Armeeoffizieren	*8%*
Richtern und Juristen	*7%*
Professoren und Lehrern	*7%*
Beamten	*7%*
Pastoren	*7%*
Architekten, Chemikern, Forstbeamten, Handelsschiffsoffizieren	*4%*
Seeoffizieren	*4%*
Landwirten	*4%*
Apothekern	*4%*

Bei den restlichen 25% war die Herkunft nicht mehr zu ermitteln, der Crewbetreuer schreibt dazu:

. . . auf jeden Fall Söhne des Mittelstandes und keine ›Protektionskinder‹.

Zur Schulbildung:

Abiturienten und Korpskadetten mit Fähnrichexamen oder Abitur	*81%*
Primareife	*19%*

(Ein einziger wurde ohne Primareife durch Immediatgesuch eingestellt, Vater war Hauptmann a. D.)

Im ersten Weltkrieg fielen 55 von den 286 Crewmitglieder
Karriere der 231 Überlebenden:

aktiv und reaktiviert bis 1945

Generaladmiral und Oberbefehlshaber der Kriegsmarine	*1*
General der Flieger	*1*
Vizeadmirale	*6*
Generalleutnant	*1*

Konteradmirale	*10*
Kommodore	*1*
Kapitäne zur See	*39*
Oberste	*16*
Oberstarzt	*1*
Fregattenkapitäne	*24*
Oberstleutnants	*7*
Korvettenkapitäne	*2*
Major	*1*
In Zivilberufen	
Direktoren, Geschäftsführer, Handelsvertreter	*41*
Kaufleute, Makler, Prokuristen	*11*
Beamte	*10*
Ingenieure	*9*
Landwirte	*9*
Ärzte	*3*
Richter, Rechtsanwälte und Notare	*2*
Architekten	*2*
Schriftleiter und Journalisten	*2*
Chemiker	*1*
Sprachlehrer	*1*

davon nahmen 83 als Reserve- bzw. z. V.-Offiziere am Zweiten Weltkrieg teil.
Von den übrigen waren 19 bis 1939 gestorben, mit 11 war die Verbindung abgerissen.

1959 lebten noch 148 Crewmitglieder von den 186; gefallen waren in den beiden Kriegen 83 (also 24 im zweiten Weltkrieg), gestorben bis 1959 insgesamt 44. Berufe der Überlebenden:

Bundeswehr	*3*
Pensionäre	*27*
Fabrikdirektoren, Geschäftsführer, Handelsvertreter, Industrielle, Kaufleute, Makler, Syndivi, Verkaufsleiter	*27*
Landwirte und landwirtsch. Beamte	*12*
Ingenieure und technische Berater	*8*
Ärzte	*8*
Chemiker	*8*
Sprachlehrer	*4*
Rechtsanwälte und Notare	*4*
Politiker	*3*
Architekten	*2*
Professor	*1*
Reeder	*1*
Forstmeister	*1*

Journalist	*1*
Handelsschiffsoffizier	*1*

Resumé des Crewbetreuers:

Negativ ausgelesen bei der Crew 1914 also ohne Berücksichtigung der 11, mit denen keine Fühlung mehr besteht, = Null

Doch macht gerade diese private Statistik klar, daß es sich um eine Vorwahl nach Herkunft handelte, abgegrenzt schon gegenüber den Ingenieuren und Fachoffizieren, die sich aus Kreisen der Kleinbürger und des Handwerks rekrutierten, während die Chancen von Arbeitersöhnen auf die Unteroffizierslaufbahn begrenzt waren.
Die Seeoffiziere beherrschten die kaiserliche Marine, ohne daß die anderen Gruppen ein Recht auf Mitsprache hatten. Eine Minderheit herrschte absolut.

Naives Selbstgefühl der kaiserlichen Kaste führte zu Mißständen. Man erlag leicht Versuchungen über die ohnehin hohe Privilegierung hinaus:

Es galt in der Kaiserlichen Marine nicht für ehrenrührig, Geschäfte zu machen, sich finanzielle Vorteile zu sichern, nur mußte das Dekorum gewahrt bleiben, d. h. es durfte nichts davon laut werden. Ich hielt es nicht für vornehm, würdig eines Offizieres, Messe- und Tafelgelder, die für die Repräsentation bestimmt waren, nach Hause zu schicken, in Wertpapieren anzulegen. Als ich mich einst über diese Dinge unterhielt, sagte mir mein Vorgesetzter: »Jemand, der zu Hause Frau und Kinder hat, beurteilt die Sache anders als ein Junggeselle. Ich spare, so lange ich im Dienst bin, wo und wie ich es kann. Nachher muß ich mit meiner Familie von der kleinen Pension leben.«

(Beispiel: Kapitän zur See nach 30 Dienstjahren = 8712 Mark im Jahr. Nach 35 Dienstjahren = 9255 Mark im Jahr. Zum Vergleich: Marine-Chefingenieur nach 30 Dienstjahren maximal = 6552 Mark im Jahr. Nach 35 Dienstjahren = 7371 Mark im Jahr)

Er verstand es meisterhaft, den Fiskus als Milchkuh zu benutzen. Er war z. B. fabelhaft erfinderisch bei der Liquidation von Reisekosten. Größere Kriegsschiffe können die Barre an der Yankseemündung, die des Wusongflusses, nicht passieren, sie müssen draußen auf der Reede ankern. Jeder beurlaubte Offizier fährt dann mit der Eisenbahn die 15 Kilometer auf eigene Kosten nach Schanghai und wohnt dort auf eigene Kosten im Hotel usw. Mein Vorgesetzter liquidierte stets für seinen Aufenthalt in Schanghai Kilometer- und hohe Auslandstagegelder und bemäntelte dies mit der Behauptung, er müsse sich über politische und wirtschaftliche Verhältnisse auf dem Generalkonsulat informieren. Das wäre seine dienstliche Pflicht, und die Erfüllung dieser Pflicht käme dem Dienst zugute, so sagte er mir. Ich antwortete: »Sie sind ein Genie, aber ich denke an die Steuerzahler.« Er erwiderte: »Sie sind mir schon längst als rot verdächtig.« In der kaiserlichen Marine waren Leute mit meinen Ansichten, deren es allerdings nicht viele gibt, als ›rot‹ verschrien.

Dies unter Seeoffizieren. Der ›Rote‹ war kein Umstürzler und wurde nicht etwa verdächtigt, als Sozi aktiv zu sein (er hätte sonst nicht weiter Karriere gemacht, sondern sofort den Zylinder nehmen müssen). Ihm mißfiel nur dies und dies. So jenes:

In meiner letzten Dienststellung wurde ich alljährlich von Kiel nach Wilhelmshaven zur Beiwohnung der Küstenartillerieschießübungen kommandiert. Wenn der Frühling kam, wenn Mailüfterl wehten, dann wünschten die Herren vom Reichsmarineamt in Berlin zur Abwechslung eine kleine Reise nach Helgoland usw. zu machen, schüttelten gern die Hände einmal wieder huldvollst den Kameraden, ›den Frontschweinen‹ in den Garnisonstädten. Das ging jahraus, jahrein. Da ich durch meine Stellung zum Artillerieressort gehörte, wurde ich auch mit herangeholt. Die Reise von Kiel nach Wilhelmshaven, die ich häufig dienstlich unternehmen mußte, stellte sich hinsichtlich der Kosten auf: Billet zweiter Klasse, zweimal 17,40 Mark = 34,80 Mark, Rechnung in Wilhelmshaven im ersten Hotel zwei Nächte = 10 Mark, Verpflegung im Kasino rund 10 Mark (Mittags-Kouvert 1,60 Mark und Abendbrot 0,80 Mark), macht zusammen 54,80 Mark. Ich erhielt für diese Dienstreise jedesmal 132 Mark.

Er war damals Kapitän zur See, Monatsgehalt 781 Mark. Fregatten- und Korvettenkapitäne verdienten im Monat 571-666 Mark, Kapitänleutnants 333-450 Mark, Leutnants und Oberleutnants 125-215 Mark, Matrosen an Land 18 Mark, an Bord 21,90 Mark im Monat.
Im vierten Kriegsjahr; aus einem anderen Bericht:

Im April 1918 ließ sich der I. Offizier unter dem Deckmantel ›Zur Information‹ von Kiel nach Wilhelmshaven kommandieren. Seine eigentliche Absicht war, die eben bezogene Privatwohnung einzurichten. Als Beurlaubter hätte er die Reise und den Aufenthalt in Wilhelmshaven selbst bezahlen müssen; als ›zur Information Kommandierter‹ bezog er Reisespesen und Tagegelder.
Mit seinem Burschen machte dieser Offizier für den gleichen Zweck dieselbe Schiebung, indem er ihn für die Einrichtungsarbeiten seiner Privatwohnung auf 4 Tage von Kiel nach Wilhelmshaven an S.M.S. ›Regensburg‹ zur Löhnung und Verpflegung überweisen ließ.

Größere Beträge:

Es war üblich, daß die Offiziere, die an Bord eines auf ausländischer Station liegenden Schiffes kommandiert waren, möglichst auf Transportdampfern, die auch die Mannschaften beförderten sowie Ausrüstungsgegenstände mitnahmen, hinausgesandt wurden. Das war für den Fiskus erheblich billiger, als wenn der Offizier allein reiste. Im letzteren Fall bezog er Kilometergelder und Tagesspesen. Auslandsspesen waren — und sind — nicht mäßig! Wer es verstand, wer Konnexionen hatte, wem das Schicksal gütig lächelte, der fuhr als privater Gentleman erster Klasse sechs Wochen lang auf dem Postdampfer. Im letzteren Fall befand ich mich einst . . . ; der freundliche Kommandant wollte mir einen Dienst erweisen, so drang er auf meine sofortige Ausreise. Ich erhielt die Order, mich schleunigst auf einem Norddeutschen Lloyddampfer in Genua einzuschiffen. Diese Ausreise war typisch für die Zustände in der Kaiserlichen Marine, und deshalb erzähle ich von ihr ausführlich. Ich erhielt für die Reise Kiel-Genua-Tsingtau 2993,98 Mark. Das Billet erster Klasse auf dem Dampfer von Genua nach Shanghai kostete 1232 Mark, das von Kiel nach Berlin zweiter Klasse 18 Mark, das erster Klasse im Nordsüdbrenner-Express bis Verona 131 Mark, das von Verona über Mailand bis Genua 30 Mark, und endlich das Schiffsbillet von Shanghai nach Tsingtau zwei englische Pfund. Ergibt zusammen 1451 Mark. Etwa zweieinhalb Jahre später wurde ich von Ostasien zurückgerufen. Ich sollte mit dem Transportdampfer über Singapore, Aden usw. fahren, zog es aber vor, auf eigene Kosten den Weg über Honolulu, San Francisco und New York zu nehmen. Ich erhielt von der Stationskasse in Kiel am 1. Februar 1905 die Summe ausgezahlt, die meine Beförderung auf dem Transportdampfer den Fiskus gekostet haben würde, nämlich 1822,87 Mark. Meine Reisekosten, soweit Billets in Frage kommen — ich fuhr stets erster Klasse — waren Shanghai-Jokohama 64 mexikanische Dollars, d. h. etwa 1100 Mark, Schlafwagen San Francisco-Chicago 14 amerikanische Dollars, etwa 60 Mark; das ergibt insgesamt 1280 Mark. Selbstverständlich waren die Gesamtkosten meiner Reise über Amerika höher, sie betrugen tatsächlich noch rund 500 Mark mehr, nämlich für Logis in den Hafenstädten, Verpflegung am Lande usw., während die Unterkunft und die vorzügliche Verpflegung auf den Schiffen im Billetpreis inbegriffen liegt. Ich war also als ›private gentleman‹ erstklassig, ohne ganz den Betrag auszugeben, den der Fiskus angeblich auf einem Transportdampfer für die Beförderung eines Stabsoffiziers aufwenden muß, in die Heimat gelangt . . .

Die angeführten Daten machen verständlich, daß sich wenige Offiziere ablehnend gegenüber Dienstreisen verhielten. In Frage kamen ja meist nur die älteren Offiziere, und sie waren im allge-

meinen sehr darauf erpicht, eine gewisse Summe in das vielleicht bald in die Erscheinung tretende Zivilleben mitnehmen zu können. Auf den Werften z. B. war es üblich, daß die Offiziere und höheren Beamten, falls sie artig gewesen waren, als Geburtstagsgeschenk vom Oberwerftdirektor (stets ein Seeoffizier, Admiral!) *die Kommandierung zu einer Dienstreise erhielten. So fuhr man an den Bodensee zur Besichtigung der Zeppelinwerft usw. Die Herren mußten sich doch informieren! Ich kenne solche Informationsreisen aus eigener Erfahrung, darf mit gutem Gewissen behaupten, Humbug wars größtenteils . . .*
Dienstreise boten und bieten für Offiziere und Beamte höherer Kategorien bequeme Gelegenheit, die kargen Gehälter aufzubessern . . . Im einzelnen handelte es sich naturgemäß nur um bescheidene Beträge, aber im ganzen bedeuten die Ausgaben für Dienstreisen im Etat enorme Summen. Da könnte, wenn verantwortungsbewußte Volksvertreter den Etat unter die Lupe nehmen würden, erheblich gekürzt werden.

Noch ein teures Thema, in der klassischen Marine-Anekdotensammlung ›Splissen und Knoten‹ naiv abgehandelt. Der geschilderte Vorfall spielt schon im Krieg:

Jeder, der auch nur eine Ahnung vom Soldatenwesen hat, weiß, was ›Besorgen‹ heißt. Verzichten wir also auf jede Erklärung.
Die Gattin meines alten Freundes, des Hauptmanns Kirchner vom 1. Seebataillon, wußte es aber nicht. Sie war nämlich aus China und nur zufällig bei Ausbruch des Krieges in Deutschland. Also sagte sie zu dem treuen Burschen ihres Mannes des öfteren: »Hören Sie mal, Herr Lehmann«, — sie sagte tatsächlich Herr Lehmann —, »besorgen Sie mir doch mal etwas weiße Ölfarbe.«
Lehmann besorgte. Am nächsten Tag besorgte er ein paar Nägel und am übernächsten Tag eine Dose Ölsardinen.
Als sie aber eines Tages zu ihm sagte: »Ach, bitte besorgen Sie mir doch mal einen neuen Besen«, da legte er sein Haupt in sorgenvolle Falten und sagte: »Ja, gnädige Frau, den müssen wir wohl kaufen!«

In der Tat eine sehr ahnungslose Dame, redet den Lehmann mit Herr an. Aber wegen der Ölfarbe hätte sie sich keine Gedanken zu machen brauchen, wie der folgende Vorfall zeigt.

Kreuzer ›Nürnberg‹ im vierten Kriegsjahr:

Im April 1918 wurde die Offiziersmesse und Kommandantenräume mit ungeheuren Kosten zu Salons umgebaut, deren sich kein Luxusdampfer der Hamburg-Amerika-Linie zu schämen brauchte. Für den Anstrich genügte die gewöhnliche weiße Farbe nicht, sondern es mußte weiße Lackfarbe genommen werden, die auf der Liste der

Sparmaterialien steht. Ebenso wurden die Kammern des I. Offiziers und der meisten anderen Offiziere salonartig eingerichtet, mit kostbaren Möbeln, elektrischen Zigarettenanzündern, eigenen Telephonen und sogar elektrischem Hereinrufer, damit die Herren den Mund nicht aufzumachen brauchen, wenn jemand anklopft.

Und zum Thema ›Besorgen‹:

Am 25., 27., 29. 4. 1918 kommandierte der Kommandant einen Oberheizer in seine Privatwohnung zur Reparatur und Neuanlage von elektrischen Anlagen. Das Material hierfür, Kabel, Birnen, Schalter usw. wurde aus den Schiffsbeständen entnommen, ja, dem Manne wurde sogar aufgetragen, solches Material, soweit es nicht an Bord war, zu ›besorgen‹. Da der Kommandant ihm hierfür kein Geld gab, sollte er es also hintenherum aus Werftbeständen beschaffen.

Wie der Kapitän, so der Leutnant:

Am 7. 2. 1918 wurde eine Patrouille ausgeschickt, um einen verheirateten Unteroffizier zu suchen, der bei der Morgenmusterung fehlte. Es stellte sich heraus, daß der Betreffende den ganzen Tag mit kaiserlichem Material elektrische Anlagen in der Privatwohnung des Oberleutnants N. repariert und verändert hatte, und daß andere Unteroffiziere für ihn an Bord haben Überstunden machen müssen.

Wie der Seeoffizier, so der Ingenieur:

Am gleichen Tage ließ der leitende Ingenieur F. seinen Burschen den ganzen Tag über Gartenarbeiten verrichten.
Am 1. 5. 1918 wurden 1 Unteroffizier und 8 Mann zum Verladen und zur Anfuhr von 40 Zentnern Hausbrandkohle für den Kommandanten und den leitenden Ingenieur kommandiert. Ersterer gab den Leuten pro Kopf ganze 50 Pfennige als Belohnung für die Arbeit.

Das Kommandieren von Mannschaften zum privaten Kohleschippen war übrigens erlaubt. Doch:

Entspricht aber ein solcher Befehl den Interessen des Allerhöchsten Dienstes, und wenn er schon erlassen wird, warum wird er dann nicht auch auf die verheirateten Deckoffiziere und Unteroffiziere angewendet?

Wie der Offizier, so auch der Unteroffizier:

Ich war 1896 bis 1897 erster Offizier auf dem Aviso ›Wacht‹ und in Vertretung Kommandant. Ein Oberbootsmannsmaat bat mich, für ihn eine alte Gig (schlankes Boot mit Spitzheck, Spitzgatt; 10 Meter lang) auf der Werft zu kaufen, sie stünde im Ausschuß,

d. h. sei also kondemniert. Er dürfe selbst dort nichts kaufen, nur Offiziere dürften es, er wolle mit der Gig im Sommer spazieren segeln, seine Frau und Kinder sehnten sich danach. Für den Zweck reiche das Boot noch aus. Ich bewilligte ahnungslos die Bitte, gab meine Unterschrift, und er bezahlte gleich die lächerlich niedrige Kaufsumme. Es waren 20 Mark. Ich sagte, er könne doch nicht für 20 Mark eine einigermaßen gebrauchsfähige Gig erhalten. Der Mann lächelte: »O ja, Herr Kapitänleutnant, die Gig ist für mich noch gut genug ... « Zufällig sah ich dann die Gig, ein tadelloses Boot mit strahlenden Messingbeschlägen und Mahagonitäfelung. Vollbeladen war sie mit Tauen und Riemen, mit Bootshaken und Persenningen. Alles hatte der Unteroffizier für 20 Mark vom Ausschußmagazinverwalter, der ein alter Bordkamerad von ihm war, ›erstanden‹ ...
Zahllose Gegenstände, die von den Werften stammen, sieht man in den privaten Haushaltungen in Kiel und Wilhelmshaven, Gartenzäune selbst waren vielfach mit der grauen Farbe der Kriegsschiffe gestrichen. Wie die Farbe auf die Zäune kam, darüber wußte jedermann Bescheid.

Und Seine Majestät:

Wilhelm II. verursachte für seine wässerigen Privatvergnügungen der Kaiserlichen Marine so viele Kosten, daß Tirpitz sich seine letzten Haare ausraufte, wenn er die Position im Reichstag verteidigen mußte. Er konnte es oft nicht, und so wurde wacker ›geschoben‹. Wilhelm II. verlangte für seine Yacht ›Hohenzollern‹ immense Summen. Was war die Yacht an und für sich schon ein blödsinniger Luxus! Der dicke Goldstreifen allein, rund um das ganze Schiff herum, verschluckte alljährlich ungezählte Tausende. Der Betrag dafür erschien natürlich an anderer Stelle, wie es eben vielfach geschah.

INGENIEURE: ASPIRATIONEN ABGEWIESEN

„Wieder dahin zurückzudrängen, wohin sie gehören"

Der Technik an Bord der kaiserlichen Kriegsschiffe diente das Marineingenieurkorps, hervorgegangen aus kleinen Anfängen, als mit den Dampfmaschinen die nötigen Maschinisten ihre öligen Spuren auf blütenweiße Kriegsschiffsplanken setzten. Fremdstämmige in der festgefügten Hierarchie des Dienstes an Bord. Nicht recht als Mitkämpfer anerkannt, Befehlshaber nur über Kessel und Maschinen, Heizer und Maschinisten, wurden die Ingenieure im Range klein gehalten, kleiner als in jeder anderen Marine. Erst 1899, als aus Segelfregatten längst hoch entwickelte Kreuzer und Panzerschiffe geworden waren, mit Elektrik und Hydraulik und den ersten Turbinen, gelangte der Chefingenieur der Flotte in den Rang eines Fregattenkapitäns (Oberstleutnant). Erst 1915 als ›besonderer Gnadenbeweis Seiner Majestät‹ in den Rang eines Kapitäns (Oberst). Doch war das Ingenieurkorps schon einige Jahre vor dem Krieg durch Allerhöchste Kabinettsorder neben das Seeoffizierkorps gestellt worden.

Das heißt: Die Ingenieure waren Offiziere. Der Kaiser zeigte sich fortschrittlich:

> *In der viel umstrittenen Frage der Verleihung der Offiziersschärpe an die Marine-Ingenieure stellte er sich auf einen von Kastengeist ganz freien Standpunkt, in der richtigen Erkenntnis, daß man dieses für die Kampfkraft eines Kriegsschiffes so ungemein wichtige Corps möglichst heben müsse, wozu die Anerkennung als vollwertige Frontoffiziere gehört.*

Aber der Vizeadmiral v. Coerper, höchster Chef (Inspekteur) des Bildungswesens der Marine, verfaßte im Jahre 1911 an den Direktor der Marineingenieurschule, der gleichzeitig Vorsitzender (Präses) der Ingenieuranwärter-Annahmekommission war, folgenden amtlichen Erlaß:

> *Es entspricht nicht meinen Wünschen, daß sich Marineingenieure aus denselben Familien ergänzen wie die Seeoffiziere . . . Für das Seeoffizierkorps ist es günstiger, wenn sich die Ingenieuranwärter nur aus dem Mittelstand und Familien unter dem Mittelstand ergänzen. Wir werden damit erreichen, daß die Ingenieure von*

selbst in die untergeordnete Stellung zurückkehren, die ihnen zukommt ...

Alle Kommandostellen wurden von Seeoffizieren versehen. Der Empfänger des amtlichen Erlasses war selbstverständlich Seeoffizier, Kapitän z. See Wilbrandt. Was für das Seeoffizierkorps günstig war, lag auch ihm am Herzen, denn Grenzen sollten gewahrt bleiben. So trat er Anmaßungen der Ingenieure entgegen. So deren Antrag, ihren fortgeschrittenen Nachwuchs, die Ingenieur-Aspiranten, an den für den Nachwuchs des Seeoffizierkorps, die Fähnriche, vorgesehenen englischen Sprachkursen teilnehmen zu lassen. Und er berichtete über Unerhörtes:

Die Anmaßungen der Ingenieure werden immer größer; es wird Zeit, daß wir energische Schritte ergreifen, um sie wieder dahin zurückzudrängen, wohin sie ihrer Stellung nach gehören . . . Ich habe einmal den Fall erlebt, daß ein verheirateter junger Ingenieur bei einem Seeoffizier mit seiner Frau Besuch machte! Der Seeoffizier fragte mich, wie er sich verhalten solle. Ich riet ihm, den Besuch zu erwidern, den Ingenieur später aber darauf aufmerksam zu machen, daß er eine Wiederholung nicht wünsche. Gleichzeitig solle er den Fall nach oben melden.

Schlimmeres passierte gar:

Ein Kommandant soll sogar seinen leitenden Ingenieur zu sich in seine Familie eingeladen haben! Dieser Fall wurde s. Zt. in der Flotte sehr viel besprochen. Solche Fälle dürfen natürlich nicht vorkommen, und wenn unter unseren jüngeren Kameraden nicht mehr die richtige Auffassung darüber herrschen sollte, muß mehr darauf hingewirkt werden.

An Bord traf man sich in der Offiziersmesse. Dabei ergaben sich Probleme, die man klassenbewußt zu meistern suchte:

Es wird immer wieder vergessen, daß die Messe an Bord nur ein aus Zweckmäßigkeitsgründen gebildeter Verpflegungsort ist, der als Unterlage für die dienstliche Kameradschaft, aber nicht für den gesellschaftlichen Verkehr in der Heimat dienen kann . . . Da der allgemeine Besuchsaustausch an Bord im Frieden nun einmal eingeführt ist, so wird man an ihm festhalten müssen, er kann aber nie zum gegenseitigen Bekanntwerden dienen ...

Das hat 1917 Admiral Scheer geschrieben, der Held vom Skagerrak, im dritten Jahr der Kriegskameradschaft! In einem Geheimbefehl, doch nicht geheim genug. Der Chef des Marine-Kabinetts, Organ der kaiserlichen Kommandogewalt, äußerte Befürchtungen:

Es besteht die Gefahr, daß das Verhältnis zwischen Seeoffizieren und Ingenieuren an Bord unleidlich enden könnte, weil dadurch den Ingenieuren zum Bewußtsein gebracht werde, wie die Seeoffiziere sich die jetzige und zukünftige Stellung der Ingenieure denken. Den Aspirationen der Ingenieure soll ein Riegel vorgeschoben werden.

Dieser Chef des Marinekabinetts ist übrigens der gleiche Admiral v. Müller, der in seinen Erinnerungen dem Kaiser in Sachen Offiziersschärpe für Marineingenieure den »von Kastengeist ganz freien Standpunkt« lobend bescheinigte und von der »richtigen Erkenntnis« sprach, das »für die Kampfkraft eines Kriegsschiffes so ungemein wichtige Corps möglichst« zu heben, »wozu die Anerkennung als vollwertige Frontoffiziere gehört«.

Der Seeoffizier Kapitän z. S. Ludwig Persius, als Sohn des Präsidenten des höchsten preußischen Gerichtshofs gewiß nicht zum Anwalt der unteren Stände geboren und doch für seinesgleichen ein schwarzes Schaf mit spitzer Feder (die Marinechronik leidet an ihm totschweigend), quittierte seinen Seeoffizierskameraden:

Die Seeoffiziere unter Wilhelm I. empfanden menschlicher als die unter Wilhelm II., sie fühlten sich als Seeleute und mehr als Kameraden der Deckoffiziere, Unteroffiziere und Mannschaften . . .

Fregattenkapitän Erich Raeder, 1919 als Chef der Zentralabteilung des Reichsmarineamts, enger Berater des neuen Chefs der Admiralität von Trotha, vertrat Fortschritte, wirkte an ihrer Einleitung mit und hat sich als Chef der Bildungsinspektion 1922-1924 als Reformer betätigt. Als emeritierter Großadmiral erinnerte er sich 1956:

Es kam wesentlich auch darauf an, daß die Erfahrungen aus der zurückliegenden Zeit ausgewertet wurden. Bei einer so schnellen Entwicklung, wie die Marine sie in den letzten Jahrzehnten erlebt hatte, mußten sich auch Fehler und Mängel eingeschlichen haben, zu deren Berichtigung jetzt der richtige Augenblick gekommen war. Der Admiralität lag vor allem daran, daß die Grundlagen und Voraussetzungen für die Aufnahme in die einzelnen Offizierlaufbahnen der Marine auf ihre Richtigkeit nachgeprüft und das Verhältnis der verschiedenen Offizierszweige zueinander in eine angemessene Ordnung gebracht wurde.

Daß sie sich »eingeschlichen haben mußten«, war durchaus nicht unabwendbares Schicksal gewesen. Die Formulierung macht deutlich, wie auch Raeder als Mitglied der Seeoffizierskaste von plötzlichen Erkenntnissen schockiert war.

Mit Verständnis betrachtete er die Ingenieursfrage, im Gegensatz zu seinem absoluten Unverständnis für die Anliegen der Deckoffiziere, die als Oberklasse der Unteroffiziere nicht in sein hierarchisches Weltbild paßten und in Gestalt des Deckoffiziersbundes zu Kaisers Zeiten gewagt hatten, eine Art von Soldatengewerkschaft zu gründen. Die Ingenieure aber waren Offiziere. Es kam der Führung nun darauf an, sie ans Seeoffizierskorps heranzuziehen und doch eine Grenze zu fixieren, die mit der Verschiedenheit des Dienstes begründet wurde. Was Raeder allerdings zugunsten der Ingenieure sagt, hätte ebenso für die Deckoffiziere gelten können:

Auf eine angemessene Erfüllung ihrer berechtigten Wünsche hatten die Marineingenieure einen um so größeren moralischen Anspruch, als sie ein hervorragendes Können gezeigt hatten, ohne daß die Leistungen der deutschen Flotte in Friedens- und Kriegszeiten undenkbar gewesen wären. Ihr nach außen hin oft nicht in Erscheinung tretender Dienst erforderte von jeher einen selbstlosen Einsatz und eine Pflichttreue, die sich bei allen Gelegenheiten bestens bewährt hatte.

Man überlegte 1919, nach amerikanischem Muster ein ungeteiltes Offizierkorps zu schaffen, in dem Offiziere sich spezialisieren konnten, hielt sich dann aber doch an die Laufbahntrennungen, nun jedoch mit gemeinsamer Grundausbildung und gleicher Uniform — bis auf die Laufbahnabzeichen über den Ärmelstreifen: Stern (statt bisher Kaiserkrone) bei den Seeoffizieren, Zahnrad bei den Ingenieuroffizieren. Aber eine Stufe blieb doch. Nicht mehr wie früher, als im Geist des Klassenstaats den Ingenieuren anhing, daß sie in ihrer Ausbildung handwerklich, als ›Klempner‹ mit schwarzen Fingern arbeiten mußten. Aber daß die Schiffe mit samt ihrer Waffen nun einmal von Seeoffizieren geführt werden mußten, machte den Ingenieuroffizier doch zum Befehlsempfänger, auch wenn er Herr über umfangreiche Kessel und Maschinen war.

Bezeichnenderweise erhielten sogar die leitenden Ingenieure großer Schiffe keine Disziplinarstrafgewalt über ihr Personal, obwohl beispielsweise auf einem Kleinen Kreuzer beträchtlich mehr technisches als seemännisches Personal war. Raeder:

An Bord kann — außer dem Kommandanten — nur der den gesamten inneren Dienst leitende Erste Offizier Disziplinargewalt haben. Die engen Verhältnisse auf einem Kriegsschiff zwingen zu einer einheitlichen Handhabung der Gesamtdisziplin.

Diese Begründung erinnert in ihrer Sophistik an die Ablehnung der republikanischen schwarz-rot-gold für die Flagge der Reichsmarine, weil schwarz-weiß-rot auf See besser erkannt werden könne.

Immerhin erhielten die Ingenieuroffiziere die gleichen Rangbezeichnungen wie die Seeoffiziere. Beispielsweise Kapitänleutnant (Ing.) statt früher Stabsingenieur.

Während an Bord die Ingenieuroffiziere ausschließlich auf die Maschine beschränkt waren, also nicht wenigstens als junge Offiziere in Fachfunktionen an der Waffe verwendet werden konnten, gab man ihnen in militärischen Landstellungen, die bei Seeoffizieren ohnehin wenig beliebt waren, ein Ventil für Aspirationen:

Der Ingenieuroffizier konnte auch Kompanieführer oder Kommandeur eines Landtruppenteils mit Disziplinargewalt werden; er führte die technischen Marineschulen und bekam durch die Stellung des Inspekteurs der Schiffsmaschineninspektion und durch die des ältesten Ingenieuroffiziers in der Marineleitung einen mit der Beförderung zum Admiral verbundenen Auslauf. Die Bestimmungen über die Erteilung der Heiratserlaubnis waren die gleichen wie für Seeoffiziere.

Sodaß man nun nicht mehr zwischen ›Frauen der Ingenieure‹ und ›Damen‹ der Seeoffiziere unterscheiden konnte.
Aber der ›Auslauf‹ mit der Beförderung zum Admiral war nur eine Beförderung zum Konteradmiral, damals noch ›Kontreadmiral‹ geschrieben. Dieser unterste Admiralsrang war der höchste Ingenieursrang.
Vergleich fremder Marinen anderthalb Jahrzehnte zuvor: Zum Konteradmiral konnten es die Ingenieure z. B. 1907 schon bringen in der britischen, japanischen, österreichischen und amerikanischen Marine. Zum Vizeadmiral in der französischen und italienischen Marine. Damals stand der deutsche Marine-Chef-Ingenieur nur im Range eines Fregattenkapitäns, obwohl Deutschland schon an der vierten Stelle der Seemächte stand. Nur die kleinen Marinen der Skandinavier, Dänen und Norweger stuften ihre Chefingenieure noch tiefer ein. Die Holländer hielten es wie die Deutschen, die Schweden ließen den Ingenieur schon bis zum Rang eines Kapitäns zur See aufsteigen.

1914 hatte die deutsche Marine immer noch keinen Anlaß gefunden, ihre Ingenieure höher einzustufen, obwohl Deutschland nun zum dritten Rang der Seemächte, bei den Großkampfschiffen sogar an die zweite Stelle hinter England aufgestiegen war. Dagegen reichten die Ingenieursränge nun in England, Frankreich, Italien und Japan bis zum Vizeadmiral, in Rußland sogar bis zum Voll-Admiral, während in den USA das voll integrierte Offizierskorps bestand und die Österreicher zwischen integrierten Ingenieuroffizieren und Maschinenbetriebsleitern unterschieden — was das deutsche Taschenbuch der Kriegsflotten zum Anlaß nahm, bei den Rangbezeichnungen der Marine-Ingenieure unter der Rubrik Österreich nur die Aufstiegsmöglichkeit zum Obermaschinenbetriebsleiter im Range eines Korvettenkapitäns zu verzeichnen.

Wohl um vergleichenden Aspirationen deutscher Ingenieure vorzubeugen.
Der Rang eines Vizeadmirals wurde den deutschen Ingenieuroffizieren erst kurz vor dem Zweiten Weltkrieg als Auslauf geboten, Jahre nach den Ärzten.
Und der kleinste Reserveleutnant zur See wußte im Krieg, daß er, wenn alle älteren Seeoffiziere ausfielen, das Schiff zu führen hatte, der Leitende Ingenieur wurde auch bei höherem Rang nicht Kommandant, im Borddienst nicht Vorgesetzter des Seeoffiziers.
Bei Seeoffizieren aus kaiserlicher Zeit dauerte die innere Umstellung gegenüber den voll ins Offizierskorps integrierten Ingenieuren doch noch bis weit in die dreißiger Jahre. Schriftliche Erinnerungen dazu gibt es anscheinend nicht, wohl aber Mündliches und Indizien.
Von jeher trachteten die Kommandanten natürlich danach, einen guten Leitenden Ingenieur zu bekommen und in gutem Einvernehmen mit ihm zu arbeiten. Bewunderung der Laien für die Beherrschung der komplizierten Maschinerie spielte mit; auf den U-Booten hatte zudem der Leitende Ingenieur die ungemein wichtige Funktion, die Tiefensteuerung zu leiten. Sein Platz war dafür hinter den beiden Tiefenrudergängern.

Der Kommandant blieb absoluter Befehlshaber. Ein U-Boot-Kommandant erinnert sich aus der Spätzeit des Zweiten Weltkriegs an einen Leitenden Ingenieur, der es nicht schaffte, die neue Schwierigkeit des exakten Tiefensteuerns mit dem Schnorchel, dem Dieselluftmast, zu meistern:

Ich befahl dem L.I., die Zentrale zu verlassen, sich für die Dauer der Unternehmung in der Offiziersmesse aufzuhalten und sich als mein Gast zu betrachten.

Daß Ingenieuroffiziere entsprechend ihrem militärischen Rang an Land in Offiziersstellungen verwendet wurden, aber keine seemännische Kompetenz hatten, konnte zu eigenartigen Friktionen führen, die im Rückblick durchaus Wasser auf die Mühlen der Seeoffiziere sein konnten, die den Ingenieur gern als reinen Fachoffizier gesehen hätten.

Im Zweiten Weltkrieg: Ein U-Boot-Kommandant hatte an Land zu tun, als ein Bombenangriff kam. Er lief zum Liegeplatz seines Bootes im U-Boots-Bunker, traf es aber unter Führung des I. Wachoffiziers auslaufend außerhalb des Bunkers an, wo es in diesem Augenblick durch eine Bombe getroffen wurde. Dialog:

»Dafür bringe ich Sie vors Kriegsgericht, I.W.O.«
»Herr Oberleutnant, der Flo-Ing (Flottillen-Ingenieur) befahl mir, das Boot aus dem Liegeplatz zu ziehen. Er sagte, daß Sie mit einem

Motorboot nachkommen würden. Wir hatten über eine Stunde auf Sie gewartet. Der Flo-Ing war sehr ungeduldig.«
»Der Flo-Ing ist nicht Ihr Vorgesetzter. Er kann Ihnen bezüglich des Bootes keine Befehle geben. Sie hätten das wissen müssen.«
Im Stützpunkt traf ich einen verstörten Kapitän Winter. Der Flottillen-Ingenieur hatte ihn bereits über seinen fatalen Befehl aufgeklärt. Da der Flo-Ing der zweitälteste Offizier im Stützpunkt war, war Winter in einer unangenehmen Situation. Auch ich war nicht in der Lage, unter diesen Umständen gegen einen dienstälteren Offizier vorzugehen. Ich konnte nur die Abkommandierung des I.W.O. veranlassen, eine Maßnahme, die bereits illusorisch geworden war.

Zurück zur kaiserlichen Zeit, von der die Marine weiterhin geprägt blieb:

Die Waffenoffiziere, die für Instandhaltung und Verwaltung im Artillerie-, Torpedo- und Minenwesen an Land verwendet wurden, kamen in der kaiserlichen Marine über die Deckoffizierränge aus dem Mannschaftsstand und wurden gesellschaftlich dementsprechend eingestuft. Bei Aufzählung der Personalgliederung z. B. für den Etat rangierten an der Spitze Seeoffiziere und Seeoffiziersaspiranten, nach diesen die Ingenieure, dann seemännisches Personal, Marine-Infanterie, Sanitätspersonal. Danach erst die Artillerie-, Torpedo- und Minenverwaltung. Da die Zahl der Ingenieure gegenüber den Seeoffizieren nur ein knappes Viertel betrug, weil viele Stellen mit technischen Offiziersfunktionen durch Deckoffiziere (Maschinisten) wahrgenommen wurden, war die Zahl der Waffenoffiziere relativ hoch. Um in der vom Versailler Vertrag beschränkten Zahl der Offiziersstellen möglichst viele auf Schiffen verwendbare See- und Ingenieuroffiziere unterzubringen, machte die Reichsmarine die Waffenoffiziere und Zahlmeister zu Beamten. Zur späteren Entwicklung schrieb Raeder:

Erst bei dem späteren Neuaufbau der Marine konnte diese Maßnahme aufgehoben werden, so daß das Korps der Waffenoffiziere der Artillerie, des Torpedo- und Minenwesens nach Auswahl, Ausbildung und Erziehung sich als einheitliches und vollwertiges Offizierskorps entwickeln konnte ...

Nur die äußeren Spannungen der Zeit zwischen den Kriegen und im Krieg haben verdeckt, daß Reichsmarine und Kriegsmarine ungelöste Probleme ihrer inneren Ordnung unerledigt vor sich herschoben.

UNTEROFFIZIERE: KEINE LUST ZUR KARRIERE

„So viele menschliche Zurücksetzungen"

Am 14. Januar 1913 schrieb der Flottenchef Admiral v. Holtzendorff, mit dem Staatssekretär des Reichsmarineamts Großadmiral v. Tirpitz intim verfeindet, an den Kaiser:

Euer K.u.K. Majestät unterbreite ich im Nachfolgenden alleruntertänigst einen Bericht über den Personalmangel in der Marine, dessen zunehmend schädigenden Einfluß auf Ausbildung, Geist und Leistung E.M. Hochseeflotte ich in siebenjähriger Dienstleistung beobachtet habe. Ich folge meiner Pflicht, wenn ich bitte, vor meinem Rücktritt vom Kommando der Hochseeflotte die Verhältnisse der Stunde, wie ich sie sehe und beurteile, E.M. zur Kenntnis bringen zu dürfen.

Daß die Personalverhältnisse in der Hochseeflotte nicht den billig zu stellenden Anforderungen genügen, weisen die untertänigst beigefügten Anlagen nach; sie schildern die Personalschwierigkeiten des begonnenen Ausbildungsjahres und enthalten die notwendigen Forderungen an Personal . . .

Der in der Sitzung am 18. Dezember von Herrn Staatssekretär des R.M.A. geäußerten Ansicht, daß eine Vermehrung unseres Ersatzes gar nicht möglich ist, weil uns die Offiziere, Deckoffiziere und Maate fehlen, vermag ich nicht beizutreten. Wenn uns jetzt das nötige Berufspersonal fehlt, so ist dies in erster Linie darauf zurückzuführen, daß die Bereitstellung des Berufspersonals bei der Schaffung des Materials nicht die genügende Berücksichtigung gefunden hat. Andererseits ist es unverkennbar, daß den Lebensbedürfnissen unseres Berufspersonals bisher nicht ausreichend Rechnung getragen worden ist. Diese Erkenntnis darf jedoch nicht die Veranlassung dazu sein, zu sagen: Da wir jetzt nicht genügend Berufspersonal haben, können wir es auch nicht für die Zukunft bekommen! Wir müssen den Ursachen für das relativ verminderte Angebot nachforschen und die erkannten Schäden beseitigen . . .

Die ›erkannten Mängel‹ nach dem Urteil eines erfahrenen Deckoffiziers:

. . . daß die tüchtigsten Unteroffiziere . . . oft sogar mit bestandenem Deckoffiziers-Examen in der Tasche die Beförderung zu diesem

Dienstgrad ablehnten! Denn welchem tüchtigen Menschen konnte es lebens- oder erstrebenswert erscheinen, in einem Stande eine Lebensstellung zu sehen, der ausdrücklich zur ›Mannschaft‹ rechnete, mit welchem Begriff im militärischen Deutschland, und ganz besonders in der Marine der Neuzeit, nun einmal so viele menschlichen Zurücksetzungen verbunden waren, daß man diese wohl zur Erreichung eines bestimmten Zieles eine Weile in den Kauf nahm, niemals ihnen aber auf die Dauer ausgesetzt sein mochte.

Die Unteroffiziere zogen es vor, mit dem ›Zivilversorgungsschein‹ abzugehen, statt Deckoffizier zu werden. Nach den Laufbahnbestimmungen:

Die Unteroffiziere dienen entweder auf die Beförderung zum Deckoffizier oder auf die Erlangung des Zivilversorgungsscheins hin. Sie erwerben durch 12jährige vorwurfsfreie Dienstzeit den Anspruch auf den Zivilversorgungsschein, wenn sie zu Beamten würdig und brauchbar erscheinen ... Inhaber des Zivilversorgungsscheins werden, wenn sie sich um Stellen bei den Reichs-, Staats- und Kommunalbehörden bewerben, in erster Linie berücksichtigt ...

Nach zwölfjähriger Dienstzeit waren die Unteroffiziere 27-30 Jahre alt, besonders mit technischer Ausbildung auch in der Industrie gesucht. Die Marine verlor ihre besten Spezialisten. Die Laufbahn des Deckoffiziers attraktiver zu machen, war eine natürliche Forderung, selbstverständliches Gebot der Stunde.

Doch da waren Barrieren zu überwinden. Die Kaiserliche Marine war ein Spiegel des Klassenstaats, selbst ein Klassenstaat im Staate. Da gibt es bezeichnende Anekdoten. So in der streckenweise wirklich witzigen Anekdotensammlung ›Splissen und Knoten, Heiteres aus der alten Kaiserlichen Marine‹, neu aufgelegt schon sechs Jahre nach Hitlers Krieg (»Scheint doch in all der Not und Bedrängnis um uns kaum noch Zeit und Sinn vorhanden zu sein für jene unbeschwerte Freude, die Pate stand, als diese zeitlosen Geschichtchen aufgezeichnet wurden«).

So Lustiges erlebte der Seeoffizier:

Eines Abends nun, als das Schiff in der Kieler Bucht ankerte, sagte sich der Kommandant in der Deckoffiziers-Messe an, wohin ich ihn als Adjutant begleiten mußte. Es wurde über dies und jenes gesprochen, unter anderem auch darüber, daß es eigentlich doch sehr schade sei, daß nur die Offiziere, nicht aber die Deckoffiziere eine Galauniform hätten. Man wolle ja keine große Gala haben, schon aus finanziellen Gründen nicht, aber eine kleine Goldlitze an der Hose oder einen Hut, wie die Offiziere ihn trugen, wäre doch sehr angenehm.

Der Kommandant versprach, sich die Sache durch den Kopf gehen zu lassen und verließ in später Stunde die Messe, in welcher alle die alten treuen Soldaten für ihn durchs Feuer gingen.
Einige Tage später sprach er mit dem Chef des Zweiten Geschwaders . . . Auch dieser hatte ein weites Herz und veranlaßte von sich aus einen Vorschlag, der auf dem Dienstwege nach Berlin lief. Monatelang erfolgte nichts. Dann kam endlich die Antwort aus der Reichshauptstadt. Sie lautete:
»Betr.: Galauniform für Deckoffiziere: Nachdem Seine Majestät der Kaiser und König erst vor drei Jahren dem Deckoffizierkorps einen Allerhöchsten Gnadenbeweis dadurch zuteil werden ließ, daß er diesem Korps den Offiziershosenverschluß verliehen hat, sehe ich mich zur Zeit nicht in der Lage, einen weiteren Gnadenbeweis schon jetzt zu befürworten. Ich stelle Wiederholung des Gesuchs in drei Jahren anheim.«

Offiziershosenverschluß, das heißt Hosenschlitz, nicht geeignet für das Klettern in der Takelage und für das Arbeiten auf den Rahen der Segelkriegsschiffe. Mannschaften und Unteroffiziere trugen weiterhin Klapphosen, den Deckoffizieren bestätigte der Offiziershosenverschluß scheinbar ihren Status, den sie als Rangklasse betrachteten, im Sinne des Organisations-Reglements der alten Königlich-Preußischen Marine, datiert vom 7. Juli 1854:

Die Deckoffiziere rangieren nach den Offizieren und vor den Unteroffizieren mit Portepee.*

Die Deckoffiziere der Kaiserlichen Marine waren aber keine Rangklasse und wurden es nie, so sehr sie sich auch als solche fühlten und die Anerkennung als Rangklasse anstrebten. Denn in der kaiserlichen Marine war das alte Reglement geändert worden.

Aus dem Wegweiser zu den Laufbahnen in der Kaiserlichen Marine, 14. Auflage, Berlin 1915:

Die Deckoffiziere ergänzen sich aus den Unteroffizieren. Sie tragen die Uniform ähnlich der Offiziere (ohne Achselstücke, Rangabzeichen usw.) mit besonderen Abzeichen und sind wie diese Gehalts-, nicht Löhnungsempfänger. Sie sind Unteroffiziere mit Portepee, die den übrigen Unteroffizieren gegenüber ein Respektsverhältnis einnehmen.

Also keine Rangklasse der Deckoffiziere.

Die Mitwelt wurde über diese Standesprobleme getäuscht. Sie nahm die Deckoffiziere als Rangklasse, wie es zum Beispiel der Marine-

---

* Portepee: Aus frz. porte épée, wörtlich Degenträger, ursprünglich Sicherungsriemen am Griff der Handwaffe, seit 18. Jahrh. Schmuckriemen mit Quaste als Abzeichen der Offiziere, später auch der Feldwebeldienstgrade.

schriftsteller Korvettenkapitän a. D. Graf E. Reventlow in einer Broschüre ›Unsere Marine‹ 1915 darstellte:

Die Deckoffiziere bilden eine Klasse, die in der Armee nicht vorhanden ist. Sie stehen zwischen dem Feldwebel und dem Offizier ... Die besondere Art des Marine- und Seedienstes ergibt die Notwendigkeit dieser Deckoffiziere. Der Name kommt daher, daß in der alten Segelschiffszeit die Aufsicht und Ordnung in den verschiedenen Decks des Schiffes, Oberdeck, Batteriedeck, Zwischendeck usw. einem ›Deckoffizier‹ unterstellt war.

Mit der Entwicklung der Schiffs- und Waffentechnik und der schließlich vierfachen Vergrößerung der Marine wurden die Deckoffiziere zu Spezialisten in zahlreichen Dienstzweigen. Laufbahngipfel im Dienstgrad eines Oberdeckoffiziers als Oberbootsmann, Obersteuermann, Obervermessungssteuermann, Torpedo-Obersteuermann, Minen-Obersteuermann, U-Obersteuermann, Oberstückmeister, Obersignalmeister, Obermaschinist, Torpedo-Obermaschinist, Minen-Obermaschinist, U-Obermaschinist, Funkentelegraphie-Obermeister, Obermeister, Obermaterialienverwalter, Artillerie-Obermechaniker, Torpedo-Obermechaniker, Oberfeuerwerker der Matrosenartillerie.

Etatsstärke 1913: 2063 Seeoffiziere, 473 Ingenieure, 216 Fachoffiziere, 298 Ärzte. — Und 2710 Deckoffiziere!

Im Krieg 1914-1918:

Abgesehen davon, daß jeder Deckoffizier eine wichtige militärische und daneben zugleich auch Verwaltungsstellung innehatte, waren im Jahre 1917 über 1000 von ihnen in besonders wichtigen und verantwortlichen Stellungen tätig ...

1912 war die soziale und wirtschaftliche Lage der Deckoffiziere im Reichstag zur Sprache gekommen. Ohne Erfolg. Daraufhin stellten Deckoffiziere einen Schriftsatz zusammen, der den vom Flottenchef Admiral v. Holtzendorff beklagten Personalmangel mit genauen Zahlen auf die Mängel bei den Aufstiegsmöglichkeiten der Unteroffiziere zurückführte.

Großadmiral v. Tirpitz, Staatssekretär des Reichsmarineamtes (Marineminister), konnte dennoch dem Reichstag »garantieren, daß die Geschwader kriegsfertig sind . . .« und versicherte am 12. Februar 1913:

Es ist wirklich nicht nötig, die Marineverwaltung zu drängen, daß sie den Decksoffizieren mehr Wohlwollen entgegenbringt. Dies ist bei den Seeoffizieren im höchsten Maße vorhanden, die mit den Deckoffizieren Schulter an Schulter stehen. Die Marineverwaltung hat alles getan und wird in Zukunft auch alles tun, die Deckoffiziere in ihren Kompetenzen zu erhöhen.

Und am 1. März 1913:

Wenn ich nur an meine Praxis zurückdenke, so möchte ich den alten Oberbootsmann mal sehen, der sich zur ›Mannschaft‹ rechnet! Diese Frage ist innerhalb der Marine früher niemals akut gewesen. Aber da sie jetzt aufgeworfen ist und alle möglichen Auslegungen erfahren hat, so werde ich in Erwägung ziehen, ob sich darin nicht etwas ändern läßt, ob man die Deckoffiziere nicht eine besondere Klasse für sich bilden lassen kann, zwischen den Offizieren und Mannschaften stehend.

Doch Vorschläge des Reichsmarineamts stießen auf entschiedene Ablehnung bei maßgebenden Seeoffizieren. Längst stand man im Kriege ›Schulter an Schulter‹, als dies geschrieben wurde:

Die scharfe Trennung zwischen Offizieren und Unteroffizieren hat sich in der Marine und Armee zum Zwecke der Ordnung und Manneszucht seit Jahrhunderten im Kriege und im Frieden bewährt, so daß man ohne zwingende Gründe nicht daran rühren sollte . . .

So der Flottenchef Admiral v. Ingenohl und die Chefs der Marinestationen der Nordsee und der Ostsee, Admiral v. Coerper und Admiral v. Heeringen.

Und weiter:

Keinesfalls dürfen aber irgendwelche Änderungen der Grußpflicht Offizieren gegenüber in Frage kommen; hier muß streng an den für Mannschaften gegebenen Bestimmungen festgehalten werden, damit auch nach außen hin die Zugehörigkeit der Deckoffiziere zum Mannschaftsstande zum Ausdruck kommt.

Schon am 18. November 1913 hatte der Chef der Marinestation der Nordsee angeordnet, daß in den ›Allgemeinen Stationsbefehlen‹ neben ›Mannschaften‹ und ›Unteroffizieren‹ nicht auch noch besonders von ›Deckoffizieren‹ gesprochen werden dürfe. Und die 2. Abteilung der I. Werftdivision in Kiel, der besonders viele Deckoffiziere angehörten, befahl demgemäß am 29. November 1913:

Gemäß O.B. (Organisatorische Bestimmungen) § 1 gliedert sich das Personal der Marine nur in Offiziere und Mannschaften und die Mannschaften wieder in Unteroffiziere und Gemeine.
Die Deckoffiziere sind eingehend darüber zu belehren, daß sie keine Sonderstellung einnehmen und unter den Begriff Portepeeunteroffiziere fallen. (O.B. § 14,2).
Diese Verfügung ist den Deckoffizieren dauernd in Erinnerung zu halten und ihre Bekanntgabe am 1. II., 1. V. und 1. VIII. jeden Jahres zu melden.

Folge zum Beispiel:

Die Söhne der alten Deckoffiziere, meist Schüler höherer Lehranstalten, traten, wie alle anderen jungen Leute, sobald sie im Kriege das nötige Alter erreicht hatten, als Freiwillige in das Heer ein. Nach einer Verfügung des Kriegsministers war bei der Beförderung zum Reserveoffizier von dem Gutachten des zuständigen Bezirkskommandeurs über entsprechende Würdigkeit — also Familienverhältnisse — nicht abzusehen. Es bildete sich bald im Bereich der Marinegarnisonen die Regel heraus, daß Söhne von Deckoffizieren das Attest nicht erhielten, »weil ihre Väter zur aktiven Mannschaft zu rechnen seien«.

Vater ging es auch nicht besser:

Auf den zu Beginn des Krieges erlassenen Aufruf meldeten sich selbstverständlich alle bis dahin pensionierten Deckoffiziere wie ein Mann freiwillig zum Dienst bei der Marine. Nach der ausdrücklichen Verfügung des Reichskanzlers, die sich natürlich auf vorhandene Bestimmungen stützte, hatten diese Deckoffiziere Anspruch auf Verwendung in Offiziersstellungen. (Nicht zu verwechseln mit Offiziers-Dienstgrad!) *Die Marine kehrte sich nicht einen Deut um diese Verfügung; junge, auf dem Personalbureau tätige Seeoffiziere verfügten ganz nach eigenem Belieben über diese meist älteren Herren und steckten sie alle in untergeordnete Stellungen. Als aber der eine und der andere von ihnen auf die Verfügung des Reichskanzlers verwies, wurde ihnen dem Sinne nach erklärt, daß man Leute mit so minderwertiger Gesinnung nicht gebrauchen könne.*

Übrigens, notiert 1903:

In einem kleinen Kreisstädtchen des Thüringer Waldes kauft die Frau eines Beamten in einem Schnittwarengeschäft ein Kleid, bringt es aber bald darauf zurück. Sie könne es unmöglich tragen, denn sie sei eben einer Lehrerstochter begegnet, die mit demselben Stoffe bekleidet sei. Man wolle ihr doch nicht zumuten, daß sie als Gattin eines Beamten dritter Klasse ein gleiches Kleid trage wie die Tochter eines Beamten vierter Klasse.

Immer wieder mußte man sich im Krieg höheren Ortes mit der Unruhe im Unteroffizierkorps befassen.
Aus einem Protokoll — »Ganz geheim, Besprechung bei Seiner Exzellenz dem Herrn Staatssekretär

— Admiral v. Capelle; Tirpitz war am 15. 3. 1916 verabschiedet worden, wegen seines ›Gesundheitszustands‹ —

am 26. Oktober 1917 über Deckoffizier-Angelegenheiten.« Es ging um Beantwortung eines Briefes des Reichstagsabgeordneten Dr. Struve. Zitate:

Staatssekretär: Er habe auch den Eindruck, daß das Deckoffizierkorps ziemlich verhetzt sei.
Adm. Hebbinghaus: Die Deckoffiziere wollen einen neuen Stand schaffen. Hiergegen muß die Marine entschlossen Widerstand leisten, da der neue Stand zwischen Unteroffizierkorps und Offizierkorps sich nicht beruhigen würde und dann dahin streben würde, daß die Deckoffiziere Offiziere werden.
Staatssekretär: . . . Die Marine werde nach dem Kriege einen schweren Stand im Reichstag haben.
Freg.-Kpt. v. Waldeyer-Hartz: erinnert daran, daß Struve es fertig gebracht habe, vor zwei Jahren ein Schreiben des Reichsmarineamtes mit einer Stellungnahme von Unteroffizieren zurückzuschicken.
Geh.Rat Scherber: Er halte auch die pekuniäre Aufbesserung für gefährlich. Je mehr man gebe, je mehr würde gefordert.
Staatssekretär, entscheidet: Es solle ein indifferentes Schreiben . . . aufgesetzt werden. Maßgebend sei, niemand vor den Kopf zu stoßen . . .

Das Reichsmarineamt, gez. Kapitän z.S. Brüninghaus, am 3. November 1917 an den Reichstagsabgeordneten Hubrich:

Die Verdienste und Leistungen der Deckoffiziere sind bekannt, sie werden voll gewürdigt und fanden und finden ihren Ausdruck in dem warmen und großen Wohlwollen, das die Marineverwaltung in Wort und Tat übt . . .

Fanden ihren Ausdruck:

In der Armee lebte sofort der Dienstgrad des Feldwebel-Leutnants wieder auf.*
Die Marine, die in den Deckoffizieren praktisch, wenn auch nicht formal, diese Stellung schon immer hatte, dachte nicht daran, der Armee zu folgen. Bis zum Jahre 1916 mußte gegen diese Zurücksetzung gekämpft werden, dann wurde der Dienstgrad auch für die Marine eingeführt, als besonderer Gnadenbeweis zu Kaisers Geburtstag, jedoch nur ausnahmsweise an wieder eingetretene Deckoffiziere zu verleihen, wenn diese mindestens 20 aktive Dienstjahre (zu denen die Kriegsjahre nicht rechneten!) aufzuweisen hatten. Und auch diese beinahe zur Unkenntlichkeit abgeschwächte Maßnahme wurde von den Seeoffizieren auf das Bitterste als ein gegen ihr Prestige gerichteter Schlag empfunden, wie unzählige gänzlich eindeutige Äußerungen selbst ältester Seeoffiziere zeigten, und wie die wenigen Dutzend beförderter Deckoffizier-Leutnants (wie sie genannt wurden) in der Folge sehr deutlich zu spüren bekamen.

* Feldwebelleutnant: Im deutschen Heer des 1. Weltkriegs ein hinter dem jüngsten Leutnant rangierender Offizier in der Uniform eines Vizefeldwebels mit den Schulterstücken eines Leutnants.

Zur selben Zeit — 1916 — führte die Armee diesen Dienstgrad auch für aktive Feldwebel ein. Auf diesen Weg ist ihr die Marine nie gefolgt, wohl aber verhinderte sie grundsätzlich für ihren Bereich auch die Anwendung der Allerhöchsten Verfügung, wonach für besondere Leistungen Nichtoffiziere zu aktiven, Reserve- oder Seewehroffizieren befördert werden konnten. Deckoffiziere hatten auf Grund ihrer Stellungen besonders oft Gelegenheit, die Voraussetzungen für eine solche Beförderung zu erfüllen (ich erinnere nur an die vorgenannten Beispiele ›Möve‹, ›U-Deutschland‹ usw.), keiner von ihnen ist aber jemals zum Offizier befördert! Selbst dann nicht, wenn ihr Kommnado sich dafür einsetzte, was vorgekommen ist. Das Reichsmarineamt, gez. Capelle, schrieb in einem solchen Falle am 21. Juni 1916:

›Ich muß annehmen, daß auch andere Obermaschinisten unter gleichen Umständen ebenso Gutes geleistet haben würden. Pflicht eines jeden Soldaten ist es, soweit sein Auffassungsvermögen gestattet, sich bei genügend langer Dienstzeit in seinem Fach bis zur Höchstleistung zu vervollkommnen. Die Erfüllung der Obliegenheiten eines Dienstgrades sollen den Inhaber befähigen, den nächsthöheren Dienstgrad vertreten zu können. Hieraus darf aber nicht hergeleitet werden, daß ein Deckoffizier, der in einem ihm vorübergehend übertragenen Offiziersdienst gute Leistungen zeitigt, nunmehr in die entsprechende Laufbahn übernommen werden kann.‹

Gleichzeitige Streiflichter aus dem Marineleben:

Kommandantur Kiel: Den Mannschaften (Deckoffiziere wieder ausdrücklich eingeschlossen) *wurde . . . verboten, den Eingang zum Bahnhof zu benutzen, vor dem die Elektrischen hielten und der vom gesamten reisenden Publikum hauptsächlich benutzt wurde, weil er am günstigsten lag. Zur Sicherung (!) dieser Anordnung wurden auch sofort mehrere Posten aufgestellt. . . . Jeder Hafenstrolch konnte den Eingang weiter passieren, nur eben für ›Mannschaften‹ wurde er gesperrt.*
Kommandantur Wilhelmshaven: Betrifft Bahnsteigkarten. Für sämtliche Mannschaften werden zu den Abfahrtsbahnsteigen der Bahnhöfe Wilhelmshaven und Rüstringen Bahnsteigkarten nicht mehr verabfolgt.

Doch Ende gut, alles gut. Am 27. Oktober 1918, kurz vor Toresschluß, traf der Abgeordnete Hubrich den Kapitän z.S. Brüninghaus in Berlin auf dem Lehrter Bahnhof:

Ich brachte das Gespräch auf die Deckoffizierfrage . . . Die immer wieder erfolgte Verschleppung habe in den beteiligten Kreisen großen Unwillen erregt. B. erwiderte mir . . . die Verzögerung sei auf den Wechsel im Reichsmarineamt zurückzuführen. Nun wolle man den Deckoffizieren ein Weihnachtsgeschenk machen. Sie sollen den allgemeinen Offiziersrang bekommen, und es soll ihnen die Anrede ›Herr‹ zugebilligt werden. Auf den Ausdruck meiner Verwunderung, daß Leute in dieser Stellung nicht einmal mit ›Herr‹ angeredet würden, gab er mir die naive Antwort, daß dies bei dem guten und vertrauensvollen Verhältnis der Offiziere zu den Deckoffizieren bisher nicht als Mangel empfunden worden sei! Er könne sich vorstellen, daß es manchem Deckoffizier gar nicht angenehm sein werde, wenn ihn sein Kapitän mit ›Herr‹ anrede! Ich habe ihm gesagt, daß ich diese Auffassung reichlich optimistisch fände, und daß sie mir nicht zu berücksichtigen scheine, daß das Persönlichkeitsbewußtsein selbst des einfachsten Mannes doch seit langem mächtig gewachsen sei und daß man für solche Vertraulichkeiten, wie sie in der Vorenthaltung der Anrede ›Herr‹ läge, kein rechtes Verständnis mehr habe. Bei der Post werde seit 1899 jeder Postbote von 17 Jahren mit ›Herr‹ angeredet, weil sich die Postunterbeamten solche Vertraulichkeiten energisch verbeten hätten. Da wäre es doch wohl längst an der Zeit gewesen, auch den Deckoffizieren ein Prädikat zuzubilligen, das man im Privatleben keinem Arbeiter versagen dürfe. Er gab dann zu, daß manches versäumt worden sei, er sei ja — natürlich — schon immer dafür gewesen, daß man die Stellung der Deckoffiziere verbessere. Nun solle es ja Weihnachten werden, und dann würden die Herren hoffentlich zufriedengestellt sein . . .

Zu dem Weihnachtsgeschenk kam es nicht mehr, der Umsturz kam schneller. Am 28. Oktober Meuterei in Wilhelmshaven, Flotte am Auslaufen verhindert. Am 5. November wehten rote Fahnen über Kiel.

Der ›allgemeine Offizierrang‹ hätte gesellschaftliche Schranken nicht beseitigt.

›Allgemeiner Offiziersrang‹, das hätte eine Laufbahn von Fachoffizieren eröffnen können, die es zwar bereits gab (als Aufstiegsmöglichkeit für Deckoffiziere), aber nur in eng umgrenzten Fachgebieten, ausschließlich in Landstellungen und nicht — wie die Marineingenieure — als Offizierskorps ›neben‹ dem Seeoffizierkorps.

Die überhebliche Einstellung des Seeoffizierkorps machte sich auch gegenüber den sogenannten ›studierten Herren‹, den Sanitätsoffizieren, Marinebaumeistern, höheren Gerichts- und Verwaltungsbeamten sowie Pfarrern bemerkbar, wenn auch in etwas durch den Respekt vor dem ›Studium‹ gemildert. Die Seeoffiziere haben infolgedessen auch bei diesen Gruppen im ganzen nur wenig angenehme Gefühle zu erwecken vermocht . . .

Streiflicht aus dem vierten Kriegsjahr:

Den Feuerwerks- und Torpederoffizieren, die nicht einmal, wie die Marineingenieuroffiziere — d. h. letztere auch nur in Wilhelmshaven, nicht auch in Kiel — über ein altes, abgelegtes Seeoffizierskasino verfügten, sondern in der deutschen Marine von jeher von der Teilnahme an einem Offizierskasino ausgeschlossen waren, hatte man im Sommer 1918, als die Verpflegungsnot auf das Höchste gestiegen war, in Wilhelmshaven auf ihre wiederholten Vorstellungen nicht mehr abschlagen können, an dem außerordentlich billigen und noch immer sehr guten Mittagstisch des Seeoffizierskasinos teilzunehmen. Aber schon nach wenigen Tagen machte sich der Ärger der Seeoffiziere über diese gegenüber der Öffentlichkeit zu diesem Zeitpunkt notwendigen Konzession in einem Erlaß des Vorsitzenden des Seeoffizierskasinos, Kapitän zur See Mysing, an die zum Mittagstisch zugelassenen Torpeder und Feuerwerksoffiziere Luft, in welchem es hieß:

»Das Entgegenkommen, am Mittagstisch der Seeoffiziere teilnehmen zu dürfen, werde von diesen schlecht gedankt. Denn es sei beobachtet worden, daß sie sich nicht sofort nach eingenommener Mahlzeit aus dem Kasino entfernten, sondern noch weiter in dessen Räumen verweilten. Ja, es hätten sogar einigte gewagt, nach dem Essen auf der Veranda Platz zu nehmen und dem Konzert zuzuhören. Er müsse solche Ungehörigkeit und Taktlosigkeit auf das Schärfste rügen und mache darauf aufmerksam, daß die Fachoffiziere stets sofort nach der Mahlzeit das Kasino wieder zu verlassen hätten.«

Fachoffizier zu werden, war schwer. Nur die tüchtigsten und strebsamsten Mannschaften konnten den Aufstieg erreichen, die besten Leute des technischen Personals. Doch sogar die Söhne dieser altgedienten, seit Jahrzehnten in der Marine verwurzelten Soldaten konnten nicht damit rechnen, die Klassenschranke zu überspringen, denn Vater war nicht würdig, im Kasino präsentiert zu werden.

SORGEN UM ORDEN

„Zunächst einmal alle Offiziere mit den vorhandenen Auszeichnungen zu schmücken"

Am 5. August 1914 wurde das Eiserne Kreuz, ursprünglich preußischer Kriegsorden von 1813 und 1870, neu gestiftet. Laut Allerhöchster Stiftungsurkunde:

> *Das Eiserne Kreuz soll ohne Unterschied des Ranges und Standes... verliehen werden. Auch solche Personen, die daheim sich Verdienste um das Wohl der deutschen Streitmacht und seiner Verbündeten erwerben, sollen das Kreuz erhalten.*

Für Frontsoldaten bestimmt war das Eiserne Kreuz am schwarzweißen Band (schwarz mit weißen Streifen), für in der Heimat erworbene Kriegsverdienste am weiß-schwarzen Band, jedoch seit März 1915 ›auf Grund besonderer militärischer Verdienste‹ auch mit schwarz-weißem Band.
Das Eiserne Kreuz wurde in zwei Klassen verliehen, das E.K. II am Band, das E.K. I als Steckkreuz.
Ein Ritterkreuz wie im Zweiten Weltkrieg gab es 1914-1918 nicht; vier Großkreuze wurden an Heerführer verliehen und der Kaiser trug eines, Generalfeldmarschall von Hindenburg erhielt im März 1918 nach der Schlacht von Amiens-Arras als einziger den ›Blücherstern‹.

Im zweiten Kriegsjahr, September 1915, notierte der Matrose Stumpf von S.M.S. ›Helgoland‹ in seinem Tagebuch:

> *Heute wurde das Unglaubliche Ereignis! Es sprach sich schon lange herum, daß an die Besatzung eine größere Anzahl Eiserne Kreuze verteilt werden würde. Ich glaubte die Sache nicht recht; denn wer hat bei uns schon diese Auszeichnung verdient?*
> *Heute morgen bei der Musterung ließ der Kommandant alle Mann auf der Schanze antreten und hielt folgende Ansprache: »S.M. der Kaiser haben geruht, uns à conto unserer Unternehmungen im Rigaischen Meerbusen eine größere Anzahl Eiserne Kreuze zu verteilen. Diejenigen, welche jetzt aufgerufen werden, kommen nach vorne und nehmen sie in Empfang.« Es folgten die Namen sämtlicher Offiziere, mit Ausnahme von ein paar Leutnants, die meisten*

Deckoffiziere, die ältesten Geschützführer, einige Unteroffiziere, Obermatrosen und Heizer. Im ganzen 65 Stück. Bei jedem Namen gab es unterdrücktes Gelächter. Es ist auch lächerlich und der Auszeichnung wenig würdig, wenn man diesen Orden wie ein Vereinsabzeichen austeilt.

»Im ganzen 65 Stück«. — Etatmäßige Besatzungsstärke S.M.S. ›Helgoland‹: 1113 Mann, davon 42 Offiziere.

Im vierten Kriegsjahr, Januar 1918, schrieb der Reichstagsabgeordnete Dr. Struve an den Staatssekretär des Reichsmarineamts zu Mißständen bei der Ordensverleihung in der Marine unter anderem:

Die Eigenheit des Bordbetriebes bewirkt, daß der einzelne an Bord sich nur in ganz seltenen Fällen besonders hervorzutun vermag. Es wird deshalb immer gewisse Schwierigkeiten bieten, wie ich durchaus nicht verkenne, die Verteilung von Ehrenzeichen so vorzunehmen, daß allen Besatzungsteilen ihr Recht dabei wird. Dies vorausgeschickt, muß aber leider festgestellt werden, daß innerhalb der Flotte ganz allgemein die Tendenz vorherrscht, zunächst einmal alle Offiziere mit den vorhandenen Auszeichnungen zu schmücken, selbst dann, wenn unter der übrigen Mannschaft Männer vorhanden sind, denen Gelegenheit gegeben war, sich vor vielen Offizieren durch besonders wichtige und gute Dienste auszuzeichnen. So sind nach der Skagerrak-Schlacht E.K. I fast ausschließlich an Offiziere verliehen, richtiger von den einzelnen Kommandos, denen ja eine bestimmte Anzahl zugeteilt war, verteilt worden. Und das sogar auf den großen Kreuzern, die den Hauptteil der Schlacht trugen und am schwersten litten. Als Beispiel greife ich nur die ›Derfflinger‹ heraus. Nicht einer der alten Deckoffiziere, Unteroffiziere und Mannschaften, die schon seit der Schlacht bei der Doggerbank das E.K. II trugen und die in erheblicher Zahl als selbständige Turmkommandeure, bei der Navigierung, der Leckdichtung und in den Maschinen sich neuerdings besonders auszuzeichnen vermochten, erhielt das E.K. I! Alle wurden an Offiziere verteilt, die zum Teil noch gar kein Gefecht vor der Skagerrak-Schlacht mitgemacht hatten und während dieser an ihre Gefechtsstation gebannt, z. B. den achteren, gar nicht in Tätigkeit getretenen Kommandostand, absolut keine Gelegenheit hatten, sich irgendwie bemerkbar zu betätigen.
Gleichfalls beweisend für die behauptete Tendenz ist es, daß bei der Unterseeboots-Waffe allgemein jeder Offizier nach seiner ersten Feindfahrt zum E.K. I vorgeschlagen wird, selbst der jüngste Leutnant, dessen Verdienste an Bord während seiner ersten Reise meist noch sehr problematischer Art sind, wogegen z. B. Deckoffiziere manchmal nach einem Dutzend erfolgreicher Fernfahrten

nicht diese Auszeichnung erhalten haben, obwohl doch die gute Durchführung der Fahrten und deren militärische Erfolge in jedem Falle sehr erheblich von ihrer Tüchtigkeit abhingen, wie wohl nicht bestritten zu werden vermag.
Weiter steht fest, daß von den Deckoffizieren unserer Torpedoboote, insbesondere den Maschinenleitern und Steuerleuten, noch so gut wie niemand das E.K. I trägt, trotz dutzender schwerer Kriegsfahrten und Gefechte, deren gute Durchführung wie bei den U-Booten häufig nur von ihrer Tüchtigkeit abhing und während welcher viele von ihnen obendrein oft Gelegenheit hatten, sich besonders auszuzeichnen.
Genau so verhält es sich mit den anderen kleinen Einheiten, vor allem unseren wackeren Minensuchbooten! Auch dort dasselbe Bild: so gut wie keiner der alten Spezialisten, an deren Können die praktische Durchführung auch dieses so wichtigen, nun schon über drei Jahre ununterbrochen bewältigten Dienstes hängt, trägt die Auszeichnung, dafür aber eine ganze Reihe junger und jüngster Offiziere und Ingenieure, die oftmals nur mehr eine dekorative Stellung an Bord oder innerhalb des Verbandes innehaben!
Soll ich diese Behauptung mit Beispielen belegen?
Ich glaube, es wird mir erlassen. Die Listen der Auszeichnungen sprechen ja auch für sich.
Ich bin überzeugt, daß die höheren Führer oftmals eine solche, den tatsächlichen Leistungen und Verdiensten zuwiderlaufende Verteilung der Ehrenzeichen nicht wünschen. So sind z. B. von einem Geschwaderchef neulich, nach der glücklichen Unternehmung gegen Oesel, die Vorschlagslisten für E.K. I an diejenigen Schiffe des Verbandes zur Neuaufstellung zurückgegeben worden, die wiederum nur Offiziere auf diese Listen gesetzt hatten . . .
Welche sonderbare Auffassung aber selbst bei Offizieren in leitenden Stellungen zu diesem Punkte Platz gegriffen haben, zeigt die Anordnung des Führers der Luftschiffwaffe, daß ihm
Offiziere schon nach einer Kriegsfahrt gegen England,
Deckoffiziere erst nach vier,
Unteroffiziere und Mannschaften sogar erst nach sieben solcher Fahrten für das E.K. I in Vorschlag gebracht werden dürfen.

Weiter stellt der Reichstagsabgeordnete fest, daß es bei den Landmarineteilen, den Werften und Depots

keinen aktiven . . . Seeoffizier und nur sehr wenige Ingenieure und Fachoffiziere gibt, die nicht das Eiserne Kreuz (die höheren Dienstgrade sogar schon I. Klasse) besitzen, wohingegen, soweit bekannt, auch noch nicht ein Deckoffizier, Feldwebel oder Unteroffizier bei denselben Marineteilen damit ausgezeichnet ist. Als einzigsten hat man es m.W. den beiden Stationsregistratoren, und zwar schon vor längerer Zeit, verliehen, zwei Männern also, die nur mit Feder und Tinte zu tun hatten, während alle vorher aufgezählten diejenigen sind, die unsere Artillerie, unsere Torpedoarmierung, die Munition, Torpedos, Minen und Flugzeuge als Praktiker herstellen, reparieren und erhalten oder wie die Feldwebel, unsere lebenden Kräfte, die Besatzungen in mühseliger Arbeit für die Schiffe und Boote bereitstellen und für deren dauernde Ergänzung sorgen.

Frontoffiziere waren befremdet:

Als ein Beispiel möchte ich nur erwähnen, daß viele erfolgreiche U-Bootkommandanten, wenn sie von ihren Reisen zurückkehren, sich bei den Torpedomechanikern der Werften für ihre Erfolge bedanken, wofür sie das E.K. wohl verdient hätten. Sie gingen dann still davon, als ihnen gesagt wurde, daß diese Männer auch noch gar nichts erhalten hätten.
Selbst für wichtige, sofort allgemein eingeführte Erfindungen wurden diese Leute nicht für das E.K. vorgeschlagen; nur eine Geldgratifikation wurde ihnen »für das Ende des Rechnungsjahres in evtl. in Aussicht gestellt«! Ihre höchsten Fachvorgesetzten sagten ihnen, als sie selbst das E.K. erhielten, sie sähen ein, daß sie, die Mechaniker, es vor ihnen verdient hätten. Aber niemals hat man die Konsequenzen aus solchen Äußerungen, die für sich sprechen, gezogen.

Diese verdienten Mechaniker in Deckoffiziers-, Feldwebel- und Unteroffiziersrang mußten zusehen,

wie alle Offiziere und Fachoffiziere desselben Betriebes, die nur eine allgemeine Aufsicht führen, darunter ganz junge, erst vor kurzem zum Dienstgrad beförderte, die weder Gelegenheit hatten, bisher überhaupt etwas zu leisten, noch auch, wie sie selbst zugeben, dazu imstande sind, mit dem E.K. ausgezeichnet wurden, während sie selbst ›noch immer nicht dran‹ sind, weil vielleicht noch irgendwo ein ganz junger Offizier im Verborgenen blüht, der das E.K. noch nicht hat!

Unverhüllt wurde manipuliert, entgegen dem ausdrücklichen Wortlaut der kaiserlichen Stiftungsurkunde zum Eisernen Kreuz, entgegen auch anderen Bestimmungen, so bei den Marinebeamten:

Weiter hat es auf die gesamten mittleren Beamten, die während des Krieges genau so wie die höheren Beamten obere Militärbeamte sind, verbitternd wirken müssen, daß bislang zwischen ihnen und den höheren Beamten in der Verleihung des E.K. ein so scharfer Trennungsstrich gemacht, das heißt nur diesen letzteren das E.K. überhaupt verliehen wurde. Bezüglich der praktischen Arbeits-

leistung dieser beiden Beamtengruppen besteht ungefähr dasselbe Verhältnis, wie zwischen den Fachoffizieren und den diesen unterstellten Praktikern. Erst jetzt (Januar 1918) *hat man begonnen, einigen der älteren von ihnen auch das E.K. zu verleihen.*

Manipuliert wurde jedoch auch gegenüber den höheren Beamten: Sie erhielten das Eiserne Kreuz am weiß-schwarzen Bande, entsprechend der Stiftung für Personen, die

daheim sich Verdienst um das Wohl der deutschen Streitmacht . . . erwerben.

Alle Offiziere in Landstellungen erhielten jedoch wie die Frontkämpfer das Eiserne Kreuz am schwarz-weißen Bande entsprechend der ergänzenden Verordnung vom 16. März 1916

. . . auf Grund besonderer militärischer Verdienste . . .

So gelangte das selbstverständlich höher eingeschätzte E.K. am schwarz-weißen Band auch nicht an

diejenigen, die, wie die höheren Schiffs- und Maschinenbaubeamten, nach allgemeinem Urteil sich beim Bau und der Reparatur von Schiffen, Torpedo- und Unterseebooten mindestens so viele militärische Verdienste erworben haben, als z. B. die Polizeioffiziere der Werften und alle anderen Herren, die ihren Schreibtischstuhl während des ganzen Krieges noch nicht verlassen haben!

Ordenskummer von Heimatkriegern war nur Symptom am Rande des Krankheitsbildes. Verdienstorden des Reiches zum Werkzeug der Klassendiskriminierung herabzuwürdigen, das war die unehrenhafte Tat.

Oder haben die hohen, diese Maßnahme anordnen oder gutheißenden Dienststellen geglaubt, dieselbe würde als etwas ganz Selbstverständliches hingenommen werden? Dann haben sich diese Stellen geirrt!

Schrieb der Reichstagsabgeordnete, der Vertreter der ›Schwatzbude‹ in Berlin, der die Häupter der kaiserlichen Marine an ihre Pflicht erinnerte, für die sie blind waren.

Sie liebten den Soldaten, der voll freudig vertrauendem Gehorsam war und sich noch nach Jahrzehnten im alten Geist erinnerte:

Es ist ein erhebendes Stolz- und Freudegefühl, sich Mitglied eines großen Volkes zu wissen und eine schöne Heimat sein eigen nennen zu dürfen. Wir kannten die Begriffe und Theorien vom Wesen und Zweck des Staates nicht, wir kämpften für Volk und Vaterland aus einfacher, reiner, guter Liebe. Aus sicherem Instikt. Aus selbstverständlicher Pflicht und Treue zur Heimat und ihren Lieben. Ein

Leuchten geht über die Züge unseres schlichten jungen Mannes. Er denkt an die ferne Heimat ... Und dann faßt er noch den innigsten Gedanken, den er durch ein ganzes Menschenleben fassen konnte, und denkt an seine Mutter. Und dann lächelt er ruhig und schläft ein ...

Hoffentlich war Mutter bei Kasse:

Kommunalbeamte, die die Angelegenheiten der ›Armenunterstützung‹ bearbeiteten, hatten darüber zu befinden, ob den Haushaltungen, deren Ernährer unter den Waffen standen, eine Unterstützung zuteil wurde. Mancher Frau, die mehrere unversorgte Kinder hatte, wurde angedeutet, daß sie jung und kräftig genug wäre, den Lebensunterhalt selbst zu verdienen, wenn das Familienhaupt im Kriege war. Die gängige Auffassung, daß Deutschlands ärmster Sohn der getreueste war, das hatte eben auch für Deutschlands ärmste Töchter — die Mütter von Soldatenkindern und Frontkämpfern — zu gelten.

Mutter wird sich hoffentlich nicht mit Arbeiterinnen und Arbeitern zu Haufen versammelt und gestreikt haben? — Etwa in Berlin beim Aprilstreik 1917 und beim Januarstreik 1918? Für gerechte und gleichmäßige Verteilung der Lebensmittel, für die Brotration, für erschwinglichen Fleischpreis, für weniger Arbeitszeit und Abschaffung der Sonntagsarbeit, wenn nicht gar für schleunige Herbeiführung des Friedens ohne Annexion, ohne Kriegsentschädigung, auf Grund des Selbstbestimmungsrechts der Völker, gegen Belagerungszustand, gegen die Militarisierung der Betriebe, für durchgreifende Demokratisierung der gesamten Staatseinrichtungen in Deutschland, beginnend mit der Einführung des allgemeinen, gleichen, direkten und geheimen Wahlrechts für alle Männer und Frauen im Alter von mehr als 20 Jahren für den preußischen Landtag?

Marinemütter tun das nicht, jedenfalls nicht in Marinebüchern.

Das Marine-Anekdotenbuch »Splissen und Knoten« notiert fröhliche Anekdoten:

Nach der Skagerrakschlacht gab es Orden und Ehrenzeichen von allen deutschen Bundesfürsten.
Oberleutnant zur See von Wendelstein hatte den Hessischen Ludwigsorden bekommen und gleichzeitig eine Einladung zum Mittagessen im Marine-Offizierskasino in Wilhelmshaven. Außer dem Kaiser waren fast alle deutschen und verbündeten Fürsten erschienen.
Der Kommandant hatte Wendelstein befohlen, sich beim Großherzog von Hessen mit seinem neuen Orden zu melden. Wendelstein erkundigte sich also bei einem der mit angekommenen Lakaien,

wer der Großherzog von Hessen sei. Man zeigte ihm einen Herrn in preußischer Generalsuniform, der an einer Säule stand und seinen Kaffee umrührte.
Wendelstein stürzte auf diesen General zu:
»Oberleutnant zur See Freiherr von Wendelstein von Seiner Majestät Schiff ›Friedrich der Große‹ meldet sich untertänigst mit dem Großherzoglich Hessischen Ludwigsorden dekoriert!«
»Vielen Dank und herzliche Glückwünsche!« sagte der vornehme Herr, »aber was Sie da tragen, ist nicht der hessische Ludwigsorden, sondern der Zähringer Löwe, und ich bin auch nicht der Großherzog von Hessen, sondern der König von Bulgarien!«
»O Pardon!« sagte Wendelstein und entfernte sich rückwärts. Er stürzt ans Telephon, verlangt nach dem Adjutanten und stellt fest, daß dieser ihm die falsche Ordensschachtel ausgehändigt hatte.
Am nächsten Morgen aber bekam er den Königlich Bulgarischen Orden vom Heiligen Michael.

Schön und ehrenvoll ist es, Orden zu nehmen, wie und wo man sie kriegt. Kein Hauch von Zweifeln konnte heiteren Gemütern die Freude trüben. Nicht so heiter waren indes andere Gemüter beim Denken über andere Auszeichnungen:

Bei der I. Seefliegerabteilung in Holtenau und der damit verbundenen Flugstation und Flugschule (die ausdrücklich wie alle Flugstationen, als direkte ›Front‹ gilt.) hat noch keiner der dort seit Jahren tätigen Flugmechaniker und Lehrer in dieser Eigenschaft das Eiserne Kreuz erhalten! Obwohl diese Leute in nie erlahmendem Eifer und mit stets gleicher Zuverlässigkeit die Kriegsfertigkeit der Flugzeuge erhalten haben und alle Probeflüge unter schwierigsten Verhältnissen mitmachen sowie bislang Hunderte von Fliegern herangebildet haben. Selbst hier hat man den Ältesten, die die Abteilung aus den kleinsten Anfängen bis zu ihrer jetzigen erheblichen Größe mitentwickelt haben, vor einiger Zeit das ›Verdienstkreuz für Kriegshilfe‹ gegeben, und als sie es mit der Begründung, sie seien Frontsoldaten, ablehnten, ihnen die Annahme anbefohlen!
Dabei soll dieses Kreuz nach dem klaren Wortlaut der Stiftungsurkunde vom 5. Dezember 1916 in Verbindung mit dem in dieser Urkunde angezogenen Reichsgesetz über den Vaterländischen Hilfsdienst vom 5. Dezember 1916 (§ 1: »Jeder männliche Deutsche . . . ist, soweit er nicht zum Dienst in der bewaffneten Macht einberufen ist, zum vaterländischen Hilfsdienst . . . verpflichtet . . .!«) allgemein überhaupt nicht an Angehörige der bewaffneten Macht verliehen werden, sondern eben nur an Hilfsdienstpflichtige!

Zum Beispiel an zivile Büroangestellte, Vorarbeiter, Werkführer.

Und ganz neuerdings hat man dies Kreuz auch den drei ältesten Torpedo-Obermechanikern der Torpedowerkstatt in Friedrichsort gegeben, die, neben ihren Verdiensten um den Bau von Torpedos während des Krieges, in 40 Dienstjahren sich bestens bewährt haben, und nachdem von vielen ihrer Untergebenen — herab bis zum jungen Schreibmaschinenfräulein — diese Auszeichnung schon seit Jahr und Tag getragen wird.

Vizeadmiral von Trotha hat später vor dem Untersuchungsausschuß des Reichstags ausgesagt, daß nach der Skagerrakschlacht, als der Kaiser 25 Auszeichnungen persönlich übergeben hat, von 25 Orden sechs an Deckoffiziere und einer an einen Unteroffizier ging. Unmittelbar nach der Schlacht hatte der Flottenchef in eigner Verantwortung an alle Schwerverwundeten, »die sich tapfer geschlagen hatten«, das Eiserne Kreuz II. Klasse verliehen.
Im Februar 1918 lag die Ordensbilanz so, daß auf je ein Eisernes Kreuz, das an einen Offizier verliehen wurde, 9 Verleihungen an Mannschaften kamen — großenteils aber das E.K. II. Die 1. Klasse war an Offiziere mehr als doppelt so oft verliehen worden wie an Mannschaften und Unteroffiziere einschließlich der Deckoffiziere.
Von Trotha hat auch die anderen Angaben Alboldts in Zweifel gezogen, beispielsweise sei auf den Luftschiffen automatisch nach vier erfolgreichen Feindfahrten das E.K. I an Wachoffiziere, Steuerleute und Maschinisten verliehen worden, und bei den Torpedo- und Minensuchbooten, bis im Februar 1918 mindestens 80 E.K. I an Deckoffiziere und 24 an Unteroffiziere verliehen gewesen.

Im Kern wie in zahlreichen Details sind damit aber die Vorwürfe nicht entkräftet.

„Wir siegen oder fallen"

Wie 1864 das Gefecht von Jasmund gegen die Dänen, mit Auslaufen und Rückkehr unter dem Jubel der Bevölkerung, Kampf gegen ein blockierendes Geschwader, aber mit starker eigener Flotte, stellte sich eine deutsche Seekriegs-Utopie von 1909 die Seeschlacht der Kaiserlichen Marine vor, die man bei einem Krieg ganz selbstverständlich erwartete. Schon 1901 hatte der gleiche Autor, Korvettenkapitän a.D. Graf Bernstorff, im Kalender des Deutschen Flottenvereins den Anhängern dieser von Tirpitz entflammten Massenbewegung seine Vision suggeriert. 1909 spann er sie aus und reicherte sie mit U-Booten an, ohne die Schilderung im wesentlichen zu ändern. Aus der Fassung von 1901:

Tiefernst ist die Stimmung im deutschen Volk, doch voll festen Vertrauens auf die Männer, welche berufen sind, seine Flotte zu führen. Ein jeder weiß, daß sie willig bereit sind, ihre ganze Kraft, ihr Leben einzusetzen für des Vaterlandes Ehre und Sicherheit, aber jeder weiß auch, daß der Kampf ein schwerer, fast zu schwerer sein wird. Darum herrscht unter den Tausenden, die seit frühester Morgenstunde alle Wege und Stege am Hafen entlang besetzt halten und das lebhafte Treiben auf dem Hafen und den Schiffen beobachten, eine etwas gedrückte Stimmung.
Was werden die nächsten Stunden bringen?
Plötzlich geht ein Raunen und Rauschen durch die Menge. Vom Flaggschiff her nähert sich ein schnelles Dampfboot und legt an der Barbarossabrücke an. Eine schlanke Frauengestalt entsteigt dem Boot, gefolgt von zwei Knaben in Matrosenanzügen. Tief neigen sich die Häupter, als die drei vorüberschreiten und eilig durch eine kleine Mauerpforte im Schloßhof verschwinden. Prinzessin Heinrich, die erlauchte Gemahlin des Flottenführers, des Prinz-Admirals, ist es, welche ihrem hohen Gatten den Scheidegruß an Bord gegeben hat und nun vom Schlosse aus der Abfahrt der Schiffe zusehen wird.
Die Dampfpinasse ist zurückgejagt an Bord. An Land wächst die Spannung bis zur Atemlosigkeit.
Da fliegt auf dem Führerschiff eine einzelne Signalflagge am Mast empor und flattert lustig im Winde, weiß mit liegendem roten

Kreuz darin. Ein jeder weiß und kennt ihre Bedeutung »Klar zum Loswerfen!«, und die Erregung der Menge tut sich in brausenden langhinrollenden Hurra- und Hochrufen kund. »Es geht los! Sie gehen hinaus!« Das ist fast wie ein freudiges Aufatmen, in welchem heimliche Sorge und Unruhe erstickt . . .
Mit Mut hinaus zum Kampf, mit Gott für Kaiser und Vaterland, hinaus zum Sieg!

Der Kampf ist hart, aber erfolgreich. Der Feind flieht.

Auf Signal des Führers sammelt sich die deutsche Flotte langsam, denn die Beschädigungen der einzelnen Schiffe sind schwer. Doch keines fehlt, während fünf feindliche Schiffe gesunken und zehn andere so zusammengeschossen sind, daß sie nur noch Trümmerhaufen gleichen.
Unbeschreiblich ist der Jubel, als der Prinz-Admiral das Signal machen läßt: »Ich danke allen Kameraden! Es lebe der Kaiser!« und nicht endenwollende Hurras erschallen, in welche selbst die mit dem Tode Ringenden mit dem letzten Atemhauch einstimmen. Sie wissen, es bedeutet Sieg!
In dunkler Nacht läuft die Flotte in Kiel wieder ein, empfangen von brausenden Hochrufen der Hunderttausende, welche auf ihre Rückkehr mit angstvoller Spannung gewartet. Schon weit draußen vor Friedrichsort war eine einzelne Signalrakete vom Flaggschiff emporgestiegen, und als ihr blendender heller Sternenregen versprühte, da stieg als Antwort auf dem Prinzenschloß ein gleiches Signal empor.
»Ich lebe und bin unversehrt!« bedeutete das erste Signal. »Ich grüße den Sieger!« lautete die Antwort.
Und wie nun die Schiffe näher herankommen, da tauchen plötzlich auf allen die Scheinwerfer auf und werfen ihren Lichtkegel hinauf zum Großmast. Hoch weht von jedem, allen sichtbar, das Heiligtum deutscher Seeleute, die deutsche Flagge!

Die Seeschlacht als Operette; es gibt kaum einen Einblick in das Irren der Völker als die Lektüre von Kriegs-Utopien von 1914. Die Realität dagegen: Seeschlacht am Skagerrak, 31. Mai 1916.

Auf deutscher Seite

Tot 160 Offiziere, 2385 Mannsch.
Verwundet 40 Offiziere, 454 Mannsch.
Verloren 11 Schiffe mit 61 180 Tonnen

Auf englischer Seite

Tot 328 Offiziere, 5769 Mannsch.
Verwundet 25 Offiziere, 485 Mannsch.
Verloren 14 Schiffe mit 115 025 Tonnen

Das war das erste große Zusammentreffen der Flotten und blieb das letzte. Kritik 1919:

Wie war die Situation Ende Mai 1916? Die beiden Flottenmannschaften, die britische und die deutsche, waren sich bewußt, daß ihre Landsleute von den bisher vollbrachten Taten nicht befriedigt sein konnten. Die britische Flotte hatte immer noch nichts getan, um ihren alten Ruhm aufzufrischen, hatte nicht die Erwartungen erfüllt, die das Volk auf sie gesetzt hatte, denn der Glaube herrschte schon im Frieden allgemein, daß an den Beginn jedes Krieges mit Deutschland die Vernichtung der deutschen Flotte zu setzen sei. Die deutschen Flottenmannschaften fühlten ähnlich. Sie wußten, mit welchem Stolz und welchem Vertrauen das Volk auf seine Flotte blickte und welche schier unbegrenzten Hoffnungen sich mit dem Glauben an sie verbanden ...
Mit gar zu vieler Frauen Schmerz ist dieser ›Erfolg‹ — der noch dazu in der Auswirkung keiner war — von Deutschland erkauft worden.

Es wurde gejubelt. Der Matrose Stumpf, sonst Kronzeuge für Schlimmes, verbittert schon 1915, schrieb in sein Tagebuch über den Kaiserbesuch an Bord von S.M.S. ›Helgoland‹ nach der Schlacht:

Seit ich den Kaiser vor zwei Jahren, an derselben Stelle, zum letzten Male gesehen, schien er mir nicht verändert oder gar gealtert. Im Gegenteil, die Freude über den Sieg seiner Marine, die er ja als seine Schöpfung betrachten darf, hatte ihn um zehn Jahre jünger gemacht. Er trug diesmal einen grauen Regenhavelock, die Seeoffiziersmütze, in der Hand einen Kieker. Mit festen, energischen Schritten trat er auf den Tisch zu und rief mit lauter Stimme: »Morgen, Matrosen!« »Morgen, Majestät!« tönt's ihm aus 1000 Kehlen entgegen, und vom Fallreep her tönt scharf und hell die Stimme des Ersten Offiziers: »Seine Majestät der Kaiser, unser oberster Kriegsherr, hurra, hurra, hurra!« Jubelnd wurde das Hurra erwidert, wie denn überhaupt an diesem Tage eine sehr gehobene Stimmung herrschte. Aufmerksam betrachtete die ganze Gesellschaft das Loch, und der Kommandant selbst gab die nötigen Erklärungen. An Hand einer Zeichnung auch die Räume, in denen der Treffer Schaden angerichtet hatte.

Tote und Verwundete hatte es auf ›Helgoland‹ nicht gegeben. Nicht auf allen Schiffen fand der Kaiserbesuch ein so positives Echo:

Aber was tat nun Wilhelm der Zweite im Kriege für die Flotte? Er erschien oft in Kiel und Wilhelmshaven und hielt Ansprachen. Nach der Schlacht vor dem Skagerrak sagte er, am fünften Juni an Bord des Flotten-Flaggschiffs in Wilhelmshaven, zu der Abordnung der Mannschaften sämtlicher Schiffe: »Die englische Flotte wurde geschlagen. Der erste gewaltige Hammerschlag wurde getan, der Nimbus der englischen Weltherrschaft ist geschwunden. Ein neues Kapitel der Weltgeschichte ist von euch aufgeschlagen. Der Herr der Heerscharen hat eure Arme gestärkt, hat euch die Augen klar gehalten. Kinder, was ihr getan habt, das habt ihr getan für unser Vaterland, damit es in alle Zukunft auf allen Meeren freie Bahn habe für seine Arbeit und seine Tatkraft . . .« Ein sehr loyaler, äußerst königstreuer alter Seeoffizier, der die Schlacht mitgemacht hatte und bei der Rede anwesend war, sprach bald darauf die folgenden Worte: »Wir lagen mit unsern arg zusammengeschossenen Schiffen am Bollwerk. Die vielen Toten und Verwundeten wurden an Land geschafft. An den Kais standen die schwarz gekleideten Angehörigen, Frauen und Kinder weinten herzzerbrechend. Uns war gar nicht siegestrunken zu Mute. Wir wußten, daß dies die erste und die letzte Schlacht gewesen war, die wir schlagen konnten. Unerhörtes Glück hatten wir gehabt, undenkbar, daß es noch einmal so gut für uns abgehen würde. Da kam der Kaiser an Bord, sehr aufgekratzt, übersät mit Orden, umgeben von seinem großen Gefolge, das lachend gnädigst rechts und links Händedrücke und Glückwünsche austeilte. Die bombastische Ansprache des Kaisers, der ganze Zauber war mir so widerwärtig, daß ich mich schüttelte. Ich ziehe die Uniform aus, sobald es möglich ist.«

Amerikanische Analyse 1938:

1916, als der Zusammenstoß am Skagerrak erfolgte, war die Zeit für eine Entscheidungsschlacht vorüber.

Vielgelesene Seekriegs-Utopien hatten zu der selbstverständlichen Erwartung geführt, der Krieg zur See werde mit einem entscheidenden Treffen der Schlachtflotten beginnen. Das Buch ›1906‹ von dem anonymen Verfasser ›Seestern‹ gelangte zu mehreren Auflagen, mahnte zu rechtzeitiger Flottenrüstung und skizzierte einen Weltkrieg, in dem sich die weißen Nationen zerfleischten und sich schließlich gemeinsam gegen die ›Gelbe Gefahr‹ wenden mußten, die von Japan geschürte Aggression Chinas gegen die europäische und amerikanische Position in Ostasien. Kaiser Wilhelms noch unzureichende Panzerflotte lag auf dem Grund des Meeres, U-Boote hätten es verhindern können. ›Seestern‹ rechnete mit enger Blockade der deutschen Bucht durch die Engländer, ebenso der Kaiserliche Korvettenkapitän a.D. Graf Bernstorff, der in ›Deutschlands Flotte im Kampf‹ noch 1909 schilderte, wie gleich nach Kriegsausbruch unter ungeheurem Jubel die Schlachtflotte unter Prinz Heinrich gegen die englische Blockadeflotte auslief und sie besiegte.

Des Erinnerns wert ist, was Bernstorff dem sozialdemokratischen

Führer August Bebel in den Mund legte:

Wenn ich früher hier vor dem Hohen Hause ausgesprochen habe, daß ich bereit wäre, im Falle eines Krieges, bei dem es sich um die Ehre Deutschlands handelt, als erster der Arbeiterpartei die Flinte auf den Rücken zu nehmen und mit ins Feld zu ziehen, so muß ich demgegenüber heute erklären, daß nach allem, was wir bedrohliches haben erfahren können, es sich im Falle eines Krieges jetzt keineswegs um Deutschlands Ehre, sondern um die Interessen einer starken kapitalistischen Partei handelt, die für ihre Gelder und Besitzungen im Ausland fürchtet und durch ihr Angstgewinsel und Notgeschrei die Regierung dazu gebracht hat, einen Weg einzuschlagen, auf dem wir ihr nicht folgen werden, dessen Endziel nicht unser Ziel sein kann und für dessen Weiterverfolgung wir der Regierung alle Schuld in die Schuhe schieben werden, wenn nutzlos, zwecklos und sinnlos tausende deutscher Arbeiter hingemordet werden!

Er wurde niedergebrüllt, und auf der gegnerischen Seite, ›der Nation, um die es sich handelte‹, wurde der einzige oppositionelle Abgeordnete gelyncht.

Bereits mit neuesten Schlachtschiffen und U-Booten rechnete die undatierte Utopie ›Der Zusammenbruch. Die Seeschlacht bei Borkum und Helgoland‹, verfaßt von ›einem deutschen Marineoffizier‹. England wurde als Gegner offen genannt, schon der Titel spricht die Erwartung einer Seeschlacht dicht vor der deutschen Küste aus. Sie verläuft nicht entscheidend, Bombenhagel von Zeppelin-Luftschiffen auf London und Angriffe der U-Boote — ›14 U-Boote, 14 Treffer‹ retten das Vaterland.

Eine englische Utopie von 1912 ›The Battle of the North Sea in 1914‹, verfaßt 1912 unter dem Pseudonym ›Searchlight‹, läßt selbstverständlich Britannien siegen. Auch diesmal erwartet die deutsche Flotte den Gegner unmittelbar vor der Küste, während ›Die Invasion von 1910‹ von ›William Le Queux‹ (undatiert, deutsche Übersetzung ca. 1908) mit einer abenteuerlichen deutschen Infiltration und Invasion Englands rechnet, so daß es zwar auch zur entscheidenden Seeschlacht, aber nicht zur britischen Blockade der deutschen Küste kommt.

Alle Utopien machen deutlich, wie der Völkerhaß durch die Flottenrüstung im Jahrzehnt vor dem Kriege aufgeheizt wurde. Manche Schilderungen sind von gespenstischer Prophetie. Doch alle mahnen zur Rüstung. Graf Bernstorff fünf Jahre vor dem Krieg:

Wir siegen oder fallen für des Vaterlands Schutz und Ehre!

Man hatte nicht geahnt, daß der Krieg zum Weltkrieg würde, obwohl schon mit Napoleon das Alarmsignal zur Wende von begrenzten Söldnerkriegen zum Volks- und Völkerkrieg gekommen war.

Die Illusionen wiederholten sich. Noch im Sommer 1940 sprach sich Goebbels dafür aus, möglichst wenig Fliegeralarm zu geben, um die Bevölkerung nicht zu beunruhigen und die ununterbrochene Produktion in den Betrieben zu sichern. Hitler rechnete mit der deutschen Luftüberlegenheit gegen England. So in der Weisung Nr. 17 vom 1. August 1940, die den verschärften Luftkrieg gegen englische Häfen befahl und dabei voraussetzte, daß genug deutsche Luftstreitkräfte für die Landung in England — Unternehmen ›Seelöwe‹ — bereitgestellt werden könnten:

4. Der verschärfte Luftkrieg ist so zu führen, daß die Luftwaffe zur Unterstützung von Seeoperationen auf günstige Augenblicksziele mit genügend starken Kräften jederzeit herangezogen werden kann. Außerdem muß sie für das Unternehmen ›Seelöwe‹ kampfkräftig zur Verfügung stehen.

Sie stand nicht. 1942/43 erkämpften die Engländer die Luftherrschaft über Deutschland, und während Mariner noch bis heute beklagen, das deutsche Volk habe die See nicht verstanden, hat ein Engländer längst schon das Resumé zum Zweiten Weltkrieg gezogen:

Die Deutschen haben die Luft nie begriffen.

Am 11. August 1967 lief in Bath an der USA-Nordostküste der erste von drei deutschen Raketenzerstörern vom Stapel, ›Lütjens‹, benannt nach dem führertreuen Admiral, der mit dem Schlachtschiff ›Bismarck‹ unterging, das für ganz andere Operationen — im geschützten Flottenverband — gedacht gewesen war. Die Bundesmarine übernahm bei der Entscheidung für diesen aufwendigen Typ den Risiko-Gedanken, den Tirpitz in die deutsche Marinegeschichte eingeführt hatte. Ein Mitglied der Marine-Offiziers-Vereinigung (MOV) berichtet dazu im Mitteilungsblatt Nr. 10/1967:

Die Marine hält Zerstörer dieser Art für notwendig, um zumindest ein gewisses Gegengewicht zu den immer zahlreicher werdenden sowjetischen Raketenträgern in der Ostsee zu besitzen. Nur Zerstörer können derartig raummäßig aufwendige Einrichtungen tragen und verfügten zudem über Einsatzmöglichkeiten auch bei stärkerem Seegang (die Sowjets haben kürzlich in der Ostsee Landungsmanöver bei Seegang 5 absolviert). Sie seien geeignet für die Verwendung im Bereich der Ostseezugänge, also in der Nord- und Ostsee. Damit würde dieser Typ das Risiko für die Sowjets erheblich vergrößern. Allerdings gibt es auch andere Meinungen, die im Zeitalter der Raketen und Jabos mit Strahlantrieb solchen ›großen‹ Schiffen nur noch wenig Chancen zumindest in diesen Gewässern geben.

FÜR DIE EHRE: GRAF SPEE UND SEIN GESCHWADER

„Hoffe ich, mich mit vielen Engländern auf dem Meeresgrund wiederzufinden"

Scharnhorst und Gneisenau, der militärische Reorganisator und der Stratege des neuen Preußen gegen Napoleon, werden historisch oft in einem Atem genannt. Daß zunächst nur der Name ›Gneisenau‹ für ein Kriegsschiff gewählt wurde, ist auf Gneisenaus Feldherrnruhm in den Freiheitskriegen zurückzuführen. Scharnhorst starb schon nach der Erhebung Preußens 1813 an Verletzungen, die er sich als Generalstabschef Blüchers in dem unglücklichen Gefecht bei Groß-Görschen zugezogen hatte. Gneisenau wurde sein Nachfolger.

1906 liefen zwei Große Kreuzer vom Stapel, Schwesterschiffe: ›Scharnhorst‹ und ›Gneisenau‹. Die letzten deutschen Panzerkreuzer alter Art mit einem Sammelsurium von Kanonen verschiedener Kaliber: Acht 21 cm, sechs 15 cm, achtzehn 8,8 cm; nur vier 21er in Drehtürmen, die nach beiden Seiten schießen konnten. Der nächste Große Kreuzer ›Blücher‹ war schon ein Zwischentyp zu einer Neuentwicklung, deren Schema vom britischen Schlachtschiff ›Dreadnought‹ ausging und alle vorangegangenen Typen auf einen Schlag veralten ließ. Schnelle große Schlachtkreuzer mit viel schwerer Artillerie und Turbinen statt Kolbenmaschinen.

Nur ein Jahr nach ›Scharnhorst‹ und ›Gneisenau‹ kamen die überlegenen britischen ›Invincibles‹, 1909 der erste deutsche Schlachtkreuzer ›Von der Tann‹. ›Blücher‹ war langsamer und schwächer bewaffnet, noch mit Kolbenmaschinen, ›Scharnhorst‹ und ›Gneisenau‹ gehörten bereits als Neubauten einer vergangenen Epoche an und wurden deshalb nur für kurze Zeit in der Heimatflotte, der ›Hochseeflotte‹, verwendet. 1908 löste ›Scharnhorst‹, 1911 auch ›Gneisenau‹ die älteren Schiffe im ›Kreuzergeschwader‹ ab. Im Auslandsgeschwader.

Ältere und technisch veraltende Schiffe im Ausland zu stationieren, die modernsten in der Heimat, war bei allen Marinen üblich. Für den fernen Osten waren die beiden Panzerkreuzer mit zunächst einem, dann drei Kleinen Kreuzern eine angemessene Streitmacht.

Das deutsche Kreuzergeschwader war 1886 geschaffen worden,

> *zur Unterstützung der kleinen im Ausland befindlichen festen*

Stationsschiffe, deren Reisen sich im allgemeinen nur auf das Küsten- und Seegebiet ihres Stationsbereiches erstreckten . . .

1896 wurde das Kreuzergeschwader in Kreuzerdivision umbenannt. Diese war in Ostasien tätig, zeitweise von Konteradmiral Tirpitz kommandiert. 1897 wurde die Marinekolonie Kiautschou/Tsingtau gegründet, die neben ihrer Rolle als Handelsniederlassung und Symbol deutscher Weltgeltung vor allem als Flottenstützpunkt zu dienen hatte. Die Kreuzerdivision wurde wieder Kreuzergeschwader, bestehend aus zwei Divisionen, die zweite kommandierte unter Vizeadmiral v. Diederichs der Konteradmiral Prinz Heinrich. Sein Flaggleutnant war der Kapitänleutnant Graf von Spee.

Während der Wirren in China, dem sogenannten Boxeraufstand, landeten etwa 800 Mann von den Schiffen und nahmen im Sommer 1900 an dem Pekinger Feldzuge des englischen Admirals Seymour unter Kapitän zur See von Usedom teil. Der Befehl: »Germans to the front!« stammt von dieser Expedition.

Dieser Befehl »Die Deutschen an die Front!« — nichts weiter als eine undramatische taktische Disposition — ist von Marinehistorikern zu einem Hilferuf der bedrängten Engländer an die tüchtigen Deutschen stilisiert worden. Noch 1966 ist in einem Handbuch von dem ›bekannten Ruf‹ die Rede.

Die deutsche Marinegeschichte war arm an Schlachtenruhm gegenüber der Armee. Da kam der Ruf gerade recht als Parallele zu Wellingtons »Ich wollte, es würde Nacht oder die Preußen kämen« bei Waterloo 1815. Die Marine wußte nicht, daß auch die Armee der Geschichte anekdotisch nachgeholfen hatte. Büchmann enthüllt:

Der Wortlaut des ausgegebenen Befehls war: »Unser Plan ist ganz einfach: die Preußen oder die Nacht! Ausgehalten bis zum letzten Mann.«

Doch war die Aktion beim Boxeraufstand, die mit Plünderungen und Zerstörungen in Peking endete, immerhin ein Akt europäischer Einigkeit: Englische, französische, russische und deutsche Schiffe beschossen die chinesischen Forts. Die Bravour der Deutschen bei den Operationen an Land gegen einen solchen Gegner, die ›Gelbe Gefahr‹, wurde anerkannt.

Bei der Beschießung der Taku-Forts am Peiho verfeuerte das Kanonenboot ›Iltis‹ 3115 Schuß und erhielt 12 Treffer. Es hatte 7 Tote und 11 Verwundete. Kaiser Wilhelm zeichnete nicht nur die Besatzung aus, sondern dekorierte auch das Schiff. Ein Chronist berichtet stolz:

Eine besondere Auszeichnung, wie sie unserer Marine aus Mangel an Gelegenheit zu kriegerischer Betätigung bisher noch nie zuteil geworden war, und die an die Auszeichnungen erinnert, wie sie bei

Fahnen und Standarten des Heeres im Kriege üblich sind, erhielt das Kanonenboot ›Iltis‹ durch Kaiserliche Kabinettsorder vom 27. Januar 1903:

»Ich will Meinem Kanonenboot ›Iltis‹ zur bleibenden Erinnerung des hervorragenden Verhaltens seiner Besatzung in dem Kampf mit den Taku-Forts am 17. Juni 1900 eine besondere Auszeichnung zuteil werden lassen und bestimme: Mein Kanonenboot ›Iltis‹ hat auf der Back über dem Vorsteven aufgesetzt den Orden pour le mérite und auf dem Flaggenstock einen Flaggenknopf nach dem Mir vorgelegten Muster zu tragen.«

Diesen höchsten Orden hatte der Kommandant erhalten. Das etwa 65 Meter lange, schlanke und schlichte Schiff trug nun über seinem schon wilhelminisch opulenten Bugzierat den überhohen Flaggenstock mit dem etwa mannshohen Orden, auf dem Flaggenknopf den Orden nochmals in Kleinformat mit Lorbeerkranz und Inschrift ›S.M.S. Iltis 17. Juni 1900‹.

Die Kaiserliche Dekoration konnte keinen Sturm überstehen, sie wurde in See abmontiert. Seemännischer Widerspruch gegen Seine Majestät kam nicht in Frage, doch wird sich mancher Mann gefragt haben, wie wohl in einem Krieg mit Schlachtenruhm solcher Schmuck sich an den Schiffen häufen müßte.

›Iltis‹ endete ruhmlos. Am 28. September 1914 wurde das Kanonenboot mit anderen Fahrzeugen in Tsingtau durch Werftpersonal versenkt, als die Japaner den Stützpunkt eingeschlossen hatten. Am 7. November leitete der Gouverneur die Kapitulationsverhandlungen ein.

Die Ordensverleihung an ein Schiff wurde in weniger spektakulärer Form und nur einmalig im Krieg wiederholt, als 1916 zum Andenken an die 1914 vernichtete erste ›Emden‹ der Kreuzer ›Emden II‹ das Eiserne Kreuz als Wappen erhielt. Wie so manche kaiserliche Geste, ist auch diese in Raeders Kriegsmarine ähnlich nachvollzogen worden: Zum Gedenken an die Versenkung von drei englischen Panzerkreuzern durch ›U 9‹ unter Kapitänleutnant Otto Weddigen, erhielt das 1935 gebaute neue ›U 9‹ ein Eisernes Kreuz am Turm. Weddigen übernahm ›U 29‹ und ging am 18. März 1915 mit der gesamten Besatzung durch Rammstoß eines britischen Schlachtschiffes unter. Sein altes ›U 9‹ diente als Schulboot, wurde nach Kriegsende an die Engländer ausgeliefert und abgewrackt. Das neue ›U 9‹ von 1935 endete am 20. August 1944 durch eine sowjetische Fliegerbombe im Schwarzen Meer, wohin es mit anderen Booten dieser kleinen Klasse (teilzerlegt, per Bahn) transportiert worden war.

Jener Graf Spee, der als Kapitänleutnant 1897 beim Kreuzergeschwader unter Prinz Heinrich diente, war später als Korvettenkapitän

Erster Offizier des Linienschiffs ›Brandenburg‹, als es mit der 2. Division der Hochseeflotte zur Demonstration deutscher Flottenreichweite Tsingtau besuchte. Und am 19. Sepetmber 1912 wurde er Chef des Kreuzergeschwaders. Sein Flaggschiff war S.M.S. ›Scharnhorst‹.
Als er aus der Heimat abreiste, zunächst nach Ostafrika, sagte er auf die Frage, was er im Falle eines Krieges tun werde:

Dann hoffe ich, mich mit vielen Engländern auf dem Meeresgrund wiederzufinden.

Dieser Wunsch wurde ihm erfüllt, doch lagen beim Endkampf seines Geschwaders nur Deutsche auf dem Meeresgrund. Er siegte bei Coronel und verlor bei den Falklands-Inseln — durch einen Kunstfehler, der seinen Nachruhm in der Marine jedoch nicht verdunkelt hat. Ein Panzerschiff der Kriegsmarine unter Hitler wurde nach ihm benannt — und ging ebenfalls durch einen Kunstfehler verloren.
Das Kreuzergeschwader des Grafen Spee stand auf verlorenem Posten.
Marine-Kritiker Kapitän zur See Persius 1919:

Kiautschou, die ureigenste Schöpfung des Herrn von Tirpitz, war als ›Flottenstützpunkt‹ mit ungezählten Millionen ausgebaut worden. 1897 begann das Werk. Als Anfang August 1914 die Kriegserklärungen in Tsingtau am Brett des Yamen angeschlagen waren, da dachte unser ostasiatisches Kreuzergeschwader nicht daran, sich auf den ›Flottenstützpunkt‹ zu stützen. Nur einige kleine Kanonenboote blieben im Hafen, mit der Bestimmung, versenkt zu werden, sobald der Feind zum ersten Angriff schreiten würde. Das war selbstverständlich, denn eine erfolgreiche Verteidigung Tsingtaus war ausgeschlossen. An der Wiege des Flottenstützpunktes Tsingtau hatte der Bluff Gevatter gestanden. Befestigungen wurden angelegt, Geschütze montiert, Minensperren vorbereitet, ein gewaltiger Hafen auf ungeeignetstem (!) Grund — die Fortsprengung der Felsblöcke kostete enorme Summen — hergestellt, Soldaten von der Marine-Infanterie und Matrosen-Artillerie in prächtigen Kasernen einquartiert. Aber, geschaffen unter der Devise: »Mehr scheinen als sein«, mit der Tirpitz stets gearbeitet hat — man sehe sich seine Schiffsbauten an —, taugte alles nicht recht, war ungenügend zu jeder Verteidigung, die nicht etwa nur gegen Chinesen zur Anwendung kam. »Warum«, so wurde häufig von Kolonialkennern gefragt, »hat man Tsingtau überhaupt befestigt?« Es wäre gescheiter gewesen, es völlig wehrlos zu lassen, wie unsere Schutzgebiete auf Neu-Guinea und in der Südsee. Dort vollzog sich der Besitzwechsel ganz einfach, schmerzlos und verständig. Die deutsche Flagge ging nieder, der Union Jack hoch. Menschenleben waren nicht zu beklagen. Wozu wurden zur Ausführung jenes berühmten Telegramms des Gouverneurs Meyer-Waldeck: »Einstehe für Pflichterfüllung bis aufs Äußerste« an Wilhelm den Zweiten hunderte von deutschen Soldaten und kostbares Gut deutscher Kaufleute geopfert? Um des Prestiges willen? Der Japaner verlachte den Deutschen, seit der sich ihm würdelos Anfang August an den Hals zu werfen versucht hatte, um ihn als Bundesgenossen zu ködern — den Deutschen, auf dessen Konto er hauptsächlich den schimpflichen Frieden von Shimonoseki zu buchen hatte. Revanche nahm der Japaner nun am neunzehnten August 1914: er sandte ein Ultimatum mit dem fast gleichen Wortlaut der Note, die 1895 Fürst Hohenlohe redigiert hatte, als er sich dem japanischen Expansionsdrang widersetzte und Japan um die Frucht seines Sieges über China betrügen half.

›Scharnhorst‹ und ›Gneisenau‹ waren in der Südsee zu einer Bereisung der deutschen Kolonien — Marianen-, Carolinen- und Marshall-Inseln, Ponape, Samoa — unterwegs, als der Krieg ausbrach. Zur Zeit der englischen Kriegserklärung lagen sie vor Ponape.
Zum Kreuzergeschwader gehörten ferner die Kleinen Kreuzer ›Emden‹, ›Nürnberg‹ und ›Leipzig‹. ›Nürnberg‹ war auf der Rückfahrt von der mexikanischen Westküste und sollte in Tsingtau überholt werden. Der Kurs wurde geändert, am 6. August traf das Schiff in Ponape ein. ›Emden‹ blieb zunächst in Tsingtau und operierte später allein in der Südsee. ›Leipzig‹ hatte in Mexiko ›Nürnberg‹ abgelöst und stieß am 14. Oktober bei den Osterinseln zum Kreuzergeschwader, gleichzeitig mit dem Kleinen Kreuzer ›Dresden‹, der vom Südatlantik um Cap Horn gefahren war.

Graf Spee hatte sich entschlossen, den Kurs auf Südamerika über Samoa und die Marquesas zu wählen, weil hier seine einzige Chance lag, über Agenten und durch Kaperung seine Kohlenversorgung zu sichern und als ›fleet in being‹ — durch die Existenz seines Verbandes — die gegnerischen Streitkräfte zu Suchoperationen zu veranlassen und solcherart von anderweitiger Verwendung abzuziehen, zu binden. ›Scharnhorst‹ und ›Gneisenau‹ waren durch ihren hohen Kohlenverbrauch für überseeische Operationen ohne Stützpunkte ungeeignet. Bei 10 Knoten Marschgeschwindigkeit brauchten ›Scharnhorst‹ täglich 93 Tonnen Kohlen, ›Gneisenau‹ 84, die Kleinen Kreuzer nur 40-59. Schon bei 15 Knoten stieg der Tagesverbrauch der Panzerkreuzer auf 188-204 Tonnen, bei den Kleinen Kreuzern nur auf 82-96. Bei 20 Knoten war der Unterschied noch schwerwiegender: 412-432 Tonnen brauchten die Panzerkreuzer, 165-200 Tonnen die Kleinen Kreuzer.

Es gelang jedoch, die Kohlenversorgung zu sichern. Das Geschwader beschoß Küstenbatterien auf Tahiti, detachierte Kreuzer zum Handelskrieg und errang am 1. November 1914 bei Coronel an der chilenischen Küste südlich Juan Fernandez einen Seesieg, der in der Jubelzeit jener ersten Kriegsmonate außerordentlichen Eindruck machte. Die Engländer wußten ungefähr, wo sich das Geschwader befand, denn ›Scharnhorst‹ hatte einen unvorsichtigen Funkspruch abgegeben. Während englische, japanische und australische Seestreitkräfte weithin verstreut im Pazifik nach deutschen Kreuzern und Hilfskreuzern fahndeten, wurde im Südatlantik durch Handelsschiffversenkungen die Spur der ›Dresden‹ deutlich. Die britische Admiralität operierte wenig glücklich, auch bei der Nachrichtenübermittlung gab es Pannen.

Um bei einem Zusammentreffen mit dem deutschen Kreuzergeschwader, das um Cap Horn in den Südatlantik stoßen konnte, die britische Überlegenheit zu sichern, wurde dem Konteradmiral Cradock als Rückhalt für seine Kreuzer das Schlachtschiff ›Canopus‹ beigegeben, Baujahr 1897, ein langsames Bügeleisen mit nur 19 Knoten Höchstgeschwindigkeit, immerhin aber beträchtlich schwerer gepanzert und bewaffnet als die deutschen Panzerkreuzer. Durch eine zu spät ergangene, von Cradock nicht aufgenommene Order kam es dazu, daß Cradock ohne ›Canopus‹ mit dem Panzerkreuzer ›Good Hope‹ und ›Monmouth‹ (beide Stapellauf 1901) und dem leichten Kreuzer ›Glasgow‹ (1909) um das Kap ging und Coronel ansteuerte, wo er auf das deutsche Kreuzergeschwader traf.
Die Geschwindigkeit der Gegner war gleichwertig, in der Kampfkraft war ›Good Hope‹ trotz etwas überlegenem Kaliber von zwei 23,5 cm-Kanonen unterlegen, ›Monmouth‹ war artilleristisch eher ein leichter Kreuzer, bewaffnet mit 15 cm-Kanonen. Praktisch standen ein britischer Panzerkreuzer gegen zwei deutsche, zwei britische leichte Kreuzer gegen zwei schwächere deutsche. ›Nürnberg‹ war detachiert und stieß erst nach dem Gefecht wieder zum Verband.

Unterlegen war die Besatzung auf ›Good Hope‹ und ›Monmouth‹, größtenteils erst vor acht Wochen durch Neulinge aufgefüllt — die veraltenden Schiffe hatten im Frieden nur eine kleine Stammbesatzung für die Wartung. Bei den Deutschen war vor vier Monaten routinemäßig die halbe Besatzung abgelöst worden, aber die Perfektion in Geschützexerzieren und Schießausbildung war Stolz der kaiserlichen Marine, im Wettbewerbssystem der Schießpreis hatten ›Scharnhorst‹ und ›Gneisenau‹ sich im Frieden hervorgetan und eine Bordtradition entwickelt.

Das Gefecht begann in der Abenddämmerung um 18.34 Uhr. In nur 50 Minuten wurden ›Good Hope‹ und ›Monmouth‹ zusammengeschossen, ›Glasgow‹ entkam beschädigt, ein begleitender Hilfskreuzer ›Otranto‹ hatte schon früher abgedreht.

Das Ende für ›Good Hope‹:

... mehrere Sekunden lang sah man eine glühende Säule aufragen,

in der sich weißstrahlende Körper bewegten. Die Explosion sprengte das Vorschiff ab, ›Monmouth‹ stellte schon vorher schwer beschädigt das Feuer ein, ›Nürnberg‹ stieß nach:

Sie hatte etwa 10 Grad Schlagseite nach Backbord. Auch schien mittelschiffs große Dampfgefahr zu sein. Als wir näher kamen, legte er sich noch mehr über, so daß er die Geschütze auf der uns zugekehrten Seite nicht mehr brauchen konnte. Auf kurze Entfernung eröffneten wir das Feuer und brachten ihn durch Artilleriefeuer zum Kentern. Das Schiff versank mit wehenden Flaggen und keinen Mann konnten wir retten, einmal wegen der hohen See, die das Aussetzen eines Bootes unmöglich machte, dann aber auch, weil neue Rauchwolken gemeldet wurden, die, wie wir hofften, neue Feinde waren, und auf die wir zuhielten. Freilich waren es dann schließlich nur unsere Panzerkreuzer, die auch den fliehenden Feind suchten.

Am nächsten Morgen gab es im gesammelten deutschen Verband drei Hurras auf den Admiral.

Ein Marine-Ruhmesbuch um 1935:

Aufrecht, schlank und groß steht er da, die Hand zum Gruß an der Mütze, golden leuchten die Admiralsärmelstreifen und die helle Vormittagssonne verklärt noch einmal den Mann, den Führer, der sie wenige Wochen später zu Untergang und Ruhm führen mußte.

Mußte?
1922 erschienen die Bände ›Der Kreuzerkrieg in den ausländischen Gewässern‹ des offiziellen Seekriegswerks. Verfasser war der Kapitän zur See Erich Raeder.
1926 wurde er dafür anläßlich der Skagerrakfeiern in Kiel zum Ehrendoktor ernannt.

Das Werk ist mit wissenschaftlicher Gründlichkeit geschrieben, aber verteidigend. Das mag die Art solcher Veröffentlichungen sein und macht sie als Quelle über das Sachliche hinaus wertvoll. Die Ehre der Marine als Waffengattung, ihre Repräsentation durch Aufsuchen des Gegners auch in aussichtsloser Lage, bestimmte das Selbstverständnis und hat die weitere Marinegeschichte bestimmt. Raeder 1922:

Graf Spee, wie auch sein Chef des Stabes, Kapitän z. See Fielitz, glaubte jede Gelegenheit zur Erringung eines militärischen Erfolges wahrnehmen zu müssen, um dadurch dem Geschwader einen ehrenvollen Anteil an den Erfolgen der Marine im Weltkriege zu sichern; denn er hielt bei der militärischen Lage auf den Ozeanen und den Aussichten für die weitere Versorgung seiner Kreuzer, wie er sie nach den spärlichen ihm vorliegenden Nachrichten einschätzte, die Lebensfähigkeit des Kreuzergeschwaders für begrenzt und die

Möglichkeit, noch längere Zeit Kreuzerkrieg zu führen oder in die Nordsee zurückzukehren, für nur gering.

Belegt ist das, wie Raeder in einer Fußnote vermerkt, durch die überlebenden Kommandanten des Kreuzers ›Dresden‹ und des Hilfskreuzers ›Prinz Eitel Friedrich‹.

Nur unter dem Gesichtspunkt der durch den Tod besiegelten Ehre ist Kritik an der letzten Unternehmung des Geschwaders nicht laut geworden. Zumal bei der ›Verkettung unglücklicher Umstände‹ (so nannte es ein Admiral nach dem Krieg) auch mitspielte, daß Graf Spee keine Ahnung von der Untätigkeit der Flotte in der Heimat hatte. Er konnte sich nicht denken, daß die Engländer es sich leisten könnten, moderne, seinen Panzerkreuzern an Geschwindigkeit und Bewaffnung weit überlegene Schlachtkreuzer aus der Heimatflotte zu entlassen und in den Südatlantik zu senden. Eben dies hatten sie getan — weil sie ihrerseits die Heimatflotte nicht zur Seeschlacht in der Nordsee auffahren ließen, wie man es vor dem Krieg als selbstverständlich erwartet hatte.
Nach Coronel mußte Graf Spee mit baldigem Erscheinen englischer Streitkräfte im Seegebiet vor der chilenischen Küste und in Richtung Südsee rechnen. Er entschloß sich, um Kap Horn herum die Falklands-Inseln nordwestlich Feuerland anzusteuern, um den dortigen englischen Versorgungsstützpunkt zu zerstören und dann weiter in den Atlantik hinein zu operieren, vielleicht bei erneut beschaffter Versorgung doch noch zur Heimat durchzubrechen.
Sein Kunstfehler bestand darin, daß er nicht durch Entsenden eines Kleinen Kreuzers oder eines Begleitschiffs erkundete, welche britischen Streitkräfte dort lagen. Er fuhr mit dem gesamten Geschwader auf, noch auf direkte Sicht verkannten die näher herangestaffelten Kreuzer Art und Klasse der im Hafen liegenden Schiffe. Der Verband setzte sich von vornherein schon der Gefahr aus, von den Kanonen des alten ›Canopus‹ getroffen zu werden, der schußbereit an einer geeigneten Stelle auf den Schlamm gesetzt worden war und auch ohne Treffer feuerte.
Die Engländer hatten es nicht schwer. Drei Tage vor dem Erscheinen des deutschen Kreuzergeschwaders waren die Schlachtkreuzer ›Invincible‹ und ›Inflexible‹ in Port Stanley eingelaufen. Nur ein Jahr jünger als ›Scharnhorst‹ und ›Gneisenau‹, aber ungleich stärker bewaffnet, mit je acht 30,5 cm-Kanonen, deren Reichweite und Durchschlagskraft den 21 cm-Kanonen der deutschen Panzerkreuzer weit überlegen waren. Durch überlegene Geschwindigkeit konnten die englischen Schlachtkreuzer die Gefechtsentfernung bestimmen, außer Reichweite der deutschen Kanonen bleiben.

Dazu hatte Vizeadmiral Sturdee noch drei ältere Panzerkreuzer und

den bei Coronel entkommenen leichten Kreuzer ›Glasgow‹.
Allein schon gegen die englischen Panzerkreuzer, von denen sich noch ein weiterer im Seegebiet befand, hätte das Kreuzergeschwader einen schweren Stand gehabt. Die Schlachtkreuzer entschieden das Gefecht von vornherein. Wäre nur ein deutsches Aufklärungsschiff vor Port Stanley erschienen, so hätte es die sofort auslaufenden englischen Streitkräfte vom deutschen Geschwader ablenken können. Graf Spee hätte zumindest noch für einige Zeit freie Hand gehabt, den Gegner an weitere Suchaktionen binden, durch Aufteilung des Geschwaders zerstreuen können. Internierung in einem neutralen Hafen nach Erschöpfung von Kampf- und Betriebsmitteln hätte durchaus keinen unedlen Traditionen des Seekriegs entsprochen. Man mag über Ehrbegriffe diskutieren, doch gab es jedenfalls Alternativen, im Zusammenhalten des Verbands lag ein Zug von strategischer und taktischer Starrheit, die an den Vorwurf denken läßt, die kaiserliche Marine habe im Wettlauf um repräsentative Flottenstärke das ozeanische Denken, die eigentliche Seekriegskunst, verlernt.
Der Ehre geschah jedenfalls Genüge, Tapferkeit wurde bewiesen.

So wie die Verhältnisse sich am 8. Dezember nach 9 Uhr vormittags entwickelt hatten und vom Flaggschiff aus nach den kurzen Meldungen der ›Gneisenau‹ beurteilt werden konnte, war Graf Spee nicht imstande, einen anderen Befehl als den zum Sammeln zu erteilen, um die Lage zu klären und dem Kampf mit überlegenen Streitkräften nach Möglichkeit auszuweichen.

Schreibt Raeder 1922 — doch um 9 Uhr war es zu spät für die strategische Entscheidung, die taktische war ausweglos. Der Gegner lief aus. Um 12.55 Uhr eröffnete ›Invincible‹ das Feuer, um 13.20 Uhr befahl Graf Spee seinen Kleinen Kreuzern, sich zu retten und setzte ›Scharnhorst‹ und ›Gneisenau‹ zu ihrer Deckung ein. Aber nur ›Dresden‹ konnte entkommen, die übrigen wurden durch die britischen Kreuzer vernichtet. Um 16.17 Uhr sank ›Scharnhorst‹ mit Graf Spee und der gesamten Besatzung, 860 Mann. 16.45 Uhr ›Gneisenau‹. Unter den 598 Toten war Graf Spees Sohn Heinrich, Leutnant zur See, 21 Jahre alt. Um 19.20 Uhr ›Leipzig‹, 315 Tote. Um 19.21 Uhr ›Nürnberg‹, 327 Tote, darunter Graf Spees Sohn Otto, Leutnant zur See, 24 Jahre alt. Gerettet wurden 187 Mann von ›Gneisenau‹, 18 von ›Leipzig‹, 10 von ›Nürnberg‹.
Eine Marinegeschichte von 1963 erinnert an ein pathetisches Schlachtgemälde:

Vier Mann der Besatzung halten auf dem sinkenden Schiff (›Nürnberg‹) an einer Stange eine Kriegsflagge hoch, bis sie selbst untergehen. Diese Szene hat den Marinemaler Bohrdt zu dem Gemälde ›Der letzte Mann‹ angeregt.

In der Heimat notierte Admiral von Müller, Chef des Marinekabinetts, in seinem Tagebuch am 11. Dezember 1914:

Der Kaiser ließ mich morgens kommen, um mit mir über die Vernichtung des Kreuzergeschwaders zu sprechen. Er lag zu Bett. Die Kaiserin war bei ihm, ging dann aber hinaus. Der Kaiser war sehr bedrückt. Er hatte wieder einmal das Gefühl, daß der Generalstab ihn beiseite ließe. Er erging sich auch in Vorwürfen gegen Tirpitz wegen unserer unglücklichen Schiffstypen und war darin sehr ungerecht. Natürlich bemühte ich mich, ihm Mut zu machen.

›Dresden‹ entwich um Kap Horn, war aber in aussichtsloser Lage, als am 8. März der britische Panzerkreuzer ›Kent‹ in Sicht kam. Doch gelang die Flucht in die Cumberland-Bucht der Juan-Fernandez-Insel Mas a Tierra. Mit Funkspruch kam aus der Heimat die Genehmigung zur Internierung des maschinell erschöpften Schiffes in dem chilenischen Hafen: »Seine Majestät der Kaiser stellt Ihnen frei aufzulegen.«
Entwaffnung sollte erst vorgenommen werden, wenn chilenische Kriegsschiffe zum Schutz der ›Dresden‹ vor einem englischen Angriff eingetroffen wären, das Schiff war also noch nicht formell interniert, als ›Kent‹ und ›Glasgow‹ am 14. März vor dem Hafen erschienen und die vor Anker liegende ›Dresden‹ unter Feuer nahmen. Das ungünstig mit dem Heck zur See liegende Schiff konnte sich kaum wehren, nach schweren Treffern wurde die weiße Flagge neben der Kriegsflagge gesetzt,

ohne damit jedoch die Übergabe des Schiffes andeuten zu wollen; denn die Kriegsflagge blieb wehen. Sie war zwar bald nach der Beschießung, etwa zu der Zeit, zu der der stellvertretende I. Offizier schwer verwundet wurde, abgeschossen und ins Wasser geflattert. Obersteuermannsmaat Zens, der im Begriff war, mit einer neuen Flagge achteraus zu laufen, wurde dabei ebenfalls schwer verwundet. Die Flagge wurde aber dann, da alle Leinen unbrauchbar geworden waren, an der Raa des Fockmastes geheißt. Gösch und Kommandantenwimpel haben daneben bis zum Untergang geweht.

Nach einiger Zeit stellten die Engländer das Feuer ein. Der Adjutant des ›Dresden‹-Kommandanten, Oberleutnant zur See Canaris, später unter Hitler Abwehrchef und nach dem 20. Juli als prominenter Verschwörer gehängt, fuhr mit der Dampfpinaß zum englischen Führerschiff ›Glasgow‹ und teilte mit, ›Dresden‹ läge wegen Maschinenschaden in neutralen Gewässern. Der ›Glasgow‹-Kommandant antwortete,

die englischen Schiffe hätten Befehl, die ›Dresden‹ zu vernichten, wo immer sie sie anträfen; die Neutralitätsfragen müßte zwischen der englischen und chilenischen Regierung geregelt werden; er würde die Beschießung fortsetzen, falls ›Dresden‹ sich nicht ergeben würde.

Canaris zeigte ihm, daß die Kriegsflagge wehte; Raeder bemerkt in einer Fußnote im Seekriegswerk entrüstet:

Trotzdem haben die Engländer auch in diesem Falle die Lügennachricht in die Welt gesetzt, ›Dresden‹ hätte die Flagge gestrichen und sich schimpflich ergeben.

›Dresden‹ war nicht mehr zu halten und wurde von der eigenen Besatzung gesprengt, ehe die Beschießung, die acht Tote gekostet hat, erneut beginnen konnte.

Auf den Vorwurf der Neutralitätsverletzung haben die Engländer erwidert. ›Dresden‹ habe im Schutz des neutralen Hafens nur Kohlendampfer abwarten wollen und zudem das Feuer eröffnet. Beides traf nicht zu, doch macht der Fall die Aussichtslosigkeit des Kreuzerkriegs ohne Stützpunkte deutlich. Die Marineführung befahl nicht das Aufopfern nur um der Ehre willen, und bei einem weniger offenen Liegeplatz wäre auch der Angriff der Engländer unmöglich gewesen, das Schiff wäre ohne Menschenverluste interniert worden.

Unterschätzt wurden die Engländer, die eine Chance auch in neutralem Gewässer wahrnahmen. So war schon am 26. August 1914 der Hilfskreuzer ›Friedrich Wilhelm der Große‹ — ein umgerüsteter Passagierdampfer — bei der spanischen Kolonie Rio de Oro von dem Kreuzer ›Highflyer‹ angegriffen und daraufhin von der eigenen Besatzung versenkt worden.

Mit viel Glück und Geschick operierte der Kreuzer ›Emden‹. Er verließ rechtzeitig Tsingtau, stieß zunächst zum Kreuzergeschwader und operierte dann allein in der Südsee mit Beschießungen und Handelskrieg. Siebzehn Handelsschiffe hatte er versenkt, einen russischen Kreuzer schwer beschädigt und ein Torpedoboot versenkt, als er von dem artilleristisch überlegenen australischen Kreuzer ›Sydney‹ bei den Cocos-Inseln gestellt und vernichtet wurde, es gab 133 Tote. Das sinkende Schiff wurde auf ein Korallenriff von North Keeling Island gesetzt. Erst 1950 hat eine japanische Firma die Reste abgewrackt.

Ebenfalls 17 Schiffe versenkte die selbständig im mittleren und südlichen Atlantik sehr geschickt operierende ›Karlsruhe‹, bei Kriegsausbruch einer der modernsten deutschen Kleinen Kreuzer, wenn auch — wie alle anderen — notorisch unterbewaffnet, mit 10,5 cm gegen die bei englischen Kreuzern dieser Art üblichen 15 cm. Zum Kampf mit englischen Streitkräften kam es nicht. ›Karlsruhe‹ sank schon am 4. November 1914 westlich Tobago durch eine innere Explosion, vermutlich eines Kessels; 263 Tote.

Fern von den anderen operierte ein weiterer Kleiner Kreuzer: ›Königsberg‹ lag bei Kriegsausbruch in Daressalam, entging englischen Blockadestreitkräften, mußte aber wegen Kohlenmangel und Maschinenschaden ins Rufidji-Delta in Deutsch-Ostafrika einlaufen. Bei einer erneuten Unternehmung wurde vor Sansibar der vor Anker liegende britische Kreuzer ›Pegasus‹ — Baujahr 1897, schwächer armiert — beschossen und schwer beschädigt, dann zog sich ›Königsberg‹ zu Reparaturen wieder ins Rufidji-Delta zurück, wo sie am 11. Juli 1915 durch englische Blockadestreitkräfte beschossen und von der eigenen Besatzung versenkt wurde. Es gab 17 Tote.

So war der Krieg mit Kreuzern in fernen Gewässern schon nach kurzer Zeit beendet, die strategische Bilanz war negativ.

Man hatte die Rolle der Auslandskreuzer hervorgehoben, Tsingtau als Stützpunkt eingerichtet, bei bescheideneren Hoffnungen in den letzten Jahren vor dem Krieg immerhin mit Bindung gegnerischer Streitkräfte durch die eigenen Auslandskreuzer gerechnet, auch mit Erliegen des gegnerischen Handels durch die Bedrohung. Doch die Erfolge waren nur von kürzester Dauer, die als Hilfskreuzer ausgerüsteten Schnelldampfer enttäuschten vollkommen und die Versenkungserfolge, mit denen ›Emden‹ berühmt wurde, sind bald von U-Booten übertroffen worden, mit weit weniger Aufwand und Risiko. Nur einige getarnt bewaffnete Handelsschiffe sind als Hilfskreuzer überseeisch noch zum Zuge gekommen, doch von ihnen war im Frieden nie die Rede gewesen, ebensowenig von Handelskrieg mit U-Booten.

Von der stolzen Tirpitz-Flotte hat im ersten Weltkrieg kein Schiff die Nordsee-Blockade durchbrochen und keines ist von Übersee in die Heimat zurückgekehrt.

Groß war allerdings der propagandistische Erfolg in der Heimat. Trotz Verlust der Schiffe: Coronel als Seesieg, tapferes Sterben bei den Falklands-Inseln, die Kaperfahrt der ›Emden‹ noch abenteuerlich ergänzt durch die Rückkehr eines Teils der ›Emden‹-Besatzung unter Kapitänleutnant v. Mücke auf dem gekaperten Schoner ›Ayesha‹ quer durch den Indischen Ozean — der Ruhm verdeckte die magere militärische Bilanz, die Marine hatte sich gut geschlagen. Die Besatzungsmitglieder der ›Emden‹ durften ihrem Familiennamen den Schiffsnamen hinzufügen. ›Karlsruhe‹ wurde nicht so berühmt, weil ihr Verlust durch Unfall geheimgehalten wurde, damit die Engländer weiter suchten, was sie auch noch monatelang taten. Zudem hatte sie — bis auf einen Handstreich auf Britisch-Barbados — nur Handelskrieg führen können.

Einen Rückschlag für den Ruf der Marine brachte allerdings um so mehr die Fortdauer des Stillhaltens der ›Hochseeflotte‹ in der Heimat. Durch Jugendliteratur, Geschichts- und Propagandaschriften der

Reichs- und Kriegsmarine wurde die Ruhmesgeschichte der Auslandskreuzer lebendig gehalten, besonders ›Emden‹ und ›Ayesha‹ beflügelten die Phantasie. Und als die Bundesmarine um Mitte der 50er Jahre britische Fregatten der Hunt-Klasse als erste größere Schiffe erhielt, wurde die Taufe auf die Namen ›Scharnhorst‹, ›Gneisenau‹ und ›Graf Spee‹ als selbstverständliche Traditionspflege verstanden. Fregatten-Neubauten erhielten Städtenamen, darunter ›Emden‹ und ›Karlsruhe‹. Jahrelang waren die älteren Fregatten Schulschiffe. ›Scharnhorst‹ und ›Gneisenau‹ existieren noch in Reserve, bei neuen Namengebungen wurde mit der Tradition gebrochen.

Der Untergang von Menschen und Schiffen des Kreuzergeschwaders und der allein operierenden Kreuzer war für den Kriegsverlauf bedeutungslos. Die zeitweise Bindung gegnerischer Streitkräfte hatte keinen Einfluß auf die Kriegsführung in den Heimatgewässern. Durchaus realistisch, aber als Tsingtau-Schöpfer inkonsequent, hatte Tirpitz von vornherein über die Chancen des Kreuzerkriegs gesagt, daß

> *ein durchschlagender Kreuzerkrieg und transozeanischer Krieg gegen England und andere große Staaten wegen Mangels an auswärtigen Stützpunkten und wegen der geographischen Lage vollkommen ausgeschlossen*

war. Wenige U-Boote erreichten ungleich größere Erfolge. Die Kreuzerbesatzungen wurden einem Ehrbegriff geopfert, der durchaus ein Verhaltenszwang war, Vorwegnahme des totalen Krieges: Tsingtau kapitulierte in Ehren mit geringen Verlusten vor einem übermächtigen Feind, doch zur See wurde schon ein ideologisierter Krieg geführt.

Gegenüber Volk und Armee bot sich jedoch für Tirpitz eine willkommene Gelegenheit, die Tapferkeit seiner Marine zu betonen, Coronel als Auftakt von Siegen zur See, ›Emden‹ als Symbol kühnen Unternehmungsgeistes. Und die Heimkehr des kleinen Teils der Besatzung auf ›Ayesha‹ kam gerade recht, um von der Schlappe an der Doggerbank abzulenken, wo der Panzerkreuzer ›Blücher‹ hilflos zurückgelassen werden mußte und vernichtet wurde.

> *Tirpitz zeigte sich zusammen mit Herrn v. Mücke am Abend der Ankunft der ›Ayesha‹-Leute in Berlin auf dem Balkon des Reichsmarineamtes in der Königin-Augusta-Straße dem Publikum, das verzückt Hurra schrie.*

Niemand fragte auch nach dem sachlichen Sinn, als Hilfskreuzer in überseeische Gewässer entsandt wurden, Handelsschiffe mit getarnter Bewaffnung. Sie ermöglichten kühne Abenteuer tapferer Männer. Aber die Zeiten waren vorbei, in denen man mit Kaperschiffen eine Seemacht empfindlich treffen konnte. Im Frieden hatte man die

Illusion gehegt, mit Schnelldampfern der Nordamerika-Linie die langsamen Frachter jagen zu können, aber Kohlenverbrauch und Empfindlichkeit dieser Schiffe machte sinnvolle Operationen ausgeschlossen. Es blieb beim Versuch, die Subventionen der schnellen Liner erwiesen sich als hinausgeworfenes Geld. Übrigens auch bei den Engländern. Und die Versenkungserfolge der Kaperschiffe, von denen nur sechs in Dienst gelangten, vier ohne Erfolg verlorengingen und nur zwei wirksam operierten, waren nur eine Episode ohne strategische Auswirkung. Der Jubel vor allem um das glückliche Schiff ›Möwe‹, das zwei Fahrten ausführte, ›Wolf‹ eine, stand in keinem Verhältnis zur Wirksamkeit der U-Boote. Sie waren die Waffe, mit der allein die Marine den Kriegsverlauf beeinflussen konnte. Die Schlachtflotte kreuzte selten und nutzlos in der engen Nordsee und traf nur einmal, fast zufällig, auf den Gegner: Vor dem Skagerrak am 31. Mai 1916.

Und doch hat der Tirpitz-Epigone Raeder im zweiten Weltkrieg wieder Kreuzerkrieg zu führen versucht und Hilfskreuzer ausgesandt, wieder mehr Abenteuer als strategischer Zug, wieder Selbstbestätigung der Marine. Ein noch ärgerer Anachronismus als im ersten Weltkrieg, dessen Lehren nicht beherzigt wurden. Nicht einmal im U-Boot-Bau. Sogar zu knäbischer Seeromantik ließ man sich im ersten Weltkrieg hinreißen: Ein Segelschiff wurde als Hilfskreuzer entsandt, ›Seeadler‹. Unter dem verwegenen Abenteurer Graf Felix Luckner, der sein Schiff in der Südsee verlor, als er es recht unbedacht vor einer Koralleninsel verankert hatte. Auf deren Riffe wurde es durch die Flutwelle eines Seebebens geworfen, als der größte Teil der Besatzung an Land war. Es war das letzte Segelkaperschiff der Kriegsgeschichte. Seine Versenkungserfolge waren bedeutungslos, wenn auch Rechtfertigung genug, wenn man vom Seekrieg kein groß angelegtes Konzept forderte. Immerhin: ›Seeadler‹ brauchte keine Kohlen, und Graf Luckner war eine farbige Figur. Als Propagandist des Seegeltungsgedankens in der Nachkriegszeit, der Opposition gegen ein neues, vernünftig beschränktes Küstenschutzkonzept, wurde er für die Marine wertvoll. Sein Buch ›Seeteufel‹ hat manchen Jungen für den Dienst in der Reichsmarine geworben.

Auch andere populäre Bücher haben Sieg und Ende des Kreuzergeschwaders, der einzeln fahrenden Kreuzer und der Hilfskreuzer in wirkungsvoller Flottenpropaganda umgemünzt. Kritisches über Tirpitz-Fehlplanungen blieb unauffällig, so der Satz in dem Buch »Karlsruhe, eines deutschen Kreuzers Glück und Ende«:

> *Hätten wir doch auch 15 cm-Kanonenrohre, schöne, lange, moderne wie die Engländer gehabt, wir hätten uns bei Gott nicht zu scheuen brauchen . . .*

„Im Glauben an Sie, mein Führer"

Die britischen Schiffe hatten bei Vernichtung des Kreuzergeschwaders eine beträchtliche Zahl von Treffern erhalten, obwohl sie stärker und schneller waren und die Gefechtsentfernung bestimmen konnten. Ihre Verluste an Toten und Verwundeten waren jedoch nur gering. Bei Coronel hatte nur ›Gneisenau‹ vier Treffer, zwei Leichtverwundete.

Bei den Falklands-Inseln wurde vor allem ›Invincible‹ schwer getroffen. Mit 22 Einschlägen, davon zwei unter der Wasserlinie. Raeder im ›Kreuzerkrieg‹ 1921:

> *Einer der Unterwassertreffer drang unter dem Gürtelpanzer ein und explodierte in einem 100 Tonnen-Kohlenbunker, der voll Wasser lief, so daß der entsprechende Bunker der anderen Schiffsseite geflutet werden mußte. Der zweite Unterwassertreffer schlug am Vorsteven in die Kollisionsabteilung, die sich mit Wasser füllte. Ein Geschoß traf den vorderen Turm zwischen den beiden 30,5 cm-Rohren; ein anderes durchschlug das Steuerbord-achtere Bein des Dreibeinmastes, der dadurch aber zunächst nicht in seiner Stabilität beeinträchtigt wurde. Zwei Treffer zerstörten die Offiziersmesse völlig, ein Geschoß traf den Gefechtsverbandplatz, in dem Öl aus einem verletzten Ölbunker auslief, ein anderes ging in die Kantine; das letzte von ›Gneisenau‹ gefeuerte 21 cm-Stahlvollgeschoß schlug ein 10,2 cm-Rohr ab und ging dann durch drei Decks hindurch in die Provianlast des Admirals. Ein 15 cm-Geschoß durchbohrte die Bordwand über Wasser an Backbord in Höhe des achteren Seitenturms. Die Aufbauten wurden mehrfach getroffen, eine Bootswinde wurde zerstört. Zahlreiche Löcher von Sprengstücken wurden im Mittelschiff beobachtet. Das Deck war an verschiedenen Stellen durchschlagen, Niedergänge waren weggerissen, Schächte durchbohrt. Personalausfälle waren nicht eingetreten; nur der I. Offizier war leicht verwundet. Als Grund für das Ausbleiben von Personalverlusten führt Commander Balfour an, daß die gesamte Besatzung — mit Ausnahme von zwei Feuerlöschgruppen von je 20 Mann — sich während des Gefechts unter Panzerschutz befand.*

Raeder vermutet, die Engländer hätten Verluste verschwiegen. Doch lagen die Treffer tatsächlich in nicht von Personal besetzten Räumen. ›Inflexible‹ hatte durch nur drei Treffer einen Toten und zwei bis drei Verwundete. Sehr gut schossen mit ihrer unterlegenen Artillerie die Kleinen Kreuzer, ›Leipzig‹ erzielte 18 Treffer auf dem Panzerkreuzer ›Cornwall‹, 2 auf ›Glasgow‹, ›Nürnberg‹ 40 Treffer auf dem Panzerkreuzer ›Kent‹, doch gab es auf ›Glasgow‹ nur einen Toten und vier Verwundete, auf ›Cornwall‹ keine Verluste, auf ›Kent‹ vier Tote und zwölf Verletzte.

Das magere Kaliber der deutschen Schiffe gegenüber englischen gleicher Klasse war der Grund für die Vorwürfe Wilhelms gegenüber der Tirpitz-Technik, doch hätten die Engländer von der Treffsicherheit und Standfestigkeit ihrer Gegner gewarnt sein müssen.

Daß Tirpitz mit den Kalibern und damit den Schußweiten zu spät nachzog, wegen des Kaiser-Wilhelm-Kanals und den Wilhelmshavener Schleusen Größe und Tragfähigkeit der Großkampfschiffe hemmte, die Kreuzer auf die unrealistische Vorstellung von enger Blockade der Deutschen Bucht hin schwach armierte, ist ihm in der Marine am härtesten vorgeworfen worden. Aber vor allem Anlage der Schiffe und der Panzerung, Munition und Schießkunst hat er hoch entwickelt. Die Engländer zahlten einen bitteren Preis. Beispiel im ersten Weltkrieg:

In der Skagerrakschlacht gingen nicht weniger als drei moderne britische Schlachtkreuzer durch Artillerietreffer verloren, darunter ›Invincible‹. Dagegen nur ein deutscher — und dieser durch Torpedos.

> *Um 6.30 Uhr trafen die dritten Salven der beiden deutschen Schlachtkreuzer die ›Invincible‹ mittschiffs. Eine Granate durchschlug die Panzerung des Turmes A, wirbelte die Turmdecke hoch in die Luft und explodierte in der Munitionskammer. ›Invincible‹ brach in zwei Teile und sank sofort. Ihr Bug und ihr Heck blieben über Wasser sichtbar. Ihr Name stand deutlich lesbar am Heck. Ein trauriger Anblick für die Schiffe der Grand Fleet, die alle im weiteren Verlauf der Schlacht das Wrack dicht passierten.*

Unter den 1026 Toten der ›Invincible‹ war der britische Schlachtkreuzerführer Admiral Hood.

Nach ihm wurde 1918 der Schlachtkreuzer ›Hood‹ benannt, noch bei Ausbruch des Zweiten Weltkriegs das größte Kriegsschiff der Welt, nach den Erfahrungen der Skagerrakschlacht gegenüber ursprünglichen Plänen verstärkt.

Es war dennoch ein schwacher Riese. Mit dem Buchtitel ›Hood ist in die Luft geflogen‹ hielt noch 1960 der Marineschriftsteller Fritz-Otto Busch triumphierend die Flagge hoch.

Während des sog. Grönlandgefechts wurde am 24. Mai 1941 der englische Schlachtkreuzer ›Hood‹, der Stolz der britischen Flotte, versenkt. Es war eines der wenigen Seegefechte des Zweiten Weltkrieges, in dem sich zahlenmäßig gleiche, der Armierung nach allerdings ungleiche schwere Einheiten gegenüberstanden und einen Kampf bis zum Ende durchführen konnten.

Das Gefecht fand zwischen dem Schlachtschiff ›Bismarck‹ (42 000 Tonnen, acht 38 cm-Geschütze), dem Schweren Kreuzer ›Prinz Eugen‹ (14 800 Tonnen, acht 20,3 cm-Geschütze) und dem englischen Schlachtkreuzer ›Hood‹ (42 000 Tonnen, acht 38 cm-Geschütze) sowie dem Schlachtschiff ›Prince of Wales‹ (35 000 Tonnen, zehn 35,6 cm-Geschütze) statt. Zuschauer, ohne eingreifen zu können, waren die englischen Schweren Kreuzer ›Norfolk‹ und ›Suffolk‹, beide rund 10 000 Tonnen, mit je acht 20,3 cm-Geschützen.

Es war ein Pyrrhus-Sieg, der Busch-Vortext verschweigt es nicht:

Als Auftakt der Unternehmung ›Rheinübung‹, zu der die deutsche Kampfgruppe zum Handelskrieg in den Atlantik gesandt wurde, stellte das Gefecht gewissermaßen die Aufspürung und den Beginn der Verfolgung der deutschen Einheiten dar. Sie endeten mit der Vernichtung der ›Bismarck‹ durch die englischen Seestreitkräfte.

›Hood‹ hatte Treffer im Bereich der hinteren Geschütztürme erhalten. Die Munition explodierte wie einst bei ›Invincible‹. Schon die deutschen Schlachtkreuzer und Schlachtschiffe der letzten Jahre vor dem ersten Weltkrieg waren standkräftiger angelegt. Die Engländer hätten 1941 ihr dreiundzwanzig Jahre altes Schaustück nicht mehr gegen ein hochmodernes Schlachtschiff wie ›Bismarck‹ auffahren lassen dürfen. ›Hood‹ war übrigens nur auf dem Papier größer als ›Bismarck‹, tatsächlich etwas kleiner und beträchtlich leichter. Die Schwesterschiffe ›Bismarck‹ und ›Tirpitz‹ waren nur um wenige Meter kürzer, hatten offiziell weniger Tonnage, tatsächlich aber mehr, über 50 000 Tonnen und waren eher etwas schneller als es die Flottenhandbücher auswiesen. Großadmiral Tirpitz errang als Techniker einen späten Triumph. Doch hätte er es nicht für möglich gehalten, daß man ein Schlachtschiff einzeln in einer Unternehmung gegen Handelswege aufs Spiel setzte und verlor.

Die trotzige Selbstbestätigung der Raederschen Kriegsmarine spielt noch bis in sachliche Handbücher nach. Ausführlich wird verzeichnet, welche Streitkräfte die Engländer zur Vernichtung der ›Bismarck‹ ansetzten. Der entscheidende Treffer gewinnt scheinbar die Rolle des Lindenblatts bei Siegfrieds Tod in der Sage von den Nibelungen:

›Bismarck‹ (14. 2. 39) 24. 8. 40 Flotte; 27. 5. 41 † 10h40 Atlantik

300 sm nw. Quessant: 48°10m/16°12 w/Lufttorpedo/brit. Homefleet und Force H mit 5 Schlachtschiffen, 9 Kreuzern, 2 Flugzeugträgern usw./da Schiff kampfunfähig und verschossen, obwohl unter Panzerdeck völlig intakt, selbst gesprengt/1977 Tote, 115 Überlebende.

Unter den Toten war der Flottenchef Admiral Lütjens. Zum Verhängnis wurde der ›Bismarck‹ die Luftaufklärung des Gegners. Ein Catalina-Flugboot hatte das Schiff am Vormittag des 26. Mai entdeckt, der Flugzeugträger ›Ark Royal‹ war von Gibraltar her herangeführt worden. Seine Aufklärer hielten Fühlung außerhalb der Flakreichweite der ›Bismarck‹. Nauticus 1942:

Rings umstellt von einer überwältigenden Zahl von Feinden, aber noch im ungeschmälerten Besitz seiner kampferprobten Waffen meldet der Flottenchef dem Oberbefehlshaber der Kriegsmarine: »Schiff manövrierunfähig. Wir kämpfen bis zur letzten Granate. Es lebe der Führer.«
und dem Führer und Obersten Befehlshaber:
»Im Glauben an Sie, mein Führer, kämpfen wir bis zum Letzten und im felsenfesten Vertrauen auf den Sieg Deutschlands.«
Der Führer antwortete an den Flottenchef:
»Ich danke Ihnen im Namen des ganzen deutschen Volkes.
Adolf Hitler.«

und an die Besatzung:

»Ganz Deutschland ist bei Euch. Was noch getan werden kann, wird getan. Eure vorbildliche Pflichterfüllung wird unser Volk stärken im Kampf um sein Dasein.
Adolf Hitler.«

Doch es war nichts mehr zu tun, schon wegen der schlechten Wetterlage.

Köhlers Flottenkalender 1969:

Wenn im Herbst 1969 der erste der drei Lenkwaffenzerstörer — Lütjens — seinen deutschen Heimathafen anlaufen wird, sind mehr als fünf Jahre seit der denkwürdigen Zustimmung zum Ankauf dieser hochmodernen Schiffe durch Verteidigungs- und Haushaltungsauschuß des Bundestages vergangen . . . Es ist nicht übertrieben: Aber am Beispiel der drei Lenkwaffenzerstörer vom Typ Lütjens hat sich modernes militärisches Management zum Nutzen unserer ganzen Marine bewährt.

Das ist in Marinekreisen nicht ganz so sicher:

Die Marine hält Zerstörer dieser Art für notwendig, um zumindest ein gewisses Gegengewicht zu den immer zahlreicher werdenden sowjetischen Raketenträgern in der Ostsee zu besitzen . . . Aller-

dings gibt es auch andere Meinungen, die im Zeitalter der Raketen und Jabos mit Strahlantrieb solchen ›großen‹ Schiffen nur noch wenig Chancen zumindest in diesen Gewässern geben.

Nämlich im Bereich Nordsee/Ostseezugänge/Ostsee, wo »dieser Typ das Risiko für die Sowjets beträchtlich vergrößern« soll.

Risiko für den Gegner, das Stichwort der Tirpitz-Politik sieben Jahrzehnte zuvor. Die These von damals:

Deutschland muß eine so starke Schlachtflotte besitzen, daß ein Krieg auch für den seemächtigsten Gegner mit derartigen Gefahren verbunden ist, daß seine eigene Machtstellung in Frage gestellt wird.

In der Tirpitz-Aera hat die Risiko-These nicht funktioniert. Raeder steckte 1939 noch in Plänen, Namengeber Lütjens und seine Besatzung starben mit einem Schiff, das wenig Chancen zumindest in diesem Gewässer hatte.

Im Jahr des Lütjens-Stapellaufs 1967 notiert der Deutsche Marinekalender aus dem Deutschen Militärverlag, DDR:

Die Nationale Volksarmee begeht den 11. Jahrestag ihres Bestehens. Höhepunkt dieses Tages ist bei der Volksmarine die Verleihung von Namen antifaschistischer deutscher Matrosen aus dem Zweiten Weltkrieg an drei Landungsschiffe. Gerhard Prenzker, Heinz Wilkowski und Rolf Peters, deren Namen die Landungsschiffe tragen, gehörten zum antifaschistischen Führungskopf des Minensuchbootes M 612, dessen Besatzung in den letzten Kriegstagen die Offiziere entwaffnete und die rote Flagge gehißt hatte. Das Minensuchboot wurde von einem faschistischen Schnellbootsverband bezwungen. Elf Matrosen starben unter den Kugeln eines Nazi-Exekutionskommandos. Unser Bild zeigt die Mutter von Gerhard Prenzler an Bord des nach ihrem Sohn benannten Schiffes.

Großadmiral Raeder im Schlußkapitel seiner Erinnerungen:

Wohl hat sich über den Gefallenen die ewige See geschlossen, und die Kränze, die zu ihrem Gedächtnis von überlebenden Seeleuten dem immer bewegten Element übergeben werden, versinken in der unendlichen Weite des Meeres. Aber die Toten hinterlassen späteren Geschlechtern als etwas Unvergängliches jene Kameradschaft, die die Marine zu allen Zeiten umschlungen hat, die die Verbindung bildet zwischen alt und jung, zwischen Vergangenheit, Gegenwart und Zukunft und die zugleich die Brücke schlägt zu den Seeleuten in aller Welt.

In aller Welt?

„Eine überreizte, verärgerte Stimmung herrscht überall"

Am 2. und 3. November 1914 hatte die deutsche Flotte einen kunstgerechten Angriff ausgeführt: Die I. Aufklärungsgruppe mit den Großen Kreuzern — Schlachtkreuzern — und die II. Aufklärungsgruppe mit kleinen Kreuzern, dazu zwei Torpedobootsflottillen, hatten das Minenlegen des kleinen Kreuzers ›Stralsund‹ auf dem britischen Verkehrsweg Kanal-Ostküste gedeckt. Great Yarmouth und Lowestoft beschossen — der erste Angriff gegen die britische Küste seit 250 Jahren! Die Schlachtschiffe standen dahinter, um beim Eingreifen schwerer britischer Streitkräfte zu dienen. Am 15. und 16. Dezember folgte in gleicher Weise die Beschießung von Hartlepool, Scarborough und Whitby.

Doch am 24. Januar 1915 kam es zu dem schweren Kunstfehler an der Doggerbank, wo man leichte Streitkräfte vermutete, aber auf britische Schlachtkreuzer traf und den unzureichend armierten und zu langsamen Panzerkreuzer ›Blücher‹ verlor. Der Flottenchef Admiral von Ingenohl war diesmal mit den Schlachtschiffen in Wilhelmshaven geblieben und hatte völlig verkannt, daß die durch die Beschießungen von 1914 gereizten Engländer ihre schweren Streitkräfte bereitstellen würden. Den Befehlshaber der Aufklärungsschiffe, Vizeadmiral Hipper, traf keine Schuld.

Matrose Stumpf auf dem Schlachtschiff ›Helgoland‹ schrieb in sein Tagebuch:

> *Als neulich das Seegefecht stattfand, klärte uns kein einziger Offizier darüber auf. Solche Ungewißheit gibt den besten Nährboden für die greulichsten Geschichten, in welchen unsere Verluste die erste Rolle spielen. Selbst der harmloseste Kopf kalkuliert folgendermaßen: Wenn wir da und dort wirklich gesiegt hätten, würden es uns die Offiziere schon sagen. So aber müssen wir das Maul halten. Die Vernünftigeren sind in der Minderheit; sie entgegnen, daß es für uns von größtem Vorteil ist, den Feind über die Art und Höhe seiner eigenen Verluste aufzuklären. Ich selbst bin der Meinung, es könne nur von Vorteil sein, wenn sich die Vorgesetzten bemühen würden, uns den Dienst etwas abwechselnder zu machen. Wie dankbar wären wir, wenn wir etwas über die Stärke und*

mutmaßlichen Absichten der Gegner erführen!

Man diskutierte; schließlich war man vom Fach:

> *Allüberall höre ich verwundert, was eigentlich der für diesen Zweck längst veraltete ›Blücher‹ bei dem Unternehmen wollte. Schon als wir unlängst den Vorstoß gegen England machten, hätte er durch seine Langsamkeit und Schwerfälligkeit alles verdorben.*

Schon nachdem am 28. August vor Helgoland die kleinen Kreuzer ›Ariadne‹, ›Mainz‹ und ›Cöln‹ und das Torpedoboot V 187 durch überlegene britische Streitkräfte versenkt worden waren, während die Hochseeflotte bei Niedrigwasser hinter der Barre von Wilhelmshaven gefesselt war, kamen bei der Mannschaft kritische Gedanken auf. Heimlich-leise flüsterte man weiter von Mund zu Mund an Bord der großen Schiffe — um so mehr, je untätiger die Flotte blieb. Und in den Offiziersmessen wurde offen kritisiert, vor den Ohren der bedienenden Matrosen. Admiral von Ingenohl mußte wegen des Doggerbank-Gefechts gehen. Admiral von Pohl, bis dahin Admiralstabschef, fuhr einige vorsichtige Vorstöße ins Leere, ›Pohl-Dreiecke‹ genannt. Die Flotte sollte als Machtfaktor nicht riskiert werden. Die Stimmung sank rapide.

Der Matrose Stumpf beklagt immer wieder den völligen Mangel an Information, so vor den Vorstößen:

> *Um 7 Uhr mußten beide Kriegswachen auf der Schanze antreten. Auf allen Gesichtern konnte man deutlich die ungeheure Spannung lesen, die alle beherrschte.*
> *Bis ins Innere empört hat es mich, daß keiner unserer hochmütigen Herren Offiziere es für nötig befand, ein Wort der Aufklärung über die bevorstehende Aktion zu geben. Es wurde uns nur gesagt, daß wir bei dem nächtlichen Marsch in größeren Abständen fahren als sonst, und daß unsere Torpedoboote zur Unterscheidung von den feindlichen den hinteren Schornstein gelb angestrichen haben. Das war alles.*

Den Bürgersöhnen in Offiziersuniform kam nicht in den Sinn, daß sie den Arbeitersöhnen etwas schuldig wären, auf Gemütsbewegungen hatte ›der Mann‹ keinen Anspruch. Kaum ein Offizier ahnte, was in den Köpfen der brav angetretenen Seeleute und Heizer vorging, so im Kopf des braven christlichen Arbeiters Stumpf:

> *Schließlich ist's mir jetzt auch egal, ob's zum Treffen kommt oder nicht, das Hauptinteresse konzentriert sich nun wieder auf das Essen, die Zulagen und den Urlaub. Ganz wie früher. Sehr häufig höre ich die Leute sagen, daß es nun hoffentlich nicht mehr zur Schlacht kommt. Für wen sollen wir uns totschießen lassen? Für die Geldsäcke? Nach dem Kriege wird's uns genau so gehen, wie*

vorher, und wir werden der leidende und zahlende Teil doch bleiben. Ich muß dazu bemerken, daß solche Äußerungen lediglich dem Unmut über unsere Untätigkeit entspringen. Wenns mal doch zum Klappen kommt, sind alle mit Feuer und Flamme dabei.

Die Mannschaft beobachtete scharf:

Die besten und intelligentesten Offiziere sind von Bord gekommen, meistens auf Kreuzer, Torpedo- oder Unterseeboote. Dort werden sie auch notwendiger gebraucht. Was geblieben ist, sind, von wenigen Ausnahmen abgesehen, jene, mit denen »nicht viel los« ist. . . . Was hat es denn jetzt für einen Zweck, wenn man die ›Kerle‹ täglich soundso viel mal den Kleidersack auspacken läßt? Die Folge ist eine tiefe Kluft zwischen Offizier und Mann, ein maßloser Grimm gegen die Offiziere und auch den Krieg . . . Es sind die kaum beförderten Leutnants und Fähnriche, welche sich wichtig machen wollen, indem sie die Leute unnötig schikanieren.
Einer dieser Herren führte gestern seine Division in der Stadt spazieren . . . Er ließ sie in der Stadt Laufschritt machen und jagte sie hin und her. Überhaupt diese militärischen Ausflüge! Damit will man uns eine Zerstreuung bieten, indem man uns in geschlossenen Reihen ein Stück am Damm hin und her führt, oder auf dem Exerzierplatz in den Dreck legen läßt. Ich bin gewiß nicht gegen solche körperlichen Übungen, sie sind sogar recht gesund, wenn sie in vernünftiger, zweckmäßiger Weise durchgeführt werden. Unsere Kameraden liegen wohl auch draußen im Dreck bei Sturm und Wetter, aber die wissen wenigstens warum. Wir aber nicht.
Mit dem Essen geht's jetzt auch recht knapp her in Deutschland. Aber deswegen murrt keiner, jeder weiß, es muß sein. Wie müssen uns einschränken, wenn wir wirklich durchhalten wollen. Die Brotration ist auf die Hälfte reduziert. Ein bißchen viel, wenn man bedenkt, welche Rolle das Brot bisher in unserer Kost spielte. Aber deswegen murrt keiner, jeder weiß, es muß sein. Wir müssen uns einschränken, wenn wir wirklich durchhalten sollen.

Bald entstand jedoch der Eindruck, daß andere sich nicht einschränkten:

Ich kann sagen, daß während meiner Dienstzeit noch niemals die Kluft zwischen der Messe und der Back, dem Offizier und dem Mann, so klaffend tief gewesen war, wie gerade jetzt während der Kriegszeit. Nicht wenig hat zu diesem unerfreulichen Verhältnis die Tatsache beigetragen, daß sich die Offiziere zu keinerlei Einschränkung bequemen. Während wir uns mit halber Brotration begnügen müssen, finden in der Messe Eß- und Trinkgelage statt, bei welchen sechs bis sieben Gänge aufgetischt werden. Im Frieden sagte man dazu nichts; paßt das aber für die jetzige tiefernste Zeit?

Noch herrschte guter Wille, doch schon mit Einschränkung:

Es berührt mich oft tief schmerzlich, sehen zu müssen, wie sehr das einst so gute Verhältnis zwischen Offizier und Mann gelitten hat. Vielleicht wird es anders, wenn wir erst mal im Gefecht gewesen sind. Ist es nicht ein Skandal, daß jetzt schon fünf unserer Offiziere das Eiserne Kreuz bekommen haben, wo wir noch keinen Schuß abgegeben haben? Ist das nicht eine Schändung dieser erhabensten Auszeichnung?

In solchen Notizen von Anfang 1915, nach wenigen Monaten Krieg, tritt schon alles hervor, was 1917 zum ersten offenen Aufruhr führte — nach kurzem Aufleben des Geistes der Verbundenheit, als es am 31. Mai 1916 zur einmaligen großen Schlacht kam, vor dem Skagerrak.

Schlimme Vorfälle gab es schon 1915; beispielsweise auf dem Schlachtkreuzer ›Derfflinger‹:

Der Erste Offizier Max Fischer hat eine Tracht Prügel erhalten, was bei uns große Genugtuung hervorruft, denn Max war früher bei uns an Bord und durch seine Ungerechtigkeit verhaßt. Der Haupttäter erhielt 18 Jahre Zuchthaus. Auch auf anderen Schiffen ist ähnliches passiert. Ein Wunder ist dies wahrhaftig nicht! Wenn man sieht, wie verächtlich die Leute oft behandelt werden, kocht einem das Blut.

Gerüchte blühten, und was Offiziere kritisch diskutierten, war auch bei der Mannschaft im Gespräch, ohne daß sie es sich vorstellen konnten. Matrose Stumpf notiert am 30. September 1915:

Wie ich höre, soll Tirpitz seines Amtes entsetzt sein und durch seinen geschworenen Feind, den Flottenchef Admiral Pohl, ersetzt sein. Wer jetzt Flottenchef wird, weiß ich nicht. Es kursiert darüber folgende Räubergeschichten: Der Kaiser soll dem Admiral v. Holzendorff (richtig: Holtzendorff) *die oberste Leitung der Flotte angeboten haben, was dieser jedoch ablehnte mit den Worten: »Majestät, mit einer solchen Flotte kann ich nichts machen.«*
Ich schreibe diese Schauermärchen nur deshalb nieder, weil sie augenblicklich von Mund zu Mund gehen und Glauben finden.

Es war wirklich ein Schauermärchen. Noch wurde Tirpitz nicht entlassen. Aber technische Streitfragen, die das Offizierskorps in Parteien pro und kontra Tirpitz spalteten, wurden auch in der Mannschaft sachgerecht diskutiert:

Man kann von unserer vortrefflichen Flotte sonst halten, was man will, aber die hartnäckige Beibehaltung des 28- und 30,5-Kalibers scheint mir ein ganz unverzeihlicher Fehler zu sein. Die Engländer haben längst das 34-Zentimeter-Kaliber durchgeführt, ja, acht ihrer neuesten Schiffe sind sogar mit 38-Zentimeter-Kanonen bestückt ... Wir glaubten, unsere Geschütze allein trügen 19 Kilometer, dabei fingen die Engländer bei dem Gefecht an der Doggerbank schon aus 20 Kilometer an zu schießen. Die unsrigen sahen nur das Aufblitzen der Geschütze, sonst aber nichts. Und dabei kam auf Seiten der Engländer nur das 34-Zentimeter-Kaliber in Frage. Sie haben es vortrefflich verstanden, uns über die Tragweite ihrer Geschütze auf einer falschen Ansicht zu halten.

Noch weit krasser ist das Mißverhältnis der Kaliber bei den kleinen Kreuzern. Hier haben ein paar ersparte Millionen das Blut vieler braver Burschen gekostet und unschätzbaren Schaden dem Handel und dem Ansehen im Auslande gebracht. Was wäre wohl geworden, wenn die ›Emden‹ bei dem Kampf an der Kokosinsel nur zwei 15-Zentimeter-Geschütze gehabt hätte? Sie hätte die ›Sydney‹ glatt erledigt. Und hätten sich die ›Leipzig‹ und die ›Nürnberg‹, die ›Dresden‹ und die ›Königsberg‹ wehrlos abschießen lassen müssen, wenn sie mit annähernd gleicher Artillerie ausgerüstet gewesen wären wie ihre Gegner?

Jetzt fängt man damit an und baut die 15-Zentimeter-Geschütze ein (›Straßburg‹, ›Bremen‹, ›Pillau‹). Ob es nicht zu spät ist? Augenblicklich steht die Sache so, daß ein englischer Zerstörer es glatt mit unsern kleinen Kreuzern aufnimmt ...

Die Torpedoboote! Auch sie verdienen ein Wort der Erwähnung ... Die weitaus meisten unserer Boote sind mit Erbsenkanonen von 5,7 Kaliber bewaffnet, während die Engländer bereits das 15-Zentimeter-Kaliber eingeführt haben. Nun genug von diesem unerfreulichen Thema; wenn also Tirpitz wirklich gegangen ist, hat ihm dies und nichts anderes den Hals gebrochen.

Die Gedanken, die sich solcherart der kleine Matrose Stumpf machte, hatten in gleicher Weise den Kaiser beschäftigt. Nach dem Gefecht vor Helgoland mußte sich Tirpitz gegen Vorwürfe zur Wehr setzen. Er habe, schrieb er 1926 »bei den uns gesteckten engen finanziellen Grenzen« jährlich nur 2 kleine Kreuzer bauen können und sie auch für Torpedobootsabwehr und Auslandsdienst tauglich machen müssen, während die Engländer für den Flottendienst stärker armierte und ab 1911 sogar gepanzerte Kreuzer bauten. Den Panzer konnte »unser 10-cm-Geschoß nicht mehr durchschlagen . . .« Er habe die Admirale von Holtzendorff und Bachmann befragt, die zur Torpedobootsabwehr eine größere Zahl von 10,5 cm-Geschützen für besser geeignet hielten als das 15 cm-Kaliber. »Im Mai 1912 lehnte der Kaiser das 15-cm-Kaliber schroff ab, weil er die Kreuzer nicht so groß haben wolle.«

Trotzdem ließ ich das Projekt für einen kleinen Kreuzer mit

15-cm-Geschützen ausarbeiten und legte es dem Kaiser in Rominten Ende September vor. Hier, wo er leichter zugänglich war, gab er nach.

Dem ersten Kreuzer mit 15 cm-Kanonen, der schließlich am 20. August 1915 in Dienst gelangte, nutzte seine Armierung nichts: ›Wiesbaden‹ sank am 1. Juni 1916 nachts um 2 Uhr 45, hilflos zusammengeschossen zwischen den Kampflinien der Skagerrakschlacht. Daß in der Mannschaft die Kaliberfrage diskutiert wurde, ist den Offizieren verborgen geblieben. Um so etwas hatten die ›Kerle‹ sich nicht zu kümmern. Vergebens ersehnte der Matrose Stumpf ein wenig Aufklärung über aktuelle Fragen.

Sogar die flottenpolitische Situation, die zu erbittertem Streit zwischen den oberen Kommandostellen führte, ist in der Mannschaft erkannt und besprochen worden. Stumpf:

> *. . . konnte ich den Gedanken nicht loswerden, daß die Hochseeflotte lediglich als gewichtiger Trumpf bei den Friedensverhandlungen dienen wird. Deshalb muß sie intakt und möglichst vollzählig bleiben . . .*
> *Gegen das Argument einer schlagfertigen starken Flotte beim Friedensschluß läßt sich ja nichts einwenden, aber unser Tatendrang käme dabei nicht auf seine Rechnung. Wir mußten uns ja ordentlich schämen, wenn die Armee wie 1870 allein die Lorbeeren pflücken sollte.*

Das hätte wörtlich von Tirpitz stammen können, der gegen Admiralstab, Marinekabinett, Kaiser und Kanzler erbittert um Einsatz der Flotte kämpfte. Er betrachtete es als ›Ohnmachtspolitik‹, in der vagen Hoffnung auf baldige Friedensverhandlungen nicht mit allen Mitteln zu schlagen.

Admiral Hugo von Pohl hat als Admiralstabschef am 31. August 1914 notiert:

> *Bei Tirpitz bildet sich immer mehr die Ansicht aus, daß wir die Schlacht energisch anstreben müssen, durch Vorstöße den Gegner zwingen müssen, sich zur Schlacht zu stellen. Kapitän Zenker gegenüber hat er schon den Ausspruch getan, daß unser Operationsplan falsch ist, daß er ihn nicht erlassen haben würde, und dabei hat er ihn gebilligt, als ich ihn ihm in Berlin vorlegte.*

Was Tirpitz bestreitet. Pohl habe ihm den Plan mit dem Hinweis vorgelegt, daß keine Änderung mehr möglich sei, da der Befehl noch am gleichen Tage an die Hochseeflotte gehen müsse. An den Vorarbeiten war Tirpitz, Chef der Verwaltungsbehörde, nicht beteiligt. Er hat aber noch die Änderung eines wichtigen Worts erreicht:

So beschränkte ich mich darauf, durchzusetzen, daß der Satz »Bietet sich schon vorher günstige Gelegenheit zum Schlagen, so kann diese ausgenutzt werden« geändert wurde in »so muß diese ausgenutzt werden«.

In seiner Dokumentation zur ›Ohnmachtspolitik‹ im Kriege hat Tirpitz geschrieben:

Man befreite sich nicht von der unklaren Anschauung, daß der Gegner doch eines Tages einmal in die Deutsche Bucht kommen müsse. Admiral v. Pohl lief im großen Hauptquartier umher und erzählte jedermann, unsere Flotte sei zu Erfolgen zu schwach. Das werde durch die »uns aufgezwungene« Art der Seekriegsführung bewiesen, die Flotte müsse also nach Friedensschluß in doppelter Größe ausgebaut werden. Besonders dem Reichskanzler gegenüber brachte er diese Gedanken vor und glaubte ihn schon von der Notwendigkeit einer solchen Verdoppelung der Flotte überzeugt zu haben. Bethmann-Hollweg betonte in diesen Tagen immer wieder, wir müßten die Flotte bis zum Friedensschluß erhalten, wenn wir nicht bei den Verhandlungen England gegenüber in eine schwierige Lage kommen wollten.

Auch als Tirpitz Gelegenheit hatte, dem Kaiser seine Auffassung in einem einstündigen Vortrag beschwörend darzulegen, erreichte er keine Änderung des Operationsbefehls. Und seine Behauptung, er habe sich zur Übernahme des Oberbefehls bereiterklärt, ist vom Kabinettschef Admiral von Müller bestritten worden. Tatsächlich hätte dafür die Organisation eingeführt werden müssen, die erst fünfzehn Jahre zuvor auf Drängen von Tirpitz abgeschafft worden war: Damals machte er für den Flottenaufbau das Reichsmarineamt allmächtig, dessen Chef er war. Jetzt wollte er dem Kaiser den Oberbefehl abnehmen. Tirpitz selbst hat eingestanden, daß das nicht zu machen war, und er war 1914 immerhin fünfundsechzig Jahre alt, seit achtzehn Jahren nur im Bürodienst.

Der große Schachzug des Meisters im Jahre 1899, die Organisation der Marine auf sein und des Kaisers persönliches Regime anzulegen, um freie Bahn für den Flottenbau zu haben, setzte ihn im Kriege matt. Im Frieden war er allmächtig gewesen. Also hätte er, wie es in weiten Kreisen des Volkes und der Marine auch erwartet wurde, die Führung im Krieg übernehmen müssen. Aber er war nur Verwaltungschef.

Er wollte für den Krieg ein Reichsmarineamt mit dem Admiralstab zu einem Oberkommando vereinigen. Daß Tirpitz sich als Flottenführer angeboten habe, hat Admiral von Müller, Chef des Marinekabinetts von 1906 bis 1918, in seinem Tagebuch am 3. Dezember 1915 als unrichtig bezeichnet:

I c h habe mich bereit erklärt, dem Kaiser vorzuschlagen, ihm die Flotte zu übergeben, wenn er gewillt sei, sie zu übernehmen. Das habe er aus Gesundheitsrücksichten abgelehnt.

Müller führt auch an, Tirpitz habe gegenüber dem Generalobersten von Plessen, dem Chef des Kaiserlichen Hauptquartiers, das Kommando über die Flotte abgelehnt. Dagegen Tirpitz:

Er habe nur abgelehnt, dauernd an Bord zu sein.

Wie dem auch sei: Tirpitz war nicht an Bord. Der Kaiser wollte den Oberbefehl nicht abgeben. Flottenchef war der Admiral von Ingenohl, an den vom Admiralstab ausgearbeiteten Operationsbefehl des Kaisers gebunden, der die (laut Tirpitz) ›Ohnmachtsstrategie‹ festlegte:

1. Ziel der Operationen soll sein, die englische Flotte durch offensive Vorstöße gegen die Bewachungs- oder Blockadestreitkräfte der deutschen Bucht sowie durch eine bis an die britische Küste getragene, rücksichtslose Minen- und wenn möglich U-Bootsoffensive zu schädigen.
2. Nachdem durch diese Kriegsführung der Kräfteausgleich geschaffen ist, soll nach Bereitschaft und Zusammenfassung aller Kräfte versucht werden, unsere Flotte unter günstigen Umständen zur Schlacht einzusetzen. Bietet sich schon vorher Gelegenheit zum Schlagen, so muß (ursprüngliche Fassung: kann) *diese ausgenutzt werden.*
3. Handelskrieg ist gemäß Prisenordnung zu führen. In welchem Umfange, ordnet der Chef der Hochseeverbände an.
Die für den Handelskrieg in außerheimischen Gewässern bestimmten Schiffe sind so früh als möglich hinauszubringen.

Man fürchtete, bei einer sofort durch Offensive herbeigeführten Seeschlacht die Flotte zu verlieren. Das Risiko für die Engländer sollte bestehen bleiben. Aber für Tirpitz war der Risiko-Gedanke ein strategisch-politisches Konzept, das den Krieg hatte verhüten sollen. Im Krieg wollte er die Offensive entsprechend den Operationsdirektiven, die bis 1913 bestanden hatten. Da hieß es 1910/11:

Daß jede Chance des Erfolges durch rücksichtsloses Ansetzen der ganzen Hochseeflotte zum Angriff in der Nordsee ausgenutzt werden solle.
Daß deshalb die gesamte Hochseeflotte möglichst noch vor Ausbruch des Krieges in einer für diese Offensive günstige Anfangsstellung in der Nordsee zu konzentrieren ist.

1912 war ein Unterton von Zurückhaltung in die Operationsdirektive gekommen. Ziffer 1 legte die Nordsee als Operationsgebiet fest, und weiter hieß es:

2. Aufgabe der Hochseeflotte ist, möglichst bald dem Gegner den größtmöglichen Abbruch zu tun, gegebenenfalls unter Einsatz aller zur Verfügung stehenden Streitkräfte.

3. Für die Entwicklung der Offensive ist unter normalen Verhältnissen die Nordsee einschließlich des Skagerraks das zunächst gegebene Operationsgebiet.

3. Soll der Krieg nicht offensiv geführt werden, so werden Seine Majestät eine besondere Direktive erteilen.

Die Operationsdirektive 1913 faßte Ziffer 3 weniger bestimmt:

3. Änderungen dieser Direktiven werden Seine Majestät erforderlichenfalls befehlen.

Nun war Krieg. Und Seine Majestät befahl Zurückhaltung. Tirpitz schreibt im Rückblick nach dem Krieg:

Der Kaiser wußte damals, daß er von der Armee ferngehalten und nicht in der Lage sein würde, die überlieferte und bei Manövern und anderen Friedensschauspielen so betonte Stellung als Oberster Kriegsherr wirklich auszufüllen. Die Marine aber wollte er selber führen; eine gewisse Eifersucht mir gegenüber war nicht wegzuleugnen. Seine Majestät hätte bei meiner immerhin nicht alltäglichen Bitte um meine eigene Machterhöhung ein bitteres Gefühl nicht unterdrücken können und den Eindruck gehabt, ich wollte ihm die Marine wegnehmen.

Der Kabinettschef Admiral von Müller, ein nüchterner, von der Tirpitz-Partei im Verlauf des Krieges als böser Geist Seiner Majestät angefeindeter Mann, hätte den Großadmiral durchaus unterstützt. Aber Tirpitz riskierte die Auseinandersetzung mit dem Kaiser nicht. Er hat das selbst zugegeben:

Ich konnte natürlich in jenen Tagen das ganze Unheil der Situation nicht klar vorhersehen, höchstens instinktiv ahnen, und diese Ahnung auf andere übertragen, die sich ihrer Sache sicher fühlen, ist eine Aufgabe, die bei begrenzter eigener Zuständigkeit wenig Aussicht auf Gelingen hat.

Er wollte nicht mit dem Abschied drohen,

den man mir als Offizier selbstverständlich verweigert hätte und verweigern mußte, um nicht bei Volk und Wehrmacht die Stimmung unverantwortlich herabzusetzen ...

So bewies er in der Sternstunde seines Lebens taktisches Kalkül statt Mut zur Tat, agitierte weiterhin auf seine Weise, brachte sich um so mehr in Gegensatz zum Kaiser und verlor seinen Einfluß schon vor seinem Rücktritt.

Der Admiralstabschef von Pohl notierte am 8. August 1914:

Tirpitz hielt nichts vom Ansetzen der U-Boote und wollte, daß die Flotte zum Schlagen käme.

Aber am gleichen Tag hielt Pohl dem Kaiser Vortrag über das geplante Vorgehen leichter Streitkräfte gegen die britischen Truppentransporte von England nach Frankreich. Der Kaiser genehmigte es, wobei er

den Hauptwert auf U-Boote legte. Mit dem Herausgehen von Linienschiffen ist Seine Majestät noch nicht einverstanden. Er will die Flotte noch zurückhalten.

Tirpitz war anwesend und fügte sich nach längerer Diskussion.
Er mußte sich fügen, denn schon in den letzten Jahren vor dem Krieg war klargeworden, daß er seine Flotte auf ein Ereignis hin gebaut hatte, das nicht eintreten würde: Die Engländer fuhren mit ihrer Schlachtflotte nicht zur engen Blockade der deutschen Bucht auf. Sie riegelten die Nordsee in sicherer Entfernung ab und unternahmen auch in Zukunft nur einzelne Vorstöße. In der Ostsee, wo Prinz Heinrich eine Flotte aus älteren Schiffen kommandierte, hielten sich die Russen völlig zurück. Die deutsche Hochseeflotte hätte in der Nordsee fern der Heimat operieren müssen, äußerst riskant, denn sie war nach Zahl und Armierung unterlegen. Und die kleinen deutschen Torpedoboote waren für Angriff gegen die enge Blockade gedacht gewesen, für Fernoperationen aber wenig geeignet. Tirpitz hatte die Flotte falsch konzipiert.
Der Kleinkrieg gegen die Engländer brachte einige spektakuläre Erfolge durch Minen und vor allem durch U-Boote, deren Möglichkeiten sich nun zeigten. Weddigens Name war in aller Munde. Aber Tirpitz forcierte den U-Boot-Bau durchaus nicht, obwohl er bald für rücksichtslosen U-Boot-Einsatz auch im Handelskrieg eintrat und die Politiker diffamierte, die vor Herausforderung der Neutralen warnten und die verhängnisvolle Möglichkeit erkannten, daß Amerika auf Seiten Englands aktiv werden könne.
Vorwürfe und Gegenvorwürfe zerrissen die Marine schon 1914. Tirpitz schürte eine Dolchstoßlegende, längst ehe der Dolchstoß zum Schlagwort wurde.

„Die Nachteile unserer militärgoegraphischen Lage"

Seine große Stunde hatte Tirpitz verpaßt, als er gegenüber dem Kabinettschef Admiral von Müller nicht eben doch darauf drang, auch für die Flottenführung an Bord bereit zu sein. Und wenn er die Zurückhaltung der Flotte kritisierte, konnte man ihm entgegenhalten, daß er am 18. August 1914 gegenüber dem Kriegsminister genau das vertreten hatte, was er nun bekämpfte. Der Kriegsminister hatte gefragt, warum die Flotte nicht schlage. Darauf antwortete Tirpitz,

> *das wäre dasselbe, als wenn das preußische Korps jetzt gegen Petersburg marschieren wolle.*

Der Kriegsminister meinte dazu,

> *dann sei es besser, Flottenbesatzungen an Land zu verwenden.*

Laut Tirpitz sollte die von ihm damals vertretene Zurückhaltung der Flotte nur gelten, so lange die Reservegeschwader noch nicht gefechtsbereit waren. Aber das psychologische Unglück war schon geschehen. Auch in der Marine:

Statt in die Führungsposition zu gelangen, mußte sich Tirpitz der Vorwürfe erwehren, bei Schiffstypen und Bewaffnung schwere Fehler gemacht zu haben.

Und die Mannschaft diskutierte mit.

Der parlamentarische Untersuchungsausschuß, der sich 1919-1928 mit den Ursachen des Deutschen Zusammenbruchs von 1918 befaßte, hat erst 1926 auch Mannschaftsvertreter als Sondersachverständige herangezogen, als ersten den Marinesekretär a. D. Alboldt, einen früheren Deckoffizier, Gründer und Erster Vorsitzender des Deckoffizierbundes. Er schrieb in seinem Gutachten:

> *Es ist leider nur zu gewiß, daß die so überaus selbstsichere Einstellung der Seeoffiziere sie kaum auf den Gedanken kommen ließ, daß der ›Mann‹ sich über all das auch Gedanken machte. Unsere intelligenten Besatzungen — ganz abgesehen natürlich von den Chargen — stellten aber sehr eingehende Betrachtungen darüber an, verfolgten mit hohem Interesse jede Entwicklung auf diesem Gebiete und hatten vielfach ein sehr sicheres Urteil über diese Dinge, wie es sich aus gesundem Menschenverstand, eigenem Anschauungs-*

unterricht und dem Studium der jedem zugänglichen Fachliteratur bildet, ohne daß für diese einfachen und grundsätzlichen Dinge besondere höhere Weihen erforderlich sind.

Und nun erlebten diese kritischen Beobachter immer wieder, daß alles, was ihre gesunde Einsicht mit heißem Bemühen auch für die deutsche Flotte ersehnte, zunächst als falsch bekämpft und abgelehnt wurde, um dann aber doch nach Jahren, und während die anderen schon wieder weitergeschritten waren, eingeführt zu werden! Und sie erlebten besonders in der Kaliberfrage, die wohl richtiger Geschoßgewichtsfrage genannt wird, daß nach über ein Jahrzehnt langem heftigsten Sträuben des R.M.A.s (Reichsmarineamts) *nun mit einem Male im Kriege, nachdem die so oft vorausgesagten schweren Rückschläge eingetreten waren, unsere kleinen Kreuzer und Torpedoboote umarmiert, d. h. mit stärkeren Geschützen versehen wurden. Und sie sahen, daß jedes dieser Schiffe zur Vornahme der Umarmierung viele Monate aus der Kampffront genommen, daß die Werften dadurch stark belastet und anderen wichtigen Aufgaben entzogen wurden, und sie sahen weiter, wie das ungezählte Arbeitsstunden, kostbares Material und Unsummen Geldes verschlang. So manchmal hörte man: Wie viele U-Boote hätten wir allein dafür bauen können!*

Das fragten sich nicht zuletzt auch die Werftarbeiter. Der frühere Deckoffizier Alboldt war Werftbeamter. Er schreibt weiter zur Artillerie der Schlachtflotte:

Fast noch schlimmer wirkte folgendes Faktum: Unser Artilleriematerial war, vom Grundstoff über die präzise Fabrikation bis zu dem fertigen Stück als solches dem der Engländer, also relativ, überlegen. Das Gefühl hatte jeder Mann bei uns mit Recht, und fragte sich daher: Was ist das für eine Waffenpolitik, die geradezu damit renommiert, daß wir auf Grund unseres besseren Materials dem Engländer gegenüber immer an der sogenannten unteren Kalibergrenze bleiben, d. h. im Kaliber zurückbleiben, — (oder wie es einmal in dem bekannten hauptamtlichen ›Nauticus‹ ausgedrückt wurde: »nahezu gleichwertig sind«), — anstatt unsere Qualitäts-Überlegenheit auszunützen und mit gleichem Kaliber weitaus überlegen zu sein! Eine einfachere und richtigere Überlegung gab und gibt es wohl kaum.

Aber auch mit dem kleineren Kaliber hätten die Schußweiten unserer schweren Geschütze — wenn sie richtig aufgestellt gewesen wären, d. h. Lafetten gehabt hätten, die ihnen eine entsprechende Erhöhung der Rohre ermöglichten — für jeden vorkommenden Fall ausgereicht. Nun galten bei uns ungefähr bis zum Jahre 1912 Gefechtsschußweiten von 8-10 000 m als das Äußerste. Bis zum

Beginn des Krieges waren wir dann mit unseren Schießübungen bis auf rund 12 km hochgegangen. Von den Engländern war bekannt, daß sie bis zum Jahre 1906/07 ihre Schießübungen auf geringere Entfernungen abzuhalten pflegten als wir. Dann allerdings waren sie mit Schaffung des ›Dreadnought‹-Typs und Einführung des ›Firingdirektors‹ (Richten und Abfeuern aller schweren Geschütze von einem Leitstand aus) höher gegangen. Wie hoch, das haben unsere Marineattachés in London in all den Jahren bis zum Kriege scheinbar nicht herausgebracht, jedenfalls war es für die gesamte deutsche Flotte eine ganz außerordentliche Überraschung, als die Engländer im Kreuzergefecht an der Doggerbank (24. Januar 1915) plötzlich das Feuer auf einer Entfernung von über 20 km eröffneten, einer Entfernung, die unsere Kreuzer mit ihrer schweren Artillerie gar nicht erreichen konnten! Sie vermochten nämlich, was die Engländer genau zu wissen schienen, auf Grund ihrer mangelhaften Lafettierung nur rund 18-19 km zu schießen! Die Engländer haben sich dann auch in diesem Gefecht, sobald es ihnen unterhalb dieser Grenze ungemütlich wurde, mehrfach aus dem Schußbereich unserer Geschütze zurückgezogen, ihrerseits uns aber weiter unter Feuer gehalten, was unsere Besatzungen zähneknirschend über sich ergehen lassen mußten.

Vizeadmiral von Trotha hat als Gutachter vor dem Ausschuß die Vorwürfe bestritten:

Unser geringes Kaliber hat sich an Leistung und Wirkung dem englischen mindestens ehrenbürtig erwiesen, es ist in keinem Kampf vorgekommen, daß wir etwa wegen geringerer Reichweite nicht schießen oder das englische Feuer nicht hätten erwidern können.

Doch Admiral Scheer, bei dem von Trotha in der Skagerrakschlacht Stabschef war, schrieb in seinem Buch ›Deutschlands Hochseeflotte im Weltkrieg‹:

Wir hatten England gegenüber ein besonders schwieriges, meist sogar aussichtsloses Problem zu lösen. Wir mußten danach trachten, dem Gegner nahe auf den Leib zu rücken, um das kleinere Kaliber zur stärkeren Wirkung auf nahe Entfernung zu bringen, und womöglich den Torpedo verwenden zu können, und vom Engländer mußten wir erwarten, daß er mit der bei allen Schiffstypen größeren Geschwindigkeit und mit der schwereren Artillerie die Gefechtsentfernung nach seinem Gefallen wählen und das Gefecht hinhaltend führen würde, wie sich das ja im Kriege durchaus bestätigt hat.

Am 9. Januar 1916 erkrankte der Flottenchef Admiral Hugo von Pohl schwer. Vom Lazarettschiff ›Sierra Ventana‹ schrieb er an seine Frau:

... ich muß meinen Dienst aufgeben, es wird Wochen und Monate dauern, ehe ich ihn wieder übernehmen kann. Das kommt so überraschend. Jetzt, wo ich immer mehr Aussicht zum Siegen hatte, wo kleine Kreuzer und Torpedoboote umgebaut, wo die Hauptarbeit getan ist. Da kommt das Halt.

Tirpitz hat ihn als ›kleinen Mann‹ bezeichnet und zu einem der Hauptschuldigen am Zurückhalten der Flotte gestempelt. Pohls Frau sah sich 1920 genötigt, durch Veröffentlichung von Aufzeichnungen und Briefen des Anfang Februar 1916 Verstorbenen zu beweisen, daß an Pohls Aktions- und Siegeswillen nicht zu zweifeln ist. Seine Sorge war nicht zuletzt das Artillerieproblem:

Was ich machen kann, soll geschehen, selbst mit dem mangelhaften Material, das das Reichs-Marine-Amt an Torpedobooten und Kreuzern geliefert hat. In der Flotte herrscht in dieser Beziehung volles Verständnis, ich bin hier der Treibende.

Daß er den Gegner nicht traf, war durchaus nicht in seinem Sinne. Er schreibt am 30. März 1915:

Seine Majestät läßt mir sagen, daß ich mich zurückhalten soll, und das erreicht mich gerade an dem Tage, nachdem ich den Vorstoß gemacht habe. Ich darf das alles nicht so schreiben, aber ich freue mich doch riesig, daß der Prinz mir das nicht zwei Tage früher sagen konnte.

(Prinz Adalbert hatte Pohl die Botschaft überbracht). Tirpitz hat Pohl und den Marinekabinettschef Admiral von Müller nach Kräften schlechtgemacht und den Mangel an Führerpersönlichkeiten beklagt, ohne zu bedenken, in welchem Maß es seine Schuld war,

daß gerade in jenen Jahren die in der Klasse der dienstältesten Admirale in Frage kommenden Persönlichkeiten wenig für die Führung im Kriege geeignet und vorbereitet waren ...

Immerhin erkannte Tirpitz unter den auf ihn eingeschworenen jüngeren Admiralen und Stabsoffizieren, daß es »an starken Führernaturen nicht fehlte«.

Admiral von Müller notierte am 8. November 1914, was Tirpitz ihm erzählte:

Auf allen Posten sitzen die falschen Leute, besonders aber auf den Marineposten. Seine Gewährsmänner will er mir nicht nennen, und diese sind doch sehr wesentlich für die Bewertung der ausgesprochenen Urteile oder richtiger Verurteilungen.

Tirpitz brachte sich um seine Glaubwürdigkeit.

Admiral von Müller:

Der Staatssekretär riet dazu, Ingenohl ›krankheitshalber‹ auf

Urlaub gehen zu lassen und Pohl zum Flottenchef zu machen . . . Pohl, den der Staatssekretär (Tirpitz) nach wie vor für einen ganz kleinen Geist erklärt, soll in der Front doch großes Vertrauen als Führer haben.

Nachdem Tirpitz wenige Wochen zuvor zu dem Kabinettschef gesagt hatte:

Sie haben doch recht gehabt mit Ingenohl als Flottenchef. Unter den gegebenen Verhältnissen war er der beste. Mit Pohl wäre es gar nicht gegangen.

Einer von den anonymen Gewährsmännern, auf die Tirpitz sich berief, war der Vizeadmiral Eckermann, Chef des Stabes der Hochseeflotte, der im Briefwechsel mit dem Tirpitz-Adlatus Kapitän zur See Hopmann stand. Tirpitz erhielt die Briefe und las Angenehmes:

Geben Sie Herrn v. Pohl eine Dauer-Chloroformnarkose und lassen Sie den Staatssekretär seinen Posten einnehmen, das ist mein Morgen- und Abendgebet.

Eckermann lieferte auch direkte Empfehlungen in Personalien. Als Nachfolger seines Chefs Ingenohl empfahl er schon am 25. November 1914 den Chef des II. Geschwaders, Vizeadmiral Reinhard Scheer, 51 Jahre alt. Und ein Jahr später, am 22. November 1915, sandte er dem Kapitän Hopman einen Umbesetzungsvorschlag im gleichen Sinne.

Keinem der Herren kam es unkorrekt vor, daß es ein Unding war, wenn der Chef eines Stabes hinter dem Rücken des Flottenchefs, mit dem er pflichtgemäß loyal zusammenarbeiten sollte, über den Abteilungsleiter einer nicht zuständigen Marinebehörde personalpolitisch agitierte und sich sogar als Zuträger betätigte, als er über den eigentlich als Flottenchef zunächst in Frage kommenden Chef des I. Geschwaders schrieb:

Lans kann schon wegen seiner Nerven als Hochseechef nicht in Frage kommen. Er hat mir das vor 3 Tagen selbst gesagt.

Über Scheer urteilte er:

Er ist der Mann des allgemeinen Vertrauens in seiner Person, seiner Klugheit und Leistungen. Er ist energisch, durchgreifend, hat Rückgrat, zu tun, was er für nötig hält und ist stark genug, die Verantwortung zu übernehmen.

Eckermann hatte sogar schon seine eigene Zukunft mit Scheer besprochen:

Wenn Scheer Hochseechef wird, braucht er keinen Vizeadmiral als Chef des Stabes. Für mich würde ich das III. Geschwader als Ersatz für Scheer wünschen. Darüber bin ich mit Scheer einig.

Er habe nicht an den für Offizierspersonalien zuständigen Kabinettschef Admiral von Müller geschrieben, weil er nicht wisse, »ob er auf meine Ansichten etwas hält«. Das auszuprobieren, kam dem Vizeadmiral nicht in den Sinn — es hätte der Karriere schaden können. Als Pohl am 9. Januar 1916 erkrankte, war Scheers Stunde gekommen. Er übernahm die Vertretung und wurde am 24. Januar vom Kaiser zum Flottenchef ernannt.

Er konnte beim besten Willen nicht mehr tun und planen als Pohl es getan und geplant hatte: Kleinkrieg in der Hoffnung, daß die Engländer sich aus ihrer Reserve locken und mit größeren Einheiten zum Kampf herausfordern ließen. Nicht anders als Pohl setzte er Luftschiffe auf Bombenziele an der englischen Küste und Torpedoboote gegen leichte Vorpostenstreitkräfte an, am 5. März stieß er nicht anders als Pohl mit der Hochseeflotte in die Nordsee vor, ohne einen Gegner zu finden. Der Geist im Offizierskorps war zwar gehoben; Scheer hatte mehr Ausstrahlung als Pohl, die Aktivität der Luftschiffe erfreute auch die Mannschaft, aber nach dem erfolglosen Vorstoß der Flotte sank die Stimmung wieder. Matrose Stumpf notiert:

Es war wieder einmal nichts! Während ich dies schreibe, liegen wir schon wieder gut und fest im Jadebusen und sind wieder keinen Schuß losgeworden! Jetzt glaube ich doch bald an nichts mehr! Die Stimmung an Bord ist wieder ganz traurig und niedergeschlagen. Sogar ein Offizier (L.A.) gab dies zum Ausdruck, indem er meinte, es wäre wieder Verrat dahinter gewesen. Ist auch ein Wunder, wenn es schon zwei Tage vorher aus den Schornsteinen qualmt.

Beim Auslaufen hatte es »fröhliches Durcheinander und lachende Gesichter« gegeben, nun ging es weiter wie gehabt:

Die Sorge um den Bauch ist es, welche alle, groß und klein, am meisten in Anspruch nimmt. Über das jetzige Essen klagt nicht nur der Matrose, sondern die Unteroffiziere und Deckoffiziere ebenso laut; und selbst die Offiziere jammern laut und nachdrücklich. Das sind eben die Leute, die durchschnittlich noch keine Not und keinen Mangel gelitten haben und es am schwersten fühlen, wenn sie nicht jeden Morgen ihre Spiegeleier auf dem Tische haben. Mit ihnen soll man nicht rechten, denn von jeher war der Bauch der Gott dieser Klasse, nicht nur bezüglich des Essens.

Dabei war er doch besten Willens, typisch für viele Mannschaften war die Bereitschaft zum Positiven:

Was ist das doch für ein widerlicher Pöbel, dessen einzige Sorge sich um den Bauch dreht! Ich spreche oft ein kräftiges Wort gegen solche Flaumacher und stehe deshalb im Geruche, ›patriotisch‹ zu sein.

Dann wieder überwältigt ihn die Bitterkeit:

Wenn ich an all die kleinlichen Schikanen und Bosheiten, die gewisse unserer Vorgesetzten gegen uns loslassen, notieren wollte, so hätte ich viel zu tun . . . Wir geben zu, daß ihr auf Grund eurer Dummheit, Geburt und zum Teil auch des Geldbeutels verrückt wärt, wenn ihr die Macht, die euch gegen uns gegeben, nicht ausnützen würdet. Ihr aber verlangt von uns nicht, daß wir euch achten und ehren, daß wir euch nicht als die Retter des Vaterlandes betrachten, sondern als dessen Drohnen, und deshalb seid ihr gewiß nicht böse, wenn in passender Stunde euer Dünkel gebrochen wird, und ihr dann mit Glanz von dem Throne, welchen der Unverstand der Massen euch errichtet hat, herunterpurzelt . . .

Wie verächtlich sieht dies Volk auf den Werftarbeiter und Bergmann und weiß nicht, wer seine goldenen Tressen und Knöpfe bezahlt! Pöbel und Plebs ist in ihrem Munde alles, was nicht Stern und Streifen trägt.

Dann kam »der Tag«, die große Schlacht:

Endlich, endlich — Endlich ist das große Ereignis eingetreten, das seit 22 Monaten unser ganzes Sehnen, Fühlen und Denken in Anspruch nahm, das leidenschaftlich herbeigewünscht, — das Ereignis, für das wir seit langen Jahren arbeiteten und exerzierten.

Scheer hatte einen Vorstoß gegen die britische Küste geplant, zur Beschießung von Sunderland, aber das Wetter verhinderte die Aufklärung durch Luftschiffe. Er entschloß sich deshalb, entlang der dänischen Küste die Kreuzer unter Vizeadmiral Hipper bis in Sicht der norwegischen Küste zu entsenden und selbst mit den Schlachtschiffen bis in eine Aufnahmestellung 45 Seemeilen südlich der norwegischen Küste bei Lindes ins westliche Skagerrak zu laufen. Die festgefahrene Situation des Landkriegs (Hunderttausende verbluteten vor Verdun) machte eine Aktion der Flotte dringend ratsam. U-Boote waren für die Sunderland-Unternehmung vor die britischen Flottenstationen in Wartestellung gesandt worden, um die voraussichtlich auslaufenden Streitkräfte anzugreifen.

Das Skagerrak-Unternehmen war kein besonders aggressiver Plan. Nichts sprach dafür, daß die englische Grand Fleet oder auch nur stärkere Streitkräfte in diesem Seegebiet anzutreffen wären. Admiral Jellicoe war kein Nelson. Er fürchtete in höchst übertriebenem Maße, U-Boote und Torpedoboote könnten ihm Verluste bringen, ohne daß die deutsche Schlachtflotte sich zum Kampf stellte. Auf beiden Seiten ist der Einsatz der Schlachtflotten nicht zum strategischen Ruhmesblatt geworden.

Die Engländer waren den Deutschen jedoch in einem Punkte wesentlich überlegen, den Scheer nur unzureichend in seine Erwägungen einbezog: Am 26. August war der deutsche Kreuzer ›Magdeburg‹ vor Odensholm in der Ostsee im Nebel gestrandet, das Wrack mußte überstürzt verlassen werden und wurde von den Russen »geplündert und zerstört« (so sagt es Groener 1966), wobei der deutsche Funkschlüssel in die Hand des Gegners geriet. Zudem waren die Engländer schon früh zu beträchtlicher Fertigkeit in Peilung und Auswertung von Funksprüchen gelangt. Da die deutschen Befehlshaber bedenkenlos und unnötig alle Direktiven für die Vorbereitungen der Unternehmung per Funk gaben und die beiden vor Scapa Flow stehenden deutschen U-Boote durch jagende Zerstörer unter Wasser gedrückt wurden, entging der deutschen Flottenführung das Auslaufen der Grand Fleet.

Immerhin war Scheer aber doch vorsichtig genug, das Rufzeichen seines Flottenflaggschiffs »Friedrich der Große« mit dem der Funkstation an der III. Einfahrt von Wilhelmshaven zu tauschen, so daß die peilenden englischen Funkstationen zu der Ansicht gelangten, das Flaggschiff und damit wohl auch die Flotte lägen im Hafen. Immerhin empfingen sie das Auslaufsignal, deuteten es richtig als einen Operationsbefehl, erwarteten eine Beschießung der Küste und liefen aus, Richtung Kattegat. Eine durchaus nicht aggressive Entscheidung, denn die englischen Streitkräfte hatten auf diese Weise nur eine geringe Chance, die Deutschen nach einem Angriff auf Yarmouth — den östlichsten Punkt Südenglands — abzuschneiden. Jellicoe wollte sehr weit ausholend das Risiko von U-Boot- und Torpedoboot-Angriffen gering halten. Zudem waren vier seiner Großkampfschiffe und ein Schlachtkreuzer zum Zeitpunkt der Unternehmung nicht verfügbar, so daß die vollzählige deutsche Hochseeflotte etwa gleich stark war. Ein Handicap war auf beiden Seiten auch von vornherein, daß veraltete Schiffe mitgenommen wurden. Bei den Engländern Panzerkreuzer ältester Bauart, die sich im Kampf als schwimmende Särge erwiesen (drei gingen verloren, ohne Wirkung erzielt zu haben), und Scheer nahm das II. Geschwader mit, weil er es früher geführt hatte und nicht enttäuschen wollte. Es bestand aus sechs Linienschiffen der Vor-Dreadnought-Zeit. Sie liefen nur 18 Knoten gegenüber 20,5 Knoten der deutschen und 21-25 Knoten der britischen Großkampfschiffe. Ihre schwere Artillerie war mit je vier 28 cm-Kanonen den modernen mit je zwölf 28 cm- oder zehn 30,5 cm-Kanonen weit unterlegen, bauartbedingt auch in der Schußweite, und die Bewaffnung der modernen englischen Schiffe war ohnehin stärker als die der deutschen. Das britische 5. Schlachtschiff-Geschwader bestand aus vier neuen Schiffen, die mit 25 Knoten Geschwindigkeit und acht 38,1 cm-Kanonen die Geschwindigkeit von Schlachtkreuzern mit schwerer Panzerung vereinigten. Kein deutsches Schlachtschiff, das an der Skagerrakschlacht teilnahm, hatte mehr als 30,5 cm-Kaliber.

Bei den deutschen Schiffen war nach den erschreckenden Erfahrungen der Schlacht vor der Doggerbank die Lafettierung verbessert worden, durch größeren Erhöhungswinkel konnte die Schußweite verbessert werden — Ausgleich eines fatalen Konstruktionsfehlers. Aber es gehörten doch Glück und Führungskunst dazu, den Nachteil der unterlegenen Bewaffnung nach Möglichkeit auszugleichen. Die sehr gute Schulung der deutschen Marine hat sich in der Schlacht erwiesen, die ›Gefechtskehrtwendung‹ in einer äußerst gefährlichen Situation rettete Scheer, die deutsche Panzersprengmunition erwies sich als Trumpf, und Hipper erwies sich als glänzender Führer seiner Schlachtkreuzer. Er allein ist von neutralen Analytikern nicht kritisiert worden. Sein Kontrahent auf englischer Seite, Vizeadmiral Sir David Beatty, machte draufgängerische Fehler, und die Engländer verloren drei Schlachtkreuzer der frühesten Serie durch Explosion, dazu die drei alten Panzerkreuzer, während von den großen Schiffen auf deutscher Seite nur ein Schlachtkreuzer — ›Lützow‹ — und ein veraltetes Linienschiff — ›Pommern‹ — verloren gingen und ›Seydlitz‹ trotz schwerster Beschädigungen den Hafen erreichte. Einschließlich der kleinen Kreuzer und Torpedoboote betrugen die britischen Verluste 13 Schiffe und 6079 Tote, die deutschen 8 Schiffe und 2545 Tote. Doch waren sich deutsche Experten darüber klar, daß der stolz propagierte »Sieg vor dem Skagerrak« in hohem Maße auf Glück beruhte. Die höhere Zahl der britischen Menschenverluste ergab sich aus dem Verlust der sechs Schlacht- und Panzerkreuzer, schwächte die Grand Fleet aber nicht entscheidend. Vielmehr war es die schlechte Sicht bei der am späten Nachmittag begonnenen Schlacht, die dazu führte, daß der Nachteil der größeren Schußweite sich nicht entscheidend auswirken konnte und daß die deutsche Flotte sich den Engländern entziehen konnte, ohne ihr langsames II. Geschwader zurücklassen zu müssen wie kaum anderthalb Jahre zuvor ›Blücher‹ bei der Doggerbank. Nachstoßen konnte und wollte Jellicoe nicht. Daß die Tirpitz-Flotte für die Kriegsführung nutzlos war, hat Admiral Scheer in seinem Bericht an den Kaiser selbst ausgesprochen:

Kommando der Hochseestreitkräfte. Gg. 5068
Ganz geheim.

4. Juli 1916

... F. Die weitere Seekriegführung.
... Es kann kein Zweifel bestehen, daß selbst der günstige Ausgang einer Hochseeschlacht England in diesem Kriege nicht zum Frieden zwingen wird: Die Nachteile unserer militärgeographischen Lage gegenüber der des Inselreiches und die große materielle Übermacht des Feindes werden durch die Flotte nicht in dem Maße ausgeglichen werden können, daß wir der gegen uns gerichteten Blockade oder

des Inselreiches selber Herr werden, auch nicht, wenn die Unterseeboote für militärische Zwecke voll verfügbar sind.
Ein sieghaftes Ende des Krieges in absehbarer Zeit kann nur durch Niederringung des englischen Wirtschaftslebens erreicht werden, also durch Ansetzen des Unterseebootes gegen den englischen Handel. *gez. Scheer.*

Aber man hielt die Schlachtflotte weiter in Dienst. Ihre besiegelte Untätigkeit wurde nur noch durch Sicherungsfahrten im engsten Küstenbereich unterbrochen, und das Hochgefühl nach der Skagerrakschlacht hielt bei der Mannschaft nur wenige Tage an. Kaum acht Wochen nach dem großen Tag schrieb der Matrose Stumpf, Schlachtteilnehmer auf ›Helgoland‹, in sein Tagebuch:

Die berühmte Werftordnung ist in Kraft getreten, wonach jeder nur mit Erlaubnis des Wachoffiziers austreten darf, über die Länge des Schiffes nicht hinausgehen darf, das Rauchen ist verboten, das Baden, Wäscheaufhängen usw. Alle diese Vorschriften sind da, um übertreten zu werden. Aber einem Offizier mit kleinlicher Denkungsart bieten sie hundert Handhaben, um uns zu quälen und zu schikanieren. Wie beschämend ist es, einen Leutnant von 20 Jahren fragen zu müssen, ob man austreten darf. Und wenn man dann hören muß, ob es dringend sei oder nur ein Vorwand zum Drücken, da juckt es mir in den Fingern ...

Am 5. Juni hatte der Kaiser die Flotte besucht und zu den versammelten Abordnungen der Mannschaften sämtlicher Schiffe gesprochen:

Die englische Flotte wurde geschlagen. Der erste gewaltige Hammerschlag wurde getan, der Nimbus der englischen Weltherrschaft ist geschwunden. Ein neues Kapitel der Weltgeschichte ist von euch aufgeschlagen. Der Herr der Heerscharen hat eure Arme gestählt, hat euch die Augen klar gehalten. Kinder, was ihr getan habt, das habt ihr getan für unser Vaterland, damit es in alle Zukunft auf allen Meeren freie Bahn habe für seine Arbeit und seine Tatkraft ...

Aber die Mannschaft blieb mit ihrem miesen Alltag konfrontiert. Matrose Stumpf schrieb am 17. August 1917 in sein Tagebuch:

In Ermangelung großer Taten und Erlebnisse muß ich mich denn an Kleinigkeiten halten. Doch auch diese sind oft recht interessant und der Mühe des Aufschreibens wohl wert. Heute morgen habe ich mich wieder einmal rasend geärgert über die Mißhandlung eines jungen Soldaten. Die Erste Division betätigt sich neuerdings recht sportfreudig. Viel Freiübungen und jeden Tag Baden und Duschen. Da ist nun besagter Matrose neben anderen an der Schwimmleine außer Bords gegangen, um das Schwimmen zu erlernen. Er gab sich, wie ich deutlich sehen konnte, redlich Mühe und ist sogar mit Todes-

verachtung von der Backspiere aus ins Aqua geplumpst. Der Obermatrose, der ihn an der Leine hielt, ließ aber los, und der arme Bursche schluckte 20 Sekunden lang Wasser. Als er endlich wieder hochkam, kletterte er an der Jakobsleiter hoch und weigerte sich, nochmals herunterzugehen. Der Leutnant F. befahl ihm dann wiederholt, ins Wasser zu gehen. Er tat es nicht und hielt sich krampfhaft fest. Er zitterte an allen Gliedern vor Kälte. Nach längerem Zureden und Drohen stieg der Obermatrose herunter und trat ihm mit den schweren Stiefeln auf Kopf, Schultern und Hände. Wenigstens 100 Mann sahen dabei zu, lachten entweder oder gaben ihrem Mißfallen unverhohlen Ausdruck. Aber alles war umsonst, der Mann war nicht mehr ins Wasser zu bringen. Da konnte er, ganz blau gefroren, endlich hochkommen und mußte sich nach einer langen Strafpredigt noch zehn Minuten ganz unbekleidet auf Turm ›Anna‹ stellen.

„Ganz irreleitende Angaben"

Tirpitz hat sich erbittert gegen den Vorwurf gewehrt, zu spät mit dem U-Bootbau begonnen und zu wenige U-Boote gebaut zu haben. Tatsächlich blieben der deutschen Marine die teuren Experimente und die Verluste erspart, mit denen die U-Boot-Entwicklung bei den fremden Flotten belastet war. Man profitierte vom schon fortgeschrittenen Stand der Erkenntnisse und gelangte nach nur zwei Versuchsbooten zu einem frontfähigen Typ. ›U 3‹ sank am 17. Januar 1911 durch Unfall, aber nur drei Mann kamen ums Leben. Es war der einzige Menschenverlust der deutschen U-Boot-Waffe vor dem Krieg. ›U 3‹ wurde gehoben und diente im Krieg noch als Schulboot. Bei der Bergung bewährte sich das Dock- und Hebeschiff ›Vulcan‹, speziell für die U-Boote gebautes Kranschiff mit zwei Rümpfen, das bereits am 4. März 1908 in Dienst gestellt worden war. Mangel an gründlichen technischen Vorsorgen kann man Tirpitz nicht vorwerfen, wohl aber Mangel an strategischer Voraussicht.
Während der ›Nauticus‹, das von Tirpitz dirigierte ›Jahrbuch für Deutschlands Seeinteressen‹, 1901 noch von einem ›kostspieligen Steckenpferd‹ der Franzosen sprach und behauptete, das ›mit Blindheit geschlagene Unterwasserboot‹ werde ›ewig blind bleiben‹, fuhr das französische U-Boot ›Gustave Zédé‹ den ersten erfolgreichen Manöverangriff auf einen Flottenverband. Nicht das U-Boot, sondern die Überwasserschiffe erwiesen sich als mit Blindheit geschlagen.

›Gustave Zédé‹ war bereits 1893 vom Stapel gelaufen und hatte alle Sorgen bereitet, die Tirpitz seiner Mannschaft tatsächlich ersparte. Es war das zweite französische Versuchsboot nach dem kleinen ›Gymnote‹ von 1888, mit 270 Tonnen Wasserverdrängung und 36 Meter Länge nur wenig kleiner als das deutsche ›U 1‹ zwanzig Jahre später, nur von Eelektromotoren angetrieben:

> *Die Akkumulatoren waren es, die in erster Linie große Schwierigkeiten verursachten. Dauernd entstanden Kurzschluß und giftige Dämpfe, so daß die Mannschaft bei der Unterwasserfahrt sehr zu leiden hatte. Neben den Akkumulatoren waren es die mangelhaften Gleichgewichtsverhältnisse, die viel Kopfzerbrechen verursachten. Über Wasser war ›Gustave Zédé‹ ein tüchtiges Fahrzeug, auch bei*

schlechtem Wetter. Aber unter Wasser geriet er nur zu leicht außer Rand und Band und lief seinem Führer vollkommen aus dem Ruder. Die größte Tauchtiefe, auf die er sich wagte, hat 17 Meter betragen.

Doch gelang mit dem mittlerweile acht Jahre alten und mit der Zeit verbesserten Boot 1901 der Beweis, daß die neue Waffe den Seekrieg revolutionieren konnte.

Es unternahm von Marseille aus einen Übungsangriff auf das französische Mittelmeergeschwader, das vor Ajaccio auf Korsika vor Anker lag. Das Auslaufen von Marseille gelang trotz scharfer Bewachung unbemerkt, so daß auch der Angriff auf das Geschwader vollkommen überraschend glückte. Das Linienschiff ›Charles Martell‹ wurde von einem Übungstorpedo getroffen, ehe ›Gustave Zédé‹ bemerkt worden war. Kommandant des Bootes war damals ein Leutnant Jobard. Er beging leider den Fehler, daß er den Bug des in Fahrt befindlichen Panzerschiffs ›Jaureguiberry‹ kreuzte, so daß das Unterseeboot den Manöverregeln zufolge als außer Gefecht gesetzt (gerammt) galt.
Man wird die große Begeisterung, die in Frankreich über die erste Fernunternehmung eines U-Bootes herrschte, wohl verstehen können. Unleugbar hat die Fahrt des ›Gustave Zédé‹ allen Marinen einen großen Fortschritt vor Augen gestellt. Es war bewiesen worden, daß eine Flotte, auch fern der Küste, nicht mehr sicher vor U-Boot-Angriffen ist. Da Beispiele immer die besten Lehrmeister sind, so hat auch der gelungene Angriff des ›Gustave Zédé‹ seinen Eindruck nicht verfehlt.

Schreibt ein deutscher Marineoffizier in einem U-Boot-Buch von 1917. Sein Meister Tirpitz war jedenfalls 1901 nicht genug beeindruckt, um dem U-Boot mehr als theoretische Aufmerksamkeit zu widmen.

Er wünschte keine Musterkarte verschiedenartigster technischer Versuche, wie sie die französische U-Boot-Waffe darstellte; er wünschte auch keine Ergänzung der Küstenverteidigung, wie sie damals in England den Ausgangspunkt einer neu zu schaffenden U-Boot-Flotte bildete. Die Aufgabe, die Tirpitz dem deutschen U-Bootbau vom ersten Augenblick an stellte, war das Hochsee-U-Boot, das nach Seefähigkeit wie nach technischer Vollkommenheit im Rahmen der Hochseeflotte den gleichen Zielen dienen sollte, die für den ganzen deutschen Flottenbau maßgebend waren.

Schreibt der Admiral Hermann Bauer in seinen Erinnerungen — »Als Führer der deutschen U-Boote im Weltkrieg«. Er hatte sich als Kapitänleutnant mit einem gleichrangigen Freund freiwillig für die U-Boot-Waffe gemeldet:

Wir waren die ersten und für lange Jahre auch die einzigen Offiziere, die sich um die Verwendung in dieser neuen Waffe bewarben.

Bauer sollte Kommandant von ›U 2‹ werden, das sich jedoch als unbrauchbar erwies, so daß der junge Offizier Dezernent für U-Boot-Wesen im Reichsmarineamt unter Tirpitz wurde. Der Chef habe der neuen Waffe »sein ganz besonderes Interesse« zugewendet, betont Bauer, der Zeit seines Lebens den Meister verehrt hat. Aber seine Memoiren liefern den Beweis, wie langsam die Entwicklung voranging. Kurz vor dem Krieg steckte man noch in Versuchen. Bauer, seit März 1914 als Korvettenkapitän Chef der einzigen U-Boot-Flottille, berichtet unter anderem:

Eine wichtige Frage war zum Beispiel im Frühjahr 1914 noch die, wie ein U-Boot sich verhalten würde, wenn ein Schiff, groß oder klein, mit höherer oder geringerer Geschwindigkeit über das getauchte Boot hinwegfuhr. Durch theoretische Untersuchungen ließ sich darüber noch kein Anhalt gewinnen, ob die Stabilität des getauchten U-Boots der Sogwirkung des fahrenden Schiffes gewachsen sein oder ob das U-Boot gefährliche Neigungen annehmen, vielleicht bei hoher Fahrt eines großen Schiffes sogar kentern würde.

Solche elementaren Sorgen erwiesen sich als gegenstandslos, und als Tirpitz die Flottille besuchte, führte man ihm einen erfolgreichen Manöverangriff der gesamten U-Flottille auf die Flotte vor, »der Eindruck war ein außerordentlich starker.«

Noch stärker war der Eindruck beim strategischen Manöver der Hochseeflotte im Mai. Die U-Boote gehörten zur gelben Partei, dem ›Westgegner‹, der zum Angriff gegen die blaue Partei vor der Deutschen Bucht erschien, Schlachtflotte gegen Schlachtflotte. Auf Bauers Vorschlag wurden die U-Boote als Aufklärer eingesetzt. Sie stellten sämtliche blauen Verbände beim Auslaufen, griffen sie mit Torpedos an und meldeten die Standorte.

Das Manöver war damit entschieden, ehe es eigentlich richtig begonnen hatte. Der Flottenchef stellte fest, daß die bisher gültigen taktischen Grundlagen für die Führung von Schiffsverbänden einer gründlichen Nachprüfung bedurften.

Wahrlich eine späte Erkenntnis, die den Sinn aller bisherigen Flottenrüstungen in Frage stellte und Tirpitz-Kritikern recht gab. Auch auf englischer Seite waren im Krieg alle Operationen der Flotte von der Angst vor Verlusten durch U-Boot-Angriffe geprägt. Und nicht einmal theoretisch war auf beiden Seiten in Erwägung gezogen worden, daß deutsche U-Boote auf die gegnerischen Zufuhrwege eingesetzt würden, also gegen Handelsschiffe.

Die deutsche Führung hatte trotz mancher Zweifel immer noch er-

wartet, daß England im Kriegsfall seine Seestreitkräfte zu enger Blockade der Deutschen Bucht einsetzen würde. Man erwartete einen Sperrgürtel von leichten Streitkräften zur Kontrolle der Schiffahrt, entsprechend den völkerrechtlichen Bestimmungen, schwere Streitkräfte als Rückhalt.
Für das Seerecht galt die Pariser Deklaration von 1856. Sie ging auf Initiative Frankreichs zurück, dem es gelang, in der Brüderschaftsstimmung des Krimkriegs die Engländer zum Verzicht auf die jahrhundertealten brutalen Praktiken der Kaperei zu bringen. Bis dahin stellten kriegführende Mächte privaten Unternehmern — Reedern und Kapitänen — Kaperbriefe zur Jagd auf die Handelsschiffahrt des Gegners aus. Mißbräuche vor allem zu Lasten der Neutralen waren an der Tagesordnung, der Begriff ›Konterbande‹ — Bannware, die der Kriegführung des Gegners diente und beschlagnahmt werden durfte — wurde nach Lust und Laune ausgelegt, legalisierte Piraterie. Die meisten berühmten Seeräuber operierten mit Kaperbriefen. Im englisch-amerikanischen Krieg 1812-1814 hatten die Engländer am eigenen Leibe gespürt, daß die Kaperei zu einer unberechenbaren Totalität des Seekriegs führte. Der amerikanische Kaperkapitän — ›privateer‹ — Thomas Boyle setzte sich über Blockadebestimmungen einfach hinweg, indem er die gesamte britische Küste zum Blockadegebiet erklärte. Es gab nur wenige amerikanische Kriegsschiffe, aber 515 Kaper, die 1345 britische Schiiffe aufbrachten, und die Franzosen hatten 1793 eine Hungerblockade erlebt: England hatte erklärt, es würde niemals Korn als Konterbande betrachten, 1793 aber das ganze französische Volk zum Feind gestempelt, der durch Mangel an Lebensmittel niedergezwungen werden müßte, England scheute ebenso die Schatten jener Vergangenheit. Napoleons Kontinentalsperre sollte endgültig ein Kriegsmittel der Vergangenheit bleiben.

Kernsätze der Pariser Deklaration von 1856:

1. *Die Kaperei ist und bleibt abgeschafft.*
2. *Die neutrale Flagge deckt das feindliche Gut, ausgeschlossen Konterbande.*
3. *Auch auf feindlichen Schiffen ist neutrales Gut unantastbar.*
4. *Eine Blockade muß effektiv sein, um rechtsverbindlich zu sein.*

Die Deklaration wurde im britischen Oberhaus bekämpft, weil die britische Seeherrschaft als unantastbar erschien. Aber den erfolgreichen Verfechtern ging es darum, die Möglichkeit einer Blockade durch eine kontinentale Koalition schon theoretisch auszuschalten:
Nun durfte niemand die Zufuhr von Nahrungsmitteln unterbinden. Der Gegner mußte die Ladung jedes bei der Blockade angehaltenen Handelsschiffes überprüfen und durfte nur Kriegsmaterial beschlagnahmen.

Schutz der Zivilisten auch an Bord der Schiffe wurde 1899 bei der ersten Haager Friedenskonferenz angestrebt. Die Genfer Konvention galt künftig auch zur See, nicht aber Unverletzlichkeit des Privateigentums. In diesem Punkte erhoben England und Frankreich Einspruch, die Spaltung Europas in die Machtblöcke des Weltkriegs zeigte sich bereits. Bei der zweiten Haager Friedenskonferenz von 1907 regten die USA gänzliche Abschaffung des Seebeuterechts an, was abgelehnt wurde. Doch kam man zu einer Präzisierung der Rechte und Pflichten von Neutralen, und die Unverletzlichkeit der Briefpost wurde vereinbart. Die Londoner Seerechtsdeklaration von 1909 brachte eine ausführliche Kodifizierung aufgrund der alten Pariser Deklaration. Aber wiederum versagte das britische Oberhaus seine Zustimmung. Diesmal mit Erfolg.
England war somit nicht an Bestimmungen gebunden, die beispielsweise für das Minenlegen vorschreiben wollten, daß »für die Sicherheit der friedlichen Schiffahrt alle möglichen Vorsichtsmaßregeln zu treffen« seien, daß »blockierende Streitkräfte . . . den Zugang zu neutralen Häfen und Küsten nicht versperren« dürfen die wesentlichen Bestimmungen des Haager Abkommens.

Deutschland erklärte bei Kriegsausbruch, es werde sich an die Londoner Deklaration halten. England konstatierte alsbald deutsche Verstöße — Minenlegen auf Seewegen an der britischen Küste, von Deutschland als legal betrachtet —, brachte zudem neutrale Schiffe mit ›relativer Konterbande‹ auf — Waren, die nur beschlagnahmt werden dürfen, wenn sie für die Kriegsführung bestimmt sind und unmittelbar in das feindliche Land unterwegs sind. Beispielsweise amerikanische Produkte, die auf holländischen Schiffen nach Holland für Deutschland befördert wurden. Der englische Tirpitz, Admiral Fisher, wurde 1. Seelord und verkündete die Notwendigkeit,

Ausnahmemaßnahmen zu ergreifen, welche den neuen Bedingungen entsprechen, unter denen dieser Krieg geführt wird.

Die Nordsee wurde von den Engländern zum Kriegsgebiet erklärt, in dem es für Handelsschiffe gefährlich sei, die Weisungen der britischen Admiralität nicht streng zu befolgen. Durch Minenfelder wurde die neutrale Schiffahrt auf Zwangswege entlang der britischen Küste beschränkt, Deutschland von den Seezufuhren abgeschnitten. Deutschlands völkerrechtliche Position war von vornherein geschwächt durch den Einmarsch in Belgien am 4. August. Erst daraufhin hatte England den Krieg erklärt. Der deutsche Reichskanzler selbst hatte die Okkupation Belgiens als ›Unrecht‹ bezeichnet. Am 1. August hatte Deutschland den Krieg gegen Rußland, am 3. August gegen Frankreich erklärt. Mehr als nötig war es vor der Welt in die Rolle des Angreifers geraten, der das Völkerrecht mißachtete und dem Gegner ein

Alibi für Vergeltung bot.

Die deutsche Flotte sah sich einem Gegner gegenüber, der sich nicht zur erwarteten Auseinandersetzung stellte. Und als er am 28. August 1914 bis nach Helgoland vorstieß, wurden drei kleine deutsche Kreuzer und ein Torpedoboot versenkt, die sich kampfesmutig und ohne taktisches Konzept bei unsichtigem Wetter auf den Gegner gestürzt hatten, der kunstgerecht mit schweren Streitkräften als Rückhalt operierte. Die schweren deutschen Schiffe aber lagen in Wilhelmshaven.

Kühne deutsche Einzeloperationen konnten nicht über die Tatsache hinwegtäuschen, daß man vollkommen umdenken mußte, und da zeigten sich die U-Boote in neuem Licht:

Während die Hochseeflotte technisch darauf angelegt war, bis in die mittlere Nordsee hinein zu operieren, wo Tirpitz die Seeschlacht erwartet hatte — nur die Schlachtkreuzer konnten für kurze Beschießungen der britischen Küste vorstoßen — übertraf die Operationsreichweite der U-Boote alle Erwartungen. Man gab bald das verfehlte Konzept auf, sie wie Torpedoboote mit der Flotte einzusetzen. Beim Vorstoß eines Fächers von zehn U-Booten in die Nordsee, wo man die britische Schlachtflotte vermutete, gingen zwei Boote durch Rammstöße britischer Kriegsschiffe verloren, ›U 13‹ und ›U 15‹ mit je 23 Toten. Um so erfolgreicher waren einzeln operierende Boote, die Erfolge von Hersing und vor allem Weddigen gegen britische Kreuzer der Sicherungs- und Blockadestreitkräfte übertrafen alle Erwartungen. U-Boote erreichten die Enge Dover-Calais, umrundeten wenig später die britischen Inseln, während ein mutiger Vorstoß von vier Torpedobooten zum Minenlegen in einem Desaster vor der holländischen Küste endete.

Als nun England am 2. November die Nordsee zum Kriegsgebiet erklärte und damit die Handelswege nach Deutschland abriegelte und die Neutralen — sämtlich auf Englands Wohlwollen angewiesen — sich fügten, lag für die deutsche Führung der Gedanke nahe, mit den U-Booten eine entsprechende Blockade britischer Zufahrtswege einzuleiten. Gegen Handelsschiffe war man bisher nach der legitimen Methode des Kreuzerkriegs vorgegangen: Überprüfen von Nationalität und Ladung, nur bei Feindbesitz Beschlagnahme oder Vernichtung. Im Kriegsgebiet bedeutete dagegen für als feindlich erkannte Schiffe Versenken ohne Warnung, für Neutrale hohes Risiko.

Am 21. November gab Großadmiral Tirpitz, der sich im Großen Hauptquartier befand, dem amerikanischen Journalisten Dr. von Wiegand ein Interview, in dem er mit Blockade Englands durch U-Boote drohte.

»Hat Deutschland genug Unterseeboote, um eine solche Blockade

durchzuführen?«

»Ja, in Unterseebooten großen Typs sind wir England überlegen.«

Aber Tirpitz war nicht der stärkste Mann der deutschen Regierung. Reichskanzler wurde er nicht. Für eine Blockade Englands reichten die wenigen U-Boote nicht aus, und für solche Maßnahmen war Tirpitz nicht zuständig. Den Oberbefehl hatte der Kaiser, beraten vom Admiralstab — unter Admiral von Pohl —, der aber damals immerhin noch Tirpitz konsultierte und den Gedanken der Blockade betrieb. Am 22. Dezember wurde das Wiegand-Interview veröffentlicht, am 27. Dezember warnte der Reichskanzler vor den politischen Folgen: Man werde sich alle Neutralen zum Gegner machen; Blockade sei militärpolitisch erst dann opportun,

wenn unsere militärische Lage auf dem Kontinent so gesichert ist, daß die Entscheidung hier als zweifellos angesehen werden und die Gefahr des Übertritts der Neutralen zu unseren Gegnern als ausgeschlossen gelten kann. Dieser Moment erscheint heute noch nicht gekommen.

Sorgen machte dem Reichskanzler nicht zuletzt die Verproviantierung Belgiens, aber der Admiralstabschef meinte, amerikanische Schiffe könnten für die belgische Zufuhr den Weg nördlich um England nehmen, und wenn die neutrale Schiffahrt gewarnt sei, könne sie sich nicht beschweren.

Das Volk rief nach U-Boot-Erfolgen gegen jeden Gegner und seine Helfer. Der Kaiser zögerte. Man suchte Sicherheiten. Da überrumpelte Admiral von Pohl aus sehr persönlichen Gründen den unsicheren Kanzler und den schwachen Kaiser. Am 4. Februar 1915 besuchte der Kaiser die Flotte, deren Kommando der bisherige Admiralstabschef Pohl anstelle des glücklosen Ingenohl übernommen hatte. Admiral von Müller notiert:

Auf der Fahrt im Dampfboot von der Werft nach der am 24. Januar im Gefecht an der Doggerbank schwer beschädigten ›Seydlitz‹ legte er dem Kaiser die Bekanntmachung über die U-Boot-Blockade gegen England vor, die tags zuvor, ohne daß ich etwas davon erfahren hatte, mit dem Reichskanzler verabredet war, nachdem angeblich der Staatssekretär Delbrück erklärt hatte, wir könnten zur Not auch die Belgier (7 Millionen) miternähren bis zur nächsten Ernte. Das Ganze ein trauriger Beweis der Unzulänglichkeit des Reichskanzlers und des persönlichen Ehrgeizes von Pohl, der durchaus noch schnell als Chef des Admiralstabes dieser weder gehauenen noch gestochenen Erklärung in Erscheinung treten wollte ...

Nachträglich hat Müller noch das harte Urteil über den Kanzler abgeschwächt und Tirpitz getadelt:

> *Ich war bei der in Rede stehenden Bootsfahrt zufällig in die kleine Kajüte des Bootes geraten und konnte von dem Pohlschen Vortrage auf dem Heck des Bootes nichts hören, sonst hätte ich sicher energische Vorstellungen gegen diese Überrumpelung des Kaisers erhoben. Tirpitz, der neben dem Kaiser stand, hätte das tun können . . .*

An Tirpitz hat er aber am 5. März geschrieben, es sei illoyal von Pohl gewesen, nicht vorher auch mit Tirpitz zu sprechen. Tirpitz notierte schon am 7. Februar:

> *Pohl hat in seiner Eitelkeit und Urteilslosigkeit etwas Gefährliches eingebrockt, was ich ausessen muß. Der ganze Pohlsche Erlaß vom 4. Februar war überflüssig, wir hätten die Verwendung der U-Boote sich selbst entwickeln lassen sollen, immer stärker und stärker, unseren Kräfteverhältnissen entsprechend wachsend, Befehlsänderungen wären bei Annahme meines Vorschlages nicht notwendig gewesen. Statt dessen Fanfare, Bedrohung und demzufolge Aufregung der anderen und England gewarnt und vierzehn Tage Zeit gelassen, um sich vorzubereiten . . .*

Das Kräfteverhältnis war in der Tat jämmerlich. Nur 21 U-Boote standen zur Verfügung, um England zu blockieren. So daß es verständlich ist, daß die Amerikaner prompt am 12. Februar protestierten:

> *. . . da eine effektive Blockade anscheinend nicht beabsichtigt ist, bestehe neutralen Schiffen gegenüber nur das Recht zur Untersuchung auf Bannware; wenn daher deutsche Kriegsschiffe ein amerikanisches Kauffahrteischiff oder das Leben amerikanischer Staatsangehöriger vernichten sollten, so würde das eine unentschuldbare Verletzung neutraler Rechte sein, für welche die deutsche Regierung streng verantwortlich zu machen sein würde. Die amerikanische Regierung erwarte von der deutschen, sie werde die Versicherung geben, amerikanische Staatsbürger und Schiffe nicht anders als auf dem Wege der Untersuchung zu belästigen.*

Der neue Admiralstabschef Bachmann war gegen die Blockade, mit Tirpitz einig, aber als Admiral von Müller im Auftrag des Kaisers am 15. Februar anfragte,

> *in welchem Maße Sie Gewähr übernehmen, daß innerhalb sechs Wochen nach Beginn des neuen Handelskriegs England zum Einlenken gezwungen sein wird,*

— wobei gleichzeitig die Antwort von Tirpitz erbeten wurde —, antworteten Bachmann und Tirpitz:

Staatssekretär und Admiralstabschef sind überzeugt, daß England sechs Wochen nach Beginn des neuen Handelskrieges einlenken wird, wenn es gelingt, von Anfang an alle für diese Kriegsführung irgend verwendbaren militärischen Machtmittel energisch einzusetzen.

Das las der Kaiser dem Kabinettschef vor und fand es »reichlich verklausuliert«, was es in der Tat auch war. Der Reichskanzler beklagte gegenüber Admiral von Müller am 18. Februar,

wie er unter dem Druck der von Tirpitz eingeleiteten Hetze dem U-Boot-Handelskriege, der heute beginnen soll, zugestimmt habe. Bittere Worte über die Sonderpolitik der Marine, das heißt Tirpitz.

Tirpitz behauptet, er habe unter dem erwarteten ›Einlenken‹ Englands die Anerkennung der Londoner Deklaration verstanden. Der Operationsbefehl für die U-Boote brachte jedenfalls die Gefahr der Versenkung neutraler Schiffe:

1. *U-Handelskrieg ist mit allem Nachdruck zu führen.*
2. *Feindliche Handelsschiffe sind zu vernichten.*
3. *Neutrale Schiffe sollen geschont werden. Das Führen einer neutralen Flagge oder von Schornsteinabzeichen neutraler Dampferlinien ist allein jedoch nicht als Gewähr für neutrale Nationalität anzusehen. Auch das Führen weiterer neutraler Abzeichen bietet keine volle Sicherheit. Der Kommandant hat alle begleitenden Umstände, die zur Erkennung der Nationalität des Schiffes dienen können, zur Beurteilung heranzuziehen, z. B. Bauart, Ort, Kurs, allgemeines Verhalten.*
4. *Handelsschiffe neutraler Flagge, die im Konvoi fahren, sind dadurch als neutral anzusehen.*

Vorsicht hinsichtlich amerikanischer und italienischer Schiffe wurde ausdrücklich empfohlen. Aber die Amerikaner zeigten kein Verständnis, empfanden die warnungslose Versenkung auch britischer Schiffe als völkerrechtswidrig und verlangten Sicherheit für amerikanische Staatsbürger kompromißlos. Statt des erhofften Einlenkens der Engländer brachte der U-Boot-Krieg weltweite Empörung über die deutsche Barbarei. Sie gelangte auf die Spitze, als Kapitänleutnant Walter Schwieger am 7. Mai 1915 den britischen Schnelldampfer ›Lusitania‹ versenkte. Das Schiff fuhr im Liniendienst USA-England, 1152 Menschen fanden den Tod. Vorwiegend Amerikaner, fast die Hälfte Frauen und Kinder. Die Welt, die zwei Jahre zuvor über die ›Titanic‹-Katastrophe erschüttert gewesen war, betrachtete es als Mord, sogar im deutschen kaiserlichen Hauptquartier sprach man von einer ›Ungeheuerlichkeit‹.
Für die deutsche Marine blieb nur die Flucht nach vorn: Legitimierung

der Mittel durch den Sieg. Doch dafür reichte die Kraft nicht.
Die amerikanischen Proteste nach der ›Lusitania‹-Versenkung führten zu endgültiger Spaltung der deutschen Führung im Streit um den U-Boot-Krieg.
Der Reichskanzler fürchtete den Kriegseintritt der Neutralen, sogar Hollands und vor allem der USA. Der Generalstabschef von Falkenhayn unterstützte ihn.
Sie fürchteten, noch ein großer Passagierdampfer könne versenkt werden. Etwa die ›Mauretania‹, berühmt als Schnelldampfer mit dem Blauen Band des Atlantik.
Tirpitz und der Admiralstabschef Bachmann stemmten sich gegen die ›Flaumacher‹, einig mit der Majorität von Prominenz und Volk, man stritt sich in wilden Polemiken von Mann zu Mann und in der Presse. Aber der Kaiser befahl Zurückhaltung.

Allerhöchster Befehl vom 1. Juni an die Flotte:

Seine Majestät der Kaiser lassen erneut eindringlich auf die Notwendigkeit hinweisen, bis auf weiteres neutrale Schiffe bei der Führung des U-Boot-Krieges zu schonen ...

Schon am 2. Juni drang der Reichskanzler auf ein ausdrückliches Verbot, große Passagierdampfer zu versenken. Am 6. Juni wurde es erlassen. Tirpitz und Admiral Bachmann meuterten: Sie reichten Abschiedsgesuche ein. Der Kaiser lehnte ab und schrieb wütend unter Bachmanns Gesuch:

Nein! Die Herren haben zu gehorchen und zu bleiben. Regelrechte Militärverschwörung! Durch Tirpitz veranlaßt!

Der Notenwechsel mit den USA ging weiter. Entscheidung brachte ein Torpedoschuß: ›U 24‹ versenkte am 19. August 1915 den Passagierdampfer ›Arabic‹, drei Amerikaner kamen um. Daraufhin erging Befehl, jeglichen Passagierdampfer, auch eindeutig feindliche, nur nach Warnung und mit Rettung von Besatzung und Passagieren zu versenken.
Die U-Boot-Besatzungen hatten das Schwanken der Führung ausbaden müssen, von Anfang an. Sie hatten sich an seerechtliche Bestimmungen halten müssen, als englische und sogar neutrale Handelsschiffkapitäne sich bedenkenlos mit Rammstößen und bald Bewaffnung wehrten. Sie mußten sich mit feindlichen Schiffen unter neutraler Flagge und mit der Gefahr von U-Boot-Fallen — Handelsschiffen mit getarnter Bewaffnung — auseinandersetzen, sollten unter schwierigsten Verhältnissen in See unterscheiden, ob sie befohlene oder verbotene Ziele vor sich hatten. Ihr Zorn konzentrierte sich auf die politische Führung, die ihnen das laut Tirpitz und Bachmann eingebrockt hatte, zögerte statt zu schlagen. Die Hochseeflotte steckte

in kleinlichstem Alltagsdienst, unterbrochen nur von wenigen Operationen. Für die Bewachungsstreitkräfte zog sich der Krieg ohne Aussicht auf Ruhm dahin, die Landfronten steckten fest, am 23. Mai trat Italien in den Krieg auf Seiten des Gegners ein. Zunächst nur gegen Oesterreich-Ungarn.

Und während die Tirpitz-Partei behauptete, die ›Flaumacher‹ hätten den U-Boot-Krieg abgewürgt, Reich und Marine verraten, brachten die U-Boote England doch schwerste Verluste bei, trotz der Einschränkungen. Bis August versenkten sie durchschnittlich 120 000 Tonnen im Monat, im September sogar 136 000, im Oktober 108 000, im November 158 000, im Dezember 121 000.

Was den U-Boot-Krieg wirklich hemmte, war der äußerst langsame U-Boot-Bau, den Tirpitz zu verantworten hatte. Anfang 1916 setzte man wieder zum uneingeschränkten U-Boot-Krieg an. Tirpitz ließ den Chef der Zentralabteilung des Reichsmarineamts, Kapitän zur See Heinrich Löhlein, vor dem Bundesrat erklären, 203 U-Boote ständen zur Verfügung. Das war eine Irreführung. Laut Tagebuchnotiz des Admirals von Müller vom 5. März 1916 beklagte der Reichskanzler bitter die

> *ganz irreleitenden Angaben über unsere U-Boot-Streitkräfte . . . (54 U-Boote z. Zt. in der Front, 203 frontbereit und im Bau); irreführend deshalb, weil jede Einschränkung in Bezug auf Typen und Termin der Fertigstellung fortgelassen und damit der Glaube erweckt werden konnte — und auch stellenweise erweckt ist — daß diese Zahlen für den U-Boot-Krieg in den nächsten sechs bis acht Monaten in Betracht kommen.*

Tatsächlich waren am 1. März 1916 in der Front nur 23 große und 31 mittlere und kleine U-Boote. In Bau, Grundreparatur und Erprobung waren 57 große und 92 mittlere U-Boote, insgesamt ergab das die Zahl 203.

Tirpitz, der immer noch den Oberbefehl anstrebte, hatte sich unmöglich gemacht, und der uneingeschränkte Handelskrieg dauerte nur zwei Monate, denn bei warnungsloser Versenkung des französischen Dampfers ›Sussex‹ war ein Amerikaner ums Leben gekommen. Die USA intervenierten mit scharfen Noten. Die Marine konnte mit ihren wenigen, auch im Mittelmeer, in der Ostsee und im Schwarzen Meer (dorthin waren kleine U-Boote — zerlegt — per Bahn transportiert worden) operierenden U-Booten die verlangte Garantie, England durch den Handelskrieg niederzuzwingen, nicht geben.

Tirpitz meldete sich am 8. März krank; er könne die Geschäfte nicht mehr führen. Der Kaiser erklärte sich offiziell als »schmerzlich berührt«, dem Abschiedsgesuch entgegensehen zu müssen und schrieb unter das Gesuch vom 12. März:

Er verläßt das sinkende Schiff

In dem Abschiedsgesuch beklagte Tirpitz, der Kaiser habe ihm den versprochenen Einfluß auf Entscheidungen nicht gewährt; eigene Schuld an seiner Isolation vermochte er nicht zu erkennen.
Admiral von Capelle, Nachfolger von Tirpitz als Staatssekretär des Reichsmarineamts, mußte am 5. April 1916 vor dem Hauptausschuß des Reichstags die unzulänglich U-Boot-Bauziffern eingestehen.

Kurz nach der Entlassung von Tirpitz hatte Capelle vor dem Haupt-Ausschuß mitgeteilt, daß westlich von England, auf dessen Blockade durch uneingeschränkten Handelskrieg Tirpitz mit allen agitatorischen Mitteln drang, zur Zeit (am 28. März 1916) nur 2-3 U-Boote auf Unternehmung waren!
Tirpitz hat behauptet, die Kapazität der Werften und der Motorenhersteller habe nicht für mehr U-Boote ausgereicht. Aber Capelle hat die Auftragsziffern beträchtlich erhöht, auch die enorm langen Bauzeiten reduziert; unter Tirpitz hatte der Bau eines Hochsee-U-Boots 16 bis 27 Monate gedauert.
Doch hat Capelle Anfang 1917 in unglaublicher Naivität einen Gesichtspunkt vertreten, der vor dem Krieg eine Rolle bei Kritiken an der U-Boot-Baupolitik gespielt hatte, aber von der Marine entrüstet zurückgewiesen worden war.

Bei einer Werftbesichtigung im Januar 1917 sagte er unter Berufung auf Vizeadmiral Kraft, den Chef des Werftdepartements im Reichsmarineamt, Schiffbauberater des Staatssekretärs:

> *U-Boot-Neubauten können nicht mehr vergeben werden: Exc. Kraft hat mich davon überzeugt, daß durch eine weitere Vermehrung der U-Boote eine unzulässig starke Belastung des Friedens-Indiensthaltungsfonds eintreten würde. Wir haben uns schon im R.M.A. für die jetzigen U-Boote mit der Frage beschäftigt, nach beendetem Krieg einen besonderen Hafen als Unterseebootfriedhof einzurichten.*

Und im April vor dem Hauptausschuß des Reichstags:

> *Sie müssen sich doch einmal selber überlegen, wie Organisation und Avancement in einer Marine aussehen würden, in der Großkampfschiffe durch Luftschiffe und Unterseeboote ersetzt würden.*

Der »Krieg der Leutnants und Kapitänleutnants« paßte nicht ins Weltbild der höheren Offiziere, für die alle Vorstellungen von Ruhm und Verdienst im Kommando großer Schiffe in der Seeschlacht gipfelten.
Dies zu der Zeit, als schließlich am 1. Februar 1917 unter dem Druck des ungünstigen Kriegsverlaufs der Entschluß zum uneingeschränkten

U-Boot-Krieg gefaßt wurde, der drei Tage darauf zum Kriegseintritt der USA führte und das Ende einleitete!

Am Tag nach der amerikanischen Kriegserklärung gab Capelle 50 neue U-Boote in Auftrag. Das war am 5. Februar 1917, doch am 13. Februar

> *trat Vizeadmiral Kraft an die drei mit der Herstellung der 50 Boote beauftragten Werften heran und wollte die Bestellung von 15 Booten wieder zurücknehmen! Dagegen wehrten sich zwar die Werften erfolgreich mit derart auf der Hand liegenden Gründen, daß das Ganze höchst blamabel für das R.M.A. war. In Abwesenheit von Vizeadmiral Kraft, der die Annullierung schon ausgesprochen hatte, wurde die Gesamtbestellung durch einen ihm nachgeordneten Offizier zwar aufrechterhalten, dafür mußten sich die Bauwerften auf Drängen des R.M.A. damit einverstanden erklären, daß sie für den Fall, daß der Frieden vor Lieferung der jeweiligen 5 letzten Boote eingetreten sei, diese Boote nach dem Auslande zu verkaufen hätten!*

Admiral von Holtzendorff, Nachfolger Bachmanns als Admiralstabschef, hatte am 22. Dezember 1916 in einer Denkschrift die entscheidende Begründung für den uneingeschränkten U-Boot-Krieg geliefert. Er schätzte die Bedeutung der Amerikaner als gering ein, weil er schnelle Überwältigung der britischen Schiffahrt für sicher hielt. Daß die Amerikaner ohne England den Krieg fortsetzen würden, bezeichnete er als unwahrscheinlich.

Schon am 12. Februar 1916 hatte Holtzendorff eine feste Voraussage gemacht:

> *Der U-Boot-Krieg zwingt England längstens in einem halben Jahr zum Frieden.*

Kein Wunder, daß die Oberste Heeresleitung, die im Landkrieg vor einer katastrophalen Lage stand, den U-Boot-Krieg als Wunderwaffe betrachtete. Von Anfang Juni bis Ende August 1916 hatten die Russen unter General Brussilow angegriffen. Von Ende Juni bis Ende November brachte die Schlacht an der Somme schwerste Verluste an Menschen und Material. Eine Million Soldaten fand den Tod, darunter 400 000 Deutsche. Italien — schon im Kampf mit Oesterreich-Ungarn — erklärte während der Isonzischlacht am 26. August auch Deutschland den Krieg. Am nächsten Tag folgte Rumänien. General von Falkenhayn wurde als Chef des Generalstabs abgelöst. Hindenburg trat an seine Stelle, mit seiner rechten Hand Ludendorff als Erstem Generalquartiermeister.

Der damalige Reichskanzler Bethmann-Hollweg hat in seinen »Betrachtungen zum Weltkrieg« die entscheidende Phase geschildert:

Auf Antrag des Admiralstabes wurde am 31. August in Pleß die U-Boot-Frage zwischen den politischen und militärischen Stellen eingehend verhandelt. Die Oberste Heeresleitung erklärte, daß sie angesichts der militärischen Lage zu Lande die Zeit für den uneingeschränkten U-Boot-Krieg noch nicht für gekommen erachte.
Während so die positive Entscheidung aufgeschoben war, machte sich doch der gewaltige Einfluß, den die Autorität der neuen Obersten Heeresleitung einmal haben mußte, sehr bald fühlbar. Von den politischen Parteien hatte das Zentrum, obwohl ein so einflußreiches und ihm nahestehendes Organ wie die Kölnische Volkszeitung energisch den U-Boot-Krieg predigte, doch seinerseits jede Festlegung vermieden. Eine Reichstagsmajorität für den unbeschränkten U-Boot-Krieg gab es nicht. Jetzt sagte sich das Zentrum von seiner alten klugen Tradition der freien Hand los. Wenn auch in diplomatischer Fassung, billigte es mit Beschluß vom 7. Oktober 1916 im voraus den unbeschränkten U-Boot-Krieg, sobald ihn Hindenburg und Ludendorff verlangen würden . . . Jedes Votum der Obersten Heeresleitung für den unbeschränkten U-Boot-Krieg hatte eine große und feste Reichstagsmehrheit hinter sich. In der Frage des U-Boot-Kriegs hatte das Parlament auch die politische Macht der militärischen Gewalt übertragen.
Auf dem so stabilisierten Kräfteverhältnis ist die Entscheidung für den unbeschränkten U-Boot-Krieg zustandegekommen.
Am 12. Dezember hatten wir der Entente unser Friedensangebot gemacht. Sobald seine Ablehnung feststand, begann das Drängen der Obersten Heeresleitung auf den Beginn des unbeschränkten U-Boot-Krieges. Unmittelbar nach dem Bekanntwerden der abweisenden Rede Lloyd Georges vom 19. Dezember ging im Auswärtigen Amt ein Telegramm des Generals Ludendorff ein, in dem er auf Grund persönlicher Eindrücke an der Westfront die Überzeugung aussprach, daß nunmehr der U-Boot-Krieg mit aller Schärfe einsetzen müsse. Ein Hinweis des Auswärtigen Amts auf die ernsten Bedenken wurde dahin erwidert, daß der General zwar nicht vor der Erledigung unserer Friedensaktion zum unbeschränkten U-Boot-Krieg drängen wolle, es folgte aber sofort die ganz präzise Erklärung, daß wir ohne den rücksichtslosen U-Boot-Krieg den Feldzug verlieren würden.

Als Anfang Januar Heeresleitung und Admiralstab entschlossen waren, den U-Boot-Krieg auszulösen, überzeugten sie den Kaiser. Und der Kanzler resignierte:

Den Ausschlag gab, daß jetzt der Feldmarschall Hindenburg und der General Ludendorff an der Spitze der Obersten Heeresleitung standen. Ohne Grenzen war das Vertrauen, das diese Feldherren

beim gesamten Volke vom Niedersten zum Höchsten genossen, begründet auf die Tatsache, daß sie wiederholt Retter des Vaterlandes gewesen waren.
Konnte jetzt das Volk einem dürftigen Frieden entgegengeführt werden, bevor das Kriegsmittel erprobt war, von dem ihm dieselben Männer baldigen Sieg versprachen?

Admiral von Capelle glaubte am 27. April 1917 zu wissen:

Amerikas Hilfe ist gleich Null, Null, Null.

Sie war es aber nicht. Die Engländer erlitten schwerste Verluste. Aber der amerikanische Kriegseintritt, ausgelöst von der deutschen Erklärung des uneingeschränkten U-Boot-Kriegs, brachte die Rettung.

Die große Armee über dem Wasser kann nicht schwimmen, sie kann nicht fliegen, sie wird nicht kommen ...

sagte der preußische Finanzminister Hergt noch am 16. Januar 1918 im Abgeordnetenhaus. Als dann die amerikanische Armee doch kam, glaubte man, den Nachschub durch die U-Boote abschneiden zu können.

Aber die Gegner hatten zugelernt. Das Geleitzugsystem minderte die Chancen der U-Boote. Die Abwehr war stärker denn je. Die Erfolge gingen stetig zurück, das Risiko für die U-Boote wuchs. Tagebuchnotiz eines Kommandanten:

Fast alle Dampfer gesichert. Von 98 angetroffenen Schiffen nur 7 Dampfer und 1 Segler versenkt.

Im Dezember 1917 wurde der U-Boot-Bau dem Reichsmarineamt entzogen, ein U-Boot-Amt eingerichtet, dessen Chef Admiral Ritter von Mann, Edler von Tiechler in zwei Raten 340 U-Boote bestellte, von denen jedoch keines mehr für den Kriegseinsatz fertig wurde. Die Anstrengung kam zu spät.

Nicht zu siegen, trotz der Überzeugung, siegen zu können, verträgt keine Nation.

So hat Bethmann Hollweg nach dem Krieg geschrieben. Aber die Mehrheit der Nation war vom Sieg längst nicht mehr überzeugt wie die Mehrheit des Reichstags. Hunger herrschte im blockierten Deutschland, der Winter 1916/17 führte zu Lebensmittelunruhen, gerade zur Zeit des beginnenden uneingeschränkten U-Boot-Kriegs kam es zu Arbeitsniederlegungen in Berliner Rüstungsfabriken — laut Polizeibericht

... nicht gegen die Betriebsleitung, sondern gegen die Regierung ..., weil diese nicht für genügende Nahrungsmittelbeschaffung für die schwerarbeitende Bevölkerung der Großstädte sorge.

Die Arbeiter seien entkräftet, auch für die relativ hohen Löhne seien zusätzliche Lebensmittel nicht zu beschaffen.

Bald aber berichtete man von

eifriger Minierarbeit gewissenloser Elemente.

Am 15. März berichtete die Abteilung VII des Berliner Polizeipräsidiums über die Volksmeinung,

daß durch das Hinzukommen immer neuer Feinde Deutschland zum Schluß niedergerungen wird. Auch ist allseitig die Ansicht vertreten, daß dadurch der Krieg mindestens aber noch in die Länge gezogen wird. Es ist in letzter Zeit häufig die Wahrnehmung gemacht worden, daß sich ein erheblicher Teil des Volkes wenig oder nicht mehr um die Kriegsereignisse kümmert, die Presse nach dieser Hinsicht unbeachtet läßt und Artikel, die über Hungerrevolten im Auslande schreiben, nicht mehr geglaubt werden, zum mindesten aber häufig die Bemerkung hinzugemacht wird, man solle zuerst über die Hungerrevolten im eigenen Lande Näheres schreiben . . . Sehr große Unruhe brachten die Maßnahmen der Behörden in bezug auf die Kontrolle von Leuten, die ihre Verwandten außerhalb besuchten, um von denselben Lebensmittel in geringem Maße für sich zu erhalten. Es wird dagegen viel Kritik geübt an der mangelhaften Überwachung des Schleichhandels, da Leute, die Geld genug haben, hintenherum immer noch Lebensmittel in größeren Mengen kaufen können und bisher dadurch noch keine Not kennengelernt haben . . .

Die Nachrichten von der russischen Februarrevolution waren zur Zeit dieses Berichts noch nicht eingetroffen. Sie verstärkten Neigungen zu revolutionärer Aktion. Von der konformistischen Sozialdemokratie hatte sich schon die USPD abgespalten, doch noch äußerte sie sich zurückhaltend:

Will der Reichskanzler es darauf ankommen lassen, daß die Massen in Deutschland russisch reden? . . . Ich denke nicht daran, mit einer Revolution zu drohen . . .

Noch war die radikale Spartakusgruppe der USPD angeschlossen, als am 23. März mit Wirkung vom 15. April eine Herabsetzung der Mehlrationen verordnet wurde. Das knappe Brot sollte noch knapper werden.
Das führte zum großen Aprilstreik in Berlin. Am 16. und 17. April streikten allein in den Betrieben der Berliner Rüstungsindustrie mindestens 250 000, wahrscheinlich mehr als 300 000 Arbeiter.

Der Streik ging aus von einem Beschluß des Berliner Metallarbeiterverbandes, die politischen Forderungen waren nicht einheitlich, auch der Ablauf zersplittert, radikale Forderungen erhob nur der Spartakusbund:

Nieder mit dem Krieg! Nieder mit der Regierung! Friede! Freiheit! Brot!

Den meisten Arbeitern war das Brot am wichtigsten. Das liberale ›Berliner Tageblatt‹ sprach am 18. April von einer »Demokratisierung unserer Ernährungspolitik«. In einzelnen Betrieben wurde weiter gestreikt, bis Polizeimaßnahmen es abwürgten, man verhaftete ›Rädelsführer‹. Waren sie arbeitsfähig, so steckte man sie in die Armee als ›Armierungssoldaten‹, Schipper, Arbeitsunfähige kamen in ›Schutzhaft‹. Für Nachrichten über die Streiks wurde am 21. April die Vorzensur der Berliner Zeitungen eingeführt. Ein Zensor sagte:

Wir wissen alle, welche Agitationen im Gange sind, in welches Fahrwasser politischer Verhetzung die Sache heute geraten ist, und wir wissen auch alle, welche Zeit bevorsteht, gerade im Hinblick auf den 1. Mai ...

Mehrheitssozialdemokraten und Metallarbeiterverband dämpften, wo sie konnten, und Generalleutnant Groener, Chef des Kriegsamts, sprach markige Worte:

Wer wagt es, dem Rufe Hindenburgs zu trotzen? Ein Hundsfott, wer streikt, solange unsere Heere vor dem Feinde stehen! ... Leset im Reichsstrafgesetzbuch, was § 89 über den Landesverrat sagt. Wer wagt es, nicht zu arbeiten, wenn Hindenburg es befiehlt?

Mit dem Landesverratsparagraphen wollte man gegen die USPD-Abgeordneten vorgehen, vor allem Haase und Ledebour. Aber es blieb beim Versuch. Die USPD forderte »Frieden ohne Annexion und Entschädigungen«. Das Volk müsse den Frieden durchsetzen. Hier vermutete man die politische Zentrale der Unruhen.

Mitte Juni erschien ein Matrose vom Flottenflaggschiff ›Friedrich der Große‹ in den Geschäftsräumen der USPD-Fraktion: Max Reichpietsch, der vom 12. bis 21. Juli auf Urlaub bei seinen Eltern in Berlin-Neukölln war.

Er berichtete von Mißständen in der Hochseeflotte, einem kurzen Hungerstreik auf ›Prinzregent Luitpold‹, von schlechter Behandlung und unzureichender Ernährung und von Zusammenkünften, in denen Mannschaften über die Einrichtung von ›Menagekommissionen‹ und über politische Fragen diskutierten. Sie lasen das Organ der USPD, die ›Leipziger Volkszeitung‹, die sie sich vom knappen Sold zu mehreren hielten. Ende Mai hatte der frühere Admiralstabschef Bachmann, jetzt Chef der Marinestation der Ostsee, einen Befehl von 1914 erneut bekanntgegeben, wonach den Unteroffizieren und Mannschaften das Halten und die Verbreitung sozialdemokratischer Schrif-

ten und der Beitritt zu politischen Vereinen verboten war.
Reichpietsch unterhielt sich mit dem Abgeordneten Dittmann und der Parteisekretärin Zietz, fragte nach der Rechtmäßigkeit des Bachmann-Befehls, bat um Informationsschriften und Anmeldeformulare für den Beitritt in die USPD. Umstritten ist, ob ihm gesagt wurde, Flottenstreik sei als Mittel zum Erzwingen des Friedens zulässig. Vielleicht hat er es so verstanden.
Jedenfalls kam später das Kriegsgericht zu dem Schluß, daß Reichpietsch, indoktriniert von der USPD, Haupträdelsführer einer umstürzlerischen Organisation in der Hochseeflotte gewesen sei.
Das Gesamtbild der Quellen belegt, daß es diese Organisation nicht gegeben hat, als es im weiteren Verlauf des Jahres 1917 zu Meutereien in der Hochseeflotte kam, ein Jahr vor dem Umsturz von 1918. Die Unruhe der Arbeiter an Land griff auf die Arbeitersöhne an Bord über. Die Bilder trostlosen Daseins glichen sich.

„Ihr verfluchten Schweinehunde"

Am 6. Juni 1917 gab es auf dem Schlachtschiff (›Großlinienschiff‹) ›Prinzregent Luitpold‹ wieder einmal Dörrgemüse zum Mittagessen. Eine Mahlzeit von trostloser Unschmackhaftigkeit.
Die Mannschaft trat in den Hungerstreik. Die Essenholer traten nicht an, das Dörrgemüse wurde bis zum Abend aufgehoben und dann weggeschüttet. Ersatz wurde nicht geliefert. Der unbeliebte I. Offizier, Korvettenkapitän Herzbruch, machte beschwerdeführende Mannschaften »auf das Unrichtige und Unpatriotische ihres Verhaltens« aufmerksam.
Am 4. oder 5. Juli 1917 hatte auf dem Schlachtschiff ›Friedrich der Große‹ bei einer Nachtschießübung, die bis 1 Uhr dauerte, die Mannschaft das für den nächsten Tag bestimmte Brot aufgegessen, bekam am Morgen keinen Ersatz und trat nicht zum Dienst an. Auf Ermahnung des I. Offiziers antwortete sie, daß sie Hunger hätte, fügte sich dann aber.

Mitte Juli protestierten die Heizer auf dem Schlachtschiff ›Posen‹ gegen das Essen aus verdorbenen Kohlrüben. Dazu der Oberingenieur:

> *Ihr verfluchten Schweinehunde. Ihr sollt froh sein, daß ihr überhaupt noch etwas zu fressen bekommt. Eure Kameraden in Flandern haben ganz andere Gefahren auszustehen und beklagen sich nicht!*

Am 19. Juli kam es auf ›Prinzregent Luitpold‹ zu einem erneuten Hungerstreik. Das Mittagessen aus Steckrüben wurde nicht abgeholt, daraufhin gab es Dörrkohl, der verzehrt wurde. Der Kommandant trat in seinem Bericht über den Vorfall dafür ein, die Brotration um wenigsten 100 Gramm zu erhöhen.
Am Nachmittag des 20. Juli 1917 wurde auf dem Kreuzer ›Pillau‹, der in der Werft lag, mehreren Leuten der Urlaub verweigert. Daraufhin entfernten sich während der Dienststunden 140 Mann vom Schiff und kehrten bei Dienstschluß zurück. Die Schiffsführung war unsicher, die Strafen blieben gering: 3 Stunden Strafexerzieren.
Am 31. Juli 1917 gab es erneut Unruhe auf ›Prinzregent Luitpold‹. Der 3. Heizerwache waren mehrfach Freizeit (›Freiwache‹) und Kinobesuch durch militärischen Dienst entzogen worden, Exerzieren oder

›militärischer Ausflug‹, ein öder Marsch in Kolonne mit Gewehren entlang des Deichs. Die Stimmung war auch wegen anderer Vorfälle gespannt.

Am Abend des 31. Juli schrieb eine unbekannte Hand auf die Befehlstafel: »Wenn kein Kino, dann Ausflug ohne Erlaubnis.« Tatsächlich wurde durch den Ingenieur Hoffmann am nächsten Morgen statt Kino für 9.00 Uhr das Antreten zum militärischen Marsch befohlen. Die 3. Heizerwache verließ daraufhin mit 49 Mann das Schiff und lagerte am Deich, etwa um 11 Uhr kehrten sie freiwillig zurück. An Bord war bereits eine Strafliste fertiggestellt, um 14 Uhr bestrafte der Kommandant einige der Protestler mit 14 Tagen schwerem Arrest, einige mit 21 Tagen Mittelarrest und Degradierung, insgesamt 11 von 49 Mann. Das rief Empörung hervor:

Über das Herausgreifen einzelner zur Bestrafung entstand lebhafter Unwille im ganzen Schiff, man hatte erwartet, daß alle oder keiner bestraft würden.

Am Abend versammelte sich die 3. Heizerwache in einem Eisenbahnwaggon auf dem Werftgelände. Aus Mangel an Arrestlokalen waren nicht alle Bestraften sofort eingesperrt worden. Man beschloß für den nächsten Tag einen erneuten Ausflug, der größte Teil der Besatzung solidarisierte sich damit. Da das Schiff in der Werft lag, waren etwa 700-800 Mann von insgesamt ca. 1200 an Bord, am Morgen des 1. August gingen mindestens 400 an Land, wahrscheinlich waren es etwa 600. Der Heizer Albin Köbis, Wortführer der 3. Heizerwache, wies darauf hin, daß man nicht zu lange wegbleiben dürfte, um die Sache nicht durch Beeinträchtigung der Kriegsbereitschaft — Frist drei Stunden — »ins Gefährliche« zu ziehen. Da es in Strömen zu regnen begann, zog man in den Gasthof ›Zum weißen Schwan‹ in Rüstersiel, wo man sich im Saal einquartierte.

Um 10 Uhr erschien der Wachtmeister des Ortes Rüstersiel mit 5-6 seiner Leute mit aufgepflanztem Seitengewehr. Man ließ ihn in den verbarrikadierten Saal. Er mahnte friedlich:

Leute, ich komme nicht als euer Vorgesetzter, ich komme als Freund, als euer Kamerad; laßt euch freiwillig an Bord führen.

Aber sie wollten sich nicht führen lassen:

Wir sind frei hergekommen und gehen auch frei an Bord zurück!

Der Wachtmeister verwies auf seinen Befehl, man verhandelte nicht lange, sondern stellte sich in Gruppen auf, dann

ging es unter Absingen alter Reservistenlieder nach Wilhelmshaven zurück.

Sobald der Wachtmeister seine Leute längs des Zuges gruppieren

wollte, hielt die Kolonne an, »Posten weg!« — Das wiederholte sich drei- oder viermal.
Dann kam ein Kapitänleutnant auf dem Fahrrad und befahl Halt. Man gehorchte nicht, er platschte mit dem Fahrrad in das anderthalb Meter tiefe Wasser neben der Straße, die Kolonne hielt schließlich doch. Wenn sie sich nicht führen ließen, wolle er sie führen »wie die Russen« rief er — als unordentlichen Haufen, meinte er. »Da blamiert ihr euch ja selber,« rief ein Heizer, möglicherweise Köbis. Eine Viertelstunde vor Wilhelmshaven fuhr der Kapitänleutnant davon, um Alarm zu geben. Die Heizer umgingen im Laufschritt die Seebataillonskaserne und waren um 11.30 Uhr an Bord.
Politische Forderungen waren nicht beabsichtigt. Man wollte Freilassung der Arrestanten, Befreiung der Heizer von dem militärischen Dienst, Regelung der Freizeit ohne willkürliche Eingriffe der Vorgesetzten.

Vorbringen konnte man es noch. Unmittelbar nach der Rückkehr erschien der Admiral von Mauve als Beauftragter des Flottenkommandos, befahl alle Mann an Deck und hielt eine Ansprache des Inhalts,

wir hätten die Ehre der Flotte, die sie beim Skagerrak erworben, in den Schmutz getreten; wir sollten uns schämen, so als Soldaten zu handeln; wir sollten wenigstens den Mut haben, vorzutreten und zu sagen, warum wir das untrenommen hätten usw.

Daraufhin traten die Mitglieder der Menagekommission vor. Solche Kommissionen der Mannschaft waren seit Mitte 1917 offiziell auf allen größeren Schiffen gebildet worden, sie sollten in Verpflegungsfragen eine Art von Betriebsratsfunktion ausüben. Der Admiral zeigte sich erstaunt über die früheren Vorfälle und Bestrafungen, die dem Flottenkommando nicht gemeldet worden waren. »Herr Kapitän, ich wundere mich über die Bestrafungen«, sagte der Admiral zum Kommandanten. Aber dann kam für die Mannschaft die kalte Dusche: Belagerungszustand, Gefechtsalarm, Auslaufen, Verhaftungen von ›Rädelsführern‹, 18 Mann.

Aha, das ist einer von den Todeskandidaten

sagte der Kriegsgerichtsrat zu einem der Untersuchungsgefangenen, und

Sagen Sie die Wahrheit; ich werde sofort Erschießung beantragen; Sie brauchen nicht auf Gnade zu rechnen.

Die ›Wahrheit‹, mit der das Flottenkommando rechnete: Nicht Unzufriedenheit mit den Verhältnissen an Bord, sondern politische Verschwörung, angezettelt von der USPD über indoktrinierte Matrosen und Heizer. Das Interesse konzentrierte sich vor allem auf Köbis.

Wenige Tage später wurden Max Reichpietsch und Willi Sachse vom Flottenflaggschiff ›Friedrich der Große‹ verhaftet.
Reichpietsch, Köbis und Sachse hatten tatsächlich ihren Urlaub in Berlin benutzt, um Kontakte zur USPD aufzunehmen. Reichpietsch Mitte Juni — der genaue Termin ist umstritten —, Köbis und Sachse etwa gleichzeitig Anfang Juli. Von der SPD, die am 4. August 1914 den Kriegskrediten zugestimmt hatte und weiterhin antirevolutionär eingestellt war, trennte sich im März 1916 eine radikale Gruppe unter Kautsky und Haase, die 1917 als Reichstagsfraktion die Unabhängige Sozialdemokratische Partei bildete, die USPD. Von ihr spaltete sich später der Spartakusbund ab, der nach der russischen Oktoberrevolution 1917 für Umsturz und Räterepublik kämpfte, zur Zeit der Flottenunruhen im Sommer aber noch nicht zutagetrat.
Die USPD betrieb den Frieden ohne Annektionen und Reparationen, billigte und unterstützte im Gegensatz zur Mehrheits-Sozialdemokratie die Arbeiterstreiks als Kampfmittel für die Herbeiführung des Friedens und sammelte zur Zeit der Besuche von Reichpietsch, Köbis und Sachse Unterschriften für die Stockholmer Konferenz der Sozialisten, von der man das Signal zum Frieden erhoffte.
Das Flottenkommando vermutete, die USPD habe in der Flotte eine revolutionäre Organisation geschaffen, zu der sie sich der Menagekommissionen bediente, die dem Flottenkommando durch den Haushaltsausschuß des Reichstags aufgezwungen worden waren.

Beim Landheer bestanden bereits solche Kommissionen, deren Mitglieder von den Mannschaften selbst gewählt oder vorgeschlagen wurden, als der Staatssekretär des Reichsmarineamts, Admiral von Capelle, am 20. Juni 1917 verfügte, in der Flotte seien durch die Kommandanten Menagekommissionen einzurichten. Der Flottenchef Admiral Scheer wehrte sich, er wünschte keine Mannschaftsvertretung und verschleppte zunächst die Antwort ans Reichsmarineamt um vier Wochen. Am 20. Juli schrieb er, der Erlaß sei ohne Anhörung der Front ergangen, berühre militärische Interessen und läge deshalb nicht in der Kompetenz des Reichsmarineamts. Capelle antwortete am 2. August, angesichts der Stellungnahme der Armee sei eine Ablehnung durch die Marine ausgeschlossen, und die Mannschaften erhielten nicht mehr Recht, als sie ohnehin schon besäßen. Zudem hätten sich bei der Baudivision in Wilhelmshaven gewählte Ausschüsse schon bewährt. Scheer dankte am 15. August für die Aufklärung, erbat für die Richtlinien, daß die Kommissionen nicht für ›Beschwerden‹, sondern für ›Klagen‹ zuständig sein sollten, denn es

> *soll hierdurch jeder Zweifel behoben werden, daß es sich nicht um eine Abänderung der allgemein gültigen Beschwerdevorschrift handelt.*

Während der Flottenchef solcherart Widerstand leistete, hatte die Mannschaft schon längst im vaterländischen ›Wilhelmshavener Tageblatt‹ die Rede von Admiral Capelle zum Marineetat gelesen, in der er davon sprach, auf den Schiffen beständen bereits Menagekommissionen der Mannschaften. So fühlten sich die Besatzungen berechtigt, auch ohne ausdrückliche Erlaubnis des Flottenchefs und der Schiffskommandanten Vertrauensmänner zu wählen. Allen voran ›Friedrich der Große‹, wo bei der Befehlsverweigerung wegen des Brotes Anfang Juli bereits die Bildung einer Kommission verlangt und widerwillig genehmigt worden war. Die Matrosen Reichpietsch und Weber und der Oberheizer Sachse organisierten die Wahl. Diskutiert wurde darüber zum Teil in Wirtschaften an Land, wo Mannschaften anderer Schiffe davon hörten und sich an diesem Modell orientierten.
Das Kriegsgericht hat (im Urteil gegen den Matrosen Weber) die Vorgänge später so resümiert:

> *Die Kommissionen anderer Schiffe kamen an Bord von ›Friedrich der Große‹ und baten um Verhaltensmaßregeln. So trat der Angeklagte Köbis, Mitglied der Menagekommission auf ›Prinzregent Luitpold‹, an Sachse heran mit dem Vorschlag, eine allgemeine Zusammenkunft zwecks Besprechung von Mißständen herbeizuführen. Durch derartige Zusammenkünfte griff die Bewegung in kürzester Zeit auf andere Schiffe über, nämlich außer auf ›Prinzregent Luitpold‹, wo die Bewegung mit der auf ›Friedrich der Große‹ gleichen Schritt gehalten hatte, auf ›Pillau‹, ›Kaiserin‹, zuletzt auch auf ›Helgoland‹ und nach Angaben Sachses auch auf ›König Albert‹, ›Großer Kurfürst‹, ›Kronprinz‹, ›Westfalen‹, ›Ostfriesland‹, ›Schwaben‹, ›Ziethen‹. In Frage der Organisation holte man sich Rat von ›Friedrich der Große‹. Hier war die Hauptzentrale. Leiter derselben waren Sachse, Reichpietsch, Weber.*

Nach dem spektakulären Auszug der ›Prinzregent Luitpold‹-Besatzung war es Mitte August noch zu Widersetzlichkeiten auf drei Schlachtschiffen gekommen: Am 16. August traten zum Kohleneinnehmen auf ›Westfalen‹ 30-40 Mann nicht an mit der Begründung, sie hätten nicht die übliche Kohlenzulage zum Essen bekommen. Auf Vorhalte des I. Offiziers fügten sie sich. Auf ›Rheinland‹ versuchte eine große Zahl von Mannschaften, denen versprochener Urlaub gekürzt oder entzogen war, durch demonstratives Vortreten bei der Musterung ihre Forderung durchzusetzen, ohne Erfolg. Und auf ›Posen‹ hatte die Menagekommission die Brote gewogen und ein Untergewicht von je 50-70 Gramm festgestellt. Die Besatzung trat daraufhin nicht zum Dienst an, folgte dann aber auch hier der Aufforderung des I. Offiziers.

Zu dieser Zeit waren die kriegsgerichtlichen Untersuchungen schon in vollem Gange. Das Ergebnis hat noch 1969 der Vizeadmiral a. D. Friedrich Ruge, der von 1956 bis 1961 Inspekteur der Bundesmarine war und als Fachschriftsteller hervorgetreten ist, in seinem Buch ›Scapa Flow 1919‹ so dargestellt:

> *Hierbei wurde festgestellt, daß es sich beim ersten Hungerstreik vielleicht noch um einen spontanen Ausbruch gehandelt haben mochte, daß man es im ganzen aber mit einer planmäßig vorbereiteten, wenn auch noch unfertigen Aktion zu tun hatte. Einer kleinen Zahl von Revolutionären war es gelungen, mehrere tausend Mann (die Schätzungen schwanken zwischen 5000 und 14 000) zum mindesten als Mitläufer für einen als Friedensbewegung getarnten Aufstand zu gewinnen.*
> *Einwandfrei festgestellt ist, daß Reichpietsch begann, mit seinen Gesinnungsgenossen eine Organisation revolutionärer Art auf den Schiffen aufzuziehen, mit dem Ziel, die ganze Flotte mit einem Netz von Vertrauensmännern und Ansprechstellen zu überziehen. Es ist zumindest fraglich, ob er ohne die geistige Hilfestellung der linksradikalen Abgeordneten überhaupt solche Pläne gefaßt hätte. Die Menagekommissionen waren ein willkommenes Mittel, um das illegale Netz schnell und unauffällig auszubauen. Das Heer besaß sie schon seit einiger Zeit. Sie dienten der Kontrolle der Verpflegung in der Truppe, ein Teil ihrer Mitglieder wurde von der Mannschaft gewählt. Die vom Reichsmarineamt verfügte Einführung an Bord verzögerte sich, weil sich der Flottenchef gegen diese Art der Besetzung sträubte. Er wünschte, daß die Mitglieder jeweils vom Kommandanten des Schiffes bestimmt würden. Damit hatte er nicht unrecht, denn auf mehreren Schiffen verstanden es die Revolutionäre, sich in die Kommissionen wählen zu lassen und sie zu allgemeinen Beschwerdestellen zu entwickeln. Die Ansichten gehen allerdings auseinander, ob sie eine entscheidende Rolle gespielt haben.*

Da muß man allerdings fragen, ob so entschiedene Ansichten über den politischen Charakter der Bewegung getroffen werden dürfen, wenn »die Ansichten allerdings auseinander« gehen.
In der Tat ist es eine historische Kuriosität, daß die Geschichtsschreibung der Offiziere die Bestätigung ihrer Thesen in der kommunistischen Literatur zu den revolutionären Vorgängen in Deutschland 1917/1918 findet. Ruge beruft sich auf Band 6 des Geschichtswerks der Deutschen Akademie der Wissenschaften zu Berlin: »Revolutionäre Ereignisse und Probleme in Deutschland während der Periode der Großen Sozialistischen Oktoberrevolution 1917/1918«, Beiträge zum 40. Jahrestag der Großen sozialistischen Oktoberrevolution, erschienen 1957. Sie bezieht die Aktionen der Matrosen und Heizer in die

Entwicklung der deutschen revolutionären Bewegung ein, Kronzeuge ist für die Offiziere wie für die sozialistischen Historiker der Oberheizer Willi Sachse, der schon bei den Prozessen in diesem Sinne hervortrat und sich von seinen Kameraden vorwerfen lassen mußte, sie buchstäblich ans Messer geliefert zu haben.

Tatsächlich kamen auch dem Vizeadmiral Ruge Zweifel, die ihn allerdings nicht an der Formulierung seiner Thesen gehindert haben:

Zweifellos war Reichpietsch, erst 23 Jahre alt und im Gegensatz zu einigen anderen Führern politisch ungeschult, davon beeindruckt, daß die Abgeordneten ihn empfingen und mit ihm verhandelten. Es ist durchaus möglich, daß er zuviel aus ihren Worten entnommen hat. Bei Besprechungen kommt es häufig vor, daß sich die Ansichten der Teilnehmer über das Ergebnis stark voneinander unterscheiden.

Eliminiert man die Aussagen des Sachse, einiger Spitzel des Flottenkommandos und der Kriegsgerichtsräte aus der umfangreichen Dokumentation des Untersuchungsausschusses, den die Deutsche Nationalversammlung 1919 bildete und den der Reichstag bis 1928 weiterführte, so wird deutlich, daß der Bewegung in der Mannschaft keine sozialistische Organisation zugrundelag; die Offiziere liegen falsch, wenn sie eine plötzlich von außen her in die Marine hineingetragene politische Agitation zu sehen glauben. Und die kommunistischen Historiker liefern ihnen die Argumente, wenn sie von einer illegalen Mannschaftsorganisation sprechen. Ebenso wäre es aber auch eine Fehldeutung, allein die Verpflegung und die mangelnde innere Führung als Ursache zu betrachten.

Schon am 23. August 1915 hatte der Matrose Stumpf, christlich-süddeutsch und entschieden vaterländisch eingestellt, in sein Tagebuch geschrieben:

Es ist erstaunlich, wie sich alle Mann jetzt um die Politik kümmern. Alles ist sich daüber einig, daß nach dem Krieg die Bevorzugung der Offizierskaste aufhören muß. Es ist auch wahr, diese haben viel zuviel Recht. Da verfügt jeder über Leben und Freiheit des Untergebenen.

Schon damals kam es zu Auflehnungen, die Mannschaften begannen politisch zu denken. Stumpf notiert am gleichen Tag:

Was wollen ›sie‹ denn machen, wenn wir nicht mehr wollen? Alle können sie uns nicht einsperren. Zu leidenschaftlichen Auseinandersetzungen kommt es oft um die Frage, ob Deutschland von den bisher besetzten Ländern etwas behalten darf. Sollte man so etwas für möglich halten? Die tollsten sozialistischen Ansichten treten hier zutage. Niemand fragt danach, ob bei solchem Streit ein

Offizier in der Nähe ist.
Ein Beispiel praktischer Auflehnung gaben etwa 20 Mann, die in Swinemünde einfach nicht an Bord kamen. Erfolg: jeder zehn Tage Mittel. Auch mehrere Unteroffiziere waren darunter (Gündel, Honholz, Mahnert). Die Verlesung der Kriegsartikel wird stets mit Hohngelächter und spöttischen Bemerkungen begleitet. An der Kantine ist ein Plakat angeheftet, auf welchem der Rollenoffizier verhöhnt wurde. (Er bietet allerdings unerschöpflichen Stoff zu Satiren, der gute Martin Schultze.)

Es gibt auch Offiziere, denen ein solcher Dienst überdrüssig ist. Die dürfen es bloß nicht sagen.

Und am 2. Dezember 1915:

Der Oberleutnant K. war ja der Ansicht, daß uns das, was über den Dienst hinausgeht, doch zu rund, und daher weitere Bildung unnütz und nicht ratsam sei. Er war die personifizierte Aufgeblasenheit und vertrat wie seine Vorfahren, die dänischen Junker, den Grundsatz: »Je dümmer das Volk, desto leichter ist es zu regieren!« Es wird noch vieler Tage bedürfen, um auch solchen Köpfen die schreckhafte Erkenntnis aufdämmern zu lassen, daß die jungen neudeutschen Soldaten zu gebildet sind, sich von der Leutnantskaste an der Nase herumführen und vor den Bauch treten zu lassen.
... Aber man muß bedenken, daß jetzt eine Auflehnung gegen die Bevormundung dem Vaterland vielleicht schaden, bei den Feinden aber falsche Hoffnungen erwecken könnte. Wir wissen gut zu unterscheiden zwischen »des Deutschen Vaterland« und seinen Offizieren. Wird es schief gehen, dann sind jene doch die ersten, welche ihm den Rücken kehren oder die Opposition bilden.

So kam es dann ja auch.
Tatsächlich begriff die Marineführung überhaupt nicht, daß die Mannschaft mitdachte, daß sie Zeitung las, diskutierte, und daß ihr die Meinungskämpfe in der Führung nicht entgingen. Und sie hatten das miserable Benehmen zahlreicher Offiziere vor Augen!

Kein geringerer als der Kapitän, später Vizeadmiral von Trotha, bekannt als Stabschef der Hochseeflotte und Vertrauter von Tirpitz, nach dem Krieg bis zum Kapp-Putsch Chef der Admiralität, in der Reichsmarine verehrter Senior außer Diensten und unter Hitler Nationalsozialist, schrieb am 4. Juli in einem Brief an Tirpitz:

Es beschleicht mich schon so bei dem Warten hier mit Angst immer mehr das Empfinden, daß der Krieg vergessen wird, daß der Zug zum angenehmen Leben des Friedens sich mehrt. Der Krieg — scheint mir — bedeutet der Marine im allgemeinen immer mehr eine unbequem empfundene Unterbrechung des allheiligen Friedens-

ausbildungsprogramms.

Ein angeklagter Matrose vom Schlachtschiff ›Rheinland‹ sagte 1917 aus:

> *Auf unserem Schiffe herrschte schon seit Ende 1916 Erbitterung, weil wir schlecht verpflegt waren und von den Vorgesetzten willkürlich behandelt wurden. Wir bekamen nicht etwa wenig zu essen, sondern es war ungenießbar zubereitet. Einmal beschwerte ich mich darüber und bekam zur Antwort vom Kommandanten: »Ob Sie verrecken oder nicht, das ist uns egal, die Hauptsache ist die Gefechtsbereitschaft des Schiffes. Leute sind Nebensache, denn die können wir kriegen, so viel wir haben wollen.«*

Ewigen Ärger gab es um die Verpflegung, für die pro Mann und Tag eine bestimmte Geldsumme ausgeworfen wurde, ›aus Zweckmäßigkeitsgründen‹ in Verpflegungskreise getrennt: Offiziere, Deckoffiziere, Mannschaften. Mit unterschiedlichen Beträgen. Nur etwa ein Drittel der Offiziere lebte auf kleinen Fahrzeugen in Gemeinschaftsverpflegung mit der Besatzung.

> *Wir bekamen früh morgens zwei Schnitten Brot, so stark wie ein Finger, und abends zwei Schnitten, zum Mittag einen Napf voll Steckrüben oder ›Drahtverhau‹, wie wir es nannten. In den Kasematten, in welchen die Offiziersküche sich befand, war natürlich die Erregung bedeutend größer als vorn in der Vorbatterie, wo wir saßen; denn dort in den Kasematten sausten die Platten immer an den Nasen der Matrosen vorbei, und die Düfte zogen ihnen in die Nase. Da ist es passiert, daß mitunter der eine oder andere Matrose dem Steward die Platte aus der Hand genommen hat, und die Matrosen haben sich um die Fleischscheiben gestritten. Es ist vorgekommen, daß beim Manöver den Herren Offizieren der Spickbraten aus der Pfanne geholt wurde, daß sie zwei Stunden später erst das Mittagessen bekamen und wir dadurch zwei Stunden mehr Freizeit hatten. Wenn der Unterschied in der Verpflegung nicht so groß gewesen wäre, wären alle diese Dinge nicht vorgekommen. Wenn wir auf Mittelwache gingen, bekamen wir nichts, nicht einmal einen Schluck Kaffee. Die Heizer bekamen wohl den Kaffee. Die Offiziere bekamen in der Mittelwache früh ihr Frühstück, entweder Fleischbrühe, Kaffee, Kakao oder Tee, dann drei belegte Brote mit Schinken oder Wurst, je nachdem. Das bekamen natürlich die Matrosen nicht. Da ist es des öfteren passiert, daß einer der Matrosen auch davon gegessen hat. Wurde er dabei erwischt, bekam er ein paar Tage Arrest, schob ab und war zufrieden, daß er keinen Dienst zu tun brauchte.*

Vor dem Untersuchungsausschuß nach dem Krieg ist erbittert darum

gestritten worden, ob die Mannschaften tatsächlich schlecht dran waren. Auf jeden Fall ging es ihnen besser als der Bevölkerung an Land. Im August 1916 gab es in Dresden pro Kopf 2999,5 Gramm Brot und Mühlenprodukte. Auf dem Schlachtschiff ›Markgraf‹ 4270 Gramm mit einem Zuschlag von 100 Gramm Mehl, bei Butter und Fett 62,5 Gramm gegenüber 150 Gramm. Die individuelle Zubereitung und die größeren privaten Geldmittel bei den Offizieren führten jedoch in der Haftpsychose (so nannte es Stumpf als Sondersachverständiger vor dem Ausschuß) der untätigen, in eintönigem Dienst gefesselten Flotte zu Mißtrauen und Mißstimmung, für die Mannschaft wurde lieblos gekocht, Beschwerden wurden abgewiesen, während die Offiziere ihre gepflegte Küche genossen.
Die britische Marine, deren Schlachtflotte nicht weniger in ihren Liegeplätzen fixiert war als die deutsche, noch dazu in entlegenen öden Stützpunkten, hat sofort bei Einführung des Rationalisierungssystems an Land die selbständige Verpflegung der Offiziersmessen eingestellt und kategorisch jede private Versorgung verboten:

Die Ökonomen und Wirtschafter in den Offiziersmessen durften nunmehr außer den obengenannten Lebensmitteln keine weiteren Einkäufe von Lebensmitteln vornehmen . . .

In der US-Marine haben die Offiziere sofort beim Kriegseintritt freiwillig auf die eigenen Küchen verzichtet — und dies,

obwohl das für sie, rein materiell gesehen, keineswegs notwendig erschien, demnach also lediglich der rein psychologischen Wirkung wegen und insofern letzten Endes aus reiner und wirklicher Kameradschaft heraus. Sie sagten ihren Mannschaften damit: Jeden Augenblick droht uns gemeinsamer Tod, so wollen wir auch gleich leben. Das war mehr als eine Geste, das war eine Tat von tiefster Wirkung auf die Mannschaften.

In der deutschen Hochseeflotte bekamen die Mannschaften zur Zeit der Brotknappheit anderes zu hören. So auf ›Friedrich der Große‹:

Freßt Steine statt Brot.

Auf manchen Schiffen wurde besser gekocht, auf manchen schlechter. In schlechtem Ruf standen ›Friedrich der Große‹ und ›Prinzregent Luitpold‹, nicht nur wegen der Verpflegung.
Daß gerade auf diesen beiden Schiffen die Unruhen 1917 besonders hervortraten, soll nur an der Zufälligkeit gelegen haben, daß hier ›Rädelsführer‹ an Bord waren?
Tatsächlich sind Reichpietsch und Sachse von ›Friedrich der Große‹ und Köbis von ›Prinzregent Luitpold‹ erst durch die Verhältnisse auf diesen Schiffen veranlaßt worden, sich an die USPD zu wenden. Und es wäre ein Meisterwerk an Organisationskunst gewesen, wenn sie

nach diesen Besuchen in höchstens 14 Tagen (Reichpietsch) oder einer Woche (Sachse und Köbis) eine Aufstandsbewegung von mindestens 4000 Mann auf zwölf Schiffen hätten organisieren können.

Die Theorie, die Offiziere bis heute vertreten, steht auf tönernen Füßen, Reichpietsch suchte die Abgeordneten zunächst wegen privater Beschwerden auf. Eine Zeugenaussage:

Er war ungefähr drei Jahre bei einem Leutnant Jordan Bursche. Reichpietsch putzte sich selbst gern ein bißchen. Bei 3.30 Mark Löhnung, die wir bekamen, ging das natürlich nicht. Die Liebchen, die wir in Wilhelmshaven hatten, sahen uns nicht an, wenn wir nicht einen Extra-Anzug hatten. Reichpietsch zog jedenfalls einmal ein Paar braune Halbschuhe von Leutnant Jordan an, dazu ein Paar seidene Strümpfe, band sich eine Armbanduhr um, hatte vielleicht noch ein seidenes Tuch vorn in der kleinen Tasche und ging damit an Land. Leutnant Jordan wollte nun auch an Land gehen. Jedenfalls wollte er die Stiefel herausholen, und sie waren weg. Er war darüber sehr ärgerlich und mußte seine Bordstiefel anziehen. Nachher traf er den Reichpietsch an Land. Er ließ ihn durch eine Patrouille festnehmen und an Bord bringen, und da wurde Reichpietsch wie der gemeinste Verbrecher behandelt und wegen dieser Handlung in die II. Klasse des Soldatenstandes versetzt.

Wozu beitrug, daß Reichpietsch 1913 — damals 18 Jahre alt — wegen ›militärischen Diebstahls‹ vorbestraft worden war. Man hatte bei ihm eine Geldsumme gefunden, die nach späterer Aussage von Kameraden aus einem verbotenen Zigarettenhandel stammte, den er jedoch verschwieg. Weiter zur späteren Strafe:

Dann machte Reichpietsch die Seeschlacht 1916 mit. Reichpietsch hatte bis dahin gute Führung gehabt und ist deshalb vorgetreten, um sein Mützenband wiederzubekommen. Bekanntlich wird bei den Matrosen Kokarde und Mützenband weggenommen, wenn man in die II. Klasse kommt. Daraufhin wurde Leutnant Jordan befragt. Er mußte gutsagen für ihn, ob er zuläßt, daß der Matrose Reichpietsch sein Mützenband wieder bekommt. Er lehnte es ab. Dann ist unsere gesamte Korporalschaft vorgetreten, oder die Division, wie man es an Bord nennt. — Es ist wieder abgelehnt worden. Darüber war Reichpietsch sehr erbost; zuerst niedergeschlagen, nachher hat er sich in einen Zorn hineingeredet. Dann sind wir Anfang 1917 zusammen in Urlaub gefahren. Da sagte er mir, er wolle sich hier bei Reichstagsabgeordneten irgendwelcher Partei beschweren, damit er sein Mützenband wiederbekomme.

Er sprach mit den USPD-Abgeordneten Dittmann, Haase und Vogt-

herr, berichtete über seine Angelegenheit und die Mißstände an Bord und wurde aufgefordert, Unterlagen schwarz auf weiß zu bringen. Daraufhin ging er bei seinem nächsten Urlaub Mitte Juli mit einem Packen schriftlicher Beschwerden zur USPD und in sein Unheil.
Kein Wunder, daß der Fall Reichpietsch sogar bei Vizeadmiral Ruge gewisse Zweifel erweckte.
Obermatrose Conrad Lotter von Kleinen Kreuzer ›Bremen‹ schrieb am 23. Juli 1917 an den Domkapitular Leicht über die Vorfälle in der Flotte:

Nur mit tiefster Betrübnis gebe ich Ihnen von all dem Kenntnis ... Die Ursachen all dieser Vorkommnisse sind, wie ich bereits mehrfach zu bemerken Gelegenheit hatte: schlechtes Beispiel seitens der Offiziere, mangelhafte Verpflegung, vorschriftswidrige Behandlung und nichteingehaltene Versprechungen betr. Urlaub usw.

Er schilderte, daß beispielsweise auf dem Flottenflaggschiff ›Friedrich der Große‹ nicht nur Sabotage vorkam, sondern daß Mannschaften

statt der Kriegsflagge einen zum Schmutzwasseraufnehmen bestimmten sog. Schwabber gehißt

hatten, und »der Kuriosität halber« erwähnt er einen Fall, der sich am 21. Juli auf ›Thüringen‹ zugetragen habe:

Dort erhielten die Offiziere, während sie beim Mittagessen in der Messe saßen, plötzlich einen mächtigen Wasserstrahl von einer Schlauchleitung von außen, so daß sie alle ganz naß wurden und das Mittagessen verdorben war. Der Täter wurde nicht ermittelt.

Lotter wandte sich gegen die ›Vertuschungspolitik‹ der Marineführung und schlug eine parlamentarische Untersuchungskommission vor.

Stellt sich dann heraus, daß die Beschwerden auf Richtigkeit bzw. auf Wahrheit beruhen, was außer jedem Zweifel steht, dann müßten eben alle Konsequenzen, die sich daraus ergeben, mit unerbittlicher Logik gezogen werden. Seien wir uns doch darüber klar, daß die Mannschaft alles weiß, daß ihr, so befremdlich es auch klingen mag, nichts verborgen bleibt, und sie demgemäß handelt, und daß nur völlige Offenheit und ein aufrichtiges, ehrliches und freies Wort alles wieder ins richtige Gleis bringen kann.

Dieser Lotter, der wenig später auf den Minenkreuzer ›Bremse‹ kommandiert wurde, ist es gewesen, der das Flottenkommando in dem Verdacht bestärkte, die Unruhe sei nicht in erster Linie auf Mißstände, sondern auf das Wirken einer Geheimorganisation zurückzuführen. Lotter erfuhr am 20. August gerüchtweise, daß sich

die Geheimorganisationen der Linienschiffe usw. sich im ›Restaurant Tivoli‹ in der Gökerstraße mit den unabhängigen Sozialisten, man sprach sogar von Abgeordneten, treffen wollten,

um die »allgemeine Meuterei in der Flotte herbeizuführen.«

> *Es kann sich wohl jeder, der für unser Vaterland wohl noch etwas übrig hat, vorstellen, daß mir der Schreck über einen derartigen Anschlag in die Glieder fuhr. Was nun tun? Es war nahe an 8 Uhr: der Kommandant beurlaubt, der Erste Offizier, mein Feind, hätte mir, wäre ich zu ihm gegangen, vielleicht gar nicht geglaubt: Um 9 Uhr p.m. aber sollte bereits die Versammlung stattfinden.*
>
> *Da beschloß ich, ohne Rücksicht auf den vorgeschriebenen Dienstweg, einfach zu meinem höchsten Vorgesetzten im Kreuzerverband, Sr. Exz. H. Vize-Adm. Ritter von Hipper, zu gehen, weil ich mir sagte, »kann auch Dein hoher Vorgesetzter Deine Handlungsweise nicht billigen, so wird doch letzten Endes der Landsmann Dich verstehen«.*

Lotter war Bayer wie Hipper, aus der Gegend von Nürnberg. Hipper bedankte sich, und die Dinge nahmen ihren Lauf.

TOD DURCH ERSCHIESSEN

„Trotz bestehenden Zweifeln"

Es habe 1917 eine Verschwörung in der Flotte bestanden, angezettelt von der USPD, mit USPD-Genossen in der Mannschaft, mit Zentralkomitee und Mitgliederlisten und dem Vorsatz zur Erzwingung des Friedens durch Flottenstreik, wird unablässig bis heute behauptet. Doch je nüchterner die Akten, desto mehr sprechen sie dagegen. So der Schlußbericht des Oberreichsanwalts Dr. Zweigert in dem Voruntersuchungsverfahren, das gegen die USPD-Parteisekretärin Frau Zietz angestrengt worden war, weil sie den Matrosen Reichpietsch mit Rat und Material zum Aufstand verleitet haben sollte. Wer diesen Bericht vom 18. Februar 1918 liest, wird nicht begreifen, wie es gegen die Matrosen und Heizer zu Todesstrafen und schweren Zuchthausstrafen »wegen vollendeten und versuchten Verbrechens des Landesverrats im Sinne der §§ 89 und 90b StGB« kommen konnte. Denn das Verfahren gegen die Abgeordneten und Funktionäre der USPD führte zu nichts, und der Oberreichsanwalt hat in kurzen Worten zusammengefaßt, was zahlreiche Zeugenaussagen bei vorurteilsfreier Betrachtung ergaben:

Soweit sich feststellen läßt, hat die Bewegung zunächst unter dem Heizerpersonal auf S.M.S. ›Friedrich der Große‹ begonnen, und zwar auf Grund von angeblichen Mißständen in der Beköstigung und der dienstlichen Behandlung, wenn auch schon auf den anderen Schiffen, z. B. S.M.S. ›Rheinland‹, unter den Matrosen seit Ende 1916 eine gewisse Erbitterung über diese Zustände bestanden haben soll . . .

Die Heizer, von denen bereits Anfang 1917 eine größere Zahl die ›Leipziger Volkszeitung‹, das Hauptorgan der USPD las, pflegten sich nachmittags häufig in dem Kammerschen Lokal in Wilhelmshaven zu treffen, sie besprachen dort zunächst zwanglos die Einrichtung der inzwischen auf den Schiffen eingerichteten Menagekommissionen und unterhielten sich im Anschluß daran auch über die politischen Artikel der obengenannten Zeitung. Allmählich ging Sachse, der anscheinend als geistiger Leiter der ganzen Bewegung anzusehen ist, dazu über, Vorträge über politische Themata zu halten, so hielt er z. B. im April 1917 in der Kammerschen Wirt-

schaft einen Vortrag über das Sozialistengesetz.
Einer dieser Zusammenkünfte wohnte auch der Matrose Reichpietsch bei, der von einem Bekannten zufällig mitgenommen war. Es wurde damals im besonderen davon gesprochen, daß die Einrichtung einer nur aus Mannschaften zusammengesetzten Menagekommission gefordert werden sollte. Reichpietsch griff diesen Gedanken mit großem Eifer auf und erklärte sich bereit, eine Bewegung dafür auch unter den Matrosen auszubreiten. Gefördert wurde der Gedanke noch besonders durch einen am 6. Juni auf S.M.S. ›Prinzregent Luitpold‹ ausgebrochenen Hungerstreik, bei dem die Mannschaften das ihnen zu geringwertig erscheinende Essen verweigert hatten.
Mitte Juni 1917 sollte das IV. Geschwader von Wilhelmshaven nach Kiel gehen. Aus diesem Grunde wurde Ende Mai den Mannschaften ein vom Kommando der Ostseestation bereits im Jahre 1914 erlassener allgemeiner Stationsbefehl, gezeichnet von dem Admiral Bachmann, durch Verlesen und Anschlag bekanntgegeben, wonach den Unteroffizieren und Gemeinen insbesondere das Halten und die Verbreitung sozialdemokratischer Schriften und der Beitritt zu politischen Vereinen verboten wurde.

Neben seinen persönlichen Anliegen, in denen sich Reichpietsch ungerecht behandelt fühlte, war es vor allem dieser Befehl, wegen dessen Rechtmäßigkeit sich Reichpietsch an die Abgeordneten in Berlin wandte. In der Tat zeugt es von arger Verkennung der Stimmung im Volk und unter den Mannschaften seitens der Offiziere, routinemäßig ein Verbot durchsetzen zu wollen, das als ungerechtfertigt und unrechtmäßig empfunden wurde und Diskussionen, die gang und gäbe waren und nicht unterbunden werden konnten, zu Geheimbündelei zu stempeln. Wie in Sachen der Menagekommissionen, bei denen sich das Flottenkommando gegen den Erlaß des zuständigen Reichsmarineamts stemmte, so drängte man mit dem Aufwärmen des alten Lektüreverbots die Mannschaften in die Illegalität.
Und die USPD handelte mehr als naiv, als sie Reichpietsch, Sachse und Köbis bei den Gesprächen in Berlin mit Material zur Unterrichtung der Kameraden versorgte und zu Aktivität im Sinne ihrer Bestrebungen — die sie als legal betrachtete und die in ihrer Presse in voller Offenheit betrieben wurden — bestärkte.
Im Nachrichtenblatt der Marine-Offizier-Vereinigung — »MOV-Nachrichten« Nr. 4 vom April 1971, hat bemerkenswerterweise ein Konteradmiral Ing. a. D., Dipl.-Ing. Max Adam, die Atmospäre der Zeit aus eigener Erinnerung geschildert, als Entgegnung auf einen in Nr. 2 (Februar 1971) des gleichen Blatts veröffentlichten Vortrag, den der Fregattenkapitän der Bundesmarine Rolf Güth am 5. Sep-

tember 1967 vor Admiralstabslehrgängen in der Führungsakademie der Bundeswehr gehalten hat.

Güth hatte sich auf die Aussagen berufen, mit denen Sachse vor dem Kriegsgericht extremistische Bestrebungen bestätigte:

1. *Möglichst Übertritt der ganzen Flotte, soweit Mannschaften in Frage kommen, in die USP (Unabhängige Sozialdemokratische Partei).*
2. *Materialbeschaffung zur politischen Verwendung durch die USP;*
3. *Austausch von Agitationsmaterial zum Zwecke der Verbreitung in der Flotte;*
4. *Erzwingung eines baldigen annektionslosen und entschädigungslosen Friedens durch die gewaltsame Durchführung des Programms der USP.*

Das war in der Tat ein Programm zum Aufstand, und dieser Vorwurf führte zu den Todesurteilen.

Nur: Dies angebliche Programm der USP ist niemals nachgewiesen worden; vielmehr mußte sich 1926 vor dem Untersuchungsausschuß des Reichstags der Untersuchungsführer Dr. Dobring sagen lassen, er habe

> *einfach aus den Auslassungen eines der Angeschuldigten, des Oberheizers Sachse vom 9. August, willkürlich einzelne Wendungen formuliert, untereinandergesetzt, mit Nummern versehen, und siehe da, das ›Programm der Zentrale‹, das ›Programm der USPD‹ war fertig.*

Dr. Dobring mußte das indirekt zugeben:

> *Das Protokoll vom 9. August 1917, das dieses ›Programm‹ anführt, ist die freiwillige Darstellung des Beschuldigten Sachse. Ich habe kein Wort dazu, keines davon getan. Lediglich die Numerierung der einzelnen Punkte stammt von mir.*

Tatsächlich hatte nur die extrem linke Spartakusgruppe, die sich mit weniger radikalen in der USPD vereinigt hatte, die Gewaltsamkeit der Mittel vertreten. — Aus extremistischen Ansichten und Äußerungen eines Sachse ist durch Untersuchungsführer und Gericht eine Tendenz der Mannschaftsunruhen konstruiert worden, die nicht bestanden hat. Man kannte die eigene Flotte nicht, war politisch ahnungslos.

Dazu der Vizeadmiral Ing. Max Adam 1971:

> *Als der Krieg 1914/1918 immer länger dauerte und der Sieg immer ferner rückte und die Opfer immer größer wurden, kam ein Teil des Volkes zur Besinnung. Das freiheitliche Bürgertum und die Arbeiterschaft forderten 1917 einen Hubertusburger Frieden ohne*

Gebietserwerb, wie ihn Friedrich der Große 1763 nach dem 7jährigen Krieg geschlossen, damit die Unversehrtheit des Staates gerettet und die Großmachtstellung Preußens gesichert hatte. Im Reichstag fand sich im Jahre 1917 eine Mehrheit für diese Forderung. Aber es war schon zu spät geworden. In Großbritannien war die gemäßigte Regierung Asquith-Grey durch Lloyd George abgelöst worden, der wie sein französischer Kollege Clemenceau jeden Gedanken eines Verständigungsfriedens von sich wies. Beide beharrten darauf, Deutschland völlig niederzuwerfen.

Um diese Situation den Besatzungen der Schiffe klar zu machen, brauchte man aber Offiziere, die dazu fähig waren, ihren Männern diese Zusammenhänge zu erläutern und ihnen den agitatorischen Wind aus den Segeln zu nehmen. Diese fehlten offenbar, so daß diejenigen Besatzungsangehörigen, die durch Intelligenz aus der Masse hervortraten, ihre Kenntnisse im negativen Sinne zur Geltung bringen konnten. Dies waren in erster Linie Angehörige des Maschinenpersonals, die meistens einen Beruf als Maschinenbauer, Schlosser, Mechaniker etc. erlernt hatten, während die Matrosen vielfach ungelernte Arbeiter im Zivilleben waren.

Die englische Flotte befand sich in punkto Untätigkeit zweifelsohne in einer noch viel schwierigeren Situation als die unsrige. Sie war seit Jahrhunderten siegreich und unbezwungen. Jeder Mann war fest von der eigenen Überlegenheit überzeugt. Die englischen Staatsmänner hatten die sofortige Vernichtung der deutschen Flotte im Falle eines Krieges mit Deutschland als eine selbstverständliche Aufgabe vorausgesagt. Das trat jedoch nicht ein. Die englische Flotte wurde in einer öden Bucht stationiert, ohne daß jedoch der Geist der Besatzungen darunter litt.

Wie das geschafft wurde, kann man aus dem Werk des russischen Kapitäns z. See v. Schoultz ›Mit der Grand Fleet im Weltkrieg‹ ersehen, der sich von 1915-1918 auf der englischen Flotte befand. Die Engländer hatten auf allen größeren Schiffen Leseräume für die Mannschaft, Billardräume mit eigens konstruierten Billards, ferner wurden alle erdenklichen Sportarten gepflegt, wie Fußball, Boxen, Wettsegeln und Rudern, szenische Kunst aller Art wurde gefördert, insbesondere auch Kino- und Theatervorführungen. Alle Dienstverrichtungen, wie Kohlenübernahme, Artillerieschießen wurden zu Wettkämpfen ausgestaltet. Der Dienst wurde also so abwechslungsreich wie möglich gestaltet, um den Kampf mit Langeweile und Gleichgültigkeit aufzunehmen.

Soweit ich mich erinnern kann, gab es bei uns in der Flotte nur die bekannten militärischen Ausflüge, die vielfach durch die Art ihrer Ausführung zur Quelle von Verdruß wurden.

Der Ingenieur-Admiral verweist sodann auf die Problematik des deutschen Seeoffiziernachwuchses hin; dort

> *war ein vornehmer Name oft wichtiger als Wissen und Können. Es läßt sich denken, daß diese Methode letzten Endes zu einer negativen Auslese führte, zumal nicht alle Bewerber die vorgeschriebenen Aufnahmeprüfungen ablegen mußten, da Protektion eine erhebliche Rolle spielte.*
> *Aber auch bei den Ingenieuroffizieren (damals Marine-Ingenieuren) vollzog sich eine negative Auslese. Es herrschte offenbar bei den Seeoffizieren die Ansicht, daß ihre Autorität am besten durch möglichst weitgehenden Abstand von allen anderen Gruppen gewahrt wurde. So glaubten sie, ihre Befehlsgewalt am besten zu bewahren.*

Es folgt der Hinweis auf den nach dem Krieg bekanntgewordenen Erlaß des Inspekteurs des Bildungswesens, nach dem sich die Ingenieure nicht aus denselben Familien ergänzen sollten wie die Seeoffiziere, sondern aus dem Mittelstand und unter dem Mittelstand.

> *Wir werden damit erreichen, daß die Ingenieure von selbst in die untergeordnete Stellung zurückkehren, die ihnen zukommt . . .*

Daß nun gar Mannschaften, die Knechte aller übergeordneten Klassen, ›des Kaisers Kulis‹, es wagten, selbständig zu denken, sogar politisch, erschien den Offizieren als Ungeheuerlichkeit, zu erklären nur durch eine von außen in die Flotte getragene Verschwörung, für die man eifrigst Indizien suchte und fand: Jegliches Aufklärungsmaterial der USPD war durch den Bachmann-Befehl als illegal gestempelt, noch mehr der Verdacht einer Mitgliedschaft in der USPD, und das schwerwiegendste Indiz waren die Listen mit Unterschriften, die auf verschiedenen Schiffen gesammelt worden waren — nach Auffassung der Sammler als Zustimmung zum Programm der Internationalen Friedenskonferenz, die für den 15. August 1917 in Stockholm einberufen wurde und den Frieden ohne Annektionen und Entschädigungen forderte.

Zeugenaussagen von Mannschaften machen deutlich, daß die meisten Unterzeichner keineswegs an eine Mitgliedschaft in der USPD, sondern an ein Bekenntnis zum Frieden dachten. Die USPD ließ hier eine verhängnisvolle Unklarheit aufkommen, war sich über die Tragweite ihrer Ermutigungen überhaupt nicht klar, und man muß sich immer wieder die kalendarischen Zusammenhänge vor Augen halten: All dies spielte sich äußerstenfalls in einem knappen Vierteljahr ab. Auch die Zahlen des angeblich reichlichen Agitationsmaterials waren gering: Reichpietsch bekam beispielsweise bei seinem Besuch im Reichstag nur 10-20 Stück Parteiwerbeschriften und ›möglicherweise‹ den Druck einer Rede des USPD-Abgeordneten Haase aus dem Jahr 1916 mit, verbreitet war am ehesten die — wie diese Druckschriften — völlig legal gedruckte ›Leipziger Volkszeitung‹, die sich Mannschaften gruppenweise von ihrem kargen Sold hielten. Auch ein beschuldigter USPD-Funktionär, Büdeler, hat nicht viel vermittelt — der zu 15-jähriger Zuchthausstrafe verurteilte Matrose Calmus fuhr Anfang August mit 40 Mark, die er gesammelt hatte, nach Berlin, um Aufklärungsschriften zu kaufen. Der USPD-Abgeordnete Dittmann hat durchaus glaubwürdig ausgesagt, daß er gegenüber Reichpietsch durchaus nicht auf Beitritt von Mannschaften zur USPD gedrängt habe, sondern daß es

weniger auf die formelle Mitgliedschaft der Letzten ankomme als darauf, daß die Partei wisse, die Marineangehörigen ständen mit ihrer Gesinnung zu ihr.

So kann man es dem schon mit Abstand zu den Ereignissen von 1917 verfaßten Bericht des Oberreichsanwalts Dr. Zweigert entnehmen, dessen leidenschaftsloses Referat sich vorteilhaft vom Stil der Vernehmungen und Verhandlung gegen die beschuldigten Marineangehörigen abhebt. Dem Oberheizer Willi Sachse ist es vor allem anzulasten, daß er die übersteigerten Beschuldigungen bereitwillig bestätigte.

Kriegsgericht und Flottenkommando reagierten jedenfalls mit blinder Brutalität. Ohnehin war die Marine mit Strafen gegen Unteroffiziere und Mannschaften nicht zimperlich. Neben zahllosen, bei geringsten Verstößen verhängten Disziplinarstrafen wurden von Kriegsausbruch bis Ende 1917 verhängt:

180 Jahre und 5 Wochen Gefängnis
181 Jahre und 1 Monat Zuchthaus
10 Todesurteile, von denen 2 vollstreckt worden sind.

Die beiden Toten waren Max Reichpietsch und Albin Köbis. Die Bestätigung der Todesurteile erfolgte durch den Flottenchef Admiral Scheer entgegen ausdrücklichen Rechtsbedenken hoher Marinerichter. Es war ein Justizmord.

Der Leiter der Justizabteilung im Reichsmarineamt, Geheimer Admiralitätsrat Dr. Felisch, erklärte auf die Nachricht hin, daß in Wilhelmshaven mit Todesurteilen gerechnet werde:

Er verstehe nicht, wie man in Wilhelmshaven mit dem Todesurteil rechnen könne, dazu müsse doch tatsächlicher ›Aufstand‹ vorliegen, was seiner Ansicht nach nicht der Fall sei.

Dennoch wurden sechs Tage später, am 26. August 1917, gegen die sogenannten ›Haupträdelsführer‹ fünf Todesurteile ausgesprochen:

Gegen Sachse, Weber und Reichpietsch von ›Friedrich der Große‹, Beckers und Köbis von ›Prinzregent Luitpold‹.

Strafgesetzbuch und Militärstrafgesetzbuch definierten sorgfältig aufgeschlüsselt eine Skala von ›Erregung von Mißvergnügen‹ bis zu ›Aufstand im Kriege‹, ferner Unterschiede zwischen Vorbereitung, Versuch und vollendeter Tat. Der Kernsatz des Urteils beruhte auf der nicht bewiesenen Annahme einer aktionsbereiten Verschwörung:

Denn nicht erst in dem äußeren Losschlagen, in der Gewaltanwendung, sondern bereits in der Bildung einer mit bestimmten landesverräterischen Zielen bestehenden Organisation, die auf einen Wink der Leitung jeden Augenblick losschlagen konnte, erkannte das Gericht die Vollendung der kriegsverräterischen Aufstandserregung.

Dazu der Admiralitätsrat Dr. Felisch:

Wenn das Kriegsgericht . . . von einem ›latenten‹ Aufstand spricht, der infolge der Vorbereitung der Angeklagten als bereits vorhanden, als ›erregt‹ anzusehen sei, so erscheint das sowohl nach dem Sprachgebrauch des täglichen Lebens als nach den Regeln der Gesetzesauslegung nicht überzeugend . . . Eine Aufhebung des Urteils ließe sich dadurch vermeiden, daß die erkannten Strafen . . . entsprechend gemildert würden und an Stelle der Todesstrafe lebenslängliche oder zeitliche Zuchthausstrafe träte.

Der Offizialverteidiger von Köbis vertrat den gleichen Standpunkt, obwohl er sich ausdrücklich als Gegner des Verständigungsfriedens bekannte, und bei der Verhandlung gegen den USPD-Abgeordneten Haase erklärte dessen Offizialverteidiger:

Ich bin auch der Ansicht, daß ein vollendeter Aufstand kein latenter Zustand ist, sondern daß es etwas sein muß, was äußerlich in die Erscheinung tritt, nämlich der Ausbruch eines Aufstandes.

Der Prozeßbeobachter des Admiralstabs bei der Verhandlung in Wilhelmshaven zu dieser Frage:

Mithin kann im Falle Sachse, Reichpietsch und Genossen nicht gesagt werden, daß die Aufstandserregung bereits vollendet gewesen sei.

Die am Tage vor dem Urteilsspruch vom Reichskanzler berufenen Parteiführer empfahlen ausnahmslos dringend, im Falle von Todesurteilen vom Begnadigungsrecht Gebrauch zu machen.
Doch Admiral Scheer setzte sich über all dies hinweg — im Zweifel *gegen* die Angeklagten.
Schon vor dem Urteil wurden die Vorbereitungen zur Hinrichtung getroffen. Scheer bestätigte die Todesurteile gegen Reichpietsch und

Köbis und milderte die Todesurteile gegen Sachse, Weber und Beckers auf 15 Jahre Zuchthaus ab.

Das von Scheer erwähnte Rechtsgutachten wurde dem Reichsmarineamt mit einem Begleitschreiben von Dr. Felisch übermittelt, in dem es hinsichtlich der Bekanntgabe an den Reichstag hieß:

> *... dürfte es sich empfehlen, mit keinem Wort sich auf die Frage einzulassen, ob der Tatbestand des Gesetzes, der die Verhängung von Todesstrafe zuläßt, erfüllt war oder nicht. Die Marinejustizverwaltung braucht sich auf einen Streit hierüber, aus dem sie nicht als Siegerin hervorgehen würde, nicht einzulassen.*

Staatssekretär Admiral von Capelle verlas das im Reichstag, zahlreiche Abgeordnete, auch vaterländischer Prägung, reagierten empört. Aber v. Capelle hatte am 24. August gegenüber Regierungsvertretern nur allzu deutlich ausgesprochen, wofür man Reichpietsch und Köbis opferte:

> *Eine so gute Gelegenheit wie die jetzige, gegen die revolutionäre Partei vorzugehen, ergibt sich so leicht nicht wieder.*

Warum ausgerechnet Sachse, der sich politisch so exponiert hatte, begnadigt wurde, macht ein Schlaglicht aus dem Zeugnis eines Beschuldigten deutlich:

> *Ich machte vor Amtsrichter Dr. Holthöfer meine Aussage, worauf mir Sachse gegenübergestellt wurde. Es wurde ihm meine Aussage vorgelesen, und darauf äußerte er, ich wäre auch dabei gewesen, als der Flottenstreik besprochen wurde, ebenso noch andere Sachen gegen mich. Als ich mich energisch dagegen wehrte, wiederholte er zweimal: Jawohl, er war dabei. Da nun Amtsrichter Dr. Holthöfer selbst im Zweifel war und den Zeugen energisch fragte, zog er seine Behauptungen zurück.*
>
> *Wir hatten zum großen Teil den Eindruck, daß Sachse gewissermaßen ein Phantast war, und ich habe mich auf Grund dieser Phantasterei, die ich auch nicht für ernst gehalten habe, überhaupt zurückgezogen.*

Der Abgeordnete Joos vom Untersuchungsausschuß (9. April 1927) fragte diesen Zeugen:

> *Es war also keine politische Organisation dabei.*

Antwort:

> *Nein, man hat überhaupt nicht an so etwas gedacht.*

Joos:

> *Wenn Sachse an der Spitze einer Organisation gewesen wäre mit Verbindungsmännern auf den anderen Schiffen, so hätten Sie das wissen müssen? Oder hätte es Ihnen entgehen können?*

Antwort:

Jawohl, das hätte ich wissen müssen.

Sachse selbst hat bei der gleichen Sitzung zugegeben:

Von einer großen, festen Organisation war gar keine Rede.
Reden sind gehalten worden, politischen Inhalts, so von Reichpietsch und Köbis bei den Zusammenkünften im ›Tivoli‹. Aber die DDR-Geschichtsschreibung sollte, ebenso wie die Deuter in und außerhalb der Bundesmarine, die Behauptung aufgeben, eine illegale Organisation revolutionärer Flottenmannschaften habe bestanden.

Dazu der Admiralitätsrat Dr. Felisch, der im Auftrag des Reichsmarineamts den Oberreichsanwalt in Leipzig aufgesucht hatte und am 16. August 1917 berichtete, er habe dessen Vertreter, den Reichsanwalt von Eberg und Rückenstein angetroffen, der über die Vorgänge ›bestürzt‹ gewesen sei. Der Dezernent für politische Sachen, Staatsanwalt Seeber

führte aus, daß die USPD erst im Frühjahr 1917 zu Gotha durch Zusammenschluß der Sozialdemokratischen Arbeitergemeinschaft, der Liebknechtgruppe, der Spartakusgruppe und einiger anderer Gebilde und Einzelpersonen entstanden sei, während die Protokolle des IV. Geschwaders ihr Vorhandensein bereits zu einem viel früheren Zeitpunkte voraussetzen und überdies falsch unterrichtet über die Ziele dieser Partei seien.

Am 21. August 1917 sagte der Reichsanwalt Richter in einer Sitzung der Reichsregierung, an der sämtliche Minister und der Reichskanzler teilnahmen:

Soviel sich bisher übersehen läßt, ist die strafbare Bewegung nicht von der USPD in die Marine hineingetragen worden, sondern es sind umgekehrt die Marineangehörigen an die Abgeordneten ihrerseits herangetreten.

Ganz kurz vor den Ereignissen, die zu dem Vorwurf führten, eine Umsturzorganisation sei methodisch aufgebaut worden.
Die Naivität von Offizieren und Kriegsgerichtsräten ging sogar so weit, das abenteuerliche ›Geständnis‹ eines der verzweifelten jungen seiten protokolliert und dem Reichsmarineamt mitgeteilt, der Matrose protokolliert und dem Reichsmarineamt mitgeteilt, der Matrose Calmus von ›Rheinland‹ sei beim Urlaub in Berlin am 2. August durch USPD-Abgeordnete, die er namentlich nannte — Dittmann und Ledebour — in eine nobel eingerichtete Wohnung im Berliner Norden gelotst worden, in der englische und französische Offiziere in deutscher Uniform ihm ein feines Essen vorsetzten, nachdem ihm Ledebour den Plan der Marinemeuterei auseinandergesetzt habe. Er

habe ehrenwörtlich auf die Klinge eines Offiziersdegens seine Teilnahme versichern müssen. Dittmann habe ihm sodann 50 000 Mark versprochen, wenn er bis Ende August die Unterschriften der Mannschaften des I. Geschwaders sammeln und die Organisation des Aufstands in die Hand nehmen würde. Als Anreiz hätte ein Offizier mit Geld in einem Lederbeutel geklimpert, und man habe englisches und amerikanisches Goldgeld in Säulen aufgebaut, Dittmann habe ihm den Plan eines Sprengstoff-Attentats auf den Kaiser dargelegt und ihm dafür 10 000 Mark Handgeld und 100 000 Mark Belohnung versprochen. Aber da sei es dem Matrosen unheimlich geworden, er habe mit gezogenem Revolver die Anwesenden aufgefordert, die Hände auf die Stuhllehnen zu legen und den Attentatsplan zu zerreißen. Er habe sich zu seinem Ehrenwort bekannt, die Organisation an Bord in die Hand zu nehmen, aber wenn er das geringste von dem Attentat hörte, werde er die Sache melden.
Aufgrund dieser Aussage wurde gegen die USPD-Abgeordneten und -Funktionäre in Berlin ermittelt. Man führte den Matrosen in den Straßen der Gegend herum, um die Wohnung wiederzufinden — er fand sie nicht. Wie die Aussage zustandekam, hat er später geschildert: Der Marinekriegsgerichtsrat Dr. Loesch habe belastende Aussagen gegen die USPD aus ihm herauspressen wollen, so daß er sich als Zeuge wertvoll machen wollte, um nicht erschossen zu werden, nachdem Loesch selbst die Erschießung von Reichpietsch als ›voreilig‹ bezeichnet hatte.

Am 17. November hat bei einer streng geheimen Sitzung im Kriegsministerium der Vizeadmiral Hebbinghaus gesagt:

> *Die Leute haben den Frieden haben wollen, aber nicht etwa alle mit Gewalt . . . Die USPD hat sich ein Bild beschaffen wollen, wieviel Anhänger sie in der Flotte hat . . . Je mehr man in den Aufnahmen herumstudiert, desto fadenscheiniger wird die Beweisführung.*

Übrigens hatte es die kaiserliche Flottenführung nicht als unter ihrer Würde empfunden, mit Geld zum Verrat aufzufordern. Gekaufte Vaterlandsliebe: Mitte Mai 1917 hing in den Schiffen ein Anschlagzettel aus,

> *auf welchem zu lesen ist, daß Elemente an der Arbeit sind, die im deutschen Volke Mißtrauen und Zwietracht verbreiten. Pflicht jedes guten Deutschen sei es, an der Entlarvung solcher Verräter mitzuwirken. Wer einen dieser Rädelsführer so zur Anzeige bringt, daß er gerichtlich bestraft werden kann, erhält eine Belohnung von 3000 Mark.*

Das notierte der Matrose Stumpf, der dazu bemerkt:

Es sind wahrlich keine dunklen Mächte aus dem Ausland mehr nötig, um das geduldigste und diszipliniertste Volk auf der Welt aufs Stänglein zu treiben, . . .

Die Flottenführung, die so stolz den Standpunkt der ›Front‹ gegenüber Stäben und Politikern in Berlin herauszukehren pflegte, hatte sich als unfähig zur Menschenführung erwiesen, und sie wurde auch nicht aus Erfahrung klüger.

Daß wir den Krieg gewinnen mögen, und zwar vollständig gewinnen, wünsche ich ebenso als guter Deutscher wie als Katholik.

So der Matrose Stumpf am 12. Juni 1917. Wie ein solcher Mann auf die bald darauf folgenden Unruhen reagierte, hat besonderen Aussagewert.
Daß nicht die grimmige Atmosphäre eines vorbereiteten Aufstandes herrschte, beweist eine typische Episode.

Der Geschwaderchef wollte Helgoland besuchen. Das gab Anlaß zu einer wichtigen Vorübung: Aus kräftigen Kehlen sollte der Gruß des Admirals erwidert werden. Der Divisionsoffizier ließ antreten:

»Also,« begann er, »stellt euch vor, ich wäre jetzt der Geschwaderchef und begrüße euch: ›Morgen Matrosen!!‹« . . . Keine Antwort. Nochmals: »Morgen Matrosen!« Stimme aus dem Hintergrunde: »Morgen, Euer Exzellenz!« Unbändiges Gelächter! »Herum schließen! Das ist gar nicht zum Lachen, ich verstehe nicht, wie ihr so kindlich sein und darüber lachen könnt. Weggetreten!« Nun auf einmal brüllt alles: »Morgen, Euer Exzellenz!«

Aber man kam überein, auf den Gruß des Admirals zu schweigen. Er grüßte jedoch nicht.

Er schritt nur die Reihen ab und entfernte sich, ohne eine Ton zu grunzen . . . Vielleicht hat der ehrwürdige Herr nur mal nachsehen wollen, ob es ihm nicht bald ähnlich geht wie dem Kollegen Koltschak von der Schwarzmeerflotte. Man muß den Mantel beizeiten nach dem Wind hängen.

So wieder der siegeswillige und katholische Matrose Stumpf. Er registrierte, wie sich in den Menagekommissionen die angestaute Unzufriedenheit Luft machte; das Wort von einem ›Arbeiter- und Matrosenrat‹ taucht erstmals am 5. Juli auf. Man forderte mehr Urlaub und bekam ihn, die Rationen wurden besser, doch die Unsicherheit des Kommandos bestätigte den Mannschaften, daß sie bisher betrogen worden waren. In diese Atmosphäre platzte der spektakuläre Ausmarsch auf ›Prinzregent Luitpold‹, den das Flottenkommando als vollendeten Aufstand deutete — und prompt auf finstere Mächte zurückführte:

Wir haben Beweise, daß ausländische Agenten (höhnisches Gemurmel) dabei am Werke sind.

Das höhnische Gemurmel der solcherart belehrten Mannschaft war verständlich. Doch niemand glaubte, daß die Affäre zu so schwerwiegenden Folgen führen würde. Während Admiral Scheer und seine Richter glaubten, mit Härte die Manneszucht durchgesetzt zu haben, hatten sie die Erbitterung gesät, die ihr Regime 1918 zum Sturz brachte.

„Die Leute riefen, wir sind belogen worden"

Hätte 1917 wirklich eine organisierte sozialistische Umsturzbewegung in der Flotte bestanden, so wäre nach Verurteilung der ›Rädelsführer‹ nicht die Ruhe eingetreten, auf die sich der Vizeadmiral von Trotha vor dem Untersuchungsausschuß stolz berufen hat:

> *Noch im Frühjahr 1918 ist die Flotte unter den schwierigsten Verhältnissen zu einem Vorstoß bis hinauf zur norwegischen Küste gegangen. Die Durchführung des infolge der ungeheuer schwierigen Minenverhältnisse außerordentlich schweren Unternehmens war geradezu ein Muster für treue Zusammenarbeit von Offizier und Mann. Dieses Bild hat mir jedenfalls bis zuletzt stets vor Augen gestanden.*

Noch kurz vor dem Zusammenbruch erklärte der Konteradmiral Brüninghaus als Chef der Etatsabteilung des Reichsmarineamts auf direkte Frage von Reichstagsabgeordneten nach der Stimmung in der Flotte:

> *Der Geist unserer Flottenbesatzungen ist noch derselbe wie vor dem Skagerrak.*

Tatsächlich stimmte die Diagnose der Offiziere weder vor noch nach den Unruhen von 1917.

Die Mannschaft galt für die Vorgesetzten als verführt, weil die Besatzungen der untätigen großen Schiffe »mit dem Fiebern des Volkes in engste Berührung kamen«. Dagegen ist eingewandt worden, daß die Landmarineteile in noch engerem Kontakt mit dem Volke standen, ohne daß es zu auffallenden Konflikten kam. Dazu sagte als Gutachter der Marinesekretär Alboldt vor dem Ausschuß:

> *Womit ich nicht sagen will, daß in diesen Marineteilen die Stellung der Offiziere zu den Mannschaften oder umgekehrt irgendwie anders, also im ganzen besser als auf den Schiffen gewesen wäre. Nein, diese Landmannschaften hatten mehr menschliche Ablenkungen, mehr Bewegungsfreiheit, deshalb kam bei ihnen weniger vor. Die ›andere Luft‹ an Bord, das spezifisch Schiffsmäßige, das enge Zusammenleben vor allem ließ Akte der Selbsthilfe und des Protestes leichter reifen und Tat werden.*

Auf den kleinen Kampfschiffen, so auf den U-Booten, die im härtesten Einsatz standen, war das Zusammenleben noch sehr viel enger, ohne daß es zu Führungsproblemen kam. Vom ›U-Boot-Geist‹ war viel die Rede, wenn die Führung sich auf die wahren Werte der Marine berief. Auf die U-Boot- und Torpedoboot-Besatzungen hat sie sich dann auch stützen können, als die Hochseeflotte im Oktober 1918 den Gehorsam verweigerte und den Umsturz einleitete. Nur: Kleine Gemeinschaften, die sich von der Führung verstanden wissen und einen ideologisch klar begründeten Kampfauftrag haben, sind eine sichere Gefolgschaft.

Pflicht der Marineleitung gegenüber der politischen Führung des Reiches war es, die Ursachen der Unruhen zu erkennen und Reformen einzuleiten. Doch es gab keine Marineleitung: Das Reichsmarineamt als Verwaltungsbehörde mit der Funktion eines Marineministeriums durfte in ›militärische‹ Belange nicht eingreifen, der Flottenchef Admiral Scheer faßte die innere Führung als rein militärische Angelegenheit auf, wie es sich bei Einrichtung der Menagekommissionen gezeigt hatte. Oberkommandierender war der Kaiser, der vollkommen versagte. Sein Marinekabinettschef Admiral von Müller hatte keinen Kontakt zur Praxis und war bei der ›Front‹ unpopulär, weil man ihn als treibende Kraft bei der Zurückhaltung der Flotte und als Gegner des uneingeschränkten U-Boot-Krieges betrachtete. Der Admiralstab hatte sich mit innerer Führung nicht zu befassen. Der entlassene Tirpitz agitierte in Verbindung mit zahlreichen Offizieren im militantesten Sinne, als Erster Vorsitzender der am 2. September 1917 (dem Jahrestag der Schlacht bei Sedan, die den Krieg 1870/71 entschieden hatte) gegründeten Vaterlandspartei.

Ihr Initiator war Wolfgang Kapp, nachmals durch den Kapp-Putsch vom März 1920 bekannt.

So hatte Admiral Scheer als Chef und Gerichtsherr der Hochseeflotte eine praktisch unkontrollierte Führungsposition, die Verantwortung in eigener Sache.

In einem Flottenbefehl — ›Ganz geheim, nur für Offiziere‹ — faßte er die Ereignisse aus seiner Sicht zusammen und gab Anweisungen für Reformen des Dienstbetriebs.

Es heißt da unter anderem:

> *In vielen Zuschriften, auch von durchaus unvoreingenommener, wohlgesinnter Seite, kehrt immer die Klage wieder, daß die Offiziere ein Wohlleben führten und die Mannschaften Not leiden ließen.*

Selbstverständlich seien »böswillige Entstellungen der Briefschreiber oder ihrer Gewährsmänner der Untergrund zu diesen Klagen«. Aber:

> *Es muß deshalb in den Messen, auch wenn die Mittel es noch*

gestatten sollten, ein erheblicher Unterschied gegen die Mannschaftsverpflegung vermieden werden und beim kameradschaftlichen Zusammenleben, das zur Erhaltung der Dienstfreudigkeit im oft einförmigen Bordleben gepflegt werden muß, Maß gehalten werden.

In der britischen Flotte war das bereits 1914 in schärferer Form befohlen worden! Und was dort ein selbstverständliches Mittel der Führungskunst war, regte nun Admiral Scheer zum Ende des dritten Kriegsjahres als Neuerung an.

Es war eine Liste von Selbstverständlichkeiten, historischer Beweis für die Fehler der Menschenführung. Und die Isolierung der Führungskaste von den Mannschaften wird peinlich deutlich, wenn von Geheimzeichen der USP-Mitglieder gesprochen wird, von einer Fülle anonymer Beschwerdebriefe, von Verleumdungen, Hetzern, Terrorgruppen in der Mannschaft — »da die Hetzer in rücksichtsloser Roheit und unter Drohungen versuchen, diesen Leuten das Leben an Bord zu verleiden, um sie dadurch zum Anschluß zu bewegen«. Nämlich zum Anschluß an die USP. Der Flottenbefehl säte Mißtrauen Offizier gegen Mann, und er forderte vaterländische Agitation statt der offenen Diskussion, die manches hätte klären können.

Zu ›Unterhaltung und Belehrung‹ sollten Vorträge gehalten werden, wobei der Admiral vor allem an Vaterländisches dachte:

Das Ziel muß sein, den Mannschaften die Gefahren zu zeigen, die in Uneinigkeit und innerem Zwiespalt liegen, um sie in ihrem Willen zum Durchhalten bis zum Siege zu stärken.

Aus sportlicher Zerstreuung wurde nicht viel, gegen vaterländische Vorträge waren die Besatzungen längst abgestumpft. Und die Bemühungen, »ihren Willen zum Durchhalten bis zum Siege zu stärken«, bedeuteten in der Praxis, daß Parteipropaganda ausdrücklich durchs Flottenkommando gefördert wurde. Zugunsten der Alldeutschen und der neugegründeten Vaterlandspartei, die jede Form eines Verständigungsfriedens radikal ablehnten.

Das Flottenkommando erkannte überhaupt nicht, in welchem Maße vaterländische Kundgebungen zum politischen Akzent der Unruhen beigetragen hatten:

Daß die ›Rädelsführer‹ Unterschriftslisten zugunsten eines Verständigungsfriedens sammelten, war ausgelöst durch die Behauptung von Kommandanten, ihre Besatzungen seien geschlossen für einen Siegfrieden im Sinne der Alldeutschen.

Wie einfach es sich die Kommandanten machten, schilderten beispielsweise Mannschaften des Schlachtschiffs ›König Albert‹ am 24. Juli 1917 in einer Zuschrift an den ›Vorwärts‹:

Vor nicht langer Zeit hielt unser Kommandant aus Anlaß der Skagerrak-Gedächtnisfeier an die versammelte Mannschaft eine Ansprache, wobei er u. a. anführte, daß er (Kommandant) es weiß, daß sie alle mit ihm einverstanden sind, was er gesprochen hat! In seiner Ansprache erwähnte er, daß der Feind solange bekämpft werden müsse, bis der Feind am Boden liegt und wir diesem den Frieden diktieren können, solange wollen wir kämpfen und nicht demütig um Frieden bitten. Zum Schluß drei Hurra! und die Mannschaft war entlassen!

... »Meine Mannschaft will keinen Scheidemann-Frieden.« ... So zeigen diese Stimmen auch, daß man die Soldaten nicht um ihre Meinung fragt, sondern der Herr spricht für den Knecht!

So schrieben die Knechte unter anderem, und die sozialdemokratische Zeitung, die den Druck wegen Zensurbedenken scheute, war so naiv, das Manuskript zurückzusenden. Dabei geriet es in die Hände der Bordzensur. Neun Mann hatten unterschrieben, der Verfasser wurde »wegen Erregung von Mißvergnügen« zu 6 Monaten Gefängnis verurteilt. Als strafverschärfend wurde der angebliche Zweck gewertet: »Die politische Verhetzung zur Unterbindung der weiteren Kriegführung.«

Gerichte und Flottenkommando betrachteten es als strafwürdig, wenn sich Mannschaften zur Friedensresolution der Reichstagsmehrheit vom 19. Juli 1917 bekannten, verteilten aber auf dem Dienstweg Druckschriften der Alldeutschen und der Vaterlandspartei. Das Reichsmarineamt betrachtete das auf Intervention des Reichstags-Hauptausschusses am 24. August 1917 ausdrücklich als »nicht angängig«, doch Großadmiral Prinz Heinrich von Preußen als Befehlshaber der Ostseestreitkräfte am 2. September protestierte. Er pochte wie Admiral Scheer auf seine militärische Kommandogewalt:

Als militärischer Befehlshaber halte ich mich allein für die Aufrechterhaltung einer guten Disziplin und eines königstreuen vaterländischen Geistes in meinem Befehlsbereich in vollem Umfang S.M. dem Kaiser gegenüber verantwortlich. Es muß daher auch meiner Entscheidung überlassen bleiben, in welcher Weise ich glaube, auf die Gesinnung der mir unterstellten Leute einwirken zu können.

Die alldeutschen Propagandaschriften seien unpolitisch, man brauche sie als ›Gegengift‹ gegen die politische Verhetzung von links —

Ich bedaure daher, dem Ersuchen Ew. Exzellenz nicht stattgeben zu können.

Admiral von Capelle entgegnete, die wünschenswerte Aufklärung sei auch ohne Verteilung politischer Schriften möglich. Würde die dienstliche Verteilung nicht unterbleiben, so würden alle Parteien für ihre

Schriften dienstliche Verteilung fordern, die Unterbindung sei eine Maßnahme der inneren Politik. Aber Prinz Heinrich wehrte sich weiterhin, er schrieb am 25. September:

Ein Ersuchen der Reichstagsvertreter um Abstellung solcher Maßnahmen stellt einen ungerechtfertigten Eingriff in die Kommandogewalt dar, der entschieden zurückgewiesen werden muß.

Entscheidung des Kaisers sei nicht nötig:

Dieses Verfahren steht einer Maßnahme der inneren Politik fern, ist vielmehr eine rein militärische Maßnahme; eine Allerhöchste Entscheidung hierüber dürfte sich also erübrigen.

Er werde sogar sozialdemokratische Schriften verteilen lassen, wenn er sie für geeignet halten würde, schrieb Prinz Heinrich mit mattem Humor, und die vaterländischen Parteischriften wurden weiterhin in der Flotte verteilt, das Kommando betrachtete ihre Ziele als identisch mit den Bestrebungen jedes ordentlichen Soldaten. In diesem Sinne eben als unpolitisch.

Man prüfte die Frage, ob Marineangehörige der Vaterlandspartei als solcherart unpolitischer Sammlungsbewegung beitreten sollten und entschied sich dagegen. Prinz Heinrich meinte, inaktive Offiziere könnten auch dann beitreten, wenn sie im Kriegsdienst ständen, aber

der Endzweck, die Bekämpfung der Anhänger des Verzichtfriedens, wird sich . . . besser erreichen lassen, als wenn durch den Beitritt zahlreicher Militärpersonen der Anschein erregt wird, als stände die ›Militärpartei‹ hinter der ›Neugründung‹.
Es wird deshalb für richtig gehalten, daß die Marineangehörigen der Vaterlandspartei nicht beitreten. Hierbei bleibt es ihnen trotzdem unbenommen, durch Geldzuweisungen die gute Sache zu fördern.

Admiral von Krosigk, Chef der Marinestation der Nordsee, empfahl Beitritt der Offiziers-Ehefrau und Zahlung eines doppelten Mitgliedsbeitrags durch sie, eine Umgehung des klaren gesetzlichen Gebots des Nichtbeitritts. Er berief am 18. September 1917 eine Kommandeursversammlung in Wilhelmshaven ein, in der er Parteipropaganda ausdrücklich empfahl. Mit fast wörtlich den gleichen Argumenten, die den ›Rädelsführern‹ der Mannschaften bei ihrer Unterschriftssammlung für den Verständigungsfrieden zum Verhängnis geworden waren:

Die Hauptsache ist, daß die Partei reichlich unterstützt wird, und zwar spielt dabei die Höhe des Beitrages nicht annähernd eine solche Rolle, wie, daß möglichst viele Stimmen sich zugunsten der von der deutschen Vaterlandspartei angestrebten Ziele der letzteren mitteilen, damit zum Ausdruck kommt, wie weite Kreise hinter ihren Zielen stehen.

Derart indoktrinierte Offiziere waren kaum geeignet, im politisch denkenden Teil der Mannschaft Vertrauen zu finden. Der Flottenbefehl, der Reformen einleiten sollte, hemmte die Diskussion zudem durch unklare Formulierungen. Zwar warnte er vor »einseitiger Beurteilung« innerpolitischer Vorgänge, aber sie dürften »nur soweit dringend notwendig« berührt werden.

Bei Besprechung politischer Vorgänge muß stets die nötige Zurückhaltung gewahrt werden. Dasselbe gilt für die Besprechung dienstlicher Fragen.

Vizeadmiral Ruge hat in seinem Buch ›Scapa Flow‹ die völlige Hilflosigkeit der Offiziere gegenüber den Problemen der inneren Führung geschildert. Man war nur auf Routineunterricht eingestellt, der die Mannschaften in seiner ewigen Wiederholung langweilte.

Es war ein großer Unterschied, ob man vor der Front seiner Division stand, den Dienstplan bekanntgab und mit seinen Männern über dienstliche Fragen, wie etwa die Zusammensetzung der Flotte und die Eigenschaften der Schiffe, ein Fragespiel führte, oder ob man im Deck vor ihnen einen Vortrag halten mußte. Hilfen dazu bekam man nicht, und ich habe selten einen größeren Mißerfolg erzielt als bei meinem ersten — und für längere Zeit letzten Versuch dazu.

Die Männer mochten mich und ließen mein Gerede geduldig über sich ergehen. Es war ihnen aber deutlich anzusehen, daß es mir durchaus nicht gelang, ihnen Friedrich den Großen, den ich mir als Thema ausgesucht hatte, auch nur im entferntesten interessant zu machen. Meinen gleichaltrigen Kameraden ging es nicht viel anders, und da sich niemand um diese Dinge kümmerte, sahen wir von weiteren Versuchen ab. An unterhaltsamen Vorträgen, Basteln oder auch an Diskussionen dachte niemand. Damit wäre zweifellos einiges zu erreichen gewesen, aber die Offiziere hätten dazu etwas geschult werden müssen.

In der Freizeit lebten Offiziere, Unteroffiziere und Mannschaften fast völlig getrennt voneinander, selbst auf den kleinen Fahrzeugen. Im Prinzip war es wohl richtig, daß die Offiziere dann nicht in die Mannschaftsdecks gingen, denn das konnte als störende Beaufsichtigung aufgefaßt werden. Bei den Liegeplätzen fehlten Kameradschaftsheime, in denen sich die Männer zum Spiel hätten zusammensetzen, gemeinsame Unterhaltungsabende veranstalten oder sich freiwillig hätten weiterbilden können. Es kam auch kaum vor, daß sich die Offiziere einmal mit Deckoffizieren zusammensetzten, die ausgezeichnete Spezialisten mit großer Diensterfahrung waren. Höchstens wurde der eine oder andere an seinem Geburtstag zu einem Glas Champagner in die Messe eingeladen.

Viele Offiziere behandelten gefühlsmäßig ihre Leute richtig, es gab eine ganze Anzahl hervorragender Menschenführer. Die aber, denen die Gabe dazu fehlte, die den Menschen im Untergebenen zu wenig achteten oder gar die ihnen übertragene Macht mißbrauchten, wirkten verheerend.

Unter diesen Umständen blieben die Anweisungen des Flottenkommandos, wie die revolutionären Führer herauszufinden und unschädlich zu machen seien, recht an der Oberfläche.

So glaubte Ruge tatsächlich noch zweiundfünfzig Jahre nach den Ereignissen von 1917, die Marine sei mit unentdeckten revolutionären Führungskadern ins Jahr 1918 und dem Umsturz entgegengegangen. Es gab keine Organisation und hat sie auch weiterhin nicht gegeben. Die Flotte war krank, sie war mit rissiger Struktur in den Krieg gegangen. Und daß in der Mannschaft das Streben nach einem Verständigungsfrieden vorherrschte, bei den Offizieren dagegen die Ideologie der Vaterlandspartei als selbstverständliche Pflicht erschien, entsprach der zunehmenden Spaltung des Volkes.

Zur Stimmung nach Bekanntwerden der schweren Bestrafungen notierte der Matrose Stumpf in seinem Tagebuch:

Welche Folgen wird nun diese Brutalität nach sich ziehen? Das ist heute schwer zu sagen. Die Hälfte der Leute ist gleichgültig, ein Viertel vielleicht empört und voll Mitleid für die armen Teufel und ein schwaches Viertel zur raschen Tat und Sühne bereit. Nur ganz wenige sind eingeschüchtert.

Wir genießen nun die Früchte des Opfers. In der richtigen Erkenntnis, daß ein gefüllter Magen nicht leicht zu Gewalttätigkeiten neigt, gibt man uns jetzt gut und reichlich zu essen. Der alte Trick: Zuckerbrot und Peitsche. Die im Zuchthaus sitzen, sind fast vergessen. Von nun ab erhalten fünf Mann ein ganzes Brot.

Verbesserte Verpflegung war tatsächlich die einzige innere Reformmaßnahme, die wirklich durchgeführt wurde.

Aber die Spannungen blieben, auch die Entfremdung der Ingenieure und Fachoffiziere gegenüber den Seeoffizieren, der Deckoffiziere gegenüber den Offizieren und nicht zuletzt der Flottenführung gegenüber der politischen Leitung des Reichs und dem Reichstag.

Im Seeoffizierskorps, der Führungskaste der Marine, kam nicht im geringsten der Gedanke auf, irgendwie einlenken zu müssen.

Der Vizefeuerwerker Gustav Hester, Kleinbootskommandant, nachmals besser bekannt als Joachim Ringelnatz, notierte zur Ausführung des Reformbefehls:

Die Leute sollten künftig mit allen Künsten bei guter Laune gehalten werden: durch Ausflüge und sonstige Vergnügungen. Sie sollten gleichzeitig durch Spitzel überwacht werden in bezug auf sozialdemokratische und Anti-Kriegspropaganda.

Er berichtet auch über den Kaiserbesuch nach den Unruhen. Die Minensuchflottille, bei der Seine Majestät ein bei einem Vorpostenkampf zerschossenes Boot und eine erklärende Tafel zur Kenntnis nehmen sollte, war von einiger Erwartung erfüllt, aber das Ereignis verlief glanzlos, der Kaiser hatte den Kontakt zu ›seiner‹ Marine längst verloren.

Was die Schlachtflotte noch unternahm, trug nicht dazu bei, den Geist zu verbessern. Ein Vorstoß nach Norden verlief ohne Feindberührung, doch berührten sich zwei Schlachtschiffe — ›Großer Kurfürst‹ und ›Kronprinz‹ — sehr heftig vor Helgoland, als im März 1918 Kaiser Wilhelm dem neuen oesterreichischen Kaiser Karl ein ›Gefechtsbild‹ der gesamten Hochseeflotte vorführte und die Signale per Funk und per Flagge sich widersprachen. Die beiden kollidierten Schiffe mußten in die Werft, der teure Preis für die kaiserliche Spielerei wurde selbstverständlich in der Mannschaft diskutiert wie schon Ende November 1917 ein ähnliches Manöver aus geringerem Anlaß:

Morgen früh soll ein großes Gefechtsevolutionieren der Gesamtflotte aus Anlaß des Besuches österreichisch-ungarischer Journalisten stattfinden. Da gehen wieder 1 1/2 Millionen Zentner Kohlen flöten.

Wegen schlechtem Wetter wurde daraus nichts. Verschwendung in großem wie in kleinem Stil hatte die Mannschaft alltäglich vor Augen. Entgegen dem Flottenbefehl schränkten sich Offiziere bei der Verpflegung nicht ein und versorgten sich auch auf andere Weise bestens, so auf dem Kreuzer ›Nürnberg‹. Dazu die Akten des Untersuchungsausschusses:

Noch im Februar 1918, wo die Not des Volkes schon aufs Bedrohlichste gestiegen war und es nur noch Kartoffelbrot geben durfte, wurden für die Offiziersmesse täglich frische Brötchen gebacken. Bis 1. Mai 1918 wurde an allen Sonntagen für die 3 Messen Kuchen gebacken.
Nach dem Flottenbefehl Nr. 137 vom 10. 6. 18 steht dem Offizier 1 Ei pro Woche, dem Mann 1 Ei alle 14 Tage zu; dabei gab es bis Ende Januar für die Messemitglieder zum I. Frühstück täglich 2 Spiegeleier.

Am 6. Mai 1918, dem Geburtstag des Kronprinzen, gab es in der Offiziersmesse zum Mittagessen:
1. Königinsuppe mit Leberklößchen,
2. Spinat mit verlorenen Eiern und Schinken,
3. Filet mit Bratkartoffeln, Salat und Kompott,
4. Backwerk mit Früchten,

5. Mokka
Die Mannschaft bekam an diesem Tag Nudeln mit Kartoffeln und Fleischstücken zusammengekocht.
Es geschieht nichts, um die Lebensverhältnisse der Mannschaften so weit wie möglich erträglich zu machen. Die Hängematten der Leute hängen zu zweien und dreien übereinander. Die Matrosen schlafen in Räumen, in denen es aus allen Winkeln und Ecken zieht, die Heizer in Räumen, in denen 20 bis 30 Grad Hitze herrschen. Zwar sind für die letzteren Lüftungsmotoren vorhanden, sie dürfen aber des nachts bei schwerer Strafe nicht angestellt werden, weil durch ihr Brummen der Schlaf der über dem Heizerdeck wohnenden Offiziere gestört werden könnte.

»Gerade bei Regelung des Urlaubs« seien »grobe Fehler« gemacht worden, hatte Admiral Scheer im Flottenbefehl Gg. 6025 beanstandet, am 7. Oktober 1917. Realität auf Kreuzer ›Nürnberg‹ Anfang Mai 1918, als das Schiff in der Werft lag und der übliche Urlaub erwartet wurde:

Als dringend erholungsbedürftige Heizer und Unteroffiziere unter Hinweis darauf, daß das gesamte Oberdeckpersonal bis zu drei Wochen Urlaub erhalten habe, wenigstens um einige Tage Urlaub baten, drohte ihnen der I. Offizier mit schweren Strafen, falls sie nochmals die Frechheit besäßen, eine solche Bitte und mit einer derartigen Begründung vorzutragen.
An den nächsten Tagen wurde das gesamte Maschinenpersonal zur Auffrischung seiner Disziplin militärisch gedrillt, außerhalb der Arbeitsstunden, die von 7-11.30 und von 1-5.30 Uhr nachmittags, also auf 9 Stunden festgesetzt waren und abgesehen von vielen eingelegten Nachtschichten.

Von November 1917 bis April 1918 wurden auf Kreuzer ›Nürnberg‹ allein vom I. Offizier an Strafen verhängt:

Mittelarrest 230 Tage
Gelinder Arrest 18 Tage
Strafexerzieren 152 Stunden
Strafwachen, Strafrapports 59 Stunden.
Hierzu kommen noch die vom Kommandanten verhängten Arreststrafen und die gerichtlichen Strafen.

Besatzung dieses Kreuzers: 17 Offiziere, 458 Mann.

»Verständnisvolles Eingehen der Vorgesetzten auch auf scheinbar kleine Anliegen« sei notwendig, hatte Admiral Scheer am 7. Oktober 1917 gemahnt. Realität auf Kreuzer ›Nürnberg‹:

Im Dezember 1917 baten über 40 technische Unteroffiziere um nochmalige Untersuchung in einer Angelegenheit, für die ein vorher noch nie bestrafter Unteroffizier, der bereits über 16 Jahre diente, nach Ansicht seiner Kameraden zu Unrecht mit 13 Tagen Arrest bestraft worden war. Der Kommandant antwortete auf den Antrag, er bedaure, daß er nicht sämtliche Unteroffiziere vor ein Kriegsgericht stellen könne; wenn sie sich aber nochmals erlauben sollten, an ihn mit einem solchen Ansinnen heranzutreten, würde er schon Mittel und Wege finden, sie zu bestrafen.

Offiziere schickten Lebensmittel nach Hause, ließen sie sogar durch Mannschaften hinbefördern, ließen mit Bordmaterial ihre Wohnungen ausstatten, durch Mannschaften ihre Gärten pflegen, trieben mit Blanko-Zollbescheinigungen Zigarettenschmuggel, nahmen (entgegen strengsten Verboten) unverzollte Waren — Wein und Lebensmittel — zu Feiereien an Land mit. Der ›Nürnberg‹-Fall wurde schließlich untersucht, doch es war nicht der einzige.

Offiziere vom Kreuzer ›Regensburg‹ pflegten in der Kieler Bordellstraße ›Hinter den Mauern‹ zu feiern. Das Boot, das sie vom draußen an der Boje liegenden Schiff zur Stadt beförderte, mußte regelmäßig bis in die Morgenstunden warten.

Eines schönen nachts kehrten die Offiziere überhaupt nicht zurück; das Boot lag bis zum hellen Morgen an der Brücke und wartete auf ihre Rückkehr. Die Sonne ging auf, die Werftarbeiter strömten zu ihren Arbeitsstellen, und noch immer erschienen sie nicht. Da machte sich ein Teil der Bootsbesatzung auf, ging in die Bordellstraße, klopfte Haus für Haus ab mit der Frage: »Sind hier vielleicht die Offiziere von der ›Regensburg‹ drin?« und fand sie schließlich auch nach annähernd einer Stunde Suchen in Nummer 64 und 69, trommelte sie heraus und fuhr mit ihnen bei strahlendem Sonnenschein gegen 8 Uhr morgens an Bord zurück, begrüßt von der ganzen Besatzung, die Kopf an Kopf an der Reeling stand . . .

Das führte zu Bestrafungen von Offizieren, ein paar Tage Kammerarrest.

Die Bevölkerung hungerte. Der Oberwerftdirektor in Kiel, Admiral von Henckel-Gebhardi, ließ täglich morgens sein großes Dienstmotorboot zu einem Ort an der Förde fahren, um Milch für seine Familie zu holen. Aus bestem Holz ließ er sein bereits umzäuntes Dienstgrundstück mit einem hohen Palisadenzaun umgeben, während jeder Werftarbeiter, der beim Verlassen der Werft mit einem kleinen Stück altem Holz — Brennholz war äußerst knapp — angetroffen wurde, mit fristloser Entlassung sühnen mußte. Das Reichsmarineamt erfuhr von dem Zaunbau und sorgte für Einstellung.

Nach dem Krieg entschuldigte sich der Admiral, er habe sich bei diesen und anderen Affären nichts gedacht,

alle anderen seiner Standesgenossen hätten es ja auch so gemacht . . .

Nicht alle. Die Verhältnisse auf den Schiffen waren unterschiedlich. Aber Mißstände sprachen sich herum. Anläßlich der angeblichen oder tatsächlichen Unterschlagung von Liebesgaben hatte der Oberpräsident der Provinz Schleswig-Holstein schon am 16. August 1917 gewarnt:

> *Die Wirkung derartiger Gerüchte auf das vaterländische Empfinden in der heimischen Bevölkerung bleibt jedenfalls tief beklagenswert . . .*

Admiral Scheer hatte von »böswilligen Entstellungen« gesprochen, die aber zeigten,

> *wie sehr die Augen der Mannschaft auf die Offiziere gerichtet sind, und daß diesen daraus die Pflicht erwächst, sich auch in ihrem außerdienstlichen Verhalten stets ihrer Stellung als Führer, aber auch als Kameraden bewußt zu bleiben.*

Zu viele waren sich dessen nicht bewußt, der Umsturz von 1918 kam nicht von ungefähr.

Am 28. Januar 1918 streikten die Arbeiter in den Berliner Rüstungsbetrieben erneut, mit weit stärkerem politischem Akzent als beim Aprilstreik 1917: Für den Frieden ohne Annektionen und Entschädigungen auf Grund des Selbstbestimmungsrechts der Völker nach dem Vorbild der russischen Revolution, für durchgreifende Demokratisierung, gegen die Zwangsmaßnahmen der Regierung und der Militärbehörden, für das allgemeine, gleiche, direkte und geheime Wahlrecht, das in Preußen immer noch nicht bestand. Etwa eine halbe Million Arbeiter beteiligten sich am Streik in Berlin, etwa die gleiche Zahl solidarisierte sich im Reich. Die Spartakusgruppe forderte Gewalt gegen Gewalt, die Gewerkschaften distanzierten sich von dem Streik, die Sozialdemokraten waren für Verhandlungen. Am 3. Februar wurde der Streik abgebrochen, weil er nicht zum Generalstreik geworden war:

> *Die Berliner Arbeiter konnten allein den Endkampf mit der Regierung und der Bourgeoisie nicht aufnehmen. Der Versuch wäre mit unermeßlichen Opfern bezahlt worden und mit dem Verlust der revolutionären Kraft an der wichtigsten Stelle.*

Dies verkündete der Aktionsausschuß. Er fürchtete, die Soldaten würden schießen, und die unermeßlichen Opfer des Aprilstreiks von 1917 hatten darin bestanden, daß 50 000 Arbeiter als Soldaten an die Front geschickt worden waren. Viele kehrten nicht zurück.
Die Unterdrückung des Streiks sicherte Fortführung des aussichtslosen Krieges. Das wurde teuer bezahlt. Vom März bis zum Zusammenbruch im November 1918

> *verlor Deutschland an der Westfront nach unvollständigen Angaben*

192 447 Tote, 421 340 Vermißte und Gefangene, 860 287 Verwundete. Die Gesamtverluste des Jahres 1918 werden mit 349 461 Toten und 924 983 Verwundete angegeben.
Zu den Verlusten an den Fronten kamen hohe Totenziffern in der Heimat. Im Jahre 1918 starben fast 300 000 Menschen mehr als im letzten Friedensjahr. Die Sterblichkeit der Kinder im Alter von eins bis fünf Jahren erhöhte sich 1918 um 50 % gegenüber 1913.

Nach dem 1. Januar 1919 starben noch 171 799 Verwundete. Auch dies ist keine endgültige Ziffer.
Die Admirale hatten ihr Prestige dafür eingesetzt, mit dem uneingeschränkten U-Boot-Krieg die Engländer zu bezwingen, ehe die Amerikaner in den Krieg eingreifen könnten. Das erwies sich als Illusion.

General Ludendorff, der faktisch die Geschicke des Reiches lenkte, bescheinigte das Desaster nach blutigen Schlachten:

Der Versuch, die Völker der Entente durch deutsche Siege vor Ankunft der amerikanischen Verstärkungen friedenswillig zu machen, war gescheitert.

Am 31. August 1917 hatten die USA sich auf eine Friedensnote des Papstes vom 1. August ›bewegt‹ gezeigt, aber festen Siegeswillen verkündet:

Das Ziel des Krieges ist, die freien Völker der Welt von der Bedrohung einer gewaltigen Militärmacht zu befreien, die durch eine unverantwortliche Regierung geleitet wird ...

Die deutschen Mehrheitsparteien wollten mit britischen Parlamentariern in Verhandlungen eintreten, auf Basis des deutschen Friedensangebots von 1917 und der 14 Punkte Wilsons. Die deutsche Regierung war einverstanden, die Engländer lehnten ab.

Zahlreiche Friedensinitiativen von verschiedenster Seite scheiterten 1917 und 1918.

Der Beginn des deutschen U-Boot-Krieges am 1. Februar 1917 hatte Präsident Wilsons Absicht durchkreuzt, durch Initiative der noch neutralen USA einen Frieden ohne Sieg zu erreichen. Deutsche Hoffnungen auf Sieg beruhten auf den U-Booten, im Landkrieg brachte der Waffenstillstand mit dem revolutionären Rußland im Dezember 1917 nochmals Auftrieb. Beim Frieden von Brest-Litowsk am 3. März 1918 setzte sich Deutschland mit Repressalien durch — nicht anders als es später die Alliierten mit Deutschland machten. Der Triumph war von kurzer Dauer. Anfang August 1918 wurde klar, daß man die Front im Westen nicht halten könne, wenige Wochen später wurde die mazedonische Front vom Gegner überrannt, die Italiener gewannen gegen die Oesterreicher die Oberhand, Deutschlands Bundesgenossen traten in separate Friedensverhandlungen ein. Der U-Boot-Krieg brachte immer neue Konflikte. Neutralen Staaten in aller Welt traten der gegnerischen Entente bei. Am 14. September bat Österreich-Ungarn die Alliierten um Frieden, es war der »Schrei der Ertrinkenden«, die deutschen Mehrheitsparteien zogen die Bilanz des Desasters, Hiobsbotschaften liefen fast täglich ein. Am 26. September begann nach elfstündiger Feuervorbereitung eine neue Großoffensive des Marschalls Foch. — Die Marine wollte ihre Erfolglosigkeit nicht bekennen, aber ihr Bankrott wurde nur allzu deutlich:

Der neuernannte Staatssekretär des Reichsmarineamts, Ritter von Mann, vermag durch seine Darlegungen keine Beruhigung zu schaffen. Der Neubau der U-Boote hätte bisher nur geringe Überschüsse über die Zahl der vernichteten erzielen können. Jetzt aber würde durch eine Besprechung mit der Obersten Heeresleitung für die Freigabe der nötigen Arbeitskräfte die Grundlage geschaffen, und dann könnte bis 1920 die genügende Zahl von U-Booten vorhanden sein, so daß er noch immer daran glaube, der U-Boot-Krieg werde den Ausschlag im Kriege geben. — Auf diese Worte erhebt sich zorniger Schmerz. Noske nennt es niederschmetternd, daß erst jetzt an die Auseinandersetzung mit der Obersten Heeresleitung gedacht werde; Gothein spricht von einer furchtbaren Enttäuschung; Erzberger erklärt, der Mangel an U-Booten sei die vernichtendste Anklage gegen Tirpitz und Capelle ...

Am 29. September mußte die Oberste Heeresleitung eingestehen, daß der Krieg verloren war. Sie forderte ein sofortiges Waffenstillstandsangebot. Am 3. Oktober erklärte sie dazu:

Noch steht das deutsche Heer festgefügt und wehrt siegreich alle Angriffe ab. Die Lage verschärft sich aber täglich und kann die Oberste Heeresleitung zu schwerwiegenden Entschlüssen zwingen. Unter diesen Umständen ist es geboten, den Kampf abzubrechen, um dem deutschen Volke und seinen Verbündeten nutzlose Opfer zu ersparen. Jeder versäumte Tag kostet Tausenden von tapferen Soldaten das Leben.

Noch am 25. Oktober hatte General Ludendorff in einem Armeebefehl zum Durchhalten aufgefordert. Er nahm gegen die dritte Note Stellung, die Präsident Wilson an die deutsche Regierung gerichtet hatte:

Die Antwort Wilsons fordert die militärische Kapitulation. Sie ist deshalb für uns Soldaten unannehmbar. Sie ist der Beweis, daß der Vernichtungswille unserer Feinde, der 1914 den Krieg entfesselte, unvermindert fortbesteht. Sie ist ferner der Beweis, daß unsere

Feinde das Wort ›Rechtsfrieden‹ nur im Munde führen, um uns zu täuschen und unsere Widerstandskraft zu brechen. Wilsons Antwort kann daher für uns Soldaten nur die Aufforderung sein, den Widerstand mit äußersten Kräften fortzusetzen. Wenn die Feinde erkennen werden, daß die deutsche Front mit allen Opfern nicht zu durchbrechen ist, werden sie zu einem Frieden bereit sein, der Deutschlands Zukunft gerade für die breiten Schichten des Volkes sichert.

Aber die Alliierten wußten, daß sie kurz vor dem militärischen Sieg standen, und Ludendorff erkannte unmittelbar nach dem Unterzeichnen des Armeebefehls, daß er mit seinen Parolen nicht auf Stützung durch die Regierung rechnen konnte. Er versuchte noch, die Herausgabe des Armeebefehls zu stoppen, was ihm jedoch nicht mehr gelang. Am folgenden Tag schrieb er sein Abschiedsgesuch, es wurde angenommen. Der politische Umschwung war im Gange: Aufnahme der Mehrheitssozialdemokraten in die Reichsregierung, Parlamentarisierung statt faktischer Militärdiktatur. Die Heeresleitung selbst erkannte, daß es zur Revolution und damit zum völligen Zusammenbruch der Front kommen würde, wenn nicht schnellstens ein Waffenstillstand zustandekäme. Am 28. Oktober ging die Verfassungsänderung durch. Der Kaiser, dessen Abdankung Wilson deutlich zum Bestandteil seiner Forderung gemacht hatte, ließ dem neuen Reichskanzler Prinz Max von Baden mitteilen, daß er längst für die innenpolitischen Reformen gewesen sei:

Euer Großherzoglichen Hoheit sei bekannt, daß seine Majestät wiederholt die Absicht gehabt haben, sich vor der Öffentlichkeit zu den Reformen auf dem Gebiet der inneren Politik zu bekennen, und daß entsprechende Veröffentlichungen entgegen seinem ausdrücklichen Willen und im Widerspruch mit der Meinung der parlamentarischen Mitglieder des sogenannten Kriegskabinetts unterblieben seien.

Er hatte als Herrscher längst abgedankt, als er nach Holland entwich. Auch unter Prinz Max von Baden gingen Krieg und Notenwechsel weiter. Die Amerikaner bezweifelten den deutschen Systemwechsel, und wieder wurde der U-Boot-Krieg zu einem Kernproblem. Am 14. Oktober 1918 schrieb Präsident Wilson:

Zu derselben Zeit, wo die deutsche Regierung an die Regierung der Vereinigten Staaten mit Friedensvorschlägen herantritt, sind ihre U-Boote beschäftigt, auf der See Passagierschiffe zu versenken, und nicht nur die Schiffe, sondern auch die Boote, in denen ihre Passagiere und Besatzungen versuchen, sich in Sicherheit zu bringen.

Dieser Vorwurf, nur in Einzelfällen berechtigt, spielte seit langem eine große Rolle. Beide Seiten bezichtigten sich der Kriegsverbrechen. Wilson warf in seiner Note unter anderem dem deutschen Heer beim Rückzug eine Politik der verbrannten Erde vor.

Am 20. Oktober antwortete die deutsche Regierung:

> *Zerstörungen werden zur Deckung des Rückzugs immer notwendig sein und sind insoweit völkerrechtlich gestattet. Die deutschen Truppen haben die strengste Weisung, das Privateigentum zu schonen und für die Bevölkerung nach Kräften zu sorgen. Wo trotzdem Ausschreitungen vorkommen, werden die Schuldigen bestraft.*
> *Die deutsche Regierung bestreitet auch, daß die deutsche Marine bei Versenkung von Schiffen Rettungsboote nebst ihren Insassen absichtlich vernichtet hat.*
> *Die deutsche Regierung schlägt vor, in allen diesen Punkten den Sachverhalt durch neutrale Kommissionen aufklären zu lassen.*
> *Um alles zu verhüten, was das Friedenswerk erschweren könnte, sind auf Veranlassung der deutschen Regierung an sämtliche U-Boot-Kommandanten Befehle ergangen, die eine Torpedierung von Passagierschiffen ausschließen, wobei jedoch aus technischen Gründen eine Gewähr dafür nicht übernommen werden kann, daß dieser Befehl jedes in See befindliche U-Boot vor seiner Rückkehr erreicht.*

Die Entscheidung über die Maßnahmen der Marine lagen beim Admiralstabschef. Das war seit dem 7. August 1918 Admiral Scheer, sein Nachfolger als Flottenchef war Admiral Hipper. Scheers Vorgänger als Admiralstabschef, Admiral von Holtzendorff, hatte sich in den schon traditionellen Kompetenzstreitigkeiten gegenüber der ›Front‹ — dem populären Scheer als Flottenchef — und dem Reichsmarineamt verschlissen. Zwar hatte ihn der Kaiser bei seiner Entlassung zum Großadmiral befördert, aber nicht die Gleichberechtigung als Zentralbehörde neben dem Reichsmarineamt — Admiral von Capelle — und dem Marinekabinett — Admiral von Müller — gewährt.
Der Kaiser hatte am 7. Oktober 1917 mahnen müssen, daß die Floskel »Auf Allerhöchsten Befehl« bei Anordnungen des Admiralstabschefs tatsächlich als kaiserlicher Befehl zu betrachten sei.
Da Admiral von Capelle etwa gleichzeitig mit Scheers Berufung durch Admiral Ritter von Mann abgelöst wurde, gelang es dem tatkräftigen Scheer, nun endlich die Position einer ›Seekriegsleitung‹ in Gleichberechtigung zur Obersten Heeresleitung zu erlangen. Wobei er selbst aber noch ausdrücklich betonte, daß damit nicht das einstige Oberkommando neugeschaffen werden sollte, der Oberbefehl des Kaisers blieb unbestritten, Scheer war Tirpitz-Jünger.

Als ›Scheerprogramm‹ war am 1. Oktober verstärkter U-Boot-Bau beschlossen worden. Dem galten die Verhandlungen mit der Obersten Heeresleitung, die 40 000 Handwerker aus dem Heeresdienst freigeben sollte, was sie als unmöglich betrachtete.
Die Anordnung der Regierung, Passagierschiffe dürften nicht mehr versenkt werden, zwang Scheer, unter Protest den U-Boot-Krieg völlig aufzugeben, da es den U-Boot-Kommandanten praktisch unmöglich war, angesichts der scharfen U-Boot-Abwehr vom warnungslosen Torpedieren abzugehen.

Am 25. Oktober 1918 schrieb Scheer seine Beschlüsse nieder:

1. *Eine Beschränkung der U-Boot-Verwendung auf den Kreuzerkrieg oder Ausnehmen von Passagierschiffen bedeutet technisch gleichviel wie völlige Einstellung. Gründe liegen auf der Hand.*
2. *Mit Einstellung des U-Boot-Kriegs begeben wir uns des letzten Offensivmittels, das uns bei Fortgang der Waffenhandlungen noch zu Gebote steht.*
3. *Trotzdem ist die Marine bereit, schweren Herzens dies Opfer zu bringen, wenn dafür ein Waffenstillstand erreicht wird, wie ihn die Armee nötig hat. Die Marine hat keinen Waffenstillstand nötig.*
4. *Die Wahrscheinlichkeit, daß bei Fortgang oder Wiederaufnahme der Kampfhandlungen das Einverständnis der Regierung zum uneingeschränkten U-Boot-Krieg wieder zu erlangen ist, ist äußerst gering.*
5. *Die Bindung der Hochseestreitkräfte durch den U-Boot-Krieg, dessen Rückgrat sie bilden, entfällt damit. Die Flotte erhält ihre operative Freiheit wieder.*
6. *Es ist unmöglich, daß die Flotte alsdann in dem Endkampf, der einem baldigen oder späteren Waffenstillstand vorausgeht, untätig bleibt. Sie muß eingesetzt werden. Wenn auch nicht zu erwarten ist, daß hierdurch der Lauf der Dinge eine entscheidende Wendung erfährt, so ist es doch aus moralischen Gesichtspunkten Ehren- und Existenzfrage der Marine, im letzten Kampf ihr Äußerstes getan zu haben.*

Schon drei Tage zuvor hatte der Flottenchef Admiral Hipper mündlich den Scheer-Befehl erhalten:

Hochseestreitkräfte sollen zum Angriff und Schlagen gegen englische Flotte eingesetzt werden.

Mitten in den Friedensverhandlungen war das Rebellion gegen die Regierung. Während der gar nicht zimperliche Ludendorff vor jedem Tag warnte, der Tausenden von Soldaten das Leben kosten würde, während das Heer mühsam seine Rückzugsfronten zu halten suchte,

die Masse des Volkes und der Soldaten schon seit Jahren den Frieden ersehnte, distanzierte sich die Marineführung arrogant vom Schicksal des Reiches, als ob sie in einem siegreichen Privatkrieg gestört worden sei. Und Admirale nahmen sich das Recht, ihre erfolglose Schlachtflotte in einen Endkampf ohne militärischen Sinn zu schicken.
Dagegen rebellierten die Mannschaften. Admiral Scheer hat dem Kaiserreich den Umsturz beschert, den Regierung und Heeresleitung zu vermeiden suchten. Der Zündstoff, den die Zwangsmaßnahmen der Ludendorff'schen Militärdiktatur und der fortdauernde Krieg geboten hatten, war durch die Parlamentarisierung zumindest eingeschränkt. Die Mehrheitssozialdemokraten wollten die Monarchie nicht stürzen. Den radikalen Gruppen fehlte ein spektakulärer Anlaß, die Revolution auszulösen.
Die Blindheit der Marine-Führungskaste, des Seeoffizierkorps, hat den spektakulären Anlaß geliefert.
Nichts konnte spektakulärer sein als eine Schlachtflotte, die während Waffenstillstandsverhandlungen in See dampft, um eine gewaltige Schlacht zu provozieren, während der Gegner im Hafen auf den Frieden wartet, beruhigt durch die Zurückziehung der U-Boote.

Der Vorstoß, zu dem die deutschen Hochseestreitkräfte in der Nacht zum 30. Oktober 1918 auslaufen sollten, fand nicht statt. Auf der Reede von Wilhelmshaven verweigerten die Mannschaften einiger Schiffe den Gehorsam. Daß eine Todesfahrt um der Ehre willen befohlen worden sei, ist von der Marineführung und ihren Verteidigern erbittert bestritten worden. Bis heute. Im Buch ›Scapa Flow‹ schreibt Vizeadmiral a. D. Friedrich Ruge 1969:

> *Inhalt und nüchterne Formulierung des Operationsbefehls . . . zeigen deutlich, daß es sich nicht darum handelte, die Flotte »zu opfern« oder »ruhmvoll untergehen zu lassen«, wie nachträglich behauptet worden ist. Es war nicht abwegig, in der schwierigen Lage des Reiches die Kraft der Flotte einzusetzen, wenn es mit Aussicht auf Erfolg geschehen konnte. Sicher war ein Risiko dabei, aber jeder Mann an der Westfront lief es täglich. Es war auch keine »Rebellion der Admirale«, wie ausgerechnet der USPD-Abgeordnete Dittmann später nachzuweisen versuchte. Das Gesetz zur Verfassungsänderung, das der Reichstag am 26. und der Bundesrat am 28. Oktober annahm, führte zwar die parlamentarische Verantwortlichkeit ein, aber noch hatten der Kaiser die Kommandogewalt und die Seekriegsleitung Operationsfreiheit.*

In der Tat war der Befehl nüchtern wie alle Befehle. Die deutsche Absicht formulierte er so:

> *Der Gegner soll unter für uns günstigen Bedingungen zur Schlacht gestellt werden.*

Hierzu Nachtvorstoß der gesamten Hochseestreitkräfte in die Hoofden, Angriff gegen Streitkräfte und Verkehr an der flandrischen Küste und in der Themsemündung.
Durch diesen Stoß soll der Gegner veranlaßt werden, sofort Flottenteile in Richtung auf die Verbindungslinie Hoofden — Deutsche Bucht vorzuschieben. Es ist beabsichtigt, diese Flottenteile am Abend des II. Operationstages zur Schlacht zu stellen, oder sie während des Anmarschs in der Nacht vom II. zum III. Operationstage mit den Torpedobooten anzugreifen.
Zur Unterstützung der Hauptaufgabe werden die Anmarschwege des Gegners von den ostschottischen Häfen nach dem Seegebiet bei Terschelling mit Minen verseucht und durch U-Boote besetzt werden.

Der damalige Reichskanzler Prinz Max von Baden habe »unbedingt die militärisch-politische Zweckmäßigkeit der Operation« bejaht, betont Ruge 1969, als ob der Reichskanzler dem Unternehmen zugestimmt habe. So war es aber nicht: Der Reichskanzler hat von dem Plan nichts gewußt. Der Vizekanzler von Payer hat nach dem Krieg in einem Brief an den Abgeordneten Dittmann mitgeteilt:

Aus persönlichem Wissen kann ich bestätigen, was allerdings kaum mehr bestritten werden wird, daß dem Kriegskabinett des Prinzen Max von Baden von dem geplanten Auslaufen der Flotte niemals eine Mitteilung gemacht worden ist, nicht einmal andeutungsweise. Namentlich auch nicht bei der eingehenden Aussprache, die am 25. Oktober zwischen Hindenburg, Ludendorff, Admiral Scheer, Kriegsminister Scheuch und mir stattfand, und bei der wirklich aller Anlaß vorhanden gewesen wäre, davon zu reden.

Und Prinz Max von Baden selbst teilte dem Untersuchungsausschuß des Reichstags mit:

Vor Gericht in München haben die Herren von der Marine ausgesagt: Ich wäre von dem geplanten Vorstoß der Flotte vorher in Kenntnis gesetzt worden. Ehe diese eidlichen Äußerungen vorlagen, hätte ich es auf meinen Eid genommen, daß ich durch keine Silbe im voraus informiert worden war. Heute steht für mich fest, daß Admiral Scheer in Gegenwart des Konteradmirals v. Levetzow mir am 20. Oktober dem Sinne nach gesagt hat: »daß der Hochseeflotte nach Einstellung des U-Boot-Krieges die volle Freiheit des Handelns zurückgegeben werden würde.« (Admiral Scheer: »Vom Segelschiff zum U-Boot«.) Aber nie und nimmer kann ich diese allgemeine Wendung, die nicht einmal sehr akzentuiert gewesen sein kann, als eine genügend erleuchtende Ankündigung betrachten: Die deutsche Flotte wird innerhalb der nächsten zehn Tage den Kampf auf Leben und Tod mit der englischen Flotte suchen. In jedem Falle hätte die Reichsleitung vor der endgültigen Befehlsausgabe präzise Meldung erhalten müssen. Ich kann die Erklärung nicht gelten lassen, daß mir aus Gründen der Geheimhaltung Zeitpunkt und Ziel der Unternehmung verschwiegen werden mußten. Dem Reichskanzler durften militärische Angelegenheiten von so weittragender politischer Bedeutung keine Geheimnisse bleiben. Aber ich bin überzeugt, daß ein Mißtrauen anderer Art der letzte Beweggrund gewesen ist. Rücksichten der militärischen Verschwiegenheit konnten nicht mehr wirksam sein, nachdem Hipper den Vorstoß aufgegeben hatte; und auch dann wurde ich nicht aufgeklärt.

In seinen Memoiren hat Prinz Max betont, das Mißtrauen der Marineführung ihm gegenüber sei unberechtigt gewesen. Ein Flottensieg hätte »dem bedrängten Heer und der mit täglich steigender Ungeduld leidenden Heimat einen gewaltigen Auftrieb zum Durchhalten gegeben«, und sogar von einer ›Todesfahrt‹, einer ›Opfertat‹ würde eine beschämende Kraft ausgegangen sein, der sich auch viele Treulose und Verzagende in der Heimat nicht hätten entziehen können. Man hat mit Recht an die Thermopylen erinnert.« (Dort fiel im Jahr 480 v. Chr. Leonidas, König von Sparta, im Kampf gegen die übermächtigen Perser durch Verrat mit seiner gesamten Streitmacht — 300 Mann.) Nur zitiert kein der Marine geneigter Chronist, was Prinz Max von Baden weiter schreibt:

Wenn heute die Marine die Verräter und Meuterer in ihren Reihen brandmarkt, so sage ich: sie hat recht. Die Aufrührer auf der Flotte haben der nationalen Verteidigung das Rückgrat gebrochen. Aber die Admirale von damals dürfen diese Anklage nicht erheben. Ehe der Feldherr die Entscheidungsschlacht sucht, hat er der Zuverlässigkeit seines Instruments sicher zu sein, der Moral der Menschen nicht minder als der materiellen Machtmittel. Der Feldherr — so fordert Clausewitz — muß bei längerer Kriegsdauer die subversiven Tendenzen in seine Rechnung einstellen. — Der Vorstoß der Flotte, unternommen während der schwebenden, mit hundert falschen Hoffnungen begleiteten Verhandlungen, mußte an dem Gefühl der Mannschaften scheitern: »Morgen ist Frieden. Was hat es für einen Sinn, noch heute zu sterben?« Anders, wenn nach dem Eintreffen der Bedingungen die Flotte ausgefahren wäre, um eine Schmach abzuwenden, die sie am schwersten treffen sollte. Dann hätte das große Unternehmen gelingen und die nationale Erhebung einleiten und beflügeln können. Bei einer rechtzeitigen Aussprache zwischen den leitenden Instanzen wäre es wohl so gekommen, daß ich entweder den Admiral Scheer dazu vermocht hätte, zu warten; oder aber, ich hätte eingesehen, daß aus technischen Gründen ein Aufschub unmöglich war: dann mußten wir versuchen, durch eine direkte Anfrage bei Foch die Bedingungen beschleunigt herauszuholen, in der Hoffnung, daß die Flottenaktion unseren gedemütigten Stolz wieder aufrichtete.

Der Prinz und Kanzler sah im Mißtrauen der Admirale ein Symptom der Uneinigkeit, die im Kriege die Führung des Reiches zerrissen hatte. Und unmißverständlich beschuldigt er die Admirale, den Umsturz ausgelöst zu haben:

Ohne Kiel keine Revolution, ohne die Revolution keine Kapitulation am 11. November.

Admiral Scheer war sich sehr wohl bewußt, daß er rebelliert hatte. Der Kaiser, auf dessen weiterbestehende Kommandogewalt sich noch Ruge 1969 beruft, war ebenfalls nicht informiert worden. Dazu Scheer:

Eine nochmalige Zustimmung des Kaisers einzuholen, hielt ich nicht für erforderlich, da ich mich des grundsätzlichen Einverständnisses am 18. Oktober versichert hatte. Ich fürchtete auch neuen Aufschub, war bereit, die Verantwortung selbst zu übernehmen.

Die Zustimmung vom 18. Oktober bezog sich auf den allgemein gehaltenen Satz, die Flotte habe Operationsfreiheit.
Der Vorstoß sei aussichtsreich gewesen, behauptet noch Ruge. Aber Admiral Scheer hatte schon nach der Skagerrakschlacht 1916 selbst geschrieben,

daß selbst der glücklichste Ausgang einer Hochseeschlacht England in diesem Kriege nicht zum Frieden zwingen wird . . . auch nicht, wenn die Unterseeboote für militärische Zwecke voll verfügbar sind.

Und der Vizeadmiral Karl Galster gutachtete nach dem Krieg:

. . . mehr als ein Teilerfolg, und zwar durch die Kleinkriegsmittel, wäre schwerlich zu erringen gewesen, und der Annahme einer Siegesgewißheit für die Schlachtflotte fehlt jede Berechtigung. Die Ergebnisse der Skagerrakschlacht lassen sich auf 1918 nicht übertragen.

Weil nämlich die Engländer ihre Schiffe aufgrund der Erfahrungen erheblich verbessert hatten, insbesondere auch die Artilleriemunition und die Torpedos, von der Überlegenheit nach Zahl und Kaliber ganz abgesehen. Und aus Ruges persönlichen Erinnerungen geht hervor, daß mit den ›Kleinkriegsmitteln‹, denen Galster eine gewisse Chance zubilligte, aus Wettergründen nicht zu rechnen war:

Ein Vorstoß der Torpedoboote, der für die nächste Nacht angesetzt wurde, mußte unterbleiben, weil die Minensucher wegen Seegangs den Weg, auf dem wir durch das Minengebiet laufen sollten, nicht nachprüfen konnten.

Admiral von Trotha und Admiral Brüninghaus haben zur Zeit der Unruhen Anfang November 1918 die Redaktion des sozialdemokratischen ›Vorwärts‹ besucht und dort betont, »Zweck des Vorstoßes sei die Deckung des rechten Armeeflügels in Flandern gewesen, nicht aber die Provokation der englischen Flotte zum Endkampf«. Das zeigt, daß sie sich des naheliegenden Vorwurfs voll bewußt waren. Und der nüchterne Wortlaut des Operationsbefehls beweist, daß sehr wohl an das Heranziehen der gegnerischen Streitkräfte gedacht war. Ruge schreibt, die Masse der britischen Flotte hätte die südliche Nordsee von den schottischen Häfen aus »je nach dem Zeitpunkt der Alarmierung erst im Laufe des zweiten Tages erreichen können«. Da wäre die deutsche Flotte aber durchaus noch in See gewesen. Und Admiral Hipper hatte keine Vorkehrungen getroffen, Gewißheit über Verteilung und Aktionen der Engländer zu gewinnen — etwa durch Aufstellen von U-Booten in Positionen vor den bekannten Flottenbasen.

Daß bei aller Nüchternheit, die man bei Scheer und vor allem Hipper voraussetzen kann, keine ungetrübt sachlichen Gründe für den Vorstoß bestanden, beweist Scheer selbst mit seiner Niederschrift vom 25. Oktober unzweifelhaft:

> *... ist es doch aus moralischen Gesichtspunkten Ehren- und Existenzfrage der Marine, im letzten Kampf ihr Äußerstes getan zu haben.*

Ehre und Existenz — man fürchtete das Odium, enttäuscht zu haben. War es keine »Rebellion der Admirale«? Noch »hatten der Kaiser die Kommandogewalt und die Seekriegsleitung Operationsfreiheit«, entschuldigt Friedrich Ruge 1969. Aber die Admirale wußten es 1918 besser. Nachdem ihnen die Mannschaft den Gehorsam verweigert hatte, war von kaiserlicher Kommandogewalt und Operationsfreiheit nicht die Rede.

> *Die Flotte erhält ihre Befehle von der Regierung und führt sie aus. Die von Offizieren gegebenen Befehle, die sich auf den von der Regierung zur Verwendung der Flotte gegebenen Anweisungen aufbauen, sind daher unter allen Umständen zu befolgen.*
> *Es besteht kein Gegensatz zwischen dem Offizierskorps der Flotte und der Regierung. Solche Behauptungen sind Lüge.*
> *Die Offiziere befinden sich in vollstem Einverständnis mit der Regierung, sie sind die ausführenden Organe der Regierung, sie sind weder Alldeutsche noch Politiker.*

Und an anderer Stelle:

> *Inwieweit die Flotte eingesetzt wird, befiehlt die Regierung.*

Damit bewiesen die Admirale selbst, daß sie sich der Pflichten bewußt waren, gegen die sie nur vier Tage zuvor verstoßen hatten. Daß sie selbst ein schlechtes Gewissen hatten, zeigt ein Brief Admiral Scheers vom 3. Januar 1919 an den Staatssekretär des Reichsmarineamts, Admiral Ritter von Mann:

> *... danke ich Ihnen für den Bescheid ..., der mir einige Aussicht eröffnet, mit einem blauen Auge aus der Geschichte herauszukommen.*

Scheer fürchtete um seine Pension (doch er bekam sie). Vor dem Untersuchungsausschuß des Reichstags faßte am 24. Juni 1926 ein Abgeordneter seinen Eindruck von der Affäre zusammen:

> *Mir scheint in der Art, wie dem Prinzen Max die Absicht mitgeteilt ist, eine fahrlässige oder bewußte Verschleierung der Situation zu liegen. Das ist das Entscheidende, denn er konnte daraus die wahre Absicht unmöglich entnehmen. Pointiert: mein bisheriger Eindruck ist der eines bewußten Jesuitismus gegenüber dem Prinzen Max.*

Die Vorgänge in der Nacht zum 1. November hat Vizeadmiral von Trotha vor dem Untersuchungsausschuß geschildert:

> *In der Nacht, die hier in Frage kommt, kam noch auf Schillig-Reede, soweit ich es jetzt in Erinnerung habe, so gegen 1 Uhr, der Chef des ersten Geschwaders auf das Flottenflaggschiff und meldete, daß die ›Thüringen‹ und ›Helgoland‹, als man hätte in See gehen wollen, versagt hätten, indem ein Teil der Mannschaften die Anker nicht lichten wollte. Die Mannschaft hatte die Lichtmaschinen außer Betrieb gesetzt und sich in die Vorschiffe verbarrikadiert.*
> *Es ist daraufhin sofort vom Flottenkommando eingeschritten worden, und zwar wurde vom Flottenchef dem Admiral Boedicker, dem Chef des ersten Geschwaders, folgender Befehl erteilt: Sie erhalten hiermit den Auftrag, den Widerstand der Besatzung zu brechen. Dazu werden Ihnen zur Verfügung gestellt: ein Torpedoboot mit scharfgeladenen Torpedos und geladenen Geschützen und ein U-Boot, Führer Kapitänleutnant Spieß, mit scharfen Torpedos und, um etwaige Gefangene sofort abtransportieren zu können, ein Dampfer mit einem Detachement Seesoldaten. Zugleich werden die übrigen Verbände (es wäre ja wohl nicht das Richtige gewesen, eine solche militärische Aktion zum Schauspiel der ganzen Flotte zu machen) — da ja ein gesamter Vorstoß doch nicht mehr in Frage kommen konnte — unter Verantwortung des betreffenden Geschwaderchefs bzw. Verbandschefs detachiert ...*
> *Soweit ich aus dem Gedächtnis sagen kann, ist dann an die Besatzung, die sich vorn in dem Schiff verbarrikadiert hatte, die Aufforderung ergangen, sich zu ergeben. Das Torpedoboot, auf dem sich der Geschwaderchef persönlich befand, weil er hier ja die*

erste Verantwortung trug, hat mit geladenen Torpedos und geladenen Geschützen, gerichtet auf das Vorschiff längsseits auf einige hundert Meter, gelegen, und es hat dann ungefähr an einer Sekunde gehangen, daß geschossen wurde. Ich glaube, daß sogar schon vom Admiral der Befehl zum Feuern gegeben worden ist. In dem Moment kam die Besatzung heraus und stellte sich. So ist also in der allerletzten Sekunde das Feuer, das auf die revolutionierende Besatzung eröffnet werden sollte, zurückgehalten worden und dann zu Verhaftungen geschritten worden.

Aus diesen Verhaftungen ergaben sich nun Zeugenaussagen, protokolliert von einem Marinekriegsgerichtsrat und Offizieren. Aktenkundige historische Zeugnisse zur Stimmung in der Mannschaft.

Ein Oberheizer:

Die Meinung im ganzen Schiff war, es würde ein Vorstoß gemacht, und man würde kurz vor dem Friedensschluß sein Leben nicht mehr auf das Spiel setzen. Außerdem ist gesagt worden, daß der Flottenchef diesen Vorstoß nur auf eigene Verantwortung machen würde. Das dürfte er aber nicht ohne die jetzige Regierung. Wenn der Reichstag seine Erlaubnis für diesen Vorstoß gegeben hätte, dann wäre es eben Befehl von der Volksregierung, und man würde mitmachen . . . Oberheizer Heidrich legte klar, daß, wenn unsere Granaten bei einem Vorstoß vielleicht auf das englische Land gefallen wären, dann würden die Friedensverhandlungen, die vielleicht schon in Berlin wären, wieder scheitern. Daß dieser Vorstoß nur Propaganda von den Alldeutschen wäre, stünde fest . . . Der Kommandant legte uns klar, daß der Krieg für Deutschland verloren ist und der Kaiser im Deutschen Reich nur eine Puppe darstelle.

Ein Obermatrose:

Noch 24 Stunden vor dem Waffenstillstand wollten sie eine Seeschlacht liefern; der Kaiser und Ludendorff hätten abgedankt. Die Offiziere wollten die jetzige Regierung stürzen und ohne deren Genehmigung einen Vorstoß machen . . . Die Leute riefen, wir sind belogen worden und wollen jetzt auch nicht mehr rausfahren.

Ein anderer Obermatrose:

. . . daß vom Messeläufer erzählt wurde, dieser habe gehört, wie der Kapitänleutnant Rudloff in der Offiziersmesse einen Trinkspruch ausbrachte, in dem gesagt worden sei, wir wollen unsere letzten 2000 Schuß noch auf den Engländer abfeuern und dann ruhmvoll untergehen. Besser ein Ende in Ehren als ein Leben in Schande. Desgleichen soll Lt. Rudloff zum Oberingenieur Dreyer die Bemerkung gemacht haben, »auf Nimmerwiedersehen in Wil-

helmshaven«.

Und so weiter, alle Aussagen stimmen in den wesentlichen Punkten überein. Der I. Offizier von ›Thüringen‹ soll auf die Bemerkung, der Vorstoß sei nicht im Sinne der Regierung, gesagt haben:

Ja, das ist Ihre Regierung.

Auch Maßnahmen des Schiffskommandos wirkten aufreizend:

Für die Nacht waren Deckoffizierspatrouillen eingerichtet. Diese trugen immer eine Hand in der Tasche, wo sie eine Waffe führten. Die Stimmung wurde dadurch nicht besser, die Leute sagten sich: »Jetzt haben wir fünf bis sieben Jahre unsere Pflicht getan, und jetzt werden wir mit Waffen bedroht.«

Die Admirale hatten aber nicht erst in dieser Nacht die Gewalt über ihre Flotte verloren. Diese ungeheure Blamage begann schon früher. Bereits am 27. Oktober war es zu Widersetzlichkeiten gekommen. Der Kleine Kreuzer ›Straßburg‹ erwies sich nach dem Auslaufen aus Wilhelmshaven als nicht einsatzfähig, weil 45 Heizer fehlten. Die Heizer an Bord löschten die Feuer unter den Kesseln und versuchten, das Schiff durch Öffnen der Flutventile zu versenken. Es mußte wieder einlaufen.

Die Behauptung der Offiziere, die Flotte sammle nur zu einem Manöver (Geheimhaltung des beabsichtigten Vorstoßes war befohlen worden), wurde nicht geglaubt, weil Markierungen fürs Gefecht vorgenommen wurden — beispielsweise roter Schornstein auf Schlachtkreuzer ›Moltke‹. Und es blieb nicht verborgen, daß Navigationsoffiziere die Karten der englischen Ostküste studierten. Passiver Widerstand wurde von Schlachtkreuzern und Kleinen Kreuzern gemeldet, auf ›von der Tann‹ fehlten beim Auslaufen 100 Mann, auf ›Markgraf‹ wurde am 28. Oktober das Ankerlichten verweigert, und Heizer rissen die Feuer heraus. Auf ›König‹ bildete sich sogar ein Soldatenrat, der die rote Fahne hissen wollte. Am 29. Oktober erschien der Kommandant von ›Thüringen‹ bei der Befehlsausgabe auf dem Flottenflaggschiff verspätet, weil die Mannschaften, die sein Boot zu Wasser bringen sollten, nur zum Teil antraten. Auf zahlreichen Schiffen waren Mannschaften entschlossen, den Befehl zu verweigern, wenn die Flotte weiter als bis Helgoland fahren sollte. Schon am 30. Oktober mußte zweimal der ›Seeklar‹-Befehl auf ›Thüringen‹ zurückgenommen werden. Die Offiziere bewaffneten sich. Am 31. Oktober kamen die Unruhen auf diesem Schiff auf die Spitze: Die Mannschaften verbarrikadierten sich im Vorschiff, ihren Wohndecks, wo sie auch das Ankergeschirr in ihrer Gewalt hatten. Die Offiziere richteten sich auf Verteidigung des Achterschiffs ein. Die Heizer setzten die Lichtmaschinen außer Betrieb.

Daraufhin kam es zu der Konfrontation mit dem Torpedoboot und dem U-Boot, nachdem der ›Thüringen‹-Kommandant es abgelehnt hatte, in Verhandlungen einzutreten. Zuvor hatten 250 Mann vom Seebataillon, die man aus Wilhelmshaven geholt hatte, die Sicherung des Achterschiffs verstärkt. Zu einer heiklen Situation kam es noch, als Matrosen von ›Helgoland‹ die Geschütze der Mittelartillerie auf das Torpedoboot und das U-Boot richteten. Doch dann kapitulierten die Mannschaften. 600 Mann von ›Thüringen‹, 150 Mann von ›Helgoland‹ und 200 Mann von ›Markgraf‹ wurden verhaftet. Dazu etwa 50 vom ›Großer Kurfürst‹, vor dem sich ebenfalls ein Torpedoboot quergelegt hatte.

Noch einmal hatten die Admirale sich durchsetzen können. Aber sie waren unsicher, sie vermuteten eine Organisation unter Führung von USPD-Führern an Bord. In der einheitlichen politischen Meinung der Mannschaften sahen sie den Beweis für »eine bolschiwistische Bewegung«. Die spätere sozialistische Geschichtsschreibung hat im Streben, die in der Marine unzweifelhaft vorhandenen »bewußt proletarischen Kräfte« in die Geschichte der organisierten sozialistischen Bewegung einzubeziehen, den Admiralen nur allzu willkommenes Material zur Dolchstoßlegende geliefert. Tatsächlich stand Klasse gegen Klasse, aber für eine bolschewistische Umsturzbewegung fehlte es in der Mannschaft doch noch am politischen Bewußtsein. Die ›Volksregierung‹ wollte das Vaterland verteidigen, und das wollte der größte Teil der Besatzungen auch. Ausdrücklich ist immer wieder die Bereitschaft bestätigt worden, einen feindlichen Angriff abzuwehren. Und das Flottenkommando hat am 4. November in geheimen »Hinweisen für das Offizierskorps« festgestellt:

Auffällig ist, daß bei den Unruhen in der Flotte an keiner Stelle bisher Sabotage oder Angriffe auf Vorgesetzte vorgekommen sind.

Das wurde aber als bewußte Taktik der bolschewistischen Bewegung gedeutet:

Es ist also von außenstehender Seite offenbar die Parole ausgegeben worden, daß die Bewegung sich hiervon unter allen Umständen fernhalten müsse.

Weil nämlich, so meinten die Admirale, die Regierung davon abgehalten werden sollte,

sich gegen diese Bewegung klar und deutlich auszusprechen . . .
Die meisten Mitläufer sind sicherlich völlig im unklaren, wohin die Bewegung steuert.

Nämlich auf Abschaffung des Offizierskorps »nach russischem Muster« durch Arbeiter- und Soldatenräte.

»Geschlossener Widerstand aller besonnenen Elemente unter einheitlicher Führung des Offizierkorps« sollte der Bewegung entgegengesetzt werden und in »Richtlinien für die Belehrung der Mannschaft nach den vorgekommenen Ausschreitungen« heißt es, »Widerstand gegen die Befehle der Vorgesetzten und damit gegen die Regierung« müßte »mit allen Mitteln gebrochen werden«.

Doch eben mit diesen Mitteln und durch die Verkennung des politischen Denkens in der Mannschaft gab man den Verfechtern des harten USPD- und vor allem Spartakus-Kurses in der Besatzung recht: Daß die Offiziere kein Verständnis zeigten, charakterisierte sie als Klassenfeinde. Die Admirale selbst haben den eigenen Untergang besiegelt — und sind sogar in ihren Geheimbefehlen unglaubwürdig. Denn da heißt es, daß ein entschlossener Vorgesetzter den Widerstand

der jetzt noch wenigen Schreier und Hetzer leicht zu brechen

imstande sei, wie es sich gezeigt habe, als ›Thüringen‹ und ›Helgoland‹ durch ›U 135‹ und ein Torpedoboot

sofort zur Vernunft gebracht

worden seien. Obwohl eine »organisierte Bewegung« bestand? Die Admirale haben die eigenen Thesen widerlegt.

Sie fanden markige Worte: Jedes »Paktieren« mit widersetzlichen Elementen führe »unweigerlich auf die abschüssige Bahn, schrieb das Flottenkommando und appellierte an die Verantwortlichkeit der »Vorgesetzten«, wobei plötzlich in einem Atem Offiziere, Deckoffiziere, Unteroffiziere, Korporalschaftsgefreite und Heizraumälteste genannt wurden — nach Jahren deutlichster Trennung sogar zwischen Offizieren und Deckoffizieren.

Sie kannten ihre Mannschaften wirklich nicht, waren zur abgekapselten Kaste geworden. Als größter Pechvogel erwies sich bei den nun folgenden Ereignissen wiederum jener Vizeadmiral Kraft, der als Chef des Werftdepartements des Reichsmarineamts voll illusionärer Siegesgewißheit den U-Boot-Bau gebremst hatte und nun Chef des III. Geschwaders war.

Er setzte sich nun dafür ein, mit seinem Geschwader nach Kiel detachiert zu werden. Es gehörte zur Ostseestation mit Heimathafen Kiel. Vizeadmiral von Trotha, der in der entscheidenden Besprechung beim Flottenchef Admiral Hipper die Idee unterstützt hatte, sagt dazu:

Er führte aus, Sie müssen mir glauben; ich trage die Verantwortung für meine Leute und kenne sie; geben Sie mir das Vertrauen und detachieren Sie mich mit den Schiffen in die Ostsee! Dem dritten

Geschwader ist es nun schon, ich glaube er sagte drei Mal passiert, daß, wenn die Schiffe routinemäßig ihre Erholungszeit an der Ostsee haben sollten, wo man erfrischende Eindrücke hatte und ein Wiedersehen mit den Angehörigen möglich war, Kriegsdispositionen das Programm umwarfen und die Leute immer wieder die Enttäuschung erlebten, daß sie nicht in die Ostsee kamen.
Ich glaube, mich dafür verbürgen zu können — er hat sogar, glaube ich, einen stärkeren Ausdruck gebraucht —, daß ich in der Ostsee die Schiffe wieder in die Hand bekomme . . .

Wie wenig er seine Leute kannte, zeigten dann aber seine Maßnahmen. Er ließ die Schiffe in der Helgoländer Bucht im Verband manövrieren, was einwandfrei funktionierte. Dann ging er durch den Kaiser-Wilhelm-Kanal und machte den Fehler, der dann in Kiel den Umsturz ausgelöst hat. Er hat

während der Fahrt auf den Schiffen durch den Kanal die Verhaftungen von den Leuten vornehmen lassen, die am Tage vorher als Haupträdelsführer hervorgetreten waren. Er erstattete aus Kiel nach dem Eintreffen sofort telefonische Meldung, daß das Geschwader einwandfrei bei höchster Fahrt evolutioniert hätte, daß die notwendigen Verhaftungen vorgenommen wären und er glaube, daß die Krise überwunden sei.

Aber der Geschwaderchef täuschte sich. Mit den Verhaftungen hatte er eine neue Krise geschaffen. In Kiel führte sie zum Umsturz. Vizeadmiral Kraft hat sie buchstäblich hintransportiert.
Sich über die Stimmung zu orientieren, die in Kiel bereits herrschte, war ihm ohnehin nicht in den Sinn gekommen. Er handelte blind nach der Maxime des Flottenkommandos: Die Leute müssen »eisernen, verantwortungsfreudigen Willen fühlen«. Die Admirale hatten nichts begriffen. Sie stürzten sich selbst vom Thron.

UMSTURZ

„Und die Seeoffiziere auf den Schiffen... sang- und klanglos traten sie ab“

Das III. Geschwader, das in der Nacht zum 1. November in Kiel einlief, bestand aus fünf Schlachtschiffen. Drei weitere lagen bereits in Kiel, dazu mehrere Kreuzer, zahlreiche Torpedoboote, U-Boote, Transporter von der Räumung der Flandern-Küste und viele Tross- und Kleinfahrzeuge. Insgesamt ca. 25 000 Mann an Bord und 15 000 an Land.

Von den Mannschaften, die sich in Wilhelmshaven an den Unruhen beteiligt hatten, ließ Vizeadmiral Kraft bei der Fahrt des Geschwaders durch den Kaiser-Wilhelm-Kanal 47 Mann arretieren und setzte sie an der Holtenauer Schleuse ab. Unter Bewachung durch Soldaten vom Seebataillon wurden sie nach Fort Herwarth gebracht. Aus 200 weiteren Mannschaften wurde eine Strafkompanie gebildet.

Dem Geschwaderchef erschien es als selbstverständlich, daß er durch hartes Durchgreifen die Mannschaft disziplinieren würde. Doch jetzt rächte sich frühere Härte: Die Besatzungen solidarisierten sich mit den Verhafteten, sie fürchteten Wiederholung der Vorgänge von 1917, Zuchthaus- und Todesstrafen. Besonders auf ›Markgraf‹ herrschte Unruhe.

Am 1. November versammelten sich Mannschaften vor allem von ›Markgraf‹ im Kieler Gewerkschaftshaus. Man wählte Delegierte, die vom ›Markgraf‹-Kommandanten Freilassung der Verhafteten forderten. Sie wurden abgewiesen, die Empörung wuchs. Eine Versammlung zum nächsten Tag wurde vereinbart.

Daraufhin ließen die Militärbehörden — der Chef der Marinestation der Ostsee und Gouverneur von Kiel, Vizeadmiral Souchon, und die Stadtkommandantur — das Gewerkschaftshaus durch die Polizei sperren. Die Landeinheiten erhielten Ausgangsverbot, um ihre ›Infizierung‹ zu verhüten. Der Geschwaderchef ließ die Handwaffen von Bord schaffen. Die Offiziere bewaffneten sich. Streifen aus Offizieren, Deck- und Unteroffizieren patrouillierten an Land. Den Landurlaub der Besatzungen zu verhindern, konnten die Kommandanten nicht wagen; das Geschwader war ja ausdrücklich nach Kiel gegangen, damit die Leute sich entspannen könnten.

Wieder war ein Fehler geschehen: Vor dem gesperrten Gewerkschaftshaus wurde aus der Versammlung eine Straßendemonstration. Die 1. Kompanie des Seebataillons erhielt Befehl, gegen die Matrosen vorzugehen. Jeder Soldat erhielt 30 scharfe Patronen, aber das Kommando »Laden und Sichern« wurde nicht befolgt. Die Formation löste sich auf, die Soldaten trotteten gruppenweise zur Kaserne zurück: »Wir tun niemand etwas«. Auch die 2. Kompanie war nicht mehr in der Hand der Vorgesetzten. Die Mannschaften zogen zum großen Exerzierplatz, wo für den nächsten Tag — Sonntag, 3. November 1918 — auch die Werftarbeiter zu einer großen Volksversammlung berufen wurden.

Mit dieser Versammlung am Sonntag begann der Umsturz. Erneut hatten die Militärbehörden einen Fehler gemacht. Um 14 Uhr wurde mit Trommelwirbel und Trompeten Alarm gegeben. Alle Soldaten hätten daraufhin an Bord und in die Kaserne zurückkehren müssen. Da nicht etwa die englische Flotte anmarschierte, sprach sich der Anlaß des Alarms schnell herum. Durch diese Mundpropaganda kamen gegen 16 Uhr mehr als 3000 Menschen auf dem Exerzierplatz zusammen. Reden wurden gehalten, die Befreiung der Gefangenen erneut gefordert. Der Oberheizer Artelt, der schon am Vortag Wortführer war, verlas einen Artikel aus der ›Leipziger Volkszeitung‹ über die Vorgänge der Marine-Unruhen von 1917. Übrigens gehörte er nicht zum Geschwader, sondern war Torpedobootsmann. Die Stimmung in der Masse der Matrosen, Heizer und Werftarbeiter war für eine gewaltsame Aktion zur Befreiung der Gefangenen. Ein Gewerkschaftssekretär riet zu Aufschub, weil angeblich die Werftarbeiter in ein bis zwei Tagen eine Aktion planten. Er mußte seine Rede abbrechen. Werftarbeiter sprachen. Gegen die Gewerkschaften und Mehrheitssozialdemokraten, gegen die parlamentarische ›Volksregierung‹ des Prinzen Max, in deren Namen die Verhaftungen, der Belagerungszustand, die Fortführung des Krieges zugunsten vorteilhafter Waffenstillstandsbedingungen, die Herrschaft der Offiziere und der Militärbehörden und die Monarchie gestützt wurden. Man brachte ein Hoch auf die internationale Sozialdemokratie, auf die Verhafteten und die verurteilten Mannschaften von 1917 aus. Ein Demonstrationszug bildete sich, überrannte die Wachen der Kaserne an der Waldwiese, wo die Matrosendivision Ausgangsverbot hatte. Dann ging es weiter in Richtung auf die Militär-Arrest-Anstalt an der Feldstraße. Die Gefangenen sollten befreit werden. In Lokalen wurden Matrosen und Arbeiter zum Mitziehen aufgerufen. Durch die Holstenstraße, über den Markt und die Dänische Straße ging es weiter. Unterwegs wurden Streifen abgedrängt. An der Ecke Karl- und Brunswikerstraße stieß die Menge auf eine Sperre von etwa 48 Maaten und Applikanten

— Maschinisten-Anwärter — unter dem Kommando eines Leutnants vom Seebataillon, Steinhäuser. Der feldgraue Leutnant gab Schießbefehl, in mehreren Salven fielen 8 Tote und 29 Verwundete, darunter Frauen und Kinder.

Ein Bild treuester Pflichterfüllung.
»Legt an!« — »Feuer!«
Die zweite Salve kracht in die Menge. Aufschreie Getroffener. Zusammensackende Gestalten. Die Revolutionäre wogen zurück. Drängen auseinander. Springen in wahnsinniger Angst in dunkle Schaufenster. Stürzen in Lokale und Seitenstraßen. Flüchten in gebückter Haltung an den Häuserfronten entlang. Die Führer zuerst.

... Die Stoßkraft der Aufständischen war gebrochen.

So schildert es stolz ein Buch von 1931, bestimmt vor allem für national gesinnte Jugend, neu aufgelegt 1937. Ganz im Sinne der Marineführung ist aus dem Seebataillonsleutnant — einem Infanteristen — ein Leutnant zur See geworden, aus seinen 48 Leuten eine Gruppe von 20 Torpedomatrosen, Mannschafts-Elite seit der Tirpitz-Zeit. Die Regierung habe die Revolution dann gerettet, heißt es da:

Die kaiserlich-sozialdemokratischen Staatssekretäre treiben die Dinge weiter vor. Der letzte Pfeiler des Kaisertums muß gestürzt werden.
Das Offizierskorps.

Und die Presse habe das Volk getäuscht:

»Offiziere schießen auf friedlich demonstrierende Arbeiter!«
— »Der Blutsonntag von Kiel!«

Beobachter in Kiel wußten es besser. So der Marinesekretär Alboldt, früherer Deckoffizier, Vorsitzender des Deckoffizierbundes:

Fahnen und dergleichen waren im Zuge, der übrigens vollkommen unbewaffnet war, nicht zu sehen, als ich ihn vorüberziehen sah in Richtung nach der Arrestanstalt. Denn das war die Parole: Heraus mit den Inhaftierten! Es herrschte auch verhältnismäßige Ruhe in dem Zuge, hin und wieder ein Aufschrei oder ein paar Takte Singen — von irgendwelchen typischen revolutionären Ausbrüchen keine Spur. Merkwürdigerweise hatte sich, wie auf Verabredung, an diesem Nachmittag kein Seeoffizier auf der Straße sehen lassen. Auch die in der Stadt aufgestellten Patrouillen standen ausschließlich unter dem Kommando von Deckoffizieren oder Portepeeunteroffizieren. Nur am Eingang der Straße zur Arrestanstalt kommandierte ein Offizier — ein junger Leutnant vom Seebataillon, der, als der Zug nicht Abstand davon nehmen wollte, zur Arrest-

anstalt weiter zu ziehen, feuern ließ.
Selbstverständlich war allen Seeoffizieren der Garnison klar, daß etwas in der Luft lag — und doch war keiner von ihnen an dieser gefährdetsten Stelle. Hätten sie nicht alle, der Stationschef voran, am Platz sein müssen? Diese Salve löste in ihren Folgen die Revolution aus. Aber auch jetzt noch nicht etwa schlagartig, nichts irgendwie Revolutionäres erfolgte weiter an diesem Abend und in der darauffolgenden Nacht. Ruhe auch noch am andern — Montag, 4. 11. — Vormittag. Ich bekam von allen Seiten Nachrichten, und alle ließen erkennen: die leitenden Stellen verhandelten, aber sie handelten nicht! Immer wieder und wieder fragten wir uns in dem Kreis, der sich bei Dr. Struve am Nachmittag dieses Tages zusammengefunden hatte und nunmehr schon Nachrichten empfing über Meutereien in den Kasernen, unter den Reservistenformationen: Wann endlich greift das Stationskommando mit fester Hand ein? Während dieser Zeit verhandelten der Stationschef Admiral Souchon und der Chef des III. Geschwaders, Vizeadmiral Kraft mit ihren aus älteren Seeoffizieren zusammengesetzten Stäben noch immer mit Abordnungen der Meuternden, und als dann gegen Abend bekannt wurde: Die Admirale haben alle gestellten Forderungen erfüllt (es handelte sich, was festgestellt zu werden verdient, nur um solche militärischer, in keinem Falle politischer Natur!) — da brachen die Dämme, da war der Zusammenbruch da, kampflos von den höchsten Seeoffizieren zugestanden, ja indirekt verursacht! Im Augenblick darauf waren die Straßen Kiels schwarz von den Besatzungen der Schiffe, die jetzt überall — nicht nur auf den großen Schiffen, sondern auch auf den anwesenden Torpedobooten und U-Booten! — alles stehen und liegen ließen und so, wie sie waren, vielfach im Arbeitszeug, wie sie im Kesselraum oder sonstwo aufgehört hatten, in die Stadt strömten. Weil jeder fühlte, jetzt ist Schluß. Warum, wie und weshalb wußten keine drei von hundert. Das Ganze war ein instinktmäßiges Erfassen und rauschhaftes Ausnützen einer nie für möglich gehaltenen Situation: Sie, die Seeoffiziere, haben ihre Macht niedergelegt, also sind wir aller Bande ledig, aus ist es!
Und auch jetzt, für jeden, der es miterlebt hat, klar erkennbar, ja sich aufdrängend: Nirgends eine Spur von Vorbereitung und Organisation; die ganze Bewegung ein einziger wirrer Haufen. Das ist sie auch geblieben, bis Kräfte der Ordnung diesen Haufen langsam, in mühseliger Arbeit wieder entwirrten. Und diese Kräfte der Ordnung waren vor allem die Deckoffiziere mit den sich ihnen zum überwiegenden Teil anschließenden Unteroffizieren. Was in diesem Korps steckte, zeigte sich damals so recht: kein Deckoffizier verließ seinen Posten, ihrem Eingreifen ist es in der Hauptsache zu

verdanken, wenn weiteres Unheil abgewendet und der materielle Bestand der Flotte im ganzen aufrechterhalten wurde.
Und die Seeoffiziere auf den Schiffen? Überall das gleiche Bild: sang- und klanglos traten sie ab mit Ausnahme von einem einzigen, der die selbstverständliche, erste und übrigens auch ausdrücklich beschworene Offizierspflicht, nämlich für die Ehre und Unverletzlichkeit der Flagge auch das Leben einzusetzen, erfüllte: dem Kommandanten der ›König‹, Kapitän zur See Weniger ...

Dieser Vorfall spielte sich erst am Dienstag morgen ab. Statt der Kriegsflagge setzten die Mannschaften auf den Schiffen des III. Geschwaders die rote Flagge. Nur das Linienschiff ›Schlesien‹ nicht. Unter Kriegsflagge warf es von der Boje los und ging in See. Und auf dem Schlachtschiff ›König‹, das in der Werft im Dock lag, wurde ordnungsgemäß die Flaggenparade durchgeführt. Mannschaften verlangten vom Kommandanten das Niederholen der Kriegsflagge. Er ließ sie warten und stellte sich dann mit Offizieren vor die Flagge, die Pistole in der Hand. Von Land her fielen Schüsse. Der Adjutant des Kommandanten, Leutnant zur See Zenker, wurde tödlich getroffen, Kapitän zur See Weniger schwer verletzt. Noske berichtet, Weniger habe einen Mann niedergeschossen, erst dann sei das Feuer von Land eröffnet worden.

So unpolitisch, wie Alboldt es geschildert hat, war die Bewegung nicht. Die Zwangslage des Gouverneurs ergab sich aus dem Generalstreik, den am Montag mittag die Gewerkschaftsvertreter nach einer Versammlung von Matrosen und Arbeitern für Dienstag beschlossen hatte. Nur die Elektrizitäts- und Wasserwerke, die Eisenbahnen, Hafendampfer, Straßenbahn, Lebensmittelbetriebe und die Zeitungen sollten ausgenommen sein. Um 16 Uhr erklärte sich der Gouverneur bereit, die Forderungen der Arbeiter und Soldaten entgegenzunehmen. Er gab die Gefangenen frei. Sie wurden in einem großen Umzug mit roten Fahnen abgeholt, dann vom Bahnhof die Abgesandten der Regierung aus Berlin, der Staatssekretär Haußmann und der mehrheitssozialdemokratische Abgeordnete Gustav Noske. Die liberale ›Kieler Zeitung‹ berichtet in ihrer Morgenausgabe vom Dienstag, 5. November:

Dies ging ohne Zwischenfälle in guter Ordnung ab, zu der die Demonstranten von den Führern beständig, auch abends am Schluß der Ansprachen in den Straßen aufgefordert wurden. Schüsse, die hier und da während der Umzüge fielen, waren offenbar Äußerungen der Ferude über den Erfolg und in die Luft abgegeben. Ernstere Vorgänge spielten sich nur nachmittags in der Wik ab, wo die 1. Kompagnie der Werftdivision von Mannschaften der Torpedoboot-Division angegriffen und entwaffnet wurden. Tote und Verwundete sind hierbei erfreulicherweise nicht gemeldet. Die Angreifer beschossen auch die in der Wik liegenden Torpedoboote, die daraufhin einen anderen Liegeplatz aufsuchten.

Nach anderer Quelle hat die 1. Werftdivision die meuternde 1. Torpedoboot-Division überwältigen sollen, aber den Befehl verweigert. Jedenfalls wurde ein Kommandeur, der sich noch durchzusetzen versuchte, mit Rufen und Pfiffen unterbrochen.

Als er mit einer Abordnung sprach, wurden zum ersten Male politische Forderungen vorgetragen: Abdankung der Hohenzollern, Einführung des gleichen Wahlrechts für beide Geschlechter, Freilassung politischer Gefangener sowie der Gefangenen vom III. Geschwader und der verurteilten Meuterer vom Jahre 1917. Die Kompagnien wählten Soldatenräte ...

erinnert sich Noske, der zusammen mit Haußmann seit seiner Ankunft am Montag morgen um 9 Uhr an den Verhandlungen im Gebäude der Marinestation teilnahm. Noske:

Die Soldaten waren in außerordentlich aufgeregter Stimmung. Sie befürchteten das Anrücken von Truppen, eine Sorge, die tagelang nicht zu bannen war. Eine leidlich ruhige Aussprache war daher erst möglich, nachdem ich ausdrücklich hatte feststellen lassen, daß kein Anmarsch stattfände.

Die tatsächlich angeforderte Infanterie aus Lübeck wurde in ihren Quartieren zurückgehalten, die heranreitenden Wandsbeker Husaren waren schon außerhalb von Kiel bei Meimersdorf durch Marinemannschaften mit drohenden Maschinengewehren zur Umkehr gezwungen worden.

Die Verhandlungen dauerten bis zum Abend. Dazu Noske:

Es wurde viel deklamiert und theoretisiert, fast durchweg über politische Fragen. Souchon und seine Offiziere saßen den Meuterern gegenüber.

Nicht so korrekt ging es außerhalb des Sitzungssaales zu. Von Mannschaften des III. Geschwaders kam die Drohung, man werde die Stadt beschießen, wenn Truppen zur Niederschlagung der Unruhen eingesetzt würden. Deckoffiziere haben Noske später mitgeteilt, sie hätten vorsorglich die Geschütze unbrauchbar gemacht.

Soweit sich Offiziere überhaupt in der Stadt zeigten, wurden sie entwaffnet und ins Gewerkschaftshaus zur Vernehmung gebracht, nach einem Loyalitätsversprechen aber ausnahmslos freigelassen. Daß man Offizieren die Kokarden und zum Teil auch die Rangabzeichen abgenommen hatte, wurde noch am Vormittag durch den Arbeiter- und Soldatenrat rückgängig gemacht. Laut Zeitungsbericht wurde *ausdrücklich betont, man müsse den Offizieren unter allen Umständen eine menschenwürdige Behandlung zuteil werden lassen ... Der Gouverneur, Admiral Souchon, wurde Montag abend nach dem Bahnhof geholt und dort mehrere Stunden festgehalten, weil vermutet wurde, daß noch mehr Truppen von auswärts kommen würden. Dann wurde er wieder in seine Wohnung in Holsts Hotel geleitet.*

Souchon war ein Mann mit Kriegsruhm. 1914 hatte er als Chef der Mittelmeer-Division Schlachtkreuzer ›Goeben‹ und Kleiner Kreuzer ›Breslau‹ sehr geschickt und tatkräftig operiert. Nach Beschießung algerischer Häfen gelang ihm der Durchbruch zu den Dardanellen, wo seine Schiffe aufgrund des deutsch-türkischen Bündnisses in die türkische Marine übernommen wurden (›Goeben‹ als ›Yawuz Sultan Selim‹, ›Breslau‹ als ›Midilli‹). Souchon wurde türkischer Flottenchef und hat mit geringen Mitteln viel erreicht. Chef der Marinestation der Ostsee und Gouverneur von Kiel war er erst wenige Tage vor den Unruhen geworden. Noske über Souchon:

Er ist von der Matrosenrevolte vollständig überrascht worden und hat sich von den Ereignissen treiben lassen. Ob schärfste Gegenmaßregeln möglich gewesen wären, ist fraglich, noch zweifelhafter, ob sie zum Erfolg geführt und die Ausbreitung der Revolution über ganz Deutschland verhindert hätten. Wäre das alte System nicht völlig zermürbt gewesen, hätte der Zusammenbruch kaum ein so überraschend schneller und vollständiger sein können.

Resultat der Verhandlungen vom Montag:

Haußmann und Noske versicherten den Mannschaften, sie würden die Forderungen umgehend der Regierung in Berlin übermitteln.

Die Nacht zum Dienstag war unruhig. Knallereien, Freudenschüsse ... Doch fielen auch scharfe Schüsse auf Gebäude, in denen man widerstandleistende Offiziere vermutete. So auf das Hansa-Hotel am Bahnhof. Aber kein Offizier hat Widerstand geleistet — bis auf den Stadtkommandanten, der sich der Verhaftung durch eine irreguläre Streife widersetzte und ermordet wurde.

Am Dienstag herrschte Wirrnis. Bester Beweis dafür, daß keine vorbereitete Organisation bestand. Immer neue Schießereien entstanden, wo man Widerstandsnester vermutete. Auf den Schiffen, die im Zuge des Alarms noch gehorsam auf die Reede gelaufen waren, wehten die roten Flaggen. Mannschaften verhafteten ihre Offiziere und brachten sie an Land. Aber dort wußte man mit diesen und anderen Gefangenen nichts anzufangen. Auf Noskes Intervention

ließ man sie ihres Weges ziehen; wer eine Kieler Wohnung hatte, ging heim, andere suchten in den Hotels Unterkunft, manche ver-

ließen rasch die ungastlich gewordene Stadt.

Die Ziele der Revolte hat der Soldatenrat nach den Verhandlungen vom Montag formuliert und am Dienstag durch Anschlag bekanntgemacht:

Kameraden!
Der gestrige Tag wird in der Geschichte Deutschlands ewig denkwürdig sein. Zum ersten Male ist die politische Macht in die Hände der Soldaten gelangt.
Ein Zurück gibt es nicht mehr!
Große Aufgaben liegen vor uns. Aber damit sie erfüllt werden können, ist Einigkeit und Geschlossenheit der Bewegung notwendig.
Ihr habt einen Soldatenrat eingesetzt, der einmütig mit dem Arbeiterrat handelt.
Folgt seinen Anweisungen und Beschlüssen, sorgt für Ruhe und Ordnung, damit sich nichts ereignet, was gegen uns ausgenützt werden kann. Denkt auch an die Aufrechterhaltung der Ordnung in den Kasernen.
Die gestern in später Abendstunde beim Generalgouvernement unter Beisein des sozialdemokratischen Abgeordneten Noske und des Staatssekretärs Haußmann erreichten Erfolge sind:

1. *Haußmann nimmt unsere Forderungen an und verspricht beschleunigte Durchsetzung bei der Regierung.*
2. *Sofortiges Abbrechen sämtlicher gegen unsere Bewegung gerichteten militärischen Maßnahmen.*
3. *Hinwirken zum Einlaufen der Flotte.*
4. *Unter Mitwirkung des Arbeiterrates werden dem Soldatenrat die Akten der noch in Haft Befindlichen vorgelegt, um über deren Freilassung, mit Ausnahme der wegen unehrenhafter Handlungen Verurteilten, zu entscheiden.*

Zur Ergänzung des Aktionausschusses sind die Genossen Haase und Ledebour telegraphisch hierher gerufen worden.
Die von dem Soldatenrat gestellten und vom Gouverneur angenommenen 14 Punkte lauten:

1. *Freilassung sämtlicher Inhaftierten und politisch Gefangenen.*
2. *Vollständige Rede- und Pressefreiheit.*
3. *Unterlassung der Briefzensur.*
4. *Sachgemäße Behandlung der Mannschaften durch Vorgesetzte.*
5. *Straffreie Rückkehr sämtlicher Kameraden an Bord und in die Kasernen.*
6. *Die Ausfahrt der Flotte hat unter allen Umständen zu unterbleiben.*
7. *Jegliche Schutzmaßnahmen durch Blutvergießen haben zu unterbleiben.*

8. *Zurückziehung sämtlicher nicht zur Garnison gehöriger Truppen.*
9. *Alle Maßnahmen zum Schutze des Privateigentums werden sofort vom Soldatenrat festgesetzt.*
10. *Es gibt außer Dienst keine Vorgesetzten mehr.*
11. *Unbeschränkte persönliche Freiheit jedes Mannes von Beendigung des Dienstes bis zu Beginn des nächsten Dienstes.*
12. *Offiziere, die sich mit den Maßnahmen des jetzt bestehenden Soldatenrates einverstanden erklären, begrüßen wir in unserer Mitte. Alles übrige hat ohne Anspruch auf Versorgung den Dienst zu quittieren.*
13. *Jeder Angehörige des Soldatenrates ist von jeglichem Dienst zu befreien.*
14. *Sämtliche in Zukunft zu treffenden Maßnahmen sind nur mit Zustimmung des Soldatenrates zu treffen.*

Diese Forderungen sind für jede Militärperson Befehle des Soldatenrates.

Der Soldatenrat.

Die Bewegung griff am gleichen Tag auf andere Küstenstädte über und stieß kaum auf Widerstand, schon gar nicht bei Seeoffizieren. In Hamburg wurden Offiziere verhaftet, Soldaten trugen rote Schleifen. 40 000 Menschen sammelten sich zu einem Demonstrationszug, der sich ohne Ausschreitungen über die Reeperbahn in Richtung aufs Generalkommando bewegte, in der Gegend der Reichenstraße aber aus Fenstern und von Dächern mit Gewehren und Maschinengewehren beschossen wurde. Ein Häuserkampf entwickelte sich, es gab mehrere Tote. Der Kommandierende General von Falk erklärte sich bereit, eine Abordnung zu empfangen, war aber verschwunden, als sie eintraf. Der Soldatenrat übernahm die Herrschaft.

Geflohen war auch Prinz Heinrich, man fand das Kieler Stadtschloß leer. Der Kaiserbruder und Großadmiral hatte sich mit roter Flagge am Auto in Begleitung einiger Offiziere seines Stabes abgesetzt und nicht einmal den Versuch gemacht, mit seiner Autorität — er führte die Ostseestreitkräfte seit Kriegsbeginn —, wenigstens die Würde zu wahren.

In Wilhelmshaven ist wie an anderen Orten kein Widerstand geleistet worden. Offiziere haben ihre Mannschaften, von denen ein Teil — sogar ganze Schiffsbesatzungen — durchaus nicht spontan revoltieren wollten, vielfach geradezu im Stich gelassen. So auf dem Schlachtkreuzer ›Hindenburg‹, als ein Demonstrationszug erwartet wurde, der von Schiff zu Schiff die Besatzungen zum Mitmachen aufforderte. Vor der an Deck ordnungsgemäß angetretenen ›Hindenburg‹-Mannschaft sagte der I. Offizier:

»Sie kommen nun bald; wenn sie kommen, so können wir (die Offiziere des Schiffes) sie (die Besatzung der ›Hindenburg‹) nicht halten.« Und als der Zug nun dagewesen, von der ganzen Besatzung aber keiner, trotz dringendster Aufforderung aus dem Zug, mitzutun, mitgegangen war, da ließ dieser I. Offizier die Besatzung noch einmal zusammentreten und sagte zu ihr: »Wir wollen doch lieber eine Abordnung hinschicken, sonst haben wir schließlich noch Unannehmlichkeiten«!

Ein ähnlich kümmerliches Schauspiel entwickelte sich auf anderen Schiffen, so auf dem Flottenflaggschiff ›Baden‹. Der Matrose Stumpf berichtete von einem Rededuell zwischen dem Kommandanten und einigen Deputierten der Demostranten:

Der Siegespreis war die auf dem Oberdeck versammelte Mannschaft der ›Baden‹. Wäre nun der Offizier ein einigermaßen geschickter Redner gewesen, so hätten die Abgeordneten ziehen müssen, ohne einen einzigen Mann hinter sich zu haben. Der schreckensbleiche Herr aber machte seine Sache schlecht. Der Soldatenrat ebenfalls, und das Ergebnis war, daß ein knappes Drittel mit uns zog.

In Berlin war es schließlich nicht anders. Das Reichsmarineamt

dieses riesige Gebäude — gleich einer Festung, besetzt mit einem halben Dutzend Admiralen oder mehr, Aberhunderten von Kapitänen, Kapitänleutnants und Leutnants, dazu ein kleines Heer anderer Marinechargen und Mannschaften, alle bis an die Zähne bewaffnet, dazu noch extra eine Kompagnie Jäger und unzählige Maschinengewehre — dieser Eckstein des Kaiserreichs, kapitulierte am 9. November 1918 trotz vieler vorher gefallenen großen Worte mit der ganzen darin aufgehäuften Macht gegenüber einem einzigen Reserve-Armeeunteroffizier mit 6 ganzen Mann! Keiner von all den Seeoffizieren des R.M.A. machte auch nur den geringsten Versuch der Ehrenrettung, d. h. das Niederholen der alten Flagge und das Hissen der roten Fahne zu verhindern. Alle, der Staatssekretär an der Spitze, unterwarfen sich ohne Murren nach einer Verhandlung von wenigen Minuten diesem Unteroffizier und seinen 6 Mann . . .

Zunächst fassungslos, dann zähneknirschend und schließlich verachtungsvoll sahen die alten Berufssoldaten das Unglück fortschreiten, immer wartend auf den Augenblick, in welchem die leitenden Seeoffiziere sie zu Rate ziehen und mit ihnen die zu ergreifenden Maßnahmen besprechen würden, auf den Augenblick des Eingreifens so oder so. Sie warteten überall vergebens . . .

In Wilhelmshaven spielte sich übrigens am 11. November 1918 noch eine besondere Groteske ab. Der damalige Vorsitzende des Soldatenrats, Kuhnt, hat als Abgeordneter beim Untersuchungsausschuß des Reichstags am 12. November 1926 ausgesagt:

> *Am 11. November wurde ich von Admiral v. Hipper, dem damaligen Flottenchef, angerufen, der bei mir anfragte, ob ich bereit wäre, Befehl erteilen zu lassen, daß die Flotte flottgemacht werde, und zwar »Klar Schiff zum Gefecht!« Ich fragte, aus welchem Grunde, worauf er mir antwortete, das Gerücht sei verbreitet, daß die englische Flotte im Anzug sei, sie steuere auf Hamburg, und daß auch mit einer Besetzung von Wilhelmshaven gerechnet werden müsse.*

Kuhnt begab sich zum Flottenkommando, der Stabschef von Trotha hat ihm dort

> *im Beisein der Offiziere einen längeren Vortrag gehalten, um nachzuweisen, daß die Flotte zur Abwehr der englischen auslaufen müsse. Das war natürlich ein ganz wahnsinniges Unterfangen, am 11. November 1918 überhaupt den Gedanken aufkommen zu lassen, die Flotte wiederum flottzumachen, um sie gegen die englische Flotte vorzuschicken.*

VON NOSKE ZU EHRHARDT

„Täglich werden Kommunistenhäuptlinge eingeliefert... ein widerwärtiges Judengesindel"

Rettung für die verstörten, blamierten, abgedankten Offiziere kam von unerwarteter Seite: Ausgerechnet ein Wortführer der USPD, die nach Meinung der Offiziere eine Geheimorganisation in der Flotte aufgebaut und schon die Unruhen von 1917 angezettelt hatte, schlug am 7. November 1918 die Ernennung des Sozialdemokraten Gustav Noske zum Gouverneur von Kiel vor, Noske nahm an.

Der Mehrheits-Sozialdemokrat Noske hatte nach der militärischen Bankrotterklärung Ludendorffs auf Abschluß des Krieges ohne Umsturz gehofft.

Am 29. September 1918 hatte die Oberste Heeresleitung ein »Friedensangebot an unsere Feinde« gefordert, am 3. Oktober noch mehr gedrängt,

> *den Kampf abzubrechen, um dem deutschen Volk und seinen Verbündeten nutzlose Opfer zu ersparen. Jeder versäumte Tag kostet Tausenden von tapferen Soldaten das Leben.*

Prinz Max von Baden bildete eine parlamentarische Regierung mit Sozialdemokraten, machte das Friedensangebot noch am 3. Oktober, es wurde zurückgewiesen, weitere Notenwechsel mit Wilson folgten. Am 28. Oktober wurde die Reichsverfassung parlamentarisiert. Noske:

> *Erkennbar war nicht, daß die deutschen Fürstenthrone schon so morsch waren, um vom ersten Stoß sämtlich umgeworfen zu werden . . . Eine großzügige Demokratisierung Deutschlands konnte Ende Oktober als unaufhaltbar angesehen werden. Sie wäre auch ohne Revolution gekommen. Die Art der Umgestaltung wäre dann weniger plötzlich vor sich gegangen . . . Die nächsten Wahlen mußten der sozialdemokratischen Partei einen großen Erfolg und damit die Macht bringen, um auskehren zu können.*

In diesem Sinne sprach er am 3. November in einer großen Versammlung in Braunschweig.

> *Eine gewaltsame Revolution hatte die deutsche Sozialdemokratie*

stets abgelehnt. Der Sozialdemokrat nannte sich mit Stolz einen Revolutionär, und die Versammlung schloß mit einem Hoch auf die völkerbefreiende, revolutionäre Sozialdemokratie. Doch wurde der Gedanke an Gewaltanwendung zurückgewiesen und nur die Revolutionierung der Köpfe erstrebt, um politische und wirtschaftliche Fortschritte zu erzielen.

Das war der Geist des ›Burgfriedens‹, den die SPD im Krieg wahrte und der 1917 zur Abspaltung der USPD und des Spartakusbundes geführt hatte.

Vor dem Lokal in Braunschweig demonstrierten Anhänger der USPD für den Umsturz. Am nächsten Tag riefen die Matrosen in Kiel die gewaltsame Revolution aus, mit Arbeiter- und Soldatenräten gegen die Regierung.

Noske, an diesem 4. November wieder in Berlin, wurde zusammen mit dem Staatssekretär Haußmann sofort nach Kiel entsandt, wo man die Vertreter der Volksregierung begeistert begrüßte. Noske trat überzeugend auf. Die Soldatenräte wählten ihn am 7. November zum Gouverneur an Stelle des rat- und hilflosen Admirals Souchon, dem Noske sein Bedauern aussprach, ihn in dieser Lage zu treffen.

Am 8. November 1918 trat die Regierung des Prinzen Max von Baden zurück, der Sozialdemokrat Friedrich Ebert wurde Reichskanzler. Am 11. November übernahm unter seiner Leitung der Rat der Volksbeauftragten die Regierung. Um 12.55 Uhr am gleichen Tage wurde die Waffenruhe an der Westfront befohlen, am 18. Januar 1919 begann die Friedenskonferenz in Versailles.

Noske ging es darum, die Autorität der Regierung gegen die ›Plan- und Zügellosigkeit‹ der Räteherrschaft und die drohende Ausrufung einer Republik Schleswig-Holstein durchzusetzen. Es war zu Plünderungen gekommen. Die Arbeiter- und Soldatenräte konnten sich nicht durchsetzen. Die Versorgung der Massen war gefährdet. Nicht weniger als 80 000 Mann Militär waren im »überhitzten Kessel Kiel« zusammengeballt. Gemäß den Waffenstillstandsbedingungen mußten die Kampfschiffe in Internierungshäfen überführt werden. Noske brauchte Offiziere und wußte die Enttäuschung der an Ordnung und Unterordnung gewöhnten Mannschaften angesichts der revolutionären Wirrnis zu nutzen. Wie er auftrat, schildert er selbst beispielsweise so:

Zu den Schiffen, auf denen es mit der Arbeit nicht vorangehen wollte, gehörte das Schlachtschiff ›König‹, auf dem am 5. November der Kommandant niedergeschossen worden war. Ich ging eines Tages an Bord, ließ antreten und machte den Leuten gehörig den Standpunkt klar. Schiffskommandant spielte ein kleiner Obermatrose O . . ., der in belustigender Weise mit mir nur im Tone strengster militärischer Unterordnung sprach. In strammerer Hal-

tung hat nie ein Mann vor seinem Admiral gestanden, als er vor mir. Er gelobte, nun werde mit dem Aufgebot aller Kraft gearbeitet werden.

Noske war alles andere als ein Revolutionär:

Es war ein übler, düsterer Novembertag, als ich am 17. November gegen Mittag auf der Kanalschleuse stand, um der Abfahrt der Schlachtschiffe zuzusehen. Riesigen eisernen Festungen gleich schoben sich die modernsten Ungetüme, von denen nur ganz wenige in der Schlacht gewesen waren, in die Kammern. Ein beträchtlicher Teil des deutschen Nationalvermögens schwamm auf Nimmerwiedersehen der englischen Küste zu. Von der Mannschaft waren sich viele sichtlich der tiefen nationalen Schmach, die mit dieser Fahrt verbunden war, nicht bewußt. Es wurde gejohlt und geulkt. Als aber von einem der Schiffe — den Namen habe ich vergessen — eine lustige Weise der Kapelle ertönte, da spuckte ich voller Ekel aus, stieg in die Pinasse und ließ mich weit aufs Meer hinausfahren.

Noske erinnert sich unmittelbar nach den Ereignissen:

Mitglieder des Kieler Soldatenrats lagen mir seit einiger Zeit mit Ratschlägen wegen der Bildung einer Roten Truppe in den Ohren. Die militärischen Verhältnisse waren allerdings unleidlich. Eigentlicher Dienst wurde nicht getan. Selbst die Gestellung der erforderlichen Wachen machte Schwierigkeiten. Nur in einigen Formationen, wo alte Feldwebel oder Deckoffiziere einige Autorität hatten, sah es äußerlich leidlich militärisch aus. An sich wäre eine straff aufgezogene Truppe, von der ein Teil stets verwendungsbereit war, sehr erwünscht gewesen. Nur hegte ich starke Zweifel, daß eine ›rote‹ Truppe etwas wert sein würde. Nach den mir gemachten Vorschlägen wäre die aufzustellende Truppe eine Sammlung von Kieler Arbeitslosen geworden, die aus dem Heer und der Marine entlassen worden waren.

Der Soldatenrat, dessen Mitglieder im plötzlichen Sog der revolutionären Ereignisse völlig unvorbereitet, ohne Konzept und Schulung in ihre Funktionen gelangt waren, stand der von Noske kühl registrierten und bald geförderten Umschichtung der Gewalten hilflos gegenüber. Während die Autorität der Räte, nie konsolidiert, zusehends zerbröckelte, formierte sich das konservative Berufspersonal allein schon aus Existenzsorgen. Darauf stützte sich Noske:

In aller Stille hatten rührige Berufssoldaten die Zusammenfassung ihrer Kameraden in einer Berufsvereinigung in die Wege geleitet. Sie folgten damit dem Beispiel der Deckoffiziere und der Offiziere. Nachdem etwas Zusammenhalt geschaffen worden war, sprach ich in einer Sitzung der Vertrauensmänner der Unteroffiziere. Etwas später hielt ich in einer von anderthalbtausend Unteroffizieren besuchten Versammlung, die sich schon äußerlich durch tadellose Ordnung auszeichnete, eine mit riesigem Beifall aufgenommene Rede, an die sich große Ovationen für mich schlossen. Als der unabhängige Vorsitzende des Soldatenrats, Popp, nach mir das Wort erbat, lehnte die Versammlung einmütig ab, ihn anzuhören. Der Mann hatte rasch bei den Soldaten mit seinen Phrasen abgewirtschaftet. So gern sie mich als Gouverneur hatten, so wenig waren sie nach kurzer Zeit damit einverstanden, daß der Zivilist Popp ihre Verhandlungen leitete. Er wurde durch den inaktiven Oberheizer Artelt ersetzt, einen persönlich anständigen Mann, der jedoch rasch an Einfluß verlor, als er versuchte, spartakistische Ideen zu propagieren.

Nämlich die Räterepublik. Noske taktierte weiter:

Wochenlang hatte ich die Bildung einer roten Truppe verzögert. Als, nun schon unter Artelts Vorsitz, in einer Sitzung wieder davon die Rede war, erklärte ich rundheraus, es würde nichts daraus. Genügend Berufssoldaten seien vorhanden, die etwas leisten könnten.

Das zeigte sich nur allzu deutlich in Wilhelmshaven. Ein großer Teil der Soldaten war bald nach Hause gefahren, teils als Träger der revolutionären Bewegung, teils tief verletzt und ratlos. Stationschef war ein Admiral, kontrolliert vom Soldatenrat. Niemand war auf die Ereignisse vorbereitet gewesen, beide Seiten waren unsicher. Nachrichten aus dem Reich brachten keine Klärung. Doch aus verbliebenen Berufssoldaten formierte sich eine reaktionäre Truppe. Zündstoff gab es genug:

. . . jegliche Disziplin und Ordnung ist zum Teufel. Rote Fetzen wehen anstelle der ruhmreichen alten Kriegsflaggen. Die Wegbereiter des Kommunismus feiern Orgien . . .

Den Zündfunken für den Gegenschlag lieferte eine Proklamation, die am 27. Januar 1919 als Plakat angeschlagen wurde:

1. *Wilhelmshaven wird hiermit zur sozialistischen Räterepublik erklärt.*
2. *Die Ordnungsgewalt in Wilhelmshaven wird bis auf weiteres ausgeübt durch das Revolutionäre Komitee.*
3. *Den Anordnungen des Revolutionären Komitees ist unweigerlich Folge zu leisten.*
4. *Jede Widersetzlichkeit gegen das Revolutionäre Komitee wird auf das schärfste bestraft.*
5. *Plünderer werden standrechtlich erschossen.*

Das Revolutionäre Komitee:
Bock, Hörn, Reiland, Klüver, Schneider

Am gleichen Abend bildete sich eine Kampfformation unter Korvettenkapitän Ehrhardt. Etwa hundert Offiziere und Berufssoldaten erzwangen sich in kurzem Kampf den Zugang zur Torpedowerft, wo Waffen lagerten, mit denen weitere 600 Mann ausgerüstet wurden. Das Hauptquartier der Räte in der Kaserne wurde in die Zange genommen, mit 6 cm-Bootskanonen, Maschinengewehren und Gewehren beschossen. Um 2 Uhr morgens mußten die nach Zahl überlegenen, in Bewaffnung und taktischer Situation unterlegenen roten Kämpfer bedingungslos kapitulieren.
So entstand die Marinebrigade Ehrhardt als Freikorps, in der vorläufigen Reichswehr legalisiert als Landtruppe der Marinestation der Nordsee, für die Kieler Station die Marinebrigade von Loewenfeld. Offiziell: 1. Marinebrigade in Kiel, bestehend aus dem 1. und 2. Marineregiment. 2. Marinebrigade in Wilhelmshaven, bestehend aus dem 3. und 4. Marineregiment.

Diese Marinebrigaden rekrutierten sich

> *aus Offizieren, Fähnrichen, Unteroffizieren und Mannschaften, letztere zum großen Teil aus Torpedoboot- und Unterseeboot-Besatzungen . . . Die beiden Führer waren im Frontdienst bewährte und angesehene Stabsoffiziere, die es verstanden, ihren Leuten einen hervorragenden soldatischen Geist einzuflößen und eine straffe Manneszucht aufzurichten.*

So erinnert sich Raeder 1956 in seinen Memoiren anerkennend und schließt an:

> *Außerdem hatte sich eine weitere Marinebrigade gebildet, die hauptsächlich aus Deckoffizieren bestand, sich aber eine Führung durch Heeresoffiziere erbeten hatte.*

Ein nie verziehener Affront gegen die Seeoffiziere. Die Quittung folgte; Raeder erörtert im weiteren, warum Deckoffiziere in der Marine keine Existenzberechtigung mehr hätten.

Die Marine-Brigaden waren bald auf Reisen und traten mit anderen Freikorps an politischen Brennpunkten auf.

Am 21. Februar besetzte die Brigade Ehrhardt Rüstringen bei Wilhelmshaven, wo bis dahin noch der Arbeiter- und Soldatenrat geherrscht hatte (»die Arbeiter werden entwaffnet, in W'haven herrscht nunmehr Ordnung«), und »nach Säuberung von kommunistischen Nestern in der Gegend zwischen Hude und Oldenburg« und vier Wochen Drill in Jüterbog ging es zu Fuß nach Potsdam, von da per Bahn nach Braunschweig, wo die Brigade mit anderen Freikorps unter dem General Maercker die Revolutionsregierung absetzte:

> . . . *der Belagerungszustand ist erklärt, Haussuchungen werden*

durchgeführt, Rotgardisten, die sich wie feige Memmen benehmen, nachdem ihnen der disziplinierte Soldat entgegengetreten ist, werden verhaftet. Die spartakistische Regierung hat, wie das so üblich ist, mit dem Flugzeug das Weite gesucht.

Am Ostersonntag endete das Unternehmen mit einer Parade.

8000 Mann marschieren in musterhafter Ordnung an General Maercker vorbei, 60-70 000 Braunschweiger jubeln den Befreiern aus roter Herrschaft zu.

Rote Herrschaft, das war der Versuch, öffentliche Macht, Gesetzgebung und Verwaltung in der Hand der Arbeiter- und Soldatenräte zu vereinigen, um das Bürgertum zu entmachten und zu enteignen. Diktatur des Proletariats. Aber die Räte standen der eingewurzelten Struktur des wilhelminischen Klassenstaats gegenüber, ohne auf den Umgang mit der Macht vorbereitet zu sein. Sie schwankten zwischen demokratischen und radikalen Theorien, und allerlei unerfreuliche Figuren diskreditierten die Revolution.

Nach dem Zusammenbruch hatte die Regierung der Volksbeauftragten ihr möglichstes getan, die militärische Organisation vor weiterer Auflösung zu bewahren:

Die Vorgesetzten haben Waffen und Rangabzeichen beizubehalten. Wo sich Soldatenräte oder Vertrauensräte gebildet haben, haben sie die Offiziere in ihrer Tätigkeit zur Aufrechterhaltung von Zucht und Ordnung rückhaltlos zu unterstützen.

Aber nur regional gelang es Räten, die Machtmittel in die Hand zu bekommen. Der Räte-Zentralrat, der beim Reichskongreß der Arbeiter- und Soldatenräte gewählt worden war, legte bald resignierend die

Gewalt in die Hände der Deutschen Nationalversammlung und wünscht ihren Arbeiten jeglichen Erfolg zum Glück und zum Heil des gesamten deutschen Volkes und aller im Deutschen Reich vereinigten deutschen Stämme.

Karl Kautsky schrieb am 13. Januar 1919:

Die bürgerlichen Elemente und die Herren Offiziere fühlen sich wieder. Die Gefahr der Gegenrevolution wird nun zu einer realen. Leider ist sie heraufbeschworen worden gerade durch die Politik der Spartakusse, die auszogen, sie zu bekämpfen.

Das Bürgertum wollte Ruhe, Ordnung. Die Brigade Ehrhardt schaffte Ordnung. Wieder unterwegs:

In Saalfeld in Mitteldeutschland wird die Brigade ausgeladen und in den Ortschaften zwischen Saalfeld und Rudolstadt in Thüringen

untergebracht. Die Säuberung von kommunistischem Gesindel geht Hand in Hand mit einer straffen militärischen Ausbildung der Truppen. Nur wenige Tage dauert der Aufenthalt in Thüringen, und wiederum geht es weiter. Die Fahrt endet vor den Toren Münchens. Auch hier herrscht der Pöbel und der widerwärtigste Terror. Eine Judenrepublik hat sich aufgetan, die in nicht zu beschreibender Weise in München haust.

Unabhängige Sozialdemokraten, Spartakusbund und andere Kämpfer für das Rätesystem waren über den Verrat der Räte-Reichskonferenz an ihren Idealen aufs äußerste erbittert, traten aus der Regierung aus. Am 1. Januar 1919 wurde die deutsche Kommunistische Partei gegründet.

In der Hauptstadt war es für Rosa Luxemburg »eine Frage der sozialistischen Selbsterkenntnis der Revolution«, gegen die Nationalversammlung für eine Räteregierung zu kämpfen, als Rettung der Revolution gegen die Reaktion. Doch der ›Spartakusaufstand‹ wurde blutig niedergeschlagen, die von den Spartakisten besetzten Gebäude des ›Vorwärts‹ und des Polizeipräsidiums wurden von den Regierungstruppen mit Maschinengewehren, Kanonen und Minenwerfern erobert. Das war auch das Ende der einzigen roten Marinetruppe, der ›Volksmarine-Division‹, die im Marstall stationiert war. Sie bestand nicht nur aus roten Matrosen, und nicht alle roten Matrosen waren regierungsfeindlich, aber sie befürchteten die Auflösung. Die Regierung sah in der Volksmarinedivision und anderen Einheiten ähnlicher Art eine Volkstruppe als Gegengewicht zu den Freikorps und war ihr zu Dank verpflichtet, weil sie in den Tagen des Umsturzes ihre Hauptstütze gewesen war. Ein Teil der Volksmarinedivision kämpfte nicht auf Seiten der Spartakisten, aber auch nicht für die Regierung. Der Brigade Ehrhardt fiel die Aufgabe zu, die Ehre der Marine erneut zu wahren, indem sie die restlichen Volksmariner entwaffnete und internierte, was sie nach der Erinnerung des Freikorps-Generals Walther Freiherr von Lüttwitz

mit Freuden und selbstverständlich nicht mit ganz zarter Hand

durchführte — worüber sogar Noske empört war.

Unruhen und Streiks rissen nicht ab. Die Marinebrigade war weiter tätig, eine Stütze des Rechtsradikalismus.

Schon am 15. Januar 1919 waren Rosa Luxemburg und Karl Liebknecht ermordet worden. Ein Marineoffizier ist verdächtigt worden, Rosa Luxemburg erschossen zu haben. Doch der Nachweis konnte nicht geführt werden.

Der Einklang, der sich unter dem Zwang der Lage zwischen der neuen Ordnung und den Freikorps angebahnt hatte, bestand nicht lange. Am 21. Juni 1919 unterzeichnete die Regierung den Versailler Vertrag.

Die Empörung über die ›Novemberverbrecher‹ flammte neu auf. Am 22. August wurden die Marine-Brigaden als Grenzschutz nach Oberschlesien verlegt, nach der Ablösung durch die neugebildete Reichswehr wieder zurück in die Umgebung von Berlin, nach Eberswalde als Winterquartier.

Raeder erinnert sich 1956:

Die von den Korvettenkapitänen Ehrhardt und von Loewenfeld geführten freiwilligen Marinebrigaden hatten 1919 an verschiedenen Stellen des Reiches wesentlich dazu beigetragen, die Ordnung wiederherzustellen. Sie waren für diese Aufgaben dem Heere — General von Lüttwitz in Berlin — unterstellt und befanden sich Anfang März in Döberitz bei Berlin. Ihre Auflösung und teilweise Einreihung in die Reichsmarine stand bevor. Als eine Art Schlußakt vor der Auflösung fand in Döberitz in Gegenwart des Reichswehrministers Noske eine Parade statt, an der Vizeadmiral von Trotha mit mir teilnahm. Ein eindrucksvoller Feldgottesdienst schloß sich an. Während die Brigade ›von Loewenfeld‹ nach Breslau abtransportiert wurde, verblieb die Brigade ›Ehrhardt‹ in Döberitz.
Damals wurden Gerüchte darüber laut, daß diese letztere Brigade ihrer Auflösung Widerstand entgegensetzen würde. Der Chef der Admiralität aber glaubte, dem keine Bedeutung beilegen zu müssen.

Die Stäbe in Berlin wußten nichts von Geist und Abenteuern ihrer Brigaden. Daß Kapitän Ehrhardt der Admiralität gegenüber nicht offen und gehorsam sein könne, lag so außerhalb der Marinetradition, daß es undenkbar schien.
Als Geheimrat Wolfgang Kapp und General von Lüttwitz am 13. März die Regierungsgewalt usurpieren wollten, war die Brigade Ehrhardt eine Kerntruppe der Putschisten und marschierte in Berlin ein.

Aber die Hoffnung der Putschisten auf Sieg durch Militärgewalt erwies sich als Illusion. Nach fünf Tagen war Schluß. Dazu Raeder:

Ich nahm mit Vizeadmiral von Trotha am frühen Morgen des 17. März an einer Sitzung teil, bei der der Kapp-Putsch von seinen Urhebern, Generallandschaftsdirektor Kapp, General von Lüttwitz, General Ludendorff, Oberst Bauer und Hauptmann Pabst, liquidiert wurde. Da den Aufständischen das Geld ausgegangen war, wurde Korvettenkapitän Ehrhardt aufgefordert, es aus der Reichsbank mit Gewalt zu beschaffen, weil die Bankbeamten mit den notwendigen Schlüsseln nicht aufzufinden waren.

Das war mit dem Ehrenkodex nicht zu vereinbaren:

Ehrhardt erklärte jedoch, er sei zwar bereit zu kämpfen, würde aber unter keinen Umständen Geldschränke aufbrechen.

Später war anderes mit seiner Ehre vereinbar. Gegen die Separatisten in der Pfalz 1923 befahl er Meuchelmorde. Ein Mitkämpfer, der 1934 stolz über damalige Taten berichtet, zitiert ihn:

»Also, Fritz, morgen abend soll die pfälzische Separatistenregierung in Speyer erschossen werden . . . Wollen Sie die Sache übernehmen? Ich will in einer halben Stunde Ihre Antwort haben.« »Ich brauche keine Bedenkzeit, Herr Kapitän, ich mache die Sache!« . . . Ein kräftiger Händedruck, und ich war entlassen. An der Tür rief er mich nochmals zurück: »Noch eines, Fritz, wenn Sie mit den Lumpen oder den Franzosen in Kampf kommen, dann die letzte Patrone für Sie selbst. Daß Sie mir nicht lebendig in die Hände dieses Schweinepacks fallen, verstanden!« Jedes Wort klang kurz und abgehackt und wurde durch ein heftiges Kopfnicken bekräftigt. Der rechte Arm hob sich gewinkelt bis zur Schulterhöhe. Bei dem Wort Schweinepack schlug die geballte Faust einen unsichtbaren Gegner knockout! Das war mal wieder »echt Alter«, knarsch und zackig ohne Gefühlsduselei.

Der Befehl wurde ausgeführt, Orbis wurde in einem Restaurant, wo er,

der Mann . . . mit dem roten Spitzbart, der Teufel in Menschengestalt

schutzlos beim Essen saß, erschossen. Von zwei Schüssen getroffen taumelte er hoch —

Ein Schuß in den Rücken streckt ihn nieder.

Für diesen Extremismus war in der neuen Marine kein Raum. Wer bleiben wollte, mußte sich fügen, schweigend dienen. Viele wollten nicht und schieden freiwillig aus. Für andere gab es in der durch Versailles reduzierten Truppe keine Stellen.

Wegen des Putsches verabschiedet wurden nur wenige, die Republik war milde:

235 Marineoffiziere und 367 Offiziere des Landheeres wurden wegen der Putschbeteiligung zur Rechenschaft gezogen. Der hohe Anteil der Marine wird daraus deutlich.

Doch verabschiedet wurden nur 4 Marineoffiziere, darunter von Trotha und Ehrhardt — und nur 2 Heeresoffiziere.

Nach den »Amtlichen Ergebnissen des Ausschusses zur Prüfung des Verhaltens der Offiziere während der Märzvorgänge« wurde von den Marineoffizieren 40 beurlaubt, 37 versetzt, 18 ihres Dienstes enthoben. 12 Fälle wurden disziplinarisch erledigt, in 5 Fällen war zur Zeit des Berichts noch keine Entscheidung getroffen. Gerichtliche Strafen ergaben für Heer und Marine insgesamt 5 Jahre Haft.
Als der Reichsjustizminister dem Reichstag am 21. Mai 1921 Bericht

erstattete, war für 705 bekanntgewordene Kapp-Verbrechensfälle nur 1 Täter bestraft worden. 697 Fälle waren aus verschiedenen Gründen ohne Strafe erledigt, nur 7 noch offen.

Mit der Bayerischen Räteregierung war man nicht so zimperlich gewesen. Über 34 Personen mit großenteils geringem Schuldvorwurf wurden 135 Jahre 2 Monate Zuchthaus, Gefängnis und Festung verhängt. Der Schriftsteller Erich Mühsam wurde als ›Propagandist‹ zu 15 Jahren Zuchthaus verurteilt und starb 1934 in Hitlers Konzentrationslager Oranienburg. Ernst Toller erhielt 5 Jahre Festung, die gleiche Strafe wie Eisners Mörder, Leutnant Graf Arco.

Der Geist der Freikorps blieb lebendig, Ehrhardts Leute konnten sich zehn Jahre später stolz erinnern:

Die Marine-Brigade wurde nach Munsterlager gelegt und dort vorbereitet zur Umstellung in die neue Kriegsmarine der Reichswehr.

Diese Kriegsmarine im Rahmen der kleinen Reichswehr hat in schwerster Zeit ihre Probe bestanden, und so konnte aus ihr der neue Wehrmachtteil ›Marine‹ heranwachsen, die der Stolz des neuen Reiches Adolf Hitlers ist und die Bewunderung der ganzen Welt erregt.

Ein Dokument für die von vornherein fixierte Haltung der Marineoffiziere zur Weimarer Republik ist ein Regimentsbefehl der Marine-Brigade vom 28. Juli 1919. Auszug:

Ich bin mit meinem Regiment stolz darauf, daß wir das Vertrauen unserer vorgesetzten Stellen in einem solchen Umfange genießen. Wir wollen aber auch weiter an uns und unter uns arbeiten, daß wir bleiben was wir sind, eine wohldisziplinierte, zuverlässige Truppe, die das Wohl des Vaterlandes über alles setzt. Wir wollen weiter uns zur Richtschnur dienen lassen, daß wir jegliches Treiben von Parteipolitik, komme sie, woher sie wolle, in unseren Reihen für verwerflich halten. Wir wollen uns fern halten von allen Vereinigungen und Bünden, die aus einem Volksheer ein Parteiheer machen wollen.

Mit stolzer Freude habe ich gesehen, wie die einzelnen Kompagnien aus sich heraus ohne Befehl ihrer Vorgesetzten die schwarz-weiß-roten Fahnen vor ihren Reihen entfaltet und in ihren Quartieren gesetzt haben. Wie aus den Zeitungsberichten ersichtlich, wird uns vorgeworfen, wir hätten die Farben einer Partei gesetzt. Nein, und dreimal nein! Wir setzen nicht die Farben einer Partei, sondern wir setzen die Fahnen, die beinahe 50 Jahre in Ehren über unserem geliebten Vaterlande geweht haben, wir setzen die Fahnen, unter denen unser Heer vier Jahre siegreich gekämpft, unter denen wir ein Coronel und Skagerrak geschlagen, unter denen Weddigen und viele U-Boot-Leute unvergänglichen Ruhm geerntet haben. Wir setzen die Fahnen, weil sie uns alles das geben, was wir an Zielen in uns besitzen, während die neuen in Vorschlag gebrachten nichts sagen, als daß schwarz die Zukunft sein wird, rot die Gegenwart ist und golden die Vergangenheit war.

Schwarz-Rot-Gold hätte ihm aber durchaus mehr sagen können. Schwarz hatte der Adler des Heiligen Römischen Reiches auf seinem goldenen Untergrund gestanden, die Jenaer Burschenschaft hatte 1817 mit ihrem Schwarz-Rot-Gold auch an die Uniform des berühmtesten Freikorps der Freiheitskriege gedacht, der Lützower Jäger, und der Frankfurter Bundestag hatte 1848 unter diesen Farben angestrebt, was Hitler 1938 verwirklichte: Die Einheit mit Österreich, Großdeutschland. Doch im Kaiserreich dachte man bei Schwarz-Rot-Gold nur an den demokratischen Bundestag von 1848, und es war die Flagge der kurzlebigen Bundesflotte jener Jahre gewesen.
Ein neues Zeichen der nationalen Opposition tauchte beim Kapp-Putsch auf: Das Hakenkreuz, Marine-Brigade und andere Lüttwitz-Truppen trugen es weiß aufgepinselt am Stahlhelm und an Fahrzeugen zur Unterscheidung gegen regierungstreue Truppen. Das alte Symbol für Sonne und Glück, in der Kunst viel verwendet, nordisch Fylfot, die vielfüssige Figur, war in Finnland bei den Kämpfen gegen die Bolschewisten aufgekommen. Deutsche Truppen hatten dort die Finnen unterstützt, das Hakenkreuz blieb Kennzeichen finnischer Militärflugzeuge bis zum Ende des zweiten Weltkriegs.

Die antisemitische Deutschvölkische Bewegung führte das Hakenkreuz als Zeichen, und Hitler wählte es instinktsicher aus Vorschlägen seiner ersten Parteimitglieder. Ein Zahnarzt aus Starnberg hat die Verbindung des Hakenkreuzes mit den schwarz-weiß-roten Farben des alten Reiches zur Parteifahne entworfen. Der Adler als Parteisymbol, später ›Hoheitsadler‹ genannt, war der Reichsadler mit ausgebreiteten Schwingen: »Deutschland erwache«, war der Slogan der NSDAP.

Gegen diese Parteizeichen hat sich die Kriegsmarine nicht gewehrt, als Hitler das Ruder ergriff.

„Bodenlose Angst vor deutscher Tüchtigkeit"

Der Vertrag von Versailles, unterzeichnet am 28. Juni 1919, erlaubte Deutschland die Unterhaltung eines Berufsheeres mit 100 000 Mann und 15 000 Mann Marinetruppen, davon 1500 Offiziere.

Die Bestimmungen für die Seestreitkräfte:
Artikel 181

Nach Ablauf einer Frist von 2 Monaten nach Inkrafttreten des gegenwärtigen Vertrags dürfen die deutschen Seestreitkräfte im Dienst höchstens betragen:

6 Schlachtschiffe der ›Deutschland‹- oder ›Lothringen‹-Klasse,
6 kleine Kreuzer,
12 Zerstörer,
12 Torpedoboote

oder eine gleiche Zahl von Ersatzschiffen der im Artikel 190 vorgesehenen Bauart. Es darf kein Unterwasserfahrzeug darunter sein. Alle anderen Kriegsschiffe müssen, soweit nicht der gegenwärtige Vertrag ein anderes bestimmt, in Reserve gestellt oder Handelszwecken dienstbar gemacht werden.

Artikel 190

Es ist Deutschland untersagt, irgendwelche Kriegsschiffe zu bauen oder zu erwerben, es sei denn zum Ersatz der durch den gegenwärtigen Vertrag (Artikel 181) vorgesehenen in Dienst gestellten Einheiten. Die vorerwähnten Ersatzbauten dürfen keine größere Wasserverdrängung haben als

10 000 Tonnen für die Schlachtschiffe,
6 000 Tonnen für die kleinen Kreuzer,
800 Tonnen für die Zerstörer,
200 Tonnen für die Torpedoboote.

Außer im Falle des Verlustes eines Schiffes dürfen die Einheiten der verschiedenen Klassen erst nach einem Zeitraum von
20 Jahren für die Schlachtschiffe und Kreuzer,
15 Jahren für die Zerstörer und Torpedoboote,
gerechnet vom Stapellauf an, ersetzt werden.

Artikel 191

Der Bau und der Erwerb von Unterwasserfahrzeugen, selbst zu Handelszwecken, ist in Deutschland untersagt.

Weitere Bestimmungen befaßten sich mit Einschränkung bei Waffen, Munition, Küstenbefestigungen (unter anderem wurde die Insel Helgoland entmilitarisiert) und Rüstungsproduktion.

Es waren, sachlich betrachtet, für Küstenschutz und maßvolle internationale Repräsentation keine unfairen Begrenzungen, zumal die Sieger mit einem Zeitalter des Friedens und der Abrüstung rechneten. In der Washingtoner Konferenz von November 1921 bis Januar 1922 beschlossen die Siegermächte auf Einladung des amerikanischen Präsidenten Harding auch beträchtliche Einschränkungen der eigenen Flottenrüstung und Standardisierung der Kampfschifftypen, um erneutem Wettlauf vorzubeugen:

Mit der Annahme des Vorschlages wird die Bürde, den Anforderungen zur See gerecht zu werden, behoben. Gleichzeitig werden die ›berechtigten Forderungen‹ nach nationaler Verteidigung erfüllt. Die Vorbereitungen zu einem Angriffskriege zur See hören dann auf.

Daß die Deutschen aus diesem Konzert der Seemächte England, Frankreich, Italien, Japan und den USA in Versailles radikal ausgeschlossen wurden, ist aus Sicht der Sieger verständlich. Doch die deutschen Mariner, die zur Flagge halten wollten, fanden ihre schlimmsten Befürchtungen bestätigt und deuteten es auf ihre Weise:

Aus diesen Bestimmungen des Versailler Diktats spricht nichts weiter als die bodenlose Angst unserer Feinde vor deutscher Tüchtigkeit.

Noch in einer deutschen Marinegeschichte von 1966 ist die Empörung wach:

Was hier zugebilligt wurde, war nur der Torso einer Flotte, die jeder Homogenität entbehrte und der zudem der Neubau aller Kriegschifftypen untersagt war, die der damaligen Seekriegführung entsprachen. Das Deutsche Reich, inzwischen zu einer wirtschaftlichen und industriellen Großmacht emporgewachsen, durfte nur eine Flotte besitzen, die in ihrer Zusammensetzung sinnwidrig und im Kampfwert kaum drittrangig war. Dieses letztere konnte auch nicht anders sein, denn was zur Verfügung stand, waren durchweg veraltete Einheiten, die schon vor 1914 zur Reserve gehört hatten, und die nun erst mühsam den neuen an sie zu stellenden Anforderungen angepaßt werden mußten, da an Neubauten zunächst nicht gedacht werden konnte.

Der Gedanke, eine Bündnispolitik aufzubauen und in einer friedlichen Welt maritime Verbindungen zu knüpfen, kam in der völligen Abkehr von nichtmilitärischen Erwägungen und in dem Gefühl, von unfähigen Politikern verraten zu sein, in diesen Kreisen nicht auf. Obwohl beispielsweise die Niederlande und vor allem Norwegen ein Modell für ausgedehnte handelsmaritime Aktivitäten ohne wesentlichen kriegerischen Schutz geliefert haben.

Wenigstens war, wie noch in dem Buch von 1966 betont und von konservativen Kreisen weiterhin als ruhmvoll gefeiert wird, die ›Ehre der Flagge‹ durch die Selbstversenkung der modernsten Schiffe in Scapa Flow am 21. Juni 1919 gerettet worden.

Doch eben dies trug dazu bei, die neue Reichsmarine zunächst so betont auf Schiffe geringer Kampfkraft zu beschränken. Auch die Zerstörung der Marineluftschiffe und andere Aktionen in der Heimat überzeugten die Siegermächte, daß der aggressive Geist der deutschen Marine ungebrochen sei.

Bis dahin hatte noch Hoffnung bestanden, die ersten deutschen Schlachtschiffe der Dreadnought-Epoche, Typ ›Nassau‹ (1908-1911) und drei kleine Kreuzer aus den ersten Kriegsjahren — ›Regensburg‹, ›Graudenz‹ und ›Königsberg II‹ — in die Reichsmarine zu übernehmen. Sie lagen in der Heimat. Nach Scapa Flow waren vor allem die modernen schweren Einheiten überführt worden.

Dem in Scapa Flow isolierten Konteradmiral v. Reuter fehlte der Einblick in diese Möglichkeiten. Er hatte keinen Kontakt mit der deutschen Regierung, wußte nichts von der Verlängerung des Waffenstillstands bis zum 23. Juni, sondern entnahm am 20. Juni der vier Tage alten ›Times‹ (vom 16. Juni), daß der bis zum 21. Juni befristete Waffenstillstand ohne Friedensschluß beendet sei und zog — auf geheim übermittelte Weisung der Admiralität — die formell korrekte Konsequenz, daß damit am 21. Juni der Kriegszustand wiederhergestellt sei. Kampfmittel hatte er nicht, also versenkte er den internierten Flottenverband mit wehender Flagge gemäß dem Grundsatz

Deutsche Kriegsschiffe dürfen nicht in Feindeshand fallen.

So fielen sie erst recht in Feindeshand. Alle einigermaßen modernen Schiffe in der Heimat wurden zur Kriegsbeute erklärt und an die Siegermächte verteilt, der größte Teil abgewrackt, einige Kreuzer, Zerstörer, U-Boote und kleinere Kriegsfahrzeuge in fremde Flotten übernommen. Beispielsweise ist ›Nassau‹ an die Japaner gelangt und 1920 in Holland abgewrackt worden. Die Kreuzer ›Regensburg‹ und ›Königsberg II‹ waren bis 1934 in der französischen Kriegsmarine mit den beziehungsvollen Namen ›Strasbourg‹ und ›Metz‹ in Dienst, ›Graudenz‹ in der italienischen als ›Ancona‹ bis 1938.

Die laut Vertrag den Deutschen zugestandenen ›Schlachtschiffe‹ der

Klassen ›Deutschland‹ und ›Lothringen‹, 1904-1908 vom Stapel gelaufen, waren nach Lebensdauer durchaus nicht alt. Im zweiten Weltkrieg operierte beispielsweise die britische Marine noch mit dreißig Jahre alten Schlachtschiffen. Veraltet war die Bewaffnung der Vor-Dreadnought-Zeit, und moderne Kampfschiffe hatten Turbinen statt Kolbenmaschinen. Aber die deutschen Linienschiffe waren doch größer, stärker und zahlreicher als die Küstenpanzerschiffe der Schweden, Norweger, Dänen und Niederländer. Immerhin hatten sechs Schiffe der ›Deutschland‹- und ›Lothringen‹-Klasse an der Skagerrakschlacht teilgenommen — allerdings ein Einsatz entgegen sachlichen Erwägungen, weil der Flottenchef Admiral Scheer früher Chef des Geschwaders gewesen war und die tatendurstigen Kameraden nicht enttäuschen wollte. Zum Verlauf der Schlacht trugen sie nichts bei. Doch wurde ›Pommern‹ in der Nacht durch Torpedos britischer Zerstörer versenkt, es gab 839 Tote.
Die vom Vertrag erlaubten Kleinen Kreuzer gehörten einem veralteten Typ an, der jüngste war 1903 vom Stapel gelaufen, der älteste 1899. Doch auch hier waren die Nachbarn in Nord- und Ostsee nicht besser bestückt.

Schlecht dran war die Reichsmarine mit den ›Zerstörern‹. Die Alliierten erlaubten als größte Einheiten nur Torpedoboote eines mißlungenen kleinen Typs, in der Marine als ›Lanskrüppel‹ bekannt — nach dem für ihren Bau verantwortlichen früheren Chef des Torpedowesens, Admiral Lans, der sich einst als Kommandant des Kanonenboots ›Iltis‹ vor den Taku-Forts ausgezeichnet hatte und dem es später beschieden war, im Auftrag von Raeder den widerspenstigen Pastor und früheren U-Boot-Kommandanten Niemöller im Konzentrationslager Oranienburg zu besuchen. Zu den Eigenschaften der ›Lanskrüppel‹ notiert ein technisches Handbuch:

> *Ohne Fahrt stets vorlastig. Kohlen konnten nur bei gutem Wetter restlos vor die Feuer gebracht werden.*

Es ist aber fraglich, ob die Alliierten diese negativen Eigenschaften kannten. Es ging auch hier deutlich darum, die deutsche Marine auf Schiffe für Küstenschutzfunktionen zu beschränken. Die 12 Lanskrüppel waren 1911-1913 vom Stapel gelaufen, erheblich größer und kampfkräftiger als die niederländischen, dänischen, schwedischen und norwegischen Typen. Die Polen erhielten aus der Kriegsbeute nur Boote eines sehr kleinen deutschen Typs aus dem Krieg (A-Klasse). Weitere 4 deutsche Boote stammten aus den Jahren 1909-1911, 16 von 1906-1909, keines lief unter 30 Knoten. Gegenüber der zahlenmäßigen Beschränkung half man sich, indem überzählige Boote in Reserve gestellt oder in anderer Funktion verwendet wurden. Fürs Minensuchen blieben Fahrzeuge genug, ausdrücklich war die Marine

in den Waffenstillstandsbedingungen verpflichtet worden, die Minensperren in Nord- und Ostsee zu räumen.
Aber man kannte keinen anderen Maßstab als die vergangene Größe. Fehlte es an Material, so war man doch personell schon bald gerüstet. Chef der Marine war zunächst als Staatssekretär der aus Bayern stammende Admiral Ritter von Mann. Er trat einen Weihnachtsurlaub in seine Heimat an und teilte von dort aus mit, er fühle sich gesundheitlich seiner Stellung nicht gewachsen. Dies Verlassen der Truppe entsprach so stark der Heimkehr vieler süddeutscher Matrosen, daß sich die neuformierten konservativen Marinekreise blamiert fühlten. Als Nachfolger kam der Vizeadmiral Rogge in Frage, Vorsitzender der Waffenstillstandskommission im Reichsmarineamt. Doch er war Waffenspezialist ohne militärisches Renommé. Der Kapitän zur See Erich Raeder, seit Dezember 1918 Leiter der Zentralabteilung des Reichsmarineamts in Berlin, betrieb mit Erfolg die Berufung des Vizeadmirals Adolf von Trotha, der bei Ausbruch der Revolution Chef des Stabes der Hochseeflotte in Wilhelmshaven gewesen war. Wobei es Raeder gelang, die seit 1889 bestehende Zersplitterung der Marineführung zu beenden:
Er überzeugte Noske und Ebert, daß nur ein Chef der Admiralität die Probleme der Marine lösen könne.
Mit v. Trotha kam ein ehrenhafter und beliebter erzkonservativer Mann ohne Verständnis für politische Zusammenhänge an die Spitze der Marine. Jedenfalls aber mit der Autorität und Standkraft, die scheinbar das Gebot der Stunde waren. Nicht zuletzt unter einem Aspekt, den Raeder damals wie später äußerst wichtig nahm: Die Sonderstellung der Marine sollte gewahrt bleiben.
Das Trauma der alten Zeiten unter den Generalen Stosch und Caprivi tat immer noch seine Wirkung.
Die vorläufige Flotte bestand aus den Schlachtschiffen (›Linienschiffen‹) ›Lothringen‹ und ›Preußen‹, den Kreuzern ›Regensburg‹, ›Graudenz‹ und ›Königsberg II‹, dem alten Kreuzer ›Arcona‹ als Führerschiff der Minensuchflottillen, der 1. und 2. Halbflottille moderner Torpedoboote (als ›Eiserne Flottille‹ bekannt), sechs Torpedobooten als Fischereischutzboote und Tender (Hilfsschiffe) und fünf Minensuchflottillen nebst einem Reparaturverband für die Minensuchboote.
Das Personal rekrutierte sich bei den Linienschiffen, Kreuzern und Torpedobooten vor allem aus den führungstreuen U-Boot- und Torpedoboot-Besatzungen. Bei den für die Marineleitung als unzuverlässig geltenden Mannschaften der Minensuchboote fand eine zielbewußte Umschichtung aus Stammabteilungen statt, die man an Land aufbaute.
Diese Marine war dem Reichswehrminister unterstellt, der gegenüber dem Parlament für sie verantwortlich war. Oberbefehlshaber der

gesamten Wehrmacht war laut Verfassung der Reichspräsident.

Am 25. März 1919 wurde Vizeadmiral v. Trotha zum Chef der Admiralität ernannt, am 16. April die ›Vorläufige Reichsmarine‹ konstituiert. Zielbewußt wurden organisatorische Probleme gelöst, vorwiegend in traditionellem Sinn. So gelang es, die Regierung von der Notwendigkeit einer eigenen Marinewerft zu überzeugen, die wiederum nicht einem Techniker, sondern einem Seeoffizier unterstellt wurde, weil sie — laut Raeder —

> *kein rein technischer Betrieb, sondern ein militär-technisches Institut war ...*

Widerstrebende Tendenzen und Versuche liefen sich gegen die Resistenz konservativer Kreise tot. Das Deckoffizierproblem löste man auf bequeme, aber höchst ungerechte Weise. Dazu Raeder:

> *Die Deckoffiziere stellten in der Kaiserlichen Marine einen besonderen Dienstgrad dar, den es beim Heer nicht gab. Sie waren nicht Offiziere, wie es nach der Bezeichnung scheinen könnte; dieser Dienstgrad bildete vielmehr den Auslauf für die langdienenden Unteroffiziere der Marine.*

Trotz der Kriegsbewährung zahlloser Deckoffiziere in Offiziersstellungen, trotz ihrer für den Zusammenhalt in der ersten Zeit nach dem Umsturz so maßgebenden Rolle sieht Raeder sie als Spezialisten ohne weitere Vorbildung für die Verwendung als Offiziere. Die tiefe Verärgerung der Seeoffizierskaste über das Streben der Deckoffiziere nach Anerkennung als Rangklasse hatte nun groteskerweise in der Republik ihre Konsequenzen. Raeder:

> *Viele von den Deckoffizieren der Kaiserlichen Marine haben sich als außerordentlich ehrenwerte und gut ausgebildete Stützen des Borddienstes erwiesen. Leider aber hatte ein anderer Teil die Bewährungsprobe bei den disziplinaren Beanspruchungen der Marine in den letzten Kriegsmonaten und beim Umsturz nicht bestanden. Dieser Teil stand unter dem Einfluß des politisch eingestellten Deckoffizierbundes und vor allem seines Vorsitzenden Ahlboldt, eines schon seit langem außer Dienst befindlichen Deckoffiziers.*

Wenn man auf die Erbitterung der ›politisch‹, nämlich standespolitisch mit Hilfe von Reichstagsabgeordneten tätigen Teils der Deckoffiziere zurückblickt, auf ihre Verlassenheit in den Tagen des Umsturzes, als sich kein Offizier mehr im Streifendienst auf die Straßen wagte, so ist diese Beurteilung ein starkes Stück. Alboldt, der übrigens als Werftbeamter direkten Kontakt mit seinen früheren Kameraden hatte, ist von Noske ausdrücklich als stabilisierende Persönlichkeit in den Tagen des Umsturzes in Kiel gelobt worden.

Ein Zug von schlechtem Gewissen, ein Abschieben der Verantwortung für die Entscheidung und geradezu eine Widerlegung der eigenen Thesen über die Qualifikation vieler Deckoffiziere wird auch in Raeders weiterer Darstellung deutlich:

Nach eingehender Prüfung kam man dazu, bei der Umorganisation der Marine die Unteroffizierslaufbahn aus Gründen der inneren Disziplin und Vermeidung mißverständlicher Auffassungen ähnlich wie beim Heer

— das nie einen entsprechenden Unteroffiziersstand gehabt hatte, weil keine entsprechenden Dienstfunktionen bestanden —

zu regeln und den Dienstgrad der Deckoffiziere in Zukunft wegfallen zu lassen. Hierfür trat vor allem Noske als Volksbeauftragter und dann als Reichswehrminister ein. Die Marine hat Wege gefunden, diese Pläne ohne Härte durchzuführen; die bewährten Persönlichkeiten unter den Deckoffizieren wurden im Dienst behalten und allmählich zu Offizieren befördert. Sie haben das in sie gesetzte Vertrauen voll gerechtfertigt.

Herablassender hätte es sich kaum sagen lassen.

Die Führung der ›Vorläufigen Reichsmarine‹ war technisch tüchtig, aber auf ihre politische Verantwortung völlig unvorbereitet, ganz ihren eigenen Sorgen zugewandt. Charakteristisch ist die Art, in der sie den Anstoß zur Selbstversenkung der Einheiten in Scapa Flow gab:

Admiral von Trotha konnte als Mitglied der Regierung den geheimen Befehl zur Versenkung nicht erteilen. Es wurde daher dem Chef des Stabes der Flotte, Fregattenkapitän Oldekop, die Notwendigkeit der Versenkung unter allen Umständen dringend ans Herz gelegt.

Das letzte Depeschenboot, das nach Scapa Flow ging, übermittelte dem Konteradmiral von Reuter diese Anweisung, die er dann zur Richtschnur nahm, als er in Unkenntnis der politischen Situation den Kriegszustand wiederhergestellt glaubte. Die Reichsmarine mußte daraufhin den Schlag hinnehmen, auf reine Küstenschutzstreitkräfte beschränkt zu werden, und Admiral von Trotha brachte sie in seiner politischen Unschuld wenige Monate in eine schwere Krise, die ihn und einen Teil der Offiziere zum Abschluß zwang.
Im unruhigen Berlin, wo im Frühjahr 1919 die Spartakuskämpfe 1200 Tote gefordert hatten, herrschte weiter Furcht vor einem roten Umsturz. Der Geheimrat Wolfgang Kapp, geboren 1858, seit 1906 Generallandschafts-Direktor von Ostpreußen, 1917 Gründer der Deutschen Vaterlandspartei, für die auch Tirpitz agitierte, leitete im Bunde mit dem General Walther Freiherr von Lüttwitz im Frühjahr 1920 den schwarz-weiß-roten Putsch gegen die Regierung ein.

Lüttwitz als Befehlshaber der Truppen um Berlin, zu denen auch die Marinebrigade Ehrhardt gehörte, glaubte mit seiner militärischen Macht leichtes Spiel zu haben und brachte Admiral von Trotha mit einer Lüge dazu, sich der Kapp-Regierung zur Verfügung zu stellen. Er behauptete, vom Reichspräsidenten Ebert, der nicht wie die anderen Regierungsmitglieder geflohen sei, mit der Vertretung des Reichswehrministers betraut zu sein, was Trotha nur zu gern glaubte. Der Putsch scheiterte am Generalstreik der Gewerkschaften, an der Resistenz der Beamten, eines Teils der Truppen und der Berliner Polizei. Der Marinechef hatte sich ins Zwielicht gebracht und mußte den Abschied nehmen.

Ebenso ging es zahlreichen Offizieren. Die Marine stand im Ruf der Unzuverlässigkeit und sah sich einem feindseligen Parlament und einer teils resignierenden, teils empörten Öffentlichkeit gegenüber, was sich vor allem finanziell auswirkte. Den neuen Stil der Reichswehr bestimmte General von Seeckt, Chef der Heeresleitung. Er schrieb an Admiral Scheer:

> *Die Marine muß von vorne anfangen. Alle Versuche, aus Vergangenheit Trümmer in die Zukunft hinüberzuretten, müssen scheitern.*

Doch die Marine ließ von diesen Versuchen nicht ab. Sie kapselte sich ein, hegte bald wieder alte Seegeltungsträume und fühlte sich erst nach 1933 wieder verstanden.

Noske sah sich als Reichswehrminister Anfang 1920 auf der Höhe des Erfolges, als der Kapp-Putsch jäh seine Illusion zerstörte. Er hatte reaktionäre Kräfte in den Sattel gehoben. Sie hatten offensichtlich nicht für die Republik gekämpft, sondern für Ordnung im Reich. Der Erfolg bestätigte dem Bürgertum, daß nur konservative Kräfte es vor dem roten Umsturz bewahren könnten. Es rückte nach rechts, die Arbeiterschaft um so mehr nach links, um die ohnehin mageren Früchte der Revolution zu retten. Die SPD geriet zwischen die Stühle. Die von Noske 1918 erhoffte Revolutionierung der Köpfe hat sie nicht erreicht. Man schob ihr Versailles in die Schuhe, die Konkursverwaltung des Kaiserreiches wurde ihr Unglück.

Der Kapp-Putsch fand Sympathisanten im ganzen Reich. Doch umsomehr erhob sich die Opposition. Die Arbeiterschaft fühlte sich betrogen. Die Sozialdemokraten hatten sich mit der Reaktion in ein Boot gesetzt und waren knapp gerettet worden.

Daß Admiral von Trotha — durch Lüttwitz getäuscht, aber nicht ungern in diesem Kielwasser — sich der Kapp-Regierung zur Verfügung gestellt hatte, wurde

> *in Kiel und Wilhelmshaven von linksgerichteten Kreisen als eine Teilnahme am Putsch aufgefaßt, dessen tatsächlicher Charakter erst*

allmählich bekannt wurde. So kam es — völlig gegen den Willen der Marine — in den Garnisonen zu feindseligen Handlungen. Es gab Schießereien und Verluste — Kapitän zur See Mönch wurde beim Betreten des von ihm geleiteten Marine-Arsenals in Kiel erschossen —, und das Verhältnis zwischen Marine und Teilen der Zivilbevölkerung verschärfte sich in bedauerlicher Weise. Außerordentlich unerfreuliche Zwischenfälle ereigneten sich, wie die Absetzung und Verhaftung von zahlreichen Offizieren in Kiel und Wilhelmshaven ...

notiert Raeder. Er selbst war mit von Trotha in Verdacht geraten, wurde aber entlastet, weil er nicht in verantwortlicher Stellung gewesen war. Die Marine begann neu. Raeder:

Die Offiziere in Kiel und Wilhelmshaven wurden wieder eingesetzt, und die Arbeit an der Aufstellung der Marine konnte von neuem behutsam in Angriff genommen werden. Einen wichtigen Ausgangspunkt für den Aufbau der Seestreitkräfte bildete die I. Torpedoboot-Flottille, die ihr Chef, Korvettenkapitän Albrecht, während der Putschtage in richtigem Entschluß aus Kiel nach Swinemünde überführt und dadurch vor inneren Erschütterungen bewahrt hatte.

Wobei die Erschütterungen der Mannschaft — vor allem in den Minensuchverbänden — genau die gleichen waren wie in der Arbeiterschaft. Des Kaisers Kulis meuterten gegen die schwarz-weiß-roten Offiziere, die sich dank Noske an der Macht gehalten hatten. Auseinandersetzungen gab es auch in Offizierskorps.

Die Kapp-Putschisten kamen billig davon. Die meisten Offiziere hatten sich vom offenen Auftreten gegen die Republik ferngehalten, Freikorps wurden erneut zum Kampf aufgerufen, als sich in Sachsen und im Ruhrgebiet rote Armeen bildeten und radikal die Revolution zu retten versuchten. Beide Seiten steigerten sich noch einmal in blutigen Terror, noch einmal siegten die schwarz-weiß-roten Soldaten für die schwarz-rot-goldene Republik. Doch die Träume der SPD zerbrachen. Aus der Noske-Reichswehr wurde die Seeckt-Reichswehr, das festgeschlossene Berufsheer, das in aller Verschwiegenheit und mit Unterstützung erzkonservativer Kreis den Versailler Vertrag umging, neben den erlaubten 100 000 Mann die ›Schwarze Reichswehr‹ bildete, bald aber mit den verwilderten Freikorpsführer in Konflikt geriet und die illegalen Gruppen fallenließ. Seeckt:

In Deutschland kann niemand einen Putsch machen als ich. Und ich erkläre Ihnen: ich mache keinen.

Stattdessen knüpfte die Reichswehr Fäden zur sowjetischen Roten Armee, um Waffen zu erproben, die Versailles verboten hatte. Und um die Polen in die Zange zu nehmen, die wertvolle Teile von Oberschlesien erhalten hatten und Appetit auf mehr zu haben schienen.

Die Marine in ihren Küstenstandorten wurde nicht in die zahllosen innenpolitischen und außenpolitischen Wirren gezogen, mit denen sich die Reichswehr auseinanderzusetzen hatte. Bei nur 15 000 Mann Personal, darunter 1500 Offizieren, konnte sie unerwünschte Leute aussieben.

Eine ›Schwarze Reichsmarine‹ entstand nicht. Bei den wenigen Schiffen hätte man keine Verwendung für illegales Reservepersonal gehabt, und man war schließlich froh, keine Marine-Brigade mehr zu haben, die politisch stolpern konnte. Nicht einmal für eine Marine-Infanterie reichte die knappe zugelassene Kopfzahl.

Viele Angehörige der Marinebrigaden fanden ohnehin keinen Geschmack am Dienst in der stillen Arbeit der kleinen Marine. Als sich aus den Freikorps eine Opposition und Putschversuche gegen die Seeckt-Reichswehr bildeten, waren die Marine-Brigaden schon aufgelöst.

Korvettenkapitän Hermann Ehrhardt (nun Zivilist, vierzig Jahre alt) gründete mit dem fanatischen Kern seiner Leute in Bayern den Geheimbund ›Organisation Consul‹. Die Ehrhardt-Offiziere Schulz und Tillessen ermordeten am 26. August 1921 Matthias Erzberger, der den Waffenstillstand in Compiegne unterzeichnet hatte. Es war einer von vielen Fememorden. Walter Rathenau, der mit dem Rapallo-Vertrag die Brücke zu Rußland geschlagen hatte, fiel den Schüssen eines Ehrhardt-Gefolgsmanns, Oberleutnant z. S. Kern, zum Opfer. Am 24. Juni 1922 in Berlin.

Daß Ludendorff mit Hindenburgs Unterschrift den militärischen Zusammenbruch erklärt hatte, daß die Sozialdemokraten auf Noske-Kurs den Offizieren ihre Macht erhielt, ignorierte man.

Die ›Judenrepublik‹ wurde für den Zusammenbruch und seine Folgen verantwortlich gemacht. Die Deutschnationalen schossen aus allen Rohren. Die Reichstagswahlen 1921 brachten das Ende der sozialdemokratischen Regierung. Ein Bürgerblock regierte mit Minderheit die innerlich zersplitterte Republik.

Die Marine räumte währenddessen Minen in den ihr zugewiesenen Seegebieten, der südöstlichen Nordsee, der gesamten Ostsee und im hohen Norden an der Murmanküste. Die Unruhen wegen des Kapp-Putsches brachten eine Unterbrechung bis zum Sommer, dann ging es weiter. Anfang Juli 1921 kam es zu einem Gefecht: Als deutsche Minensuchboote in der Kola-Bucht an der Murmanküste in russischen Hoheitsgewässern arbeiteten, wurden sie von Küstenartillerie beschossen. Der begleitende Kreuzer ›Hamburg‹ feuerte zurück, der Vorfall wurde auf diplomatischem Weg beigelegt. Im Oktober 1922 war das Minenräumen beendet.

1922 bestand die Flotte aus zwei Linienschiffen (›Hannover‹ und ›Braunschweig‹) mit dem Kampfwert starker Küstenpanzerschiffe,

vier ältlichen Kleinen Kreuzern und 18 Torpedobooten. In Vorbereitung waren zwei weitere Linienschiffe (›Elsaß‹ und ›Hessen‹), ein Kleiner Kreuzer und 4 Torpedoboote. Außer Dienst in Reserve lagen vier Linienschiffe, zwei Kreuzer, vier Torpedoboote.
Vor allem widmete man sich der Schulung. Am 2. Juli 1922 wurde der Kleine Kreuzer ›Berlin‹ als Schulkreuzer in Dienst gestellt, Kommandant: Kapitän zur See von Loewenfeld, der von Kiel bis Kapp die 1. Marine-Brigade geführt hatte. Seine Ernennung war ein Schachzug zum Ausgleich innerer Spannungen der Marine. Die Mariner, die aus den Freikorps kamen, standen der Republik zum großen Teil extrem ablehnend gegenüber, wobei die früheren Ehrhardt-Leute radikal, die Loewenfelder gemäßigter eingestellt waren, geprägt von ihren Führern. Der harte Kern von Ehrhardts Brigade ging wie er selbst nicht in die Marine zurück oder verließ sie bald wieder. Loewenfeld-Leute wandten sich 1920 auf der Marineschule Flensburg-Mürwick gegen die Umsturztendenzen von Ehrhardt-Leuten. Beide Gruppen waren sich jedoch im Freikorps-Geist gegenüber den Marinekameraden einig, die nicht im Bürgerkrieg gekämpft hatten.
Als Kapitän von Loewenfeld das Kommando des einzigen Schulkreuzers erhielt, fühlten viele der Freikorpsleute sich verstanden, ihre Ansprüche auf Einfluß anerkannt. Doch die Marinefraktion, die Reichswehrgeist statt Freikorpsgeist anstrebte, hatte geschickt manövriert. Von Loewenfeld war zwar Kommandant, nicht aber Ausbildungsleiter, wie er erwartet hatte. Mit den ersten Offiziersanwärtern kam ihr Lehrgangsoffizier an Bord, Kapitänleutnant Warzecha. Er erhielt seine Instruktion unmittelbar vom Inspekteur des Bildungswesens der Marine, Konteradmiral Erich Raeder.
Raeder hatte diese Ernennung und Beförderung vom 1. Juli 1922 erhalten, als er noch glaubte, in der geschrumpften Marine keine Aufstiegschance mehr zu haben. Nachdem er von der Beschuldigung, am Kapp-Putsch mitgewirkt zu haben, entlastet worden war, hatte er im Marine-Archiv die beiden Bände ›Der Kreuzerkrieg in den ausländischen Gewässern‹ des amtlichen Seekriegswerks (›Der Krieg zur See 1914-1918‹) geschrieben und an der Universität ein volkswirtschaftliches Studium begonnen. Nach sechs Semestern und mit Anrechnung von zwei Jahren Marineakademie (1904-1906) als zwei Studien-Semester wollte er im Falle seiner Entlassung 1922 den Dr. rer. pol. machen.
Als Fachschriftsteller hatte er sich schon früher betätigt. Zuerst 1898 mit einer Arbeit über den ›Aufstand der Philippinen unter spanischer Herrschaft‹. Während des Studiums auf der Marine-Akademie übersetzte er ein französisches seekriegstheoretisches Werk (Band II von Davelu, ›Etude sur le Combat Naval‹) und bearbeitete die Übersetzung eines vielgelesenen Offiziertagebuchs aus dem russisch-japa-

nischen Krieg (›Rassplata‹ von Wladimir Ssemenow). 1906 wurde er ins Nachrichtenbüro des Reichsmarineamts kommandiert, wo er als Herausgeber des Jahrbuchs ›Nauticus‹ und der ›Marine-Rundschau‹ tätig war. 1908 wurde er Navigationsoffizier auf dem Panzerkreuzer ›Yorck‹, 1910-1912 auf der ›Hohenzollern‹. Ende 1912 wurde er Erster Admiralstabsoffizier im Stabe des Befehlshabers der Aufklärungsschiffe, also der Kreuzer bei der Hochseeflotte. Als rechte Hand des renommierten Kreuzerführers Admiral Hipper gewann Raeder in der Marine Ansehen, nicht zuletzt wegen der untadeligen Stabsarbeit in der Skagerrakschlacht. 1917 war er zum Chef des Stabes beim B.d.A. ernannt worden — eine Aufwertung der Dienststellung ohne Änderung der Funktion —, im Januar 1918 wurde er Kommandant des neuen Kreuzers ›Cöln II‹ (eine Kommandantenstellung war unabdingbar für die weitere Karriere), wobei er vorwiegend die Minensuchflottillen zu sichern hatte, die den U-Booten die Auslaufwege frei hielten. Wie er sich erinnert hat, war der Dienst

> *unter normalen Verhältnissen recht eintönig, so daß ich mich in jener Zeit damit beschäftigte, im Kartenhaus auf der Kommandobrücke Schillers Werke noch einmal systematisch durchzulesen.*

Im September 1918 wurde Raeder, dessen Schiff wegen einer Reparatur in der Werft lag, als Vertreter der Front zur Waffenstillstandskommission nach Spa kommandiert, im Oktober als Chef der Zentralabteilung des Reichsmarineamts nach Berlin. Das war eine Schlüsselstellung bei der Neuorganisation zur Reichsmarine unter Admiral von Trotha als Chef der Admiralität, bis der Kapp-Putsch einen neuen Anfang nötig machte, zunächst ohne Raeder, der noch im November 1919 zum Kapitän zur See befördert worden war.

Seit 31. August 1920 wurde die Marine von einem ›Chef der Marineleitung‹ geführt, der wie der Chef der Heeresleitung dem neugebildeten Reichswehramt unterstand.

Chef der Marineleitung wurde Admiral Paul Behncke, der Schlachtkreuzerführer unter Hipper, der stellvertretender Admiralstabschef und seit Ende 1918 Staatssekretär des Reichsmarineamts gewesen war. Am 1. Oktober 1924 löste ihn Admiral Hans Zenker ab, ebenfalls ein Kreuzermann, in der Skagerrakschlacht unter Hipper Kommandant des Schlachtkreuzers ›von der Tann‹.

Zenkers Nachfolger wurde am 1. Oktober 1928 Admiral Erich Raeder. Inspekteur des Bildungswesens war er bis Herbst 1924 gewesen und wurde dann zum Befehlshaber der leichten Seestreitkräfte in der Nordsee ernannt, schon nach einem Vierteljahr aber zum Chef der Marinestation der Ostsee. Er war damit schon vor seiner Ernennung zum Chef der Marineleitung praktisch ununterbrochen in Dienststellungen, in denen er den Charakter der Reichsmarine entscheidend prägen konnte, Schlüsselstellungen für Ausbildung und Erziehung.

HOFFNUNG AUF SEEGELTUNG

„Neue Woge des Völkergeschehens schon ahnend zu sehen glauben“

Es war eine sehr fleißige Marine, die nach 1920 ohne weitere Wirren eifrig an Ausbildung und materieller Erneuerung arbeitete, ihre Aufgabe aber auch politisch verstand.
So daß nun ein Offizierskorps mit weiterem Horizont wieder entstehen konnte. Allerdings unter Offizieren, die von der Aera Tirpitz geprägt waren.
Man fing klein an, besuchte Ostseehäfen. Besonders die Schweden waren freundlich. Die alten Schlachtschiffe, nach Tirpitz-Sprachgebrauch Linienschiffe genannt, bewährten sich als Eisbrecher auf den Handelswegen der Ostsee, sogar die zarteren Kreuzer betätigten sich da. Man machte einiges Aufhebens von der neuen friedlichen Orientierung, betrieb Vermessungen und steckte bald wieder vorsichtig die Nase in den Atlantik. Der Schulkreuzer ›Berlin‹ besuchte 1924 die Azoren, die Kanarischen Inseln und Spanien, man stellte weitere Schiffe in Dienst und besuchte mit drei Linienschiffen im September ebenfalls Spanien. Das dritte Linienschiff hieß ›Elsaß‹, so getauft am 26. Mai 1903; seit dem Krieg von 1870/71 waren Elsaß und Lothringen die deutschen ›Reichslande‹, den Franzosen abgenommen, nach dem verlorenen Krieg 1919 wieder französisch. Die Franzosen benannten deutsche Kreuzer, die sie als Kriegsbeute in ihre Marine übernommen hatten, nach den Hauptstädten des Elsaß und Lothringen, ›Strasbourg‹ und ›Metz‹ und mußten den Namen ›Elsaß‹ mit Mißvergnügen betrachten, als er beim Freundschaftsbesuch im Nachbarland auftauchte, 1926 sogar in spanischen Mittelmeerhäfen, doch nicht etwa als außenpolitische Demonstration.
Hinter verschlossenen Türen zimmerte die Marine allerdings an Defensivplänen für den Fall eines neuen Krieges gegen Frankreich, das im Bunde mit Polen das schwach armierte Deutschland in die Zange nehmen konnte. Die ›Erbfeindschaft‹ wucherte, geschürt durch die Franzosen; Haß hatte sich vor allem während des Ruhrkampfs bis zum Extrem gesteigert, und mit den Polen war man tief verfeindet wegen Oberschlesien und der steten Sorge um Danzig und Ostpreußen.

Eine Operationsstudie von 1925 befaßte sich mit der Frage, wie die

Marine im Falle eines Krieges gegen Frankreich und Polen angesetzt werden könne. Die Reichsmarine sollte französische Seestreitkräfte an der Einfahrt in die Ostsee hindern. Dies

> *würde uns Gelegenheit geben, gegen die feindliche Schlachtflotte unter Verhältnissen zu schlagen, mit denen ein ganz wesentlicher Kräfteausgleich zu unseren Gunsten und gute Erfolgsaussichten verbunden sind. Diese Verhältnisse würden sich für uns noch erheblich günstiger gestalten, wenn die militärische Lage es uns gestatten würde, von der Beachtung der dänischen Neutralität abzusehen ...*

Das wurde allen Ernstes erwogen, doch erst Hitler sah 1940 davon ab, die dänische Neutralität zu beachten. Für 1925 war allein der Gedanke ein starkes Stück von verbissenem Kriegertum und Illusionismus, denn als Voraussetzung dachte man sich England neutral — dann sei die seestrategische Lage sogar günstiger als 1914!

Man sagte sich, das im Mittelmeer engagierte Frankreich könne keine Schiffe für eine Blockade der deutschen Nordseeküste frei haben, und man wollte sogar im Mittelmeer operieren:

> *Da U-Boote fehlen, sind für die Durchführung nur Hilfskreuzer verfügbar.*

Ebenso wie die Kreuzer könnten sie

> *dem feindlichen Seehandel kräftige Schläge versetzen, da die Gegenwirkung gering und die Brennstoffversorgung weniger schwierig als im Weltkrieg sein werden. Entschließt sich Frankreich, überlegene Streitkräfte zur Gegenwirkung anzusetzen, so wird hierdurch der heimische Kriegsschauplatz wesentlich zu unseren Gunsten entlastet.*

Wenn die Flotte wirklich so veraltet und verschlissen war, wie es stets klagend dargestellt wurde, waren diese Pläne schierer Unsinn. Immerhin hatten die Franzosen sieben Schlachtschiffe aus den Baujahren 1911 bis 1913, den deutschen Typen artilleristisch weit überlegen, dazu drei nach Art der deutschen und drei Panzerkreuzer. Aber man erwog sogar Attacken gegen französische Atlantikhäfen.

Die Marine hatte sich gegen den Gedanken, ihre Eigenständigkeit irgendwie aufzugeben, absolut gesperrt. Die Tendenz des Truppenamts, Verteidigungspositionen gegen etwaige weitere französische Übergriffe oder gegen Polen und Russen unter Einbeziehung der Marine aufzubauen, wurde trotzig abgelehnt. Der Konteradmiral Wegener, damals Artillerieinspekteur, formulierte zunächst in einer Denkschrift (später zu einem Buch ausgebaut) den Standpunkt dieser Marine, deren ganzer Horror die Erinnerung an die Aera Caprivi war:

Je näher eine Marine in Organisation und Gedanken an das Heer heranrückt, um so sicherer wird sie zur Küstenmarine. Ein Schiff ist kein Regiment. Marine und Heer, ein Matrose und ein Soldat haben keine größere Verwandtschaft als ein industrieller und ein landwirtschaftlicher Betrieb. Beides sind wirtschaftliche Größen, aber ihre Lebensbedingungen sind andere. So sind Heer und Marine bis in die Tiefe wesensverschieden, obgleich beide militärische Institutionen sind. Jede Übertragung einer Organisation, jede Parallele, jeder Vergleich hemmt die maritime Entwicklung und erschwert die Umstellung vom kontinentalen zum maritimen und weltpolitischen Denken, das dem deutschen Volk so nötig ist.

Daß die Versailler Beschränkungen eine respektable Küstenschutzflotte erlaubten, stark genug zur Sicherung des Vorfelds in Nord- und Ostsee, wurde geradezu als die eigentliche Niedertracht des Gegners empfunden, auch der Gegner im eigenen Lande: der kontinental denkenden Unverständigen, aus deren Hand die Marine sich erst durch Wilhelm II. gerettet, durch Tirpitz zum Triumph und durch Politiker in den Untergang geführt glaubte. Der Hochmut blieb auch nach dem Fall.

Daß die Schlachtflotte, das Tirpitz-Konzept, sich im Krieg als nutzlos erwiesen hatte und die U-Boote, mit deren Einsatzmöglichkeit er nicht gerechnet hatte, nicht den erhofften, sogar ausdrücklich versprochenen Erfolg brachten, war aus dem Bewußtsein verdrängt. Unverändert galten die alten Begriffe. Wegener erläutert in einer Fußnote, was er unter ›defensiver Form‹ der Kriegführung versteht. Nicht etwa Küstenschutz, sondern Kreuzerkrieg!

Während die Weimarer Republik sich von Krieg und Inflation langsam erholte, während ihre Politiker sich um Versöhnung mit den Nachbarn und Milderung der Reparationsforderungen bemühten, blieb die Marine in Treue zum Gestern fest:

Solange die Reichsmarine in ihren Gedanken den Atlantik nicht vergißt, so lange lebt sie, und sei sie noch so klein. Und solange sie lebt, verwaltet sie getreu ihr Erbe aus der Vergangenheit, den Seegeltungsgedanken.

Kein Gedanke an friedlichen Handel und Wandel, man sah sich nur entehrt als »Küstenmarine, die auf den Schutz des Handels verzichtet«.

Diese Auffassung gab es in Abstufungen, aber für den Generalkurs der Reichsmarine war sie typisch. Admiral Scheer 1926 im Geleitwort zum Jahrbuch ›Nauticus‹, das seit 1923 wieder erschien:

Der gewaltsame Abbruch unseres weltpolitischen Werdens durch die Katastrophe des Weltkriegs mag den Methoden, mit denen wir es zu fördern hofften, das Urteil sprechen, niemals aber der Berechtigung unseres Willens zur Auswirkung des deutschen Gedankens in der Welt.

Daß die Marine, obwohl vornehm-konservativ und dem politischen Parteiwesen abhold, nach 1933 dem Emporkömmling Hitler in die Arme sank, macht Admiral Scheer schon 1926 verständlich. Die Marine war nicht etwa schon damals auf Hitler fixiert, aber auf eine Führerhoffnung:

Für uns gilt es, den Geist der Bereitschaft unter uns wach zu erhalten und das Staatsschiff wieder in Form zu bringen, damit es klar sei, »von dem toten Porte wieder in den blauen Ozean« hinauszusteuern, wenn eine neue Woge des Völkergeschehens — bereit, den Mutigen zu tragen — heranrollt, deren ferne Dünung wir am dunklen Horizont schon ahnend zu sehen glauben.

Im gleichen Jahr 1926 wurde ein Mobilmachungsplan (A-Plan) fertiggestellt, schon 1923 hatte es vorläufige Regelungen gegeben.
Man leistete Friedensarbeit. 1923 führte der Kreuzer ›Berlin‹ Untersuchungen zur Ermittlung des Wasserhaushalts der nördlichen Hemisphäre durch. 1925 bis 1927 war das Vermessungsschiff ›Meteor‹ (1915 als Kanonenboot vom Stapel gelaufen, 1923 umgebaut) mit wissenschaftlichen Forschungen im Südatlantik beschäftigt. Die umfangreiche Arbeit u. a. mit methodischen Tiefsee-Lotungen und umfassenden meereskundlichen Ermittlungen war auch als friedliche Öffentlichkeitsarbeit gedacht, enthielt allerdings auch demonstrativ den Anspruch auf weltweite Aktivität. Mit wissenschaftlichen Forschungen war 1925 wieder ›Berlin‹ in der Nordsee, das Fischereischutzboot ›Zieten‹ in der Barents-See tätig, ›Meteor‹ 1930 und 1933 im Nordatlantik, 1933 zog man Bilanz: 27 000 Quadrat-Seemeilen sind von der Reichsmarine vermessen worden. 97 000 Tiefseelotungen sind in Atlantik, Mittelmeer und Pazifik durchgeführt worden.
Doch als der neue Kreuzer ›Emden‹ am 14. November 1926 eine Weltreise antrat, hatte er schon eine Order an Bord, die eine eventuelle Tätigkeit als Handelsstörer im Falle eines Krieges behandelte. Möglichst sollte er in die Heimat zurückgehen, aber Einsatz gegen feindliche Handelsverbindungen war auf Order oder nach eigenem Ermessen des Kommandanten vorgesehen — Einsatz des Schiffes und seiner Besatzung, ›Emden‹ war Schulkreuzer — für einen geringen, im Verlauf eines europäischen Krieges von vornherein unbedeutenden Effekt, zur Wahrung der Ehre . . .
Die erste Weltreise hatte 1926-1927 der Kreuzer ›Berlin‹ unternommen. Solche Blicke in die Welt wurden zum Bestandteil der Offiziersausbildung, sollte den Blick weiten wie einst, ehe die Tirpitz-Flotte verbissen in den Heimatgewässern lauern mußte. Doch es ging

auch um Repräsentation des Reiches im Ausland und sehr bewußt um den Kontakt mit den Auslandsdeutschen.

Über die völkerbefreiende See müssen wir dem Deutschtum Weltgeltung sichern im Wettstreit der Völker.

Admiral von Trotha

Der Name ›Emden‹ war mit dem Ruhm des ersten Kreuzers ›Emden‹ verknüpft, der bis zu seinem baldigen Ende vor den Cocos-Inseln im Pazifik Handelskrieg geführt hatte, neben ›Karlsruhe‹ der erfolgreichste Handelsstörer unter den Auslandskreuzern, wenn auch nicht annähernd so effektiv wie später die U-Boote. Seine Taten fielen in die Jubelzeit des ersten Kriegsjahres und wurden durch Bücher und Broschüren verherrlicht. Auch die abenteuerliche Heimkehr eines Teils der Besatzung unter Kapitänleutnant von Mücke ließ die Herzen höher schlagen, sein Buch ›Ayesha‹ (nach dem gekaperten Schoner, den die Heimkehrer benutzten) war weit verbreitet. Eine zweite ›Emden‹, am 1. Juli 1916 vom Stapel gelaufen, wurde in Scapa Flow versenkt. ›Emden III‹ trug zur Erinnerung an ›Emden I‹ das Eiserne Kreuz im Wappen.

Die ›Emden‹ der Reichsmarine war eine Weiterentwicklung der letzten Kriegskreuzer, mit der vorgesehenen Bewaffnung von acht 15 cm-Kanonen in Zwillingstürmen wäre es für die zwanziger Jahre ein vollwertig moderner Kreuzer gewesen, doch standen vorerst nur Einzel-Lafetten zur Verfügung, so daß bei der vorläufigen Aufstellung nur vier Kanonen nach beiden Seiten feuern konnten. Die fremden Flotten hatten aber ohnehin kaum Neubauten.

Die Zwillingstürme hat ›Emden‹ nie bekommen; sie wurden entwickelt, gelangten aber auf den Flugzeugträger ›Graf Zeppelin‹, der am 8. Dezember 1938 vom Stapel lief, aber nie fertig wurde.

Äußerst fortschrittlich war an der neuen ›Emden‹ die teilweise Verwendung von Schweißung statt Nietung. Der Reichsmarine kam es darauf an, möglichst Gewicht zu sparen, um die Tonnagegrenzen des Versailler Vertrags — stets nur ›Diktat‹ genannt — voll für Kampfkraft ausnutzen zu können.

›Emden‹ blieb ein Einzelstück. Zur Zeit des Stapellaufs war schon eine Kreuzer-Klasse in Entwicklung, die nun hundertprozentig in die Versailler Grenzen hineingebaut war und mit drei Drillingstürmen eine Armierung bot, die noch im zweiten Weltkrieg dem internationalen Durchschnitt entsprach. Die Schweißtechnik hatte man bei dieser K-Klasse — ›Königsberg‹, ›Karlsruhe‹, ›Köln‹ — allerdings zu weit getrieben. ›Karlsruhe‹ gelangte bei der Weltreise 1936 in die blamable Situation, in San Diego verstärkt werden zu müssen, weil der Rumpf durchzubrechen drohte, das Schiff bekam eine zweite Außenhaut.

Die Namenswahl für diese K-Klasse knüpft bei ›Karlsruhe‹ und

›Königsberg‹ wieder an den Kleinen Kreuzer des Grafen Spee an, der Name ›Köln‹ war eine Reverenz für Raeder, der 1918 ›Cöln II‹ kommandierte — nur kurze Zeit, die einzige Kommandantenstellung seiner Laufbahn.

Die K-Kreuzer traten 1929/30 zur Flotte, konnten aber wegen ihrer schwachen Rümpfe nicht als voll kampfkräftig betrachtet werden und trugen zu dem Gefühl der Marine bei, die Versailler Begrenzungen um jeden Preis beseitigen zu müssen. Ohnehin war die vorgeschriebene Tonnage nicht genau eingehalten worden, ca. 10% Mehrgewicht hatte man verschleiern können.

Die Taufrede für den Kreuzer ›Köln‹ in Wilhelmshaven hielt übrigens der Oberbürgermeister der Patenstadt, Dr. Konrad Adenauer. »In Freude und Dank!« schrieb er ins Gästebuch. Raeder hatte seine Gründe, Faksimile und Foto in seine Memoiren einzufügen. Anwesend war auch der Bergmann Adolf Neumann. Er war der einzige Überlebende der ›Cöln I‹, die am 28. August 1914 vor Helgoland im Feuer britischer Schlachtkreuzer gesunken war, mit 507 Toten.

Der Kreuzer ›Köln‹ ist von Raeder als Beweis dafür angeführt worden, daß die Machtübernahme Hitlers »für die Marine weder Erschütterungen noch Reibungen« mit sich brachte:

Einen Beweis für die einwandfreie Haltung der Marine in dieser Zeit lieferte der Kreuzer ›Köln‹, der am 8. Dezember 1932 Wilhelmshaven zu seiner vorgesehenen Schulschiffreise verlassen hatte und nach zwölfmonatigem Auslandsaufenthalt — hauptsächlich in Ostasien und Australien — am 12. Dezember 1933 wieder dorthin zurückkehrte. Er erlebte den Regierungswechsel nicht in der Heimat. Unter der klugen und taktvollen Führung seines Kommandanten, Kapitän zur See Schniewind, ist das Schiff in allen Häfen befreundeter und auch einstmals gegnerischer Nationen mit ausgesuchter Freundlichkeit wahrgenommen worden, so daß gerade diese Reise ein eindeutiger Erfolg war. Auch an Bord gab es keine politischen Zwischenfälle oder Schwierigkeiten disziplinarer Art.

In den Erinnerungen des späteren Großadmirals Dönitz, damals Kapitän zur See, wird bei Erwähnung der ›Emden‹ die im Gestern verankerte Gesinnung in der Marine deutlich. Dönitz war im Juli 1935 als Kommandant der ›Emden‹ von einer Schulschiffreise aus dem Indischen Ozean zurückgekehrt und traf bei Raeder mit dem Kommandanten der ›Karlsruhe‹ zusammen, Kapitän zur See Lütjens, dem späteren Flottenchef, der am 27. Mai 1941 mit der ›Bismarck‹ unterging. Beim damaligen Gespräch trug Lütjens vor, ›Karlsruhe‹ solle für die nächste Reise auch einmal Ostasien kennenlernen. Dazu Dönitz:

Ich sprach dagegen und begründete dies damit, daß die ›Emden‹

nach den berühmten Kriegsfahrten ihrer Namensvorgängerin im ersten Weltkrieg unter dem Fregattenkapitän von Müller traditionell in den ostasiatischen Raum gehöre.
Zu Lütjens' und meiner Überraschung sagte der Oberbefehlshaber der Kriegsmarine trocken: »Streiten Sie sich nicht, meine Herren. Sie steigen beide von Ihren Kreuzern aus: Lütjens wird Offizierspersonalchef im Oberkommando, um die Aufstellung des Offizierkorps der neu aufzubauenden Marine durchzuführen, und Sie, Dönitz, übernehmen die neu zu bildende deutsche U-Bootwaffe.«

Dönitz war »keineswegs beglückt«:

Die U-Boote konnten im Aufbau der geplanten homogenen Flotte nur ein kleiner und weniger wichtiger Teil sein. Ich sah mich auf ein Nebengleis geschoben.

„*Was bedeuten die lumpigen Millionen*“

Schon während die Marinewerft Wilhelmshaven den neuen Kreuzer ›Emden‹ baute, nahm sie den Ersatz der älteren Torpedoboote in Angriff. Die Republik zahlte unwillig, aber sie zahlte, immerhin herrschte die bürgerliche Mitte. 1924 bis 1927 wurden zwölf Torpedoboote auf Stapel gelegt, deren Tonnage gerade so weit über den Versailler Begrenzungen lag, daß es sich verbergen ließ. Schon bei ›Emden‹ war die Vorschrift nur nominell eingehalten worden.
Die Torpedoboote wurden gern Zerstörer genannt, waren aber kleiner als die Zerstörertypen der großen Seemächte — doch nicht kleiner als beispielsweise die vier neuesten Zerstörer der schwedischen Marine (›Ehrenskjöld‹-Klasse 1929-1931); für die Ostsee und ein Küstenschutz-Konzept in der Nordsee wäre diese deutsche Klasse, die nach Raubvögeln und Raubtieren benannt war, groß und zahlreich genug gewesen. Zwar hatte sich der potentielle Gegner Polen 1928-1929 größere Zerstörer in Frankreich bauen lassen. Aber nur zwei. Und die 20 Zerstörer der russischen Ostseeflotte stammten noch aus dem Kriege und waren beträchtlich langsamer. Zudem unterhielten Reichswehr und Reichsmarine zu den Russen geheime Beziehungen, um verbotene Waffen zu entwickeln und Personal zu schulen.

Da die Bindung an Versailles den Charakter einer gesetzlichen Vorschrift hatte, mußte sich die Reichsmarine mit der Größenbeschränkung der Torpedoboote ohnehin abfinden, doch beklagt sich Raeder in seinen Memoiren, daß ihm beinahe ein Trick mißglückt sei, mit dem er den Bau eines größeren Fahrzeugs mit Zerstörercharakter erreichte:

> *Als wir im Marinehaushalt 1929 einen Ersatz für den alten Artillerietender ›Drache‹ anforderten und dabei versuchten, einen Typ zu bauen, der sich im Ernstfall als Zerstörer hätte verwenden lassen, wurde ich im Reichsrat aufs äußerste mit Fragen bedrängt, warum das Fahrzeug so viel größer werden müßte als das alte. Es wurde dort offensichtlich nicht beachtet, daß die Planungen eines Wehrmachtteils im Interesse des Staates nicht in allen Fällen bis in die letzte Einzelheit vor der Öffentlichkeit enthüllt werden dürfen.*

Immerhin hatten Staatsanwalt und Gerichte Verständnis für patriotische Planungen sogar eines durch Versailles verbotenen Wehrmacht-

teils: Weil Carl von Ossietzky im März 1929 in der ›Weltbühne‹ einen Artikel »Windiges aus der deutschen Luftfahrt« mit Enthüllungen geheimer Luftwaffenrüstungen veröffentlichte, wurde er 1931 vom Reichsgericht zu anderthalb Jahren Gefängnis verurteilt. Er starb am 4. Mai 1938 an Mißhandlungen im Konzentrationslager Oranienburg, 1935 hatte er den Friedensnobelpreis erhalten.
Das Schiff, das im Notfall als Zerstörer verwendet werden konnte, wurde bewilligt und gebaut. Es war das Artillerieschulschiff ›Bremse‹, dessen Bewaffnung mit vier 12,7 cm-Kanonen den Zerstörern der großen Seemächte entsprach, der Einbau von Torpedobewaffnung war möglich. Und das alte Artillerie-Schulboot ›Drache‹ blieb trotz Ersatzbau in Dienst, am 18. April 1945 wurde es durch Bombentreffer in Pillau vernichtet.
›Bremse‹ war nicht so schnell wie ein Zerstörer, war mit 27 Knoten und ohne Torpedos militärisch als schneller Minenleger einzustufen und wurde im zweiten Weltkrieg als solcher ausgerüstet (80 Minen). Auf diese Planung deutete von vornherein der Name hin, der von einem 1915 gebauten und 1919 in Scapa Flow versenkten Minenkreuzer übernommen war. Nach dem Schwesterschiff dieses Kreuzers, das ebenfalls in Scapa Flow versenkt wurde, erhielt 1932 das zweite ›Artillerieschulschiff‹ seinen Namen: ›Brummer‹.
Technische Besonderheit von Raeders ›Bremse‹ war die Maschinenanlage: Statt der für schnelle Schiffe üblichen Turbinen waren es zwei Dieselmotoren. Die deutschen Marinetechniker hatten durch die U-Boote des ersten Weltkriegs reichliche Erfahrungen mit Dieselmotoren gewonnen. Die Reichsmarine kam bei ihren Schiffbauplanungen auf den Dieselmotor auch für größere Kampfschiffe, weil er gegenüber der Dampfturbine Ersparnisse an Raum und Gewicht versprach. Das war wegen der Versailler Tonnagebegrenzungen äußerst wichtig, zudem ist der Diesel sofort betriebsbereit, bei Marschfahrt sparsamer als die Turbine, bei Maschinenmanövern (vorwärts/rückwärts) reagiert er schneller und ist nicht so empfindlich, auch leichter mit Bordmitteln zu reparieren.
Die Kreuzer der K-Klasse bekamen Diesel-Marschmotoren, bei den folgenden Kreuzern ›Leipzig‹ und ›Nürnberg‹ wurde das System vervollkommnet. Der Motorensatz im schnellen Dieselschiff ›Bremse‹ entsprach genau der Hälfte des Antriebs in einem neuen großen Schiff, das national und international beträchtliche Unruhe bereitete: Dem Panzerkreuzer A, der bei seiner Taufe am 19. Mai 1931 den Namen ›Deutschland‹ erhielt.
Ersatzbauten für Schlachtschiffe und Kreuzer erlaubte der Versailler Vertrag bei Verlust eines Schiffes. Sonst nach zwanzig Jahren, vom Stapellauf an gerechnet.
Die Kreuzer der Reichsmarine, Stapellaufjahre 1899-1903, konnten

somit spätestens seit 1923 durch Neubauten ersetzt werden. Bei den Schlachtschiffen, die Tirpitz entsprechend ihrer Funktion in ›Linienschiffe‹ umbenannt hatte — nach dem britischen ›ship of the line‹ — hatte die Reichsmarine ein Ersatzrecht auch schon seit 1922, was übrigens ihre immer wiederholte Behauptung widerlegt, sie sei durch Versailles auf absolut veraltete Schiffe beschränkt worden. Gewiß war es anfangs so, aber gerade durch das Alter der Schiffe waren baldige Ersatzbauten möglich, für die allerdings dem verarmten Reich das Geld fehlte; 1923 galoppierte die Inflation, und es war schon schwer genug, die Finanzierung für den Kreuzer ›Emden‹ und kleinere Neubauten zu erkämpfen.

Doch das Klima der Republik änderte sich. Rot war sie längst nicht mehr. Am 28. Februar 1925 starb Friedrich Ebert. Nachfolger wurden der Generalfeldmarschall Paul von Beneckendorff und von Hindenburg, der populärste Feldherr des Kaiserreichs.

Hindenburg war 78 Jahre alt. Am 12. Mai 1925 leistete er den Eid auf die Verfassung in die Hände des sozialdemokratischen Reichstagspräsidenten Paul Löbe. Tirpitz, auch schon 76, saß 1924-1928 als deutschnationaler Abgeordneter im Reichstag. Er starb am 6. März 1930.

Die Republik wurde durch die Vaterfigur stabilisiert, Reaktionäre begruben ihre Hoffnungen auf einen Umsturz von rechts, erst in den Jahren der Wirtschaftskrise nach dem schwarzen Herbst von 1929 zeigte sich die gefährliche Schwerpunktlage.

Die Reichsmarine hatte jedenfalls allen Anlaß, in guter Hoffnung 1926 mit dem Entwurf für den Ersatzbau des alten Linienschiffs ›Preußen‹ zu beginnen. Bei den Regierungen der politischen Mitte mit Rechtsdrall mußte das Schiff durchzubringen sein, trotz einiger Gegnerschaft auch in diesen Kreisen und noch mehr bei den Sozialdemokraten, die andere Nöte im Volk lindern wollten, aber nur im Parlament, nicht in der Regierung saßen. Von den Kommunisten nicht zu reden, die selbstverständlich keinen Pfennig für die Marine bewilligt hätten.

Was die Marine plante, klang relativ bescheiden: Kein Schlachtschiff, sondern ein Panzerkreuzer, für den die alte Bezeichnung ›Panzerschiff‹ aus der historischen Versenkung geholt wurde. Auch ›Schwerer Kreuzer‹ nach dem Muster der — ebenfalls auf 10 000 Tonnen beschränkten — Standardklasse des Washington-Abkommens, kam inoffiziell als Benennung vor, doch war Deutschland nicht an die Vereinbarungen von Washington gebunden, in denen sich die großen Seemächte auf Schluß des Armierungswettlaufs geeinigt hatten. Im Gegensatz zur Standard-Bewaffnung der Washington-Kreuzer mit höchstens acht 20,3 cm-Kanonen konnte der deutsche Panzerkreuzer stärker bewaffnet werden, und man bewaffnete ihn stärker.

Solche Einzelheiten interessierten noch nicht, als 1928 der ›Panzerkreuzer A‹ zu einer innenpolitischen Krise führte.

Zunächst passierte der Marine die Panne, durch den Kapitän zur See Lohmann, Leiter der Seetransportabteilung der Marineleitung im Reichswehrministerium, auch gemäßigten Republikanern äußerst mißliebig aufzufallen.

Hinter seiner unauffälligen Amtsbezeichnung verbarg Lohmann, Sohn eines früheren Generaldirektors des Norddeutschen Lloyd, umfangreiche Geheimgeschäfte im Sinne einer durch Versailles verbotenen Marine-Aufrüstung. Raeder attestiert ihm noch 1956 »großen Weitblick, den er bei allen Aufgaben betätigte.« Zu Beginn der Lohmannschen Aktivitäten war das im nationalen Sinne durchaus zutreffend gewesen:

> *Als Dezernent und Chef der Seetransportabteilung hatte er bereits an den Waffenstillstandsverhandlungen teilgenommen und hierbei für die deutschen Reedereien wesentliche Milderungen der auferlegten Bedingungen erreichen können. Er hatte dann den Kriegsgefangenenaustausch organisiert, soweit die Transporte über See gingen.*

Doch dann hatte sich der Kapitän mit dem traditionellen Selbstbewußtsein des Seeoffiziers, der alles kann, auf geschäftliches Glatteis begeben. Er hatte Zugang zu schwarzen Geldern, die unter anderem zur Finanzierung des ›Ruhrkampfes‹ gegen die französische Besatzung 1923 zusammengekommen waren. Er finanzierte den Aufbau einer Tankerflotte. Er knüpfte Fäden zu den Sowjets, betrieb die Entwicklung von Torpedo-Schnellbooten und Minenräumbooten. Er richtete der Marine einen eigenen Nachrichtendienst und mit deutschen Konstrukteuren ein Konstruktionsbüro für U-Boote ein, das in Den Haag residierte und den früheren deutschen Korvettenkapitän Bartenbach (der seit 1924 als Instrukteur der finnischen Marine tätig war) mit Plänen versorgte. Diese führten 1930-31 zum Bau von vier finnischen U-Booten, Prototypen der späteren deutschen U-Boote des kleinen Typs II.

Gleichzeitig, aber unabhängig von Lohmann, hatte der Korvettenkapitän Canaris, später als Hitlers Abwehrchef prominent und als Verschwörer vom 20. Juli 1944 erhängt, in Spanien den U-Boot-Bau nach deutschen Plänen anzukurbeln versucht. Doch kam ihm dort der Sturz des sympathisierenden Militärdiktators Miguel Primo de Rivera dazwischen. Das 1930 fertiggestellte Boot E 1 wurde als ›Spekulationsbau‹ der Werft Echevarrieta in Cadiz 1935 an die Türkei verkauft und dort als ›Gür‹ in Dienst gestellt. Es war Prototyp der als mißlungen geltenden, nichtsdestoweniger aber im zweiten Weltkrieg eingesetzten deutschen U-Boote U 25 und U 26, die schon im Sommer

1940 verloren gingen.

Während Canaris nicht auffiel, gelangte Lohmann mit seinem geheimen Wirtschaftsimperium ins Licht der Öffentlichkeit, als er zum Bankrotteur auf Kosten des Reiches wurde. Er war nicht nur inoffiziell geduldet und gefördert, sondern bei einigen seiner Unternehmungen auch durch Reichsbürgschaften gestützt worden, mußte aber immer neue Finanzierungslöcher durch Spekulationen stopfen und beteiligte sich unter anderem an einer Phoebus-Film AG, deren Pleite alles platzen ließ. Ein Reichskommissar mußte eingesetzt werden. Er lobte die gute Buchführung des Kapitäns; Raeder zitiert es in seinen Memoiren, vergißt aber die Erwähnung der 26 Millionen Mark, die das Reich für Lohmanns Abenteuer zahlen mußte. Der Reichswehrminister Otto Gessler (1875-1955) trat zurück. Er war seit 1920 im Amt gewesen, die Reichsmarine verdankte ihm viel, aber der Nachfolger ließ sie wieder hoffen. Gessler war Beamter gewesen, im Krieg Oberbürgermeister von Nürnberg, neuer Reichswehrminister wurde ein früherer Generalleutnant, von Hindenburg berufen: Wilhelm Groener (1867-1939).

Er war der richtige Mann, um wie einst Noske eine Brücke zwischen Militär und Sozialdemokraten zu schlagen. Im Krieg organisierte und befehligte er den gesamten militärischen Schienentransport, was beträchtliche organisatorische Fähigkeiten erforderte und ihn in Verbindung mit Beamten und Politikern brachte. 1918 wurde er Nachfolger Ludendorffs, mußte dem Kaiser den totalen militärischen Zusammenbruch melden und bestärkte ihn im Entschluß zur Flucht, wurde zur Schlüsselfigur des Bündnisses zwischen der sozialdemokratischen Regierung und dem Heer zur Niederwerfung der roten Räte und war seit 1920 Eisenbahnminister der Republik.

Unter diesem Reichswehrminister konnte die Marine hoffen, die Bewilligung ihres Panzerkreuzers trotz des Lohmann-Skandals, der das fortdauernde Mißtrauen der Volksvertreter gegen die Ambitionen der Militärs bestätigt hatte, im Reichstag durchzubringen.

Doch das Schiff kostete 80 Millionen Mark, angesichts sonstiger Lasten des Reichs eine gewaltige Summe, zumal sich die Regierung zu einer Kürzung von Sozialausgaben genötigt gesehen hatte: »Kinderspeisung statt Panzerkreuzer« wurde zur Parole der Opposition, am 30. März 1928 wurde der Reichstag aufgelöst, Neuwahlen am 20. Mai brachten einen beträchtlichen Ruck nach links, Sozialdemokraten und Kommunisten zogen an.

Aber der Panzerkreuzer A wurde dennoch bewilligt, wieder einmal gab die SPD schließlich doch den Ausschlag zugunsten der Marine. Der neue SPD-Reichskanzler Hermann Müller (1876-1931), der als

Außenminister den Versailler Vertrag unterzeichnet hatte, fürchtete, Ablehnung würde die SPD-geführte Koalition zum Platzen bringen und Neuwahlen mit Rechtsruck provozieren. In seiner Rede beim SPD-Parteitag 1929 plädierte er für den Panzerkreuzer:

Wenn Sie aber schon eine Ministerkrise haben wollen, so bitte ich Sie im Interesse der Partei — nicht der Regierung — dringend, daß Sie sich einen anderen Grund aussuchen. Wenn Sie jetzt Ende Mai 1929 wegen der Panzerkreuzerfrage eine Regierungskrise heraufbeschwören, machen Sie sich unsterblich lächerlich.

Wenn Sie wegen einer Frage, die die Arbeitermassen betrifft, z. B. wegen des Abbaus sozialer Institutionen, eine Krise heraufbeschwören, wird der einfache Mann von der Straße das verstehen. Aber die Frage des Kreuzerbaues liegt heute nicht mehr in der Größenordnung, um derentwillen man Regierungskrisen heraufbeschwört. Allgemein noch wenige Bemerkungen. Es ist in diesem Zusammenhang wieder einmal behauptet worden, die ganze Panzerkreuzerfrage wäre ein Beweis für den neudeutschen Imperialismus. Ach, das glaubt ihnen nicht einmal im Ausland irgendein Mensch. Bei unserer Abrüstung, hervorgerufen durch das Diktat von Versailles, von Imperialismus zu reden, ist zuviel verlangt für den Verstand des normalen Menschen in der ganzen Welt. Wir haben die Abrüstung der andern verlangt und schreien den andern mit Recht als Parteigenossen — nicht als Regierung — immer ins Gesicht: rüstet ihr ab, denn weil ihr nicht abrüstet, ist bei uns der Nationalismus so stark geworden.

... Es muß uns zu denken geben, wie diese Dinge auf die Jugend wirken, mit der wir die Zukunft erobern wollen. Es ist mit Recht darauf hingewiesen worden, daß die Jugendparole auch unsere Parole ist: »Nie wieder Krieg!« Aber, Parteigenossen, Krieg entsteht nicht von heute auf morgen, Krieg rechtzeitig zu verhindern, ist Aufgabe der Politik ...

Parteigenossen! Wenn Sie in Zukunft Krieg verhindern wollen, werden Sie die Kriege nicht dadurch verhindern, daß Sie dauernd die bürgerlichen Parteien allein regieren lassen, sondern indem Sie den Einfluß der Sozialdemokratie auf die Politik, insbesondere auf die Friedenspolitik, soviel als möglich sichern.

So bekam die Marine ihren Panzerkreuzer durch die Sozialdemokraten, aber sie dankte es ihnen nicht, und Hermann Müller war kein Prophet. Noch ehe der Panzerkreuzer A als ›Panzerschiff Deutschland‹ am 19. Mai 1931 vom Stapel lief, war Müllers Koalition im Streit mit der Deutschen Volkspartei zerbrochen, die Wirtschaftskrise trieb Millionen von Arbeitslosen in verzweifelten Radikalismus. Die Neuwahlen vom 14. September 1930 brachten einen entscheidenden

SPD-Rückschlag. Hitlers Nationalsozialisten errangen einen großen Erfolg. Die kommunistischen Stimmen zogen an, der Untergang der Weimarer Republik durch den latenten Bürgerkrieg war besiegelt.

Als Reichskanzler Müller (SPD) 1929 die Bewilligung des Panzerkreuzers A gegen den Unwillen der Genossen durchdrückte, ahnte er nicht, daß die Marine mit diesem Typ eine militärpolitische Bombe legte — ohne gegen die Bestimmungen von Versailles zu verstoßen. Die 10 000 Tonnen-Begrenzung für deutsche Schlachtschiff-Ersatzbauten drückte aus, daß die Siegermächte nur Küstenpanzerschiffe erlauben wollten, etwa nach schwedischem Muster. Die alten deutschen Linienschiffe, die zu ersetzen waren, hatten listenmäßig 13 200 Tonnen, vier 28 cm-Kanonen in Doppeltürmen und vierzehn 15 cm-Kanonen (die älteren 17 cm) als Mittelartillerie, Geschwindigkeit 18 Knoten. Die drei schwedischen Küstenpanzer neuerer Bauart (Stapellauf 1915-1918) waren nur um 4-5 Meter kürzer und schmaler, aber mit ca. 7000 Tonnen wesentlich leichter, vor allem durch schwächere Panzerung und weniger Mittelartillerie. Sie hatten als schwere Artillerie vier 28,3 cm-Kanonen in Doppeltürmen, aber nur acht 15,2 cm Kanonen, Geschwindigkeit 24 Knoten.

10 000 Tonnen, die praktisch 12 000 Tonnen bedeuteten, ergaben also keinen allzu engen Spielraum für ein Panzerschiff auf dieser Linie, zumal die Reichsmarine sich so intensiv mit Leichtbau befaßt hatte. Nach den Erfahrungen mit den Kreuzern der K-Klasse hatte sie die Schweißtechnik vervollkommnet und weiter die Entwicklung schnellaufender großer Schiffsdiesel gefördert. Am 18. Oktober 1929 lief der Leichte Kreuzer ›Leipzig‹ vom Stapel, mit Turbinenantrieb auf zwei Schrauben und Diesel-›Marschmotoren‹ auf die mittlere.
Ein regelrechtes Schlachtschiff mit mindestens acht schweren Kanonen konnte im Rahmen der 10 000 Tonnen-Grenze unmöglich gebaut werden. Die kleinsten Großkampfschiffe besaß Brasilien — ›Sao Paulo‹ und ›Minaes Geraes‹, 1908-1909 in England gebaut, sie hatten 19 200 Tonnen Wasserverdrängung.

In den zwanziger Jahren waren ohnehin keine Schlachtschiffe mehr gebaut worden. Nur England hatte mit zwei äußerst starken Schlachtschiffen — ›Nelson‹ und ›Rodney‹, Stapellauf 1925 — noch einen Schlußpunkt gesetzt: Mit fast 34 000 Tonnen, neun 40,6 cm-Kanonen und schwerer Panzerung setzten sie einen Standard, der die Sinnlosigkeit weiteren Wettlaufs demonstrierte.

Deutschland konnte sich überlegen, statt des Panzerschiffs einen schweren Kreuzer nach Washington-Standard zu bauen: 10 000 Tonnen, höchstens acht 20,3 cm-Kanonen, Geschwindigkeit ca. 32 Knoten. Doch diese entpanzerten Kreuzer hatten mehr politischen als militärischen Sinn. Wegen ihrer Verletzlichkeit gingen sie als ›Zehnminutenkreuzer‹ in die Geschichte des Kriegsschiffbaues ein, und es war Deutschland ausdrücklich verboten, Kreuzer mit mehr als 6000 Tonnen zu bauen.

Aber die Versailler Bestimmungen enthielten keine Geschwindigkeitsbegrenzung, weil sie ganz von damaligen Typen ausgingen. Wenn die Reichsmarine einen schweren Kreuzer bauen wollte, war sie absurderweise geradezu gezwungen, ihn mit so schwerem Kaliber zu bewaffnen und so zu panzern, daß er mindestens als Panzerkreuzer zu bezeichnen war und als Schlachtschiff-Ersatzbau gelten konnte. Daß sie gern einen solchen Panzerkreuzer und nicht ein Küstenpanzerschiff bauen wollte, ergab sich nicht nur aus ihrem Selbstverständnis, der Auflehnung gegen Beschränkung auf engeren Küstenschutz als Hilfswaffe der Armee; ein Kreuzer konnte im Kriegsfall fern der Heimat als Handelsstörer operieren. Vor allem sah man als potentiellen Gegner die Franzosen, fürchtete die Verbindung Frankreich-Polen. Die französische Schlachtflotte bestand aus sechs Großkampfschiffen (32 500-32 550 Tonnen) davon drei mit je zehn 34 cm-Kanonen und drei mit je zwölf 30,5 cm-Kanonen als Hauptbewaffnung, Baujahr 1911-1913, Geschwindigkeit ca. 21 Knoten, dazu drei ältere Schiffe (Typ ›Condorcet‹, 18 850 Tonnen) mit je vier 30,5 cm-Kanonen und nur 15-19 Knoten Geschwindigkeit, aber besonders starker Mittelartillerie, zwölf 24 cm-Kanonen.

Die Reichsmarine konnte frühestens für 1933 mit Indienststellung ihres neuen Schiffs rechnen, mit dem nächsten bestenfalls zwei Jahre später. Die Regierung bat von vornherein, nicht auf 30,5 cm Kaliber zu gehen, um die Franzosen nicht zu provozieren.

In dieser Situation überhaupt kein Schiff in der 10 000 Tonnen-Vertragsklasse zu bauen, war eigentlich angebracht. Aber die Marine leitete aus den Lebensdauerfristen des Vertrages ein Recht auf Ersatzbauten ab und fühlte sich verpflichtet, wenigstens das Risiko für einen Angreifer zu erhöhen. So kam sie zu einer technisch brillanten und politisch brisanten Lösung:

Sie baute kein dickliches Küstenpanzerschiff, sondern einen 10 000 Tonnen-Kreuzer, in den Abmessungen den Washington-Kreuzern der Seemächte entsprechend. Sie gab ihm die Bewaffnung eines sehr starken Küstenpanzerschiffs mit sechs 28 cm- und acht 15 cm-Kanonen, dazu Flak und sechs Torpedorohre. Das Gewicht dieser Artillerie und einiger Panzerung erlaubte nicht, auch noch die 80 000 PS-Turbinen einzufügen, die für die übliche Kreuzergeschwindigkeit von 32 Knoten nötig gewesen wäre. Man sparte Gewicht durch die erprobte Schweißtechnik, vor allem aber durch reinen Diesel-Antrieb, bei einem großen Kampfschiff erstmals verwendet; vier Satz zu je zwei schnellaufenden

MAN-Motoren mit Vulcan-Getriebe auf zwei Schrauben, 48 300 PS, 28 Knoten Geschwindigkeit, offiziell wurden 26 Knoten angegeben.

Eingeengt durch die Versailler Bedingungen, hat der deutsche Konstrukteur und Schiffsbauer hier einen Typ geschaffen, der das Erstaunen der anderen Seemächte hervorrief: das Schiff ist schneller als seine stärkeren und stärker als seine schnelleren Altersgenossen mit alleiniger Ausnahme der englischen modernen Großkampfschiffe ›Renown‹, ›Repulse‹ und ›Hood‹.

Das Erstaunen der anderen Seemächte, das die deutschen Mariner so stolz registrierten, war nicht eben freudig. Wenig betroffen fühlten sich die Engländer. ›Renown‹ und ›Repulse‹, 1916 vom Stapel gelaufen, waren 242 Meter lange 33 000 Tonnen-Schlachtkreuzer mit 31,5 Knoten Geschwindigkeit, besser gepanzert als das deutsche Schiff und stärker bewaffnet: sechs 38,1 cm Kanonen, neunzehn 10,2 cm. Der Schlachtkreuzer ›Hood‹, 1918 vom Stapel gelaufen, war mit 261 Meter Länge und 45 000 Tonnen Wasserverdrängung größtes Kampfschiff der Welt, bewaffnet mit acht 38,1 cm-Kanonen, Mittelartillerie zwölf 14 cm. Dazu besaß England sechzehn schwer gepanzerte Großkampfschiffe, von denen fünf nahezu so schnell waren wie das deutsche Panzerschiff.
So konnten sich die Engländer den Spott leisten, von einem pocket battleship, einem Schlachtschiff in Taschenausgabe, zu sprechen, die Deutschen zitierten es als ›Westentaschen-Panzerschiff‹ und buchten es als Anerkennung.
Aber die Franzosen waren außer sich, zur stolzen Freude der Deutschen.

Die Sorgen der Franzosen waren nicht unberechtigt. Ihre Schlachtschiffe waren stärker, aber das schnellere Schiff kann sich dem stärkeren entziehen. Eine französische Flotte konnte das deutsche Panzerschiff, dem der Bau weiterer folgen sollte, nicht am Durchbruch in den Atlantik hindern, bei einem Zusammentreffen nicht die Gefechtsentfernung bestimmen und mußte auf Handelskrieg und Küstenbeschießung durch den neuen Gegner gefaßt sein — zumal das Panzerschiff durch seine sparsamen Diesel sehr viel Aktionsradius hatte, 10 000 Seemeilen bei der schnellen Marschgeschwindigkeit von 20 Knoten.

Die deutsche Marineleitung unter Zenker dachte hinter verschlossenen Türen sogar höchst naiv an eine Seeschlacht alten Stils:

Die beiden durchgespielten Lagen beweisen, daß die A-Schiffe gegenüber den ›Condorcets‹ wohl geeignet sind, einen sehr erheblichen Einfluß auf den Gang einer eventuellen Entscheidungsschlacht auszuüben.

Naiv daran war, daß der ›Panzerkreuzer A‹ damals erst auf dem Papier stand, ums Haar nicht bewilligt worden wäre, daß er frühestens fünf Jahre später in Dienst sein konnte, ein zweites Schiff noch ein Jahr später. Vor allem aber, daß man voraussetzte, die Franzosen würden mit ihren drei alten ›Condorcets‹, nicht aber mit einigen ihrer sieben weit stärkeren Schlachtschiffen aufkreuzen. Von einer Bündnispolitik etwa mit Italien, um die französische Schlachtflotte im Mittelmeer zu binden, war noch nicht die Rede.

Jedenfalls hat Reichskanzler Müller bei seinem Panzerschiff-Plädoyer an die SPD-Genossen die Art des Schiffes nicht erfaßt und die Reaktion des Auslands total falsch eingeschätzt. Frankreich fühlte sich — nicht zu Unrecht — provoziert. Während die Reichsmarine 1931 den Bau des Panzerschiffs B (Ersatz für ›Lothringen‹) und 1932 das Panzerschiff C (Ersatz für ›Braunschweig‹) in Angriff nahm, arbeiteten die Franzosen an zwei Großkampfschiffen, ihren ersten Schlachtschiffen seit 1913. Das alarmierte die Italiener, die nur vier Schlachtschiffe aus den Jahren 1911 und 1913 besaßen und um das Gleichgewicht im Mittelmeer fürchten mußten. Aber als diese und weitere Schiffe schwammen, hatten die Deutschen zu ihren Panzerschiffen ›Admiral Scheer‹ (B) und ›Admiral Graf Spee‹ (C) schon zwei Turbinen-Schlachtkreuzer ›Scharnhorst‹ (D) und ›Gneisenau‹ (E) gebaut, zwei 50 000 Tonnen-Schlachtschiffe ›Bismarck‹ (F) und ›Tirpitz‹ (G) auf Stapel und Diesel-Großkampfschiffe (H bis N) auf dem Reißbrett, denen Pläne für noch drei Superschlachtschiffe (bis zu 141 500 Tonnen Wasserverdrängung) folgten.

Das hatte die Reichsmarine in ihren kühnsten Träumen nicht ahnen können, als sie ihren ›Panzerkreuzer A‹ mühsam durch die Instanzen brachte.

Eine weltpolitische Konfrontation hatte sie nicht beabsichtigt, und Erich Raeder, der am 1. Oktober 1928 ans Ruder der Marine gelangte, war kein Phantast, der irreale Kriegsspiele gegen ›Condorcets‹ betrieb. Die Flotte so auszubauen, daß Frankreich keinen Zugriff mehr wagen konnte, somit Friedenssicherung im Sinne des Risikogedankens, war allerdings auch sein Ziel — Tirpitz-Konzept, aber in notgedrungen bescheidenerer Dimension. Raeder war kaum mehr als ein Jahr Marine-Chef, als die Weltwirtschaftskrise die Konsolidierung der goldenen Zwanziger Jahre beendete. Die Marine konnte froh sein, wenn es ihr gelang, in den nächsten Jahren die Ersatzbauten im Rahmen der Versailler Bestimmungen über die parlamentarische Bühne zu bringen.

Von dieser kargen Realität stach allerdings um so mehr das Idealbild einer ungefesselten Marine ab, und der Traum von Weltgeltung zur See blieb lebendig, auch in Zusammenhang mit dem Kolonialgedanken, mit dem Streben nach großdeutscher Einigkeit aller Deutschen auch

in fernen Ländern.
Ohne an Großmachtpläne denken zu können, war die Marine doch überzeugt, in den Ketten von Versailles nicht ihrer Verpflichtung gegenüber dem Reichsgedanken gerecht werden zu können, und Unverständnis Andersdenkender war ihr widerwärtig. So konnte sie mit der Republik nicht in Einklang kommen. Weimar und Versailles waren zu eng verknüpft.

Wie um den Panzerkreuzer A, so mußte die Marine um ihren Panzerkreuzer B kämpfen, in schlechterer Zeit und gegen die gleichen Argumente, die sich zum Beispiel so äußerten (Der sozialistische Arzt, Nr. 4, April 1931):

> *Was bedeuten die lumpigen 10,8 Millionen für die erste Rate des Panzerkreuzers B innerhalb eines 11 Milliarden-Etats? Mit diesem demagogischen Kniff wird an vielen Stellen der Panzerkreuzer-Wahnwitz der Regierung Brüning und der Sozialdemokratie gerechtfertigt. Kein Zweifel — es sind größere Summen sinnlos verpulvert worden. Aber welche Rolle 10,8 Millionen in der Zeit der Massennot spielen, kann man z. B. daran erkennen, daß die 3 Millionen, die der Reichstag für Kinderspeisung bewilligt und gegen die der Reichsrat gegen seine Gewohnheit keinen Einspruch erhoben hat, noch nicht gedeckt, also keineswegs gesichert sind. Ganz zu schweigen von den anderen sozialen Abbaumaßnahmen, die bevorstehen ...*

Aber der Panzerkreuzer B wurde gebaut. Für das Konzept eines Verteidigungskrieges, der 1932 in einem ›Führerkriegsspiel‹ behandelt wurde, wobei man Englands Neutralität voraussetzte.
Die Marine fühlte sich von britischen Seeoffizieren verstanden. Admiral John Rusworth Jellicoe, Viscount of Scapa, der als Chef der britischen Heimatflotte die Seestreitkräfte in der Skagerrakschlacht geführt hatte, schlug 1928 eine Brücke zu seinem Gegner von damals, Admiral Reinhard Scheer. 1927 war auf Jellicoes Initiative hin schon Vizeadmiral von Trotha, der in der Schlacht Scheers Stabschef gewesen war, von der ›British Legion‹, dem Frontkämpferverband, nach England eingeladen worden. Mit Scheer wollte Jellicoe »einige Fragen besprechen, die in der beiderseitigen Geschichtsschreibung offengeblieben wären«.
Aus dem Treffen wurde nichts, weil Scheer am 26. November 1928 im Alter von 65 Jahren starb. Doch nahm Marinechef Raeder den Faden auf, lud die Engländer zur Kieler Woche ein, wie es unter Wilhelm Tradition gewesen war, und leitete den Austausch von Besuchen ein.

Raeder erinnert sich:

Tatsächlich hat sich von Besuch zu Besuch mehr gezeigt, daß auf beiden Seiten der starke Wunsch vorhanden war, nicht eines Tages wieder als Gegner einander gegenüberstehen zu müssen.

Wie man die Engländer sah, hatte der schriftstellernde Fregattenkapitän a. D. Georg von Hase schon bald nach dem Krieg in einem Buch über die Skagerrakschlacht gekennzeichnet. Er nannte es »Die zwei weißen Völker« und erklärte den Titel so:

Es war im Jahre 1913.
Vor der albanischen Küste lagen Schiffe fast aller Nationen zu Anker. Der Kommandant des deutschen Kreuzers ›Breslau‹ hatte die Admirale und Kommandanten aller Nationen zu sich zu Tisch geladen. Neben dem deutschen Kommandanten saß der englische Admiral, ringsum zwischen Deutschen und Engländern saßen Italiener, Franzosen, Russen, Spanier, Türken, Griechen und Albaner in buntem Gemisch. Es wurden Trinksprüche ausgebracht. Man unterhielt sich lebhaft in allen möglichen Sprachen über die politischen Ereignisse. Der englische Admiral und der deutsche Kommandant sahen sich heimlich prüfend die Mitglieder der Tafelrunde näher an und tauschten die gemachten Beobachtungen über die verschiedenartigen Völkertypen miteinander aus.
Plötzlich erhebt der englische Admiral sein Glas, sieht dem deutschen Kommandanten scharf in seine blauen Augen und raunt ihm, als die Gläser zusammenklingen, leise zu: »The two white nations!« (»Die zwei weißen Völker!«) Blitzenden Auges sahen sich die beiden Germanen an, die Vertreter der beiden größten seefahrenden germanischen Völker. Sie fühlten, daß sie eines Stammes waren, ursprüngliche Glieder eines und desselben edlen Volkes.

Raeders Politik der Kontakte trug Früchte. 1935 brachte das Londoner Flottenabkommen die ersehnte Befreiung von den Versailler Beschränkungen zugunsten eines Zahlenverhältnisses der Flottenstärken. Dazu Raeder:

Wenn die Flottenvertragsverhandlungen zu einem befriedigenden Ergebnis geführt hatten, so war dies zu einem wesentlichen Teil darauf zurückzuführen, daß — soweit wir das übersehen konnten — die maßvolle und entgegenkommende Einstellung, die vielerorts in der britischen Marine vorhanden war, sich durchsetzte gegenüber einer grundsätzlich ablehnenden Haltung, wie sie von einzelnen Mitgliedern des englischen Auswärtigen Amtes oder unbeamteten Persönlichkeiten der englischen Öffentlichkeit gezeigt wurde. Man ging wohl nicht fehl, wenn man die Empfindung hatte, daß die Gedanken und der Geist Jellicoes, seine Klugheit und seine Mäßigung, den vernünftigen und realpolitischen Weg zum Flottenabkommen begleitet hatten.

Jellicoe starb am 20. November 1935 im Alter von fast 76 Jahren;

> *unter den zwölf prominentesten militärischen Führern, die die große Ehre hatten, als Träger des Sargtuches auf dem Weg von der Admiralität zur St. Pauls-Kathedrale unmittelbar neben dem Sarg zu schreiten, befand sich der deutsche Flottenchef, Vizeadmiral Foerster.*

Aber Raeder hielt sich nicht an die Gedanken und den Geist Lord Jellicoes. Er, der in der Weimarer Republik seine Marine aus dem Griff politischer Parteien mit erklärter Strenge heraushielt, machte sie zum Werkzeug in der Hand Adolf Hitlers.

INS DRITTE REICH

„Woher ich meine Panzerschiffe kriege, ist mir egal"

Am 19. Mai 1931 taufte Reichspräsident von Hindenburg in Kiel den Panzerkreuzer A, nunmehr Panzerschiff ›Deutschland‹, das ein paar Minuten vorzeitig ins Wasser rutschte und dadurch den Reichskanzler Brüning bei seiner Ansprache irritierte.
Der Zentrumsmann Brüning hatte am 29. März 1930 den letzten von der SPD gestellten Kanzler der Weimarer Republik abgelöst, Hermann Müller. Die SPD unterstützte dennoch Brüning als Kanzler der Mitte gegen Kommunisten und Nationalsozialisten, zudem kam er aus einer Karriere als christlicher Gewerkschaftler. Zum Kanzlerkandidaten hatte ihn aber die Reichswehr gemacht. General Kurt von Schleicher, seit 1926 Leiter der Politischen Abteilung im Reichswehrministerium und seit 1929 als Staatssekretär Chef des Reichswehr-Ministeramts, hatte Brüning dem Reichspräsidenten empfohlen. Brüning regierte bei seinen Maßnahmen gegen die Wirtschaftskrise ohne Reichstagsmehrheit mittels Notverordnungen, Ermächtigungen durch den Reichspräsidenten gemäß Artikel 48 der Weimarer Verfassung. Die Wendung Deutschlands zum Führerstaat bahnte sich an.
Für die Marine wußte Brüning das rechte Wort zu finden. Bei der Taufe des Panzerschiffs ›Deutschland‹ sagte er unter anderem:

> *Durch diese Feier zeigt das deutsche Volk in aller Offenheit vor der Welt, daß es auch unter den ihm auferlegten Beschränkungen und in allergrößter wirtschaftlicher Not die Kraft findet, den Frieden zu sichern und die Ehre zu wahren ...*

Bei mehr als 5 Millionen Arbeitslosen, aus denen bald mehr als 6 Millionen wurden, und bei Bedrückung weiterer Millionen durch Lohnabbau und Teuerung hatte das deutsche Volk die Kraft nicht, und das Panzerschiff, das durch Abschreckung von Friedensstörern den Frieden sichern sollte, leitete eine Seerüstungswelle ein.

> *Wir warten darauf, daß, wenn aus den Verträgen überhaupt eine Hoffnung für die Menschheit entstehen soll, unsere gewissenhaft vollzogene Abrüstung Nachahmung findet ...*

So sagte Brüning beim ›Deutschland‹-Stapellauf hoffnungsvoll.
Im nächsten Jahr wurde der Bau des Panzerkreuzers B eingeleitet, heftig umstritten wie sein Vorgänger.

Am 10. April 1932 wurde Hindenburg als Reichspräsident wiedergewählt, im zweiten Wahlgang mit 19,3 Millionen Stimmen gegen 13,4 für Hitler und 3,7 für den KPD-Vorsitzenden Ernst Thälmann. Während Hindenburg bei seiner Wahl 1925 Kandidat der Reaktion gewesen war, eine Führerfigur der Kaiserzeit, erschien seine Wahl 1932 als Sieg der demokratischen Kräfte gegen die Radikalen, brachte scheinbar Stabilisierung der Republik vor allem gegen die Opposition von rechts, die sich in der Harzburger Front gegen Brüning am 11. Oktober 1931 zusammengeschlossen hatte, aber an der Reichspräsidentenwahl schon scheiterte: Die Deutschnationalen verließen die Front, weil sie Hitler nicht als Reichspräsidenten wollten.
Aber Hindenburg, mittlerweile 84 Jahre alt, von reaktionären Beratern umgeben und selbst weder Demokrat noch überhaupt Politiker, hatte die Gründe seiner Wiederwahl nicht erfaßt. Während Brünings Reichswehrminister General Groener sich endlich stark genug fühlte, die nationalsozialistischen Bürgerkriegsorganisationen SA und SS zu verbieten — drei Tage nach der Präsidentenwahl —, sah der politische General von Schleicher seine Stunde gekommen. Für ihn und seine konservativen Gesinnungsgenossen lag es nahe, Hitlers Nationalsozialisten als Instrument eigener Machtpolitik zu benutzen. Als die Landtagswahlen in Preußen, Württemberg und Bayern nationalsozialistische Erfolge brachten, ließ sich Hindenburg überzeugen, er dürfe nicht durch Brüning eine so starke nationale Bewegung in militanter Opposition halten. Er entließ Brüning am 30. Mai 1932. Der Zentrumsabgeordnete Franz von Papen bildete ein konservatives ›Kabinett der Barone‹ gegen die Reichstagsmehrheit. Am 4. Juni wurde der Reichstag aufgelöst, am 14. Juni das Verbot von SA und SS aufgehoben, am 20. Juli die preußische Regierung abgesetzt — eine seit 1925 bestehende Koalition unter dem Sozialdemokraten Otto Braun, der Innenminister Carl Severing war 1920-1930 in mehreren Regierungen Reichsinnenminister gewesen.
Die Regierung Papen erwies sich trotz solcher Kraftakte als unfähig, die deutsche Innenpolitik zu stabilisieren. Der am 31. Juli neugewählte Reichstag brachte den Nationalsozialisten einen Anstieg von 107 auf 230 Sitze. Hermann Göring wurde Reichstagspräsident, Papen bot Hitler an, als Vizekanzler in die Regierung einzutreten, aber der Reichstag war durch absolute Uneinigkeit blockiert. Neuwahlen vom 6. November zwangen am 17. November zum Rücktritt der Regierung von Papen, die Nationalsozialisten verloren 34 Sitze, und General von Schleicher versuchte, innere Parteiungen der verschreckten Nationalsozialisten für sich auszunutzen. Am 3. Dezember 1932 wurde er Reichskanzler.
Zunächst hatte er Hitler in seine Regierung aufnehmen wollen, setzte dann aber auf den linken Flügel der Hitler-Partei und bot Hitlers

innerparteilichem Gegner Gregor Strasser, der am 8. Dezember mit Krach aus der Partei ausgeschieden war, den Vizekanzlerposten an. Aber die Hitler-Partei, die nach dem Wahlrückschlag und angesichts der abebbenden Wirtschaftskrise (im Juli waren Deutschland die Reparationszahlungen erlassen worden) ihre Felle davonschwimmen sah und finanziell am Ende war, wurde gegen Schleicher durch Franz von Papen gerettet. Schleicher hatte versucht, den linken Flügel der Rechtsparteien und den rechten der Linksparteien für sich zu gewinnen, indem er eine Wirtschaft ohne Ideologien propagierte, offen auch für Sozialisierung. Er machte sich dadurch Papen und seine Kreise zu Todfeinden, die Großindustriellen und Großagrarier und die ihnen nahestehende Hochfinanz. Sie setzten auf Hitler, den sie als Werkzeug zu benutzen hofften; er bekam festen Boden unter die Füße, Schleicher saß zwischen den Stühlen und wurde am 28. Januar 1933 entlassen.
Der neue Reichskanzler hieß Adolf Hitler, seine Anhänger feierten den Erfolg realistisch als ›Machtübernahme‹.

Die Reichsmarine hatte nicht um Brüning getrauert, obwohl er ihr entgegengekommen war. Als Brünings Reichswehrminister Groener in der Auseinandersetzung mit den Nazis im Reichstag über das SA-Verbot stolperte, wehrte sich Raeder gegen Vermutungen, er solle als Nachfolger berufen werden, und er hatte sich gegen das SA-Verbot ausgesprochen, weil er — wenn schon Verbot — alle Wehrverbände außerhalb der Reichswehr untersagt wissen wollte. Er orientierte sich ausdrücklich nur am Vertrauen des Reichspräsidenten:

> *Zeit meines Lebens habe ich einen rein soldatischen Kurs gesteuert und alles getan, um die Marine und damit auch meine Person aus dem politischen Getriebe herauszuhalten.*

Wobei der »rein soldatische Kurs« allerdings bedeutete, aus den Regierungen möglichst viele Mittel für die Marine herauszuholen und sie in erster Linie nach ihrem Verständnis für die Marine zu beurteilen. In diesem Sinne begann mit der Regierung Papen eine neue Aera.
Zwar hielten sich die Seemächte bei größeren Schiffen an die Washington-Beschlüsse von 1922 im Geist von Versailles, aber seit Mitte der zwanziger Jahre machte Mussolini die Franzosen nervös, nur zu gern plädierten die nach dem Krieg frustrierten Marineleitungen für Neubau von U-Booten, Zerstörern und Kreuzern. Und das deutsche Panzerschiff ›Deutschland‹ veranlaßte Frankreich, den Bau von Großkampfschiffen erstmals seit zwei Jahrzehnten wieder in Angriff zu nehmen. Italien folgte prompt.
Die kleineren europäischen Seenationen hatten trotz großem Handel nur kleine Flotten, und England sah keine Veranlassung, seine große Flotte wesentlich zu modernisieren. Es baute in den zwanziger Jahren

nur je ein Dutzend Zerstörer und U-Boote und eine Serie Washington-Kreuzer.

Die deutsche Marine stand, ohne es erkennen oder wahrhaben zu wollen, vor der gleichen Situation wie ihr einstiger Chef Stosch 1873, als er seine Flottendenkschrift verfaßte. Frankreich war der Feind, damals besiegt, aber in vollem Besitz seiner Seemacht, weiterhin potentieller Gegner. Die deutsche Marine war unbedeutend, Aufbauwünsche stießen auf Unverständnis. Stosch war Landsoldat, und es gab auch keine frühere deutsche Seemacht, von der er hätte schwärmen können. So notierte seine Denkschrift sachlich, daß die Beschaffenheit der deutschen Küsten

> *so wenig feindliche Landungen unterstützt sowohl in bezug auf Tiefenverhältnisse und Strömungen als auch in bezug auf die Etablierung von Landungstruppen, daß man die Verteidigung auf diejenigen Örtlichkeiten beschränken kann, welche den Gegner besonders locken wie z. B. die großen Handelsstädte . . .*

Und unter dem Landsoldaten Caprivi war zehn Jahre später das Torpedoboot in die Debatte gekommen, das mitsamt einer Küstensicherung durch Minen als Alternative gegen Panzerschiffe und große Seeschlacht dienen konnte.
Dieser Grundsatz hatte Deutschland zur See nicht in Spannungen gebracht, in den drei Jahrzehnten nach 1871 hatte das Reich seine überseeischen Kolonien erworben und bewahrt, bis Wilhelm II. seinen Tirpitz fand, dessen große Flotte dann doch ein Instrument zum Siegen wurde.

Tirpitz war auf ein großes Ziel fixiert, ohne daß ihn politische Instanzen bremsten, weil in Gestalt des Kaisers und seiner Kanzler eine Sicherung durchgebrannt war. Raeder war an einer großen Vergangenheit orientiert, als erneut die politischen Sicherungen versagten, der Effekt war der gleiche: Die Pläne und die Flotte wuchsen. Der sogenannte ›Umbauplan‹ von 1932 war praktisch ein weitgehender Neubauplan. Die ›Kleine Marinegeschichte‹ von 1966 sagt, nach diesem Plan habe man bis zum Jahr 1938 die Zahl der Zerstörer, Torpedoboote und Schnellboote wesentlich erhöhen und eine Rahmenorganisation für U-Boote und Marineflugzeuge schaffen wollen, womit deutlich geworden sei,

> *daß Deutschland nicht beabsichtigte, den Weg zu einer neuen Weltseemacht zu beschreiten.*

Doch fehlen bei dieser Darstellung die sechs Panzerschiffe (vier sollten in der ersten Phase bis 1938 gebaut werden), die im ›Umbauplan‹ enthalten waren, und die nun einmal als spektakuläre Herausforderung Frankreichs wirken mußten, ob als ›Risiko‹ oder als tätige

Kampfmacht. Zumal Raeder als Maßstab für die Größe dieser Panzerschiffe alsbald die französischen 26 500 Tonnen-Schlachtschiffe ›Strasbourg‹ und ›Dunkerque‹ nahm, die er dann — zumindest nach Größe — mit seinen Panzerschiffen D und E übertraf. Er nannte sie auch schon in der Planung nicht mehr ›Panzerschiffe‹, sondern ›Schlachtschiffe‹.

Auf eine Zwangslage konnte er sich berufen, weil er 1930 den Seemächten erfolglos die Preisgabe des Panzerschiffs A angeboten hatte, wenn sie dafür auf das Verbot von U-Booten und Luftstreitkräften verzichtet hätten. Im Rahmen der Londoner Flottenkonferenz wollte Deutschland auf eine Tonnage-Begrenzung eingehen, die einem Viertel der britischen Flotte entsprochen hätte. Tieferer Grund war, daß der Marine immer noch beträchtliche schwarze Gelder zur Verfügung standen, deren Verwendung über den Etat hinaus aufgefallen wäre. Das schon im Bau befindliche Panzerschiff hatte aber schon seine Wirkung im gegenteiligen Sinne getan. Der aggressive Charakter des Typs hatte den Geist von Versailles neu belebt.

Die Kurzlebigkeit des Kabinetts Papen machte den ›Umbauplan‹ zur Utopie. Die Marine mußte fürchten, weiterhin mühsam um ihre Forderungen kämpfen zu müssen, eventuell hoffnungslos gegen einen Linksrutsch. Sie fühlte sich jedoch von einer nationalen Mehrheit im Volke getragen, die sich nicht in den Parteien artikulierte. Raeder betont in seinen Memoiren, wie viele Freiwillige sich schon um Mitte der zwanziger Jahre meldeten,

> *allein bei der Schiffsstammdivision in Kiel jährlich 30 000 bis 40 000 junge Leute, von denen knapp tausend eingestellt werden konnten. Für das Jahr 1932 lagen für die Seeoffizierlaufbahn 618 Aufnahmegesuche vor, von denen 45 berücksichtigt werden konnten, für die Ingenieuroffizierlaufbahn waren es 522 bei 14 freien Stellen. Bei der Sanitätsoffizierlaufbahn konnten von 121 Meldungen 6 angenommen werden, und für 123 Bewerber der Verwaltungsoffizierlaufbahn standen 4 Stellen zur Verfügung.*

Die Marine bedeutete eine sichere Existenz. Raeder hatte schon als Bildungsinspekteur und noch mehr als Stationschef die Vorsorge für das Personal betrieben, das nach der zwölfjährigen Dienstzeit versorgt werden mußte, Marinefachschulen waren eingerichtet worden, entlassene Marine-‹Zwölfender‹ hatten eine sichere Zukunft, und das Leben in der Marine bot in der politisch und wirtschaftlich wirren Welt der Roaring Twenties Klarheit und Sauberkeit im Sinne des kaiserlich geprägten Männerbundes, in dem die unvergänglichen Werte galten, auf die Generationen eingeschworen waren. Stolz berichtet Raeder:

> *Nun mußte sich in der unruhevollen Übergangszeit von 1932 bis*

1933 zeigen, ob die Marine in sich so gefestigt war, daß die innerpolitischen Auseinandersetzungen nicht Eingang in ihre Reihen fanden und sie die ihr zukommende unabhängige Stellung bewahren würde. Dies ist ohne Einschränkung gelungen. Ich habe immer wieder darauf hingewiesen, daß wir allen Anlaß hätten, der politischen Entwicklung im Vertrauen auf unseren obersten Befehlshaber, den Reichspräsidenten von Hindenburg, entgegenzusehen. Während ich etliche Heißsporne zu dämpfen suchte, stärkte ich auf der anderen Seite denjenigen das Rückgrat, die unter dem Eindruck der starken politischen Parteipropaganda die stille und nach außen wenig in Erscheinung tretende Arbeit und Leistung der Reichsmarine und damit die eigene Arbeit nicht in ihrem vollen Wert erkannten.
Bei der Marine kamen daher keinerlei Entgleisungen vor. Die Beauftragung des Führers der NSDAP, Adolf Hitler, mit dem Amt des Reichskanzlers durch den Reichspräsidenten im Januar 1933 und die Bildung eines neuen Kabinetts brachten für die Marine weder Erschütterungen noch Reibungen mit sich.

So einfach war das. Bedenken wischte Raeder beiseite:

Woher ich meine Panzerschiffe kriege, ist mir egal!

Adolf Hitler war in seinen technischen Interessen, im schnellen Auffassen und Wiedergeben von Fachwissen und in seinem Spieltrieb dem Kaiser recht ähnlich. In vielem, in sehr vielem, trat er in die Stiefel des gekrönten Vorgängers, suchte dessen Fehler zu vermeiden und dem Traumbild vom tatkräftigen absoluten Herrscher gerecht zu werden, das Wilhelm geprägt, aber nicht erfüllt hatte.
Paraden von Menschen und technischem Gerät begeisterten Adolf wie Wilhelm, und der imposante Anblick der Kampfschiffe hat seine Wirkung auf den Führer nicht verfehlt. Zur Seefahrt hatte er kein Verhältnis, er wurde leicht seekrank oder fürchtete, es zu werden und sich zu blamieren. Er hat keine nennenswerte Seereise unternommen.

Was die Kaiserin Friedrich über ihren Sohn Wilhelm gesagt hat, paßt durchaus auch auf Hitler. Zitat aus dem Tagebuch von Wilhelm Hofmarschall Graf Zedlitz-Trützschler 1905:

Manchmal muß man doch denken, daß die Kaiserin Friedrich nicht so unrecht hatte, wenn sie in der Zeit schwerer Zerwürfnisse mit ihrem Sohn gelegentlich äußerte: »Glauben Sie nur nicht, daß mein Sohn etwas aus irgendeinem anderen Motiv als dem der Eitelkeit tut.« — Für den ruhigen Beobachter kommen natürlich noch viele andere Beweggründe hinzu, aber eine ungeheure Bedeutung behält allerdings als Triebfeder die Eitelkeit. — Auch die größten Schwierigkeiten entstehen dadurch, denn mit allem, was um ihn vorgeht, was seine Regierung angeht oder tut, identifiziert sich der Kaiser in schrankenloser Subjektivität.

Hitler präsentierte sich geschickter als Wilhelm, nicht so knäbisch, nicht mit Ringen und Armbändern, Ordensfülle und Uniformspielereien — diesen Stil übernahm der ›Reichsmarschall‹ Hermann Göring. Die schlichte Uniform des Führers mit dem Eisernen Kreuz entsprach dem Vorbild Friedrichs des Großen, dessen Bild man nicht anders kannte als mit dem stets gleichen einfachen Uniformrock und dem Stern des Schwarzen-Adler-Ordens. Auch Napoleon hat die Kunst beherrscht, sich in glanzvollem Rahmen schlicht in Pose zu setzen. Für die Marine rückte Hitler, der Führer, auf den leeren Thron des Herrschers, den Wilhelm so enttäuschend verlassen hatte.

Hitler hatte es bei der Marine leicht. Fern von Berlin mit seinen Unheimlichkeiten war er hier unter Fachleuten, die sich nur um ihre Waffe sorgten, durch Verständnis und Förderung zu gewinnen waren; eine kaiserliche Marine ohne Kaiser, bereit zur Unterordnung.

Er wußte sie zu nehmen, war auch ehrlich interessiert. Die Marine schenkte ihm ein Modell des Panzerschiffs ›Deutschland‹, er nahm das Huldigungsgeschenk mit begeisterter Freude an. Im Kreis von Marineoffizieren sagte er einmal, »daß er selber gern Seeoffizier geworden wäre.«

Er enttäuschte später die Marine, dachte nicht seepolitisch, verwarf Raeders Drängen nach Eroberung des Mittelmeerraumes statt des Angriffs auf die Sowjet-Union. Schimpfte über Konzeption und Qualität der Schiffe und sagte zu einem nach langer Feindfahrt zurückgekehrten Hilfskreuzerkommandanten mit mürrischer Offenheit:

Für mich, Herr Kapitän, hätte das 14 Monate lang jeden Tag Seekrankheit bedeutet.

Und er setzte 1943 seinen treuen Raeder ab.

Doch er traute der Marine bis zuletzt, sah in ihr in der Zeit des bittren Endes eine treuere Truppe als sogar seine Leibstandarte und machte Großadmiral Dönitz zu seinem Nachfolger. Er ließ zu, daß Raeder sich gegen antikirchliche Bestrebungen wandte, die Marine nicht nazifizierte, sich für konservative Hitlergegner einsetzte, Juden und ›jüdisch Versippte‹ in seinem Einflußbereich zu schützen suchte. Wie die Marine das Dritte Reich als unmittelbare Anknüpfung ans Kaiserreich, Hitler als Thronerben, empfand — zum Kronprinzen hatte sie kein Verhältnis, gar kein Vertrauen —, beweist der Aviso ›Grille‹.

Dies Schiff, am 15. Dezember 1934 nach nur neunmonatiger Bauzeit vom Stapel gelaufen, war ohne jeden Kampfwert, eine neue ›Hohenzollern‹. Genauso groß (115 Meter lang, ›Hohenzollern‹ 116 Meter), eine Staatsjacht, als ›Schiff des Führers‹ deklariert, als ›Tender‹

(Begleitschiff für kleinere Fahrzeuge, Büroschiff für Stäbe u. ä.) verwendbar. Die Bezeichnung als ›Aviso‹, längst veraltet, einstmals im 19. Jahrhundert für die Vorläufer der Kleinen Kreuzer üblich und bereits für die ›Hohenzollern‹ aufgewärmt, ist ein weiterer Beweis für die unmittelbare ideelle Verbindung. Es war ein sehr schönes Schiff, mit Klippersteven und Klüverbaum, weiß mit gelbem Schornstein. Blohm und Voß in Hamburg hatte schon 1931 ein ähnliches Schiff für eine amerikanische Millionärin gebaut, mit zwei Schornsteinen; diese ›Savarona‹ wurde — wohl wegen der Wirtschaftskrise — nicht abgenommen, war in Charter im Film ›Der grüne Kaiser‹ zu sehen und ist 1938 von der Türkei als Staatsjacht angekauft worden. Die ›Grille‹ war ein Auftragsbau der Kriegsmarine, in ihr wurden alte Zeiten wieder lebendig, die Marine hatte wieder ein Schiff für ihren Monarchen und hat erwartet, er werde es benutzen wie einst Wilhelm, für Staatsbesuche über See. Aber er benutzte es nicht.

Mit ihrer kurzen Bauzeit war sie sicher als Studie für spätere Kriegs-Schnellbauten nützlich.

Sie wurde englische Kriegsbeute, ging durch verschiedene Hände und ist 1950 in Amerika abgewrackt worden.

An Bord des Führerschiffs kam es ein Vierteljahr vor der englischen und französischen Kriegserklärungen zu einer denkwürdigen Szene. Dönitz erinnert sich:

> *Am 22. Juli 1939 ließ Raeder mich und mein Offizierkorps zu sich auf das Aviso ›Grille‹ nach Swinemünde kommen und teilte uns Hitlers Antwort mit: Ich und meine Offiziere sollten sich beruhigen, »es gäbe keinen Krieg mit England, das wäre Finis Germaniae« Finis Germaniae — das Ende Deutschlands!*

AUFRÜSTUNG

„Von dem Glauben an Völkerversöhnung, Weltfrieden... zu befreien“

Die Polen waren zur See weiterhin unbedeutend, auch nicht von ihrem geringen Seehandel abhängig, aber hier schien schon Ende der zwanziger Jahre am ehesten eine Kriegsgefahr zu bestehen. Der Versailler Vertrag hatte Ostpreußen durch den ›Polnischen Korridor‹, den breiten Seezugang im Weichselgebiet, vom Reich getrennt, das Fischerdorf Gdingen war zum polnischen Seehafen ausgebaut worden, Danzig war freie Stadt unter einem Völkerbundkommissar. Die zwischen Rußland und Deutschland eingeklemmten Polen fürchteten, ihre deutschen Minderheiten auch in Oberschlesien könnten sich mit den revisionistischen Kräften des Reichs verbinden. Beide Seiten fürchteten einen Angriffskrieg, die Deutschen stellten sich auf einen polnischen Versuch ein, Ostpreußen zu überrumpeln und zu annektieren. 1930 wurde die Flottenführung der Reichsmarine, bis dahin für Nord- und Ostsee getrennt, zentralisiert nach Kiel verlegt. Absprachen mit dem Heer wegen Operationen bei einem deutsch-polnischen Krieg wurden getroffen. Das französisch-polnische Militärabkommen, dessen Artikel 7 im Kriegsfall die Beteiligung französischer Kriegsschiffe unter polnischer Flagge vorsah, führte 1932 dazu, Mobilmachungsmaßnahmen nicht einseitig gegen Polen vorzubereiten, das einen Angriff ohne französische Hilfe praktisch nicht wagen konnte. Für eine Entspannungspolitik ohne Rüstung war in den Gedankengängen der Marineleitung kein Raum. Zu sehr fühlte man sich von Feinden umgeben und griff auf Tirpitz-Rezepte zurück:

> *Für unsere Wehrpolitik ergibt sich aus dieser Lage, daß wir uns 1. so stark machen müssen, daß ein Angriff für den Feind das größtmögliche Risiko darstellt, 2. daß wir durch entsprechende Rüstung unsere Bündnisfähigkeit auf eine möglichst hohe Stufe bringen müssen.*

Ob er seine Panzerschiffe von Hitler bekommen würde, war für Raeder nicht unbedingt klar. Der neue Führer war kein Reichskanzler wie die anderen, das war sicher. Nationale Größe stand auf seinem Programm wie bei keinem zweiten. Aber in seinem programmatischen Buch ›Mein Kampf‹ war er böse über den geheiligten Vater des

Flottengedankens Tirpitz hergezogen, hatte ihm Halbheit und mangelnde Voraussicht vorgeworfen. Und von anstrebenswerter Seemacht hatte er nie gesprochen. Er stammte aus dem Süden, war Landsoldat gewesen und als Parteipolitiker groß geworden, ohne je ein Ministeramt versehen zu haben.

Aber Hitlers Vizekanzler war Franz von Papen, der als Reichskanzler den ›Umbauplan‹ gefördert hatte und mit der Industrie im Bunde stand, der an Schiffbau nur gelegen sein konnte.

Raeder lernte Hitler erst nach der ›Machtergreifung‹ persönlich kennen, bei einem Empfang im Hause des Chefs der Heeresleitung, General Freiherr von Hammerstein, am 2. Februar 1933. In einer Ansprache beruhigte der Reichskanzler die Generale und Admirale hinsichtlich mancher Befürchtungen, die Reichswehr solle nun innenpolitisch eingesetzt werden. Kurze Zeit danach hielt er Hitler Vortrag über »die Lage bei der Marine, ihren Rüstungsstand und ihre Aufgaben«, und der Führer sagte:

> *Ich will mit England, Italien und Japan niemals Krieg haben. Die deutsche Flotte ist daher im Rahmen ihrer Aufgaben innerhalb der europäischen Kontinentalpolitik auszubauen.*

Das hieß, da die Sowjet-Union zur See nur unbedeutend auftrat, daß weiterhin Frankreich und Polen die potentiellen Gegner waren, der ›Umbauplan‹ der Flotte war gesichert. Schon am 22. März 1933 besuchte Hitler die Marine. Sie nahm es als Zeichen eines neuen Frühlings, vergleichbar mit dem Besuch des jungen Kaisers Wilhelm fünfundvierzig Jahre vorher, wie damals nach einer Zeit der Frustration. Hitler sagte in seiner Ansprache an die Marinetruppenteile des Standorts Kiel:

> *Soldaten der Reichsmarine! Sie haben große Traditionen zu wahren. Nur wenige Jahrzehnte haben dem alten Deutschland zur Ausbildung seiner Wehr zur Verfügung gestanden. Diese Jahrzehnte sind genutzt worden, um das ganze deutsche Volk mit Stolz auf seine Blaujacken sehen zu lassen. Dann kam die Zeit der Demütigung. Und nun hat Deutschland sich wieder gefunden, um der deutschen Arbeit den Weg zur Freiheit zu bahnen. In diesem Sinne begrüße ich unsere deutsche Flotte. Wenn diese Flotte auch klein ist, so sieht doch ganz Deutschland mit Freude auf sie. Denn sie ist der sichtbarste Repräsentant des deutschen Ehrbegriffs und der deutschen Geltung draußen in der Welt.*

In so wenigen Sätzen alles zusammenzufassen, was dem Selbstverständnis der Reichsmarine wohl tat, war meisterlich. In freudiger Zufriedenheit sah man Admiral Raeder neben seinem neuen Führer. Mit dem genau gleichen Gesichtsausdruck, bis in die Nuance, hatte er 21 Jahre zuvor als Navigationsoffizier der ›Hohenzollern‹ neben seinem Kaiser gesessen. Für den im Triumph doch noch unsicheren Hitler (12 Jahre jünger als Raeder und vor 10 Jahren noch ein armer Schlucker) war es auch ein stolzer Augenblick, die traditionsreiche Flotte in seiner Hand zu wissen, die Offiziere als respektvolle Untertanen auf Förderung hoffen zu sehen.

Für Hitler war die Marine nicht nur durch ihren Leiter kein Problem. Das Offizierkorps war nicht gespalten. Die höheren Chargen fußten noch im Kaiserreich und standen wie Raeder unter dem nachwirkenden Schock des Umsturzes von 1918. Nie wieder sollte die Marine der legitimen Staatsführung den Gehorsam verweigern. Ein Teil der höheren Offiziere und viele jüngere standen der nationalsozialistischen Bewegung, an der sie sich nicht hatten beteiligen dürfen, mit starken Sympathien gegenüber.

Als der Kapitän zur See von Schröder (Sohn des ›Löwen von Flandern‹ Admiral von Schröder) als Kommandant des Kreuzers ›Köln‹ 1930 den Parteiführer Hitler, der in Wilhelmshaven eine Rede gehalten hatte, auf sein Schiff einlud, war es noch mißbilligt worden. Aber Hitler hatte der Marine bei dieser Gelegenheit seine Förderung versprochen, und da die nationalsozialistische Bewegung sich erst spät auf Norddeutschland ausgedehnt hatte, waren Marineleute nicht mit den Wirren der Partei in Berührung gekommen. Sie hatten sie als sieghafte Erneuerungsbewegung kennengelernt. Bei den Auseinandersetzungen von 1932 war es so weit gekommen, daß Marinekommandeure einen nationalsozialistischen Umsturz in der Marine fürchteten, falls eine neue Regierung auf Linkskurs ginge, aber das kam der Marine nun zugute, die Bahn war frei — und es gab ja noch Hindenburg, die stabilisierende Vaterfigur.

Daß England nicht in der Schußlinie außenpolitischer Vorstellungen der nationalsozialistischen Regierung stand, erlaubte Raeder die Fortführung seiner Kontakte mit dem Ziel, das englische Placet zur Flottenvergrößerung zu erhalten. Admiral Jellicoe, 74 Jahre alt, mußte es verstanden haben, warum am 1. April 1933 der Name ›Admiral Scheer‹ für das zweite Panzerschiff gewählt wurde. Denn Jellicoe hatte seinem einstigen Skagerrak-Gegner schon 1928 die Hand geboten. Nur durch Scheers Tod war es nicht zu dem Zusammentreffen gekommen, nachdem Scheers Stabschef Vizeadmiral von Trotha schon auf Einladung des britischen Frontkämpferverbandes in England gewesen war.

So bahnte sich das Flottenabkommen mit England an, das 1935 abgeschlossen wurde.

Für den ›Umbauplan‹ brauchte die Marine mehr Geld und mehr Personal. Im Rahmen der ›Arbeitsbeschaffung‹, mit der das Dritte Reich die verbreitete Arbeitslosigkeit bekämpfte, ohne daß eigentlich

die Mittel eines natürlichen Wirtschaftsaufstiegs zur Verfügung standen, wurde der Marine-Etat 1933 erhöht.
Schon 1932 war der Bau des dritten Panzerschiffs der 10 000 Tonnen-Vertragsklasse in Angriff genommen worden. Es lief am 30. Juni 1934 vom Stapel und wurde ›Admiral Graf Spee‹ getauft, womit nun zwei Panzerschiffsnamen auf den vergangenen Seekrieg gegen England Bezug nahmen — Admiral Scheer war trotz des unentschiedenen Ausgangs der Skagerrakschlacht als Sieger gefeiert worden, Admiral Graf Spee war der Sieger der Schlacht bei Coronel, sein Untergang bei den Falklands-Inseln wurde — technisch korrekt — auf die Unterlegenheit seiner Streitkräfte zurückgeführt.
Doch konnte man bei den Engländern mit Kameradschaftsgeist rechnen, pflegte die Beziehungen und konnte es wagen, 1932 für die Panzerschiffe D (Ersatzbau für das alte Linienschiff ›Elsaß‹) und E (Ersatz ›Hessen‹) weit über die 10 000 Tonnen-Grenze hinauszugehen, auf offiziell 26 000 Tonnen. Wobei man allerdings nicht damit rechnete, die teuren Schiffe schon sehr bald bauen zu können.
In diesem Stadium kam die politische Wendung in Deutschland. Einen Reichskanzler, der Deutschlands Erneuerung in Waffen versprach und offensichtlich die Kraft hatte, seine Pläne durchzusetzen, hatte es noch nicht gegeben.

> *Erstens muß unser Volk von dem hoffnungslos wirren Internationalismus befreit und bewußt und systematisch zum fanatischen Nationalismus erzogen werden . . . Zweitens werden wir unser Volk, indem wir es dazu erziehen, gegen den Irrsinn der Demokratie zu kämpfen und wieder die Notwendigkeit von Autorität und Führertum einzusehen, von dem Unsinn des Parlamentarismus fortreißen. Drittens werden wir, indem wir das Volk von dem jämmerlichen Glauben an eine Hilfe von draußen, das heißt von dem Glauben an Völkerversöhnung, Weltfrieden, Völkerbund und internationale Solidarität, befreien, diese Ideen zerstören. Es gibt nur ein Recht in der Welt, und dieses Recht liegt in der eigenen Stärke . . .*

So hatte Hitler es 1928 gesagt, und er handelte danach, sicherte seine autoritäre Macht mit einer Serie von Gesetzen, der Reichstag verzichtete gegen die Stimmen der Sozialdemokraten am 24. März der eigenen Entmachtung zu, indem er dem »Gesetz zur Behebung der Not von Volk und Staat«, als ›Entmächtigungsgesetz‹ bekannt, zustimmte. Die kommunistische Partei war schon verboten worden, Prügelkeller und Konzentrationslager füllten sich. Am 22. Juni 1933 wurde die Sozialdemokratische Partei verboten. Am 30. Januar 1934 wurden die Hoheitsrechte der Länder auf das Reich übertragen, am 14. Februar der Reichsrat aufgelöst.

Zum Sommer 1934 bahnte sich eine Krise an, die neue Ordnung schien gefährdet, Hitlers SA-Führer Röhm wollte wie früher Gregor Strasser und General von Schleicher eine sozialistische Orientierung der Massenbewegung, seine SA mit der Reichswehr zu einer bewaffneten Volksstreitmacht mit antibürgerlicher Tendenz vereinigen, ohne seine Pläne aber schon artikuliert zu haben. Hitler befahl präventiven Massenmord gleich auch gegen potentielle Gegner auf dieser Linie: Außer Röhm und seinem Stab wurden am 30. Juni 1934 mehrere hundert Menschen ermordet, darunter Gregor Strasser und General von Schleicher mit seiner Frau.

Raeder erinnert sich 1956, daß »sehr langsam« Gerüchte durchdrangen,

> *daß bei den angeblich sofort erforderlichen Gegenmaßnahmen eine Reihe von gesetzwidrigen und moralisch nicht zu rechtfertigenden Handlungen vorgekommen war. Etwas Authentisches war aber lange Zeit hindurch nicht zu erfahren. Für mich stellten die Geschehnisse einen neuen Beweis dafür dar, wie dringend es nötig war, die Marine und überhaupt die Wehrmacht von allen innenpolitischen Auseinandersetzungen möglichst fernzuhalten und sie nicht von außen beeinflussen zu lassen, sondern sie immer wieder auf die ihr allein zukommenden Aufgaben auf ihrem eigentlichen militärischen Gebiet hinzuweisen.*
>
> *Bald aber wurden die Erörterungen über diese Vorgänge überschattet durch ein weiteres Ereignis von größter Tragweite. Am 2. August 1934 verschied der Reichspräsident Generalfeldmarschall von Hindenburg.*

Schon am 1. August war gesetzlich die Nachfolge geregelt worden:

> *§ 1. Das Amt des Reichspräsidenten wird mit dem des Reichskanzlers vereinigt. Infolgedessen gehen die bisherigen Befugnisse des Reichspräsidenten auf den Führer und Reichskanzler über . . .*

Am 3. Juli war die Mordaktion vom 30. Juni durch Gesetz als Staatsnotwehr bezeichnet und für rechtens erklärt worden. Und Hitler dankte der Wehrmacht für ihr standhaftes Abseitsstehen mit dem Versprechen, daß seine SA keinesfalls mehr als zweiter Waffenträger auftreten werde:

> *So, wie die Offiziere und Soldaten der Wehrmacht sich dem neuen Staat in meiner Person verpflichteten, werde ich es jederzeit als meine höchste Pflicht ansehen, für den Bestand und die Unantastbarkeit der Wehrmacht einzutreten in Erfüllung des Testaments des verewigten Generalfeldmarschalls und getreu meinem eigenen Willen, die Armee als einzigen Waffenträger in der Nation zu verankern.*

Generale und Admirale hatten bereitwillig den Eid auf den Führer geleistet. Weil er der legal von Hindenburg beauftragte Reichskanzler war und weil das Volk ihm in »bisher nicht erlebter Einigkeit« das Vertrauen bekundet hatte, schreibt Raeder über seine Entscheidung. Ein fünfundachtzigjähriger Feldmarschall und eine Masse im Rausch hätten unter anderen Vorzeichen einen Raeder nicht beeindrucken können. Aber ihn beherrschte allein der Gedanke, seiner Waffe die Zukunft zu sichern, neuen Aufstieg zu deutscher Seegeltung.

Während man noch maßvoll zu planen schien, war schon ein gewaltiger deutscher Flottenrüstungsplan im Gange: Der Ziel-Plan, stets nur Z-Plan genannt. Absolute Übermacht schwebte den Initiatoren vor. England sollte gezwungen werden, im Kriegsfall seine Handelsschiffe sofort in Geleitzügen zusammenzufassen, alle Seestreitkräfte dafür einzusetzen und durch die deutschen Superschiffe geschlagen werden.

Die Bezeichnung Z-Plan hatte aggressiven Klang. Der rote Stander Z war das traditionelle Angriffsignal der Marine.

Adolf Hitler hatte seine rauschhafte Bau- und Rüstungslust auf seinen kühlen Raeder übertragen, dem Schlachtschiff ›Bismarck‹ folgte ›Tirpitz‹.

Vizeadmiral a. D. von Trotha 1936 beim Gauparteitag der NSDAP in Koblenz:

> *Nun gilt es, den Blick über die Grenzen unseres Staates, vor allem über seine Seegrenzen, in die große Welt hinauszulenken. Jeder von uns ist, wo er auch steht, eine Zelle der Pflicht, eingegliedert in die große Gefolgschaft, die für den Willen des Führers bereit steht, unser ganzes Volk eine geschlossene, unzerreißbare Kraft deutschen Lebens. Wie jeder Tropfen, der aus unserer Heimaterde quillt, unentwegt dem Weltmeer zustrebt, so wird die Tüchtigkeit unseres Volkes erst dann der Aufgabe gerecht, die ihr gestellt ist, wenn sie sich zwischen den Weltvölkern den Platz errungen hat, der ihren Gaben und ihrer Fähigkeit gebührt.*

Schon am 14. Oktober 1933 brachte Adolf Hitler das Reich in Kriegsgefahr. Sechs Jahre später erinnerte er seine Generale daran, als der Krieg nun wirklich gekommen war:

> *Als ich 1933 zur Macht kam, lag eine Periode des schwersten Kampfes hinter mir. Alles was vorher da war, hatte abgewirtschaftet. Ich mußte alles neu reorganisieren, angefangen vom Volkskörper bis zur Wehrmacht. Erst innere Reorganisation, Beseitigung der Erscheinungen des Zerfalls und des defaitistischen Geistes, Erziehung zum Heroismus. Im Zuge der inneren Reorganisation nahm ich mir die zweite Aufgabe vor: Lösung Deutschlands aus den internationalen Bindungen. Zwei besondere Merkmale sind*

hierbei hervorzuheben: Austritt aus dem Völkerbund und Absage an die Abrüstungs-Konferenz. Es war ein schwerer Entschluß. Die Zahl der Propheten, die erklärten, er werde zur Besetzung des Rheinlandes führen, war sehr groß, die Zahl der Gläubigen war sehr gering. Ich führte meine Absicht durch, gedeckt durch die Nation, die geschlossen hinter mir stand. Danach Befehl zur Aufrüstung ...

Am 25. Oktober 1933 erließ der Reichswehrminister, nun Reichsverteidigungsminister genannt, eine »Weisung für den Fall von Sanktionen« — für den Fall nämlich, daß der Völkerbundsrat oder eine Gruppe von Völkerbundsmitgliedern den Austritt Deutschlands mit Vergeltungsaktionen beantworten würde, in erster Linie erwartete man es von Frankreich.

Die Sanktionsmaßnahmen der Gegner können verschiedener Art sein. Die Wehrmacht wird sofort von solchen Maßnahmen unmittelbar berührt, die eine Verletzung des deutschen Hoheitsgebietes darstellen, also insbesondere, wenn Streitkräfte der Gegner in deutsches Landgebiet eindringen, dieses überfliegen oder beschießen. Das gleiche gilt zur See für die 3-Meilen-Zone, ferner bei feindlichen Maßnahmen gegen deutsche Seestreitkräfte beim Aufbringen oder Versenken deutscher Handelsschiffe, bei Blockade deutscher Küsten sowie bei Angriffen auf deutsche Küstenbefestigungen oder Küstenplätze ...

Gerade ein halbes Jahr war seit Hitlers Versicherungen gegenüber den Generalen und Admiralen, er werde eine Friedenspolitik führen, vergangen, aber keiner muckte auf. Sie hatten ihren Führer gefunden, und Raeder versicherte bis ans Ende seiner Tage, er habe keine Gelegenheit gehabt, Hitlers Charakter zu erkennen, ehe es zu spät war. Doch damals wie später rafften die Völkerbundsmächte sich nicht zur Aktion auf, Hitlers Taktik blieb fortan die blitzschnelle harte Überrumpelung mit vollendeten Tatsachen. Innenpolitisch beim sogenannten Röhmputsch schon mit vollendeter Brutalität. Frankreich taktierte diplomatisch, es nahm Kontakt zur Sowjet-Union auf, wo nach dem geheimen Zusammenspiel mit der Reichswehr eine starke Abkühlung gegenüber Deutschland eingetreten war, als das deutsche Reich auf Rechtskurs ging und schließlich Hitler die Kommunisten zu Staatsfeinden erklärte.

Hitler hatte Deutschland in die außenpolitische Klemme gebracht, aus der sich der zweite Weltkrieg entwickelte. Doch schaffte er es zunächst, durch ein geschicktes Manöver seinen Friedenswillen zu bekunden und den potentiellen Gegnern den Wind aus den Segeln zu nehmen: Im Januar 1934 schloß er einen Nichtangriffs- und Freundschaftsvertrag mit den Polen, die vom Zusammengehen Frankreichs mit Rußland verschreckt waren. Daß Deutschland nicht aufhörte, Polen zu verabscheuen, zeigte sich schon fünf Jahre später mit schrecklichster Deutlichkeit.

Die Sowjet-Union trat im September 1934 dem Völkerbund bei und schloß am 2. Mai 1935 einen Beistandspakt mit Frankreich, am 16. Mai mit der Tschechoslowakei. Im April 1935 wandten sich England, Frankreich und Italien in Stresa gegen die einseitige Aufhebung von Verträgen und protestierten gegen Deutschlands Wiederaufrüstung, wobei aber Italien geographisch und im Geiste des Faschismus schon kein starker potentieller Gegner Deutschlands mehr sein konnte und England zum Einlenken in der Flottenfrage ansetzte. Man erkannte die aggressive Unmoral des Diktators nicht und glaubte, nicht zuletzt unter dem Eindruck der Bruderschaft der Seeoffiziere, ein Zusammengehen erreichen zu können. Ein Einverständnis Deutschland-England zur See schien das Gleichgewicht zur kontinentalen Einigkeit Frankreich-Rußland wiederherzustellen und Deutschland zum erneuten Eintritt in den Friedensbund der Völker bereit zu machen.

So kam es zum deutsch-englischen Flottenvertrag vom 18. Juni 1935. Er gestand der deutschen Marine 35 Prozent der britischen Flottenstärke zu.

Es war ein stolzer Tag für die deutsche Marineleitung. Sie sah sich in ihrer Beharrlichkeit bestätigt, denn ihr Panzerkreuzer A, das Panzerschiff ›Deutschland‹, hatte international die Flottenrüstung in Bewegung gebracht. Bei der Konferenz von Washington war im Januar 1922 Baustopp für Schlachtschiffe bis 1931 beschlossen worden. Bei der Londoner Konferenz 1930 gelang es nicht, Frankreich für Verlängerung der Vereinbarung bis 1936 zu gewinnen.

Der aggressive Charakter des im Bau befindlichen deutschen Panzerschiffs und der zu erwartenden weiteren, die im Rahmen des Versailler Vertrages erlaubt waren, veranlaßten Frankreich zum Konzept neuer, die Deutschen übertrumpfenden Schlachtschiffe. Italien mußte sich wegen des Gleichgewichts im Mittelmeer an Frankreich orientieren, die USA und Japan waren 1930 nur wegen ihrer vorhandenen starken Streitkräfte zum Einlenken bereit. Im Dezember 1934 kündigte dann Japan das Washington-Abkommen, die Kündigungsfrist lief zum 1. Januar 1936 ab.

Ein britischer Vermittlungsversuch von 1933 scheiterte. Die Beschlüsse der Londoner Konferenz von 1930 galten nur bis 1935, die neuen Verhandlungen waren aussichtslos. Also blieb nur die Hoffnung, die von Deutschland ausgehende Beunruhigung durch ein fixiertes Stärkeverhältnis zu beheben und eine neue Aera internationaler Verträge einzuleiten.

Die Engländer bemühten sich um freundliche Atmosphäre, die deutsche Delegation in London nahm an der Parade zum Geburtstag des

Königs Georg V. teil. Bei den Verhandlungen in den nächsten Tagen setzten die Deutschen ihren Standpunkt gegen diplomatische Vorbehalte der Engländer durch.

Zur Verfügung stand der deutschen Marine nun eine nach Schiffsklassen aufgeschlüsselte Tonnage, die zunächst die Werftkapazität überstieg: Für Schlachtschiffe 184 000 Tonnen, für schwere Kreuzer 51 000 Tonnen, für leichte Kreuzer 67 000 Tonnen, für Flugzeugträger 47 000 Tonnen, für Zerstörer 52 000 Tonnen, für U-Boote 24 000 Tonnen, kein Limit war praktisch für Kleinfahrzeuge gesetzt. Für jede Gattung waren es 35 Prozent des britischen Bestandes, bei den U-Booten jedoch 45 Prozent. Eine Klausel gestand Deutschland sogar das Recht zu, seine U-Boot-Tonnage auf 100 Prozent zu bringen, Parität mit der englischen. Jedoch sollten die 45 Prozent nur nach freundschaftlichen Erörterungen überschritten werden.

Hitler versicherte dem Vertragspartner am 21. Mai 1935, der beschlossene Rahmen sei für

> *die deutsche Reichsregierung bindend: diese Forderung ist eine endgültige und bleibende.*

Aber schon drei Jahre später wurde ohne freundschaftliche Vereinbarung die 100 Prozent-Klausel beansprucht, und der neue Flottenplan ging weit über den Londoner Rahmen hinaus. Adolf Hitler, besessen von Macht ohne Moral, kannte keine Bedenken, und sein Raeder machte mit.

Raeder hatte gleich nach Hitlers Machtergreifung 1933 beim neuen Reichswehrminister General von Blomberg durchgesetzt, daß die Pläne der nächsten Panzerschiffe auf krassen Bruch des Versailler Vertrags angelegt werden konnten, auf 26 000 statt 10 000 Tonnen, obwohl dadurch die Gefahr einer englischen Wendung gegen Deutschland provoziert wurde.

Nicht nur diese Schlachtschiffe waren schon im Bau, als man in London zusammentrat. Die erste Serie deutscher U-Boote stand kurz vor der Vollendung, zwei Tage nach dem Vertragsabschluß lief U 1 in Kiel vom Stapel, bis Jahresende zwölf weitere Boote. U 9 wurde mit dem Eisernen Kreuz geziert, zum Gedenken an das U 9 der kaiserlichen Marine, das unter Kapitänleutnant Otto Weddigen am 22. September 1914 innerhalb einer Stunde drei britische Panzerkreuzer versenkt hatte. Raeders U 9 gehörte im zweiten Weltkrieg zu den Booten, die 1942 zerlegt per Bahn ins Schwarze Meer transportiert wurden, am 20. August 1944 fand es sein Ende vor Konstanza durch einen Bombentreffer.

Das Jahr 1935 war nicht durch das Flottenabkommen für die deutsche Marine epochemachend. Es war das Jahr der wehrpolitischen Neuorientierung, Hitler hatte Fuß gefaßt. Am 16. März wurde die allgemeine Wehrpflicht eingeführt, am 21. Mai wurde die Reichsmarine in Deutsche Kriegsmarine umbenannt, der Chef der Marineleitung nun als Oberbefehlshaber der Kriegsmarine bezeichnet.

Schon mit Wirkung vom 14. Januar 1933 war die als Symbol der lästigen Republik verachtete schwarz-rot-goldene ›Ecke‹ durch Verfügung des Reichspräsidenten von Hindenburg aus der mit dem Eisernen Kreuz gezierten schwarz-weiß-roten Kriegsflagge entfernt worden. Am 7. November 1935 wurde die neue Reichskriegsflagge eingeführt: Mit dem Balkenkreuz der kaiserlichen Kriegsflagge, das Eiserne Kreuz wieder wie einst im oberen stockseitigen Feld und dem Hakenkreuz an Stelle des einstigen Reichsadlers, der Untergrund rot. Die zur Nationalflagge des Dritten Reiches erhobene Parteiflagge Hitlers vereinigt mit Merkmalen der Traditionsflagge, die alle Jahre wieder am Tag der Skagerrakschlacht zu Ehren kam; die an der Schlacht einst beteiligten alten Linienschiffe ›Schlesien‹ und ›Schleswig-Holstein‹ (im Marinejargon ›Hedwig Holzbein‹ genannt) setzten sie als Schulschiffe an jedem 31. Mai.

1936 war ein Jahr des Aufbaues der neuen Flotte und des ersten machtpolitischen Einsatzes beim spanischen Bürgerkrieg, hier noch in Zusammenarbeit mit anderen Seemächten, aber schon mit einem kämpferischen Akzent, der die französischen Befürchtungen vertiefte und sogar die unverdrossen auf neue Versöhnung hoffenden Engländer zu Stirnrunzeln veranlaßte.

Am 3. Oktober 1936 lief das Schlachtschiff D vom Stapel und wurde ›Scharnhorst‹ getauft, am 8. Dezember das Schlachtschiff E, ›Gneisenau‹, in Bau gegeben wurden die Schlachtschiffe F und G, die als ›Bismarck‹ am 14. Februar 1939 und ›Tirpitz‹ am 1. April 1939 vom Stapel liefen, 5-6 Jahre waren für den Bau solcher Schiffe bis zur Indienststellung auch bei größter Anspannung aller Mittel unumgänglich. Je nach Bauzeit und Werftkapazität staffelte man das Programm der kleineren Schiffe. Zwei 1934 konzipierte neue Leichte Kreuzer waren schon auf dem Reißbrett zu Schweren Kreuzern vergrößert worden, sie liefen als ›Admiral Hipper‹ am 6. Februar 1937 und ›Blücher‹ am 8. Juni 1937 vom Stapel. Dadurch kam es zu einer Lücke im Programm der leichten Kreuzer, nachdem am 8. Dezember 1934 ›Nürnberg‹ vom Stapel gelaufen war.

Auch schon von 1934 datierten die Entwürfe einer Zerstörer-Serie, Z 1 lief am 18. August 1935 vom Stapel und erhielt den Namen ›Leberecht Maass‹ nach dem Konteradmiral, der als Führer der Torpedoboote auf seinem Flaggschiff, dem Kleinen Kreuzer ›Cöln‹ am 28. August 1914 vor Helgoland im Feuer britischer Schlachtkreuzer untergegangen war — mit 506 Toten —, als er taktisch unklug bei stark diesigem Wetter vorgestoßen war, weil er sich nur leichten Streitkräften gegenüber glaubte. Im gleichen Gefecht gingen,

ebenfalls einzeln fahrend, die Kreuzer ›Mainz‹ mit 89 Toten, ›Ariadne‹ mit 64 Toten und das Torpedoboot ›V 187‹ mit 24 Toten verloren.
Der Zerstörer ›Leberecht Maass‹ hatte übrigens so wenig Glück wie der Admiral, nach dem er benannt war. Am Abend des 22. Februar 1940 wurde er vor Borkum irrtümlich von deutschen Flugzeugen angegriffen und lief bei einem Ausweichmanöver zusammen mit Z 3 ›Max Schultz‹ in ein britisches Minenfeld, dem beide Schiffe zum Opfer fielen, ›Leberecht Maass‹ mit 282 Toten, ›Max Schultz‹ mit 308 Toten.

Die Lage 1934-1935:

Schiffbau kann man nicht verbergen, und man hatte auch keinen Anlaß zu Verschleierung des Bauprogramms, denn die Flotte sollte potentielle Gegner schrecken, und die Marine hatte eine Durststrecke vor sich. Zwischen Baubeginn und Indienststellung eines Schlachtschiffs lagen auch bei größter Beschleunigung ca. 5 Jahre, und schon ein neues Minensuchboot konnte mit seiner respektablen Länge von ca. 68 Metern nicht vor interessierten Augen versteckt werden.
An den auf der Helling liegenden Schiffen und der deutschen Werftkapazität war abzuzählen, daß die Kriegsmarine erst im Laufe der vierziger Jahre auf die in London vereinbarte Stärke kommen könnte. Zudem hielten sich die Deutschen offenbar, wie vereinbart, an die Washington-Normen für Größe und Bewaffnung — abgesehen von den drei Panzerschiffen ›Deutschland‹, ›Admiral Scheer‹ und ›Admiral Graf Spee‹, die aber von den neuen Schlachtschiffen der Seemächte in Schach gehalten werden konnten.
›Scharnhorst‹ und ›Gneisenau‹ waren mit ihren 28 cm-Kanonen sogar unterbewaffnet, denn dies Kaliber war für Schlachtschiffe schon zwanzig Jahre vorher überholt. Tirpitz war in der Flotte heftig zum Vorwurf gemacht worden, daß er zu lange bei 28 cm blieb. Für Raeders Panzerschiffe reichte es, so lange stärkere Gegner langsamer waren, aber Frankreich hatte sich zum Bau von ›Dunkerque‹ und ›Strasbourg‹ gegen Deutschlands Panzerschiffe genötigt gesehen: 26 500 Tonnen, 214 Meter lang, acht 33 cm-Kanonen und reichlich Mittelartillerie, Geschwindigkeit 29,5-31,5 Knoten.
Das wiederum veranlaßte Raeder, die Pläne für das vierte und fünfte Panzerschiff zu verwerfen und für einen erheblich vergrößerten Typ in aller Eile auf eine fast zwanzig Jahre alte Konstruktion zurückzugreifen: Schlachtkreuzer nach einem Entwurf von 1914 — ›Mackensen‹-Klasse, die damals vier Schiffe umfassen sollte, aber nicht mehr in Dienst gelangte. Die unfertigen Schiffe waren 1921-1922 abgewrackt worden, nachdem ein Rumpf erst am 13. März 1920 vom Stapel gelaufen war, um die Helling freizumachen. Die Arbeiter tauften ihn

spaßeshalber ›Noske‹, eigentlich hatte er ›Prinz Eitel Friedrich‹ heißen sollen.

›Scharnhorst‹ und ›Gneisenau‹ waren durch die Form des Hecks etwas länger, 229 Meter, mit offiziell 26 000 Tonnen scheinbar etwas leichter als die französischen Rivalen. Nach Hitlers Machtergreifung sah Raeder die Chance, diese beträchtliche Überschreitung der Versailler-Grenze beim Reichswehrminister General von Blomberg durchzubringen und erhielt tatsächlich die Genehmigung, die Planung zu erweitern. Nur bei der Bewaffnung warnte Berlin vor Herausforderung der Franzosen. Die ›Mackensen‹-Klasse hatte acht 35,56 cm Kanonen, dazu Mittelartillerie haben sollen, Geschwindigkeit 27 Knoten. Der Entwurf von 1932/33 sah sechs 38 cm-Kanonen vor, deren Kaliber Blomberg jedoch nicht genehmigte. Er gab die Entwicklung bis 33 cm frei, hatte jedoch auch gegen dieses Gleichziehen mit den Franzosen Bedenken. Es blieb schließlich bei 28 cm, weil hier Konstruktion und Produktion schon vorhanden und die Schlachtschiffe ohnehin schon sehr teuer waren: ›Scharnhorst‹ kostete 143 481 Millionen Mark, ›Gneisenau‹ 146 147 Millionen.

Beide waren erheblich schwerer und schneller als angegeben. Schon die alte ›Mackensen‹-Klasse hatte bei gleichen Abmessungen 35 500 Tonnen und kam mit ihren 90 000 PS auf 27 Knoten. Auf die neuen Schlachtschiffe wurden schwere Aufbauten getürmt, moderne Feuerleitanlagen, Flugzeugkatapult mit Kränen. Die Maschinenanlage — Dampfturbinen — war mit 165 000 PS erheblich stärker und dementsprechend schwerer. Schließlich kam ›Scharnhorst‹ auf 38 900 Tonnen Wasserverdrängung und lag derart tief im Wasser, daß die Oberkante des Wasserlinienpanzers nur noch 1,2 Meter über der Wasserlinie lag, viel zu niedrig. Die Probefahrten ergaben gute Seeigenschaften. Doch war die Kampfkraft beeinträchtigt, weil die tiefliegenden Schiffe vorn viel Wasser übernahmen, das Wasser klatschte bis über die Brücke. Ein ausladender ›Atlantiksteven‹ wurde angebaut, doch Turm A blieb stets behindert.

Die aufwendige Maschinenanlage war störanfällig. Der Brennstoffverbrauch hoch, die Bewaffnung ausländischen Schlachtschiffen ebenso unterlegen wie die Panzerung. Von vornherein war es nicht mehr zeitgemäß, den Schlachtkreuzer alter Art wiederzubeleben, den zugunsten der Geschwindigkeit leicht gepanzerten schweren Waffenträger, noch dazu mit so geringem Kaliber. Denn moderne Schlachtschiffe vereinigten hohe Geschwindigkeit mit großem Kaliber und starkem Panzerschutz. Das Besondere an den deutschen Panzerschiffen, der große Aktionsradius durch Dieselantrieb, war nicht auf ›Scharnhorst‹ und ›Gneisenau‹ übertragen worden. Zwar arbeitete man an Dieselmotoren für Großkampfschiffe, aber die Marineleitung wollte nicht warten. Es hätte etwa ein Jahr Verzögerung der Fertigstellung bedeutet. Maschinenschäden und Seeschäden haben beide Schiffe durch den Krieg verfolgt, und ein taktisches Konzept hatte für ihre Verwendung nicht vorgelegen. Sie waren nichts als eine Demonstration des Rüstungswillens — übrigens sehr schöne, imposant aussehende Schiffe.

Der Bau vollwertiger Schlachtschiffe begann 1936. Schon 1933 hatte man mit der Ausarbeitung der Pläne begonnen. Etatmäßig waren es die Ersatzbauten F für das alte Linienschiff ›Hannover‹ und G für ›Schleswig-Holstein‹. 35 000 Tonnen wurden offiziell genannt, tatsächlich hatten die fertiggestellten Schiffe über 50 000 Tonnen. Mit acht 38 cm-Kanonen, ca. 30 Knoten Geschwindigkeit und angemessenem Panzerschutz waren die ca. 250 Meter langen Schiffe, die als ›Bismarck‹ am 14. Februar 1939 und als ›Tirpitz‹ am 1. April 1939 vom Stapel liefen, ein Äquivalent für die neuen Großkampfschiffe der konkurrierenden Seemächte. In Bewaffnung, Größe und Geschwindigkeit dem bis dahin größten Kriegsschiff der Welt, dem britischen Schlachtkreuzer ›Hood‹ entsprechend und erheblich stärker gepanzert. Doch nahmen die Franzosen prompt den Bau von zwei ebenso großen, schnellen und starken Schlachtschiffen in Angriff, ›Jean Bart‹ und ›Richelieu‹, die Italiener hatten schon 1937 im gleichen Format ›Littorio‹ und ›Vittorio Veneto‹ vom Stapel laufen lassen, denen zwei weitere folgten, ›Roma‹ und ›Impero‹. Und die Engländer sahen sich ebenfalls genötigt, mit vier neuen Schlachtschiffen mitzuspielen — Klasse ›King George V.‹ — etwas unterlegen an Bewaffnung und Geschwindigkeit, ein Versuch zur Mahnung, aber mit einer Anschlußplanung von vier enorm starken Schiffen: Die ›Temeraire‹-Klasse mit neun 40,6 cm-Kanonen.

Die deutschen Schiffbauten hatten wie zu Tirpitz-Zeiten ein Wettrüsten ausgelöst. Deutschland sah sich übertrumpft. Mit nur zwei vollwertigen Großkampfschiffen war es auf eine Bündnispolitik angewiesen, bei der Raeder auf England rechnen mußte.

Betont waren für ›Scharnhorst‹ und ›Gneisenau‹ Generalsnamen aus den Freiheitskriegen gegen die Franzosen gewählt worden. Damals, zu Beginn des neunzehnten Jahrhunderts, hatten die Preußen sich gegen Napoleon gewandt und im Bunde mit den Engländern zum Sieg bei Waterloo beigetragen. Waren die Panzerschiffe B und C nach Admiralen des Seekriegs gegen England benannt worden, so lag darin ein Ausdruck der Marinekameradschaft, in der man sich mit dem einstigen Gegner verbunden fühlte. Der erste Schwere Kreuzer des neuen Bauprogramms wurde ›Blücher‹ genannt — nach dem ›Marschall Vorwärts‹ der Freiheitskriege, dem der viel und falsch zitierte Ausspruch Wellingtons bei Waterloo gegolten hatte: »Ich wollte, es würde Nacht oder die Preußen kämen«. Der zweite Schwere Kreuzer ›Admiral Hipper‹ war nach dem Führer der Schlachtkreuzer in der

Doggerbank-Schlacht und der Skagerrak-Schlacht benannt. Es folgte ›Prinz Eugen‹ als Reverenz für die Oesterreicher, die am 13. März 1938 dem Großdeutschen Reich einverleibt worden waren. ›Prinz Eugen‹ wurde am 22. August 1938 getauft. Dann folgte ›Seydlitz‹ nach einem Reitergeneral Friedrichs des Großen, ein Zeichen der Verbundenheit der Marine mit dem Heer. Dann ›Lützow‹, nach dem berühmtesten Freikorpsführer der Freiheitskriege, den Thedor Körner besungen hatte: »Das war Lützows wilde verwegene Jagd«.

KURS IN DEN TOD

„Nicht wofür wir kämpfen, ist das Wesentliche, sondern wie wir kämpfen"

Am 3. Februar 1933 hatte Hitler den Befehlshabern des Heeres und der Marine dargelegt, wie er sich Weg und Ziel in der neuen Epoche dachte.

Er brauchte die Generale und Admirale und gab ihnen das Gefühl, ihr Mann zu sein. Er gewann sie und isolierte sie zugleich, machte sie zum Werkzeug. Er versprach Kampf gegen Versailles, internationale Gleichberechtigung, aber das sei »zwecklos, wenn das Volk nicht auf Wehrwillen eingestellt« sei. Deshalb müsse die Jugend und das ganze Volk auf den Gedanken eingestellt werden, daß »nur der Kampf uns retten kann und diesem Gedanken gegenüber alles zurückzutreten hat«. Die Jugend müsse ertüchtigt, der Wehrwillen mit allen Mitteln gestärkt werden, nötig sei dazu »straffste autoritäre Staatsführung«. Aufbau der Wehrmacht sei wichtigste Voraussetzung für die Wiedererringung der politischen Macht. Die Allgemeine Wehrpflicht »muß wieder kommen«. Zuvor aber muß die Staatsführung dafür sorgen, »daß die Wehrpflichtigen vor Eintritt nicht schon durch Pazifismus, Marxismus, Bolschewismus vergiftet werden« oder nach der Dienstzeit »diesem Gift verfallen«. Die Wehrmacht sei die »wichtigste und sozialistischste Einrichtung des Staates. Sie soll unpolitisch und überparteilich bleiben«. Der innenpolitische Kampf sei Sache der nationalsozialistischen Organisationen, nicht der Wehrmacht. »Gefährlichste Zeit ist die des Aufbaus der Wehrmacht.« Denn da werde sich zeigen, ob Frankreich Staatsmänner habe — »wenn ja, wird es uns nicht Zeit lassen, sondern über uns herfallen (vermutlich mit Ost-Trabanten).« Hitler lieferte ein demagogisches Meisterwerk. Nach den Frustrationen unter der Republik mußten die Offiziere sich verstanden fühlen, dabei die Marine auch in ihren Ambitionen, das Reich im Ausland zu repräsentieren. Gleichzeitig wurde die Sorge der Wehrmacht beschwichtigt, Hitlers SA könne als zweiter Waffenträger zu einer Volksarmee werden, politisch-plebejisch. Der neue Führer respektierte ausdrücklich die Reichswehr-Ideologie, und für die Wiedergewinnung ehrenvoller Waffenstärke nahm er offensichtlich sogar die Kriegsgefahr auf sich. Wer konnte ihm da vorwerfen, er triebe eine gefährliche

Politik. Er simplifizierte zielbewußt und traf — Raeder notiert es in aller Unschuld noch in seinen Memoiren ein Vierteljahrhundert später:

Der persönliche Eindruck Hitlers auf mich, wie wohl fast ausnahmslos auf diejenigen, die mit ihm in dieser Zeit zusammenkamen, war der eines außergewöhnlichen und zur Führung berufenen Mannes. Seine Fähigkeiten, den Kernpunkt eines Problems sofort zu erkennen und dabei komplizierte Dinge auf einen einfachen Nenner zu bringen, war überraschend. Er konnte das, was er sagen wollte, in klarer und verständlicher Form, die dem jeweiligen Zuhörer angepaßt war, zum Ausdruck bringen. Sein Wissen war vielseitig; er hatte es sich im wesentlichen durch eifriges Selbststudium erworben. Aber er hielt es nicht nur in seinem Gedächtnis bereit, sondern er hatte sich daraus Ansichten und Urteile gebildet, die oft bemerkenswert waren.

Raeder hätte eine Stelle aus den Aufzeichnungen des Grafen Robert Zedlitz-Trützschler — ehemalig Hofmarschall Wilhelms II. — ins Gedächtnis kommen können. Der Graf notierte am 27. Februar 1905 über den Kaiser:

Durch die Mannigfaltigkeit seiner Äußerungen und Fragen zeigte er sich, wie so häufig, als ungewöhnlich begabte Persönlichkeit, deren Fähigkeit durch vortreffliche Lehrer für praktische Nutzanwendung hervorragend ausgebildet ist. Nur wer ihn sehr genau kennt, konnte zwischendurch wahrnehmen, daß er, der sich mit sehr vielen Gebieten befaßte, alles spielend abzumachen liebt, mit einem Wort, an der Oberfläche bleibt und nicht tief zu denken oder wirklich zu arbeiten liebt.

Oder am 24. Januar 1909, als der Kaiser von einer neuen Weltentstehungstheorie erfaßt war:

Er eignet sich mit größter Geschicklichkeit und Schnelligkeit alles Oberflächliche dieser Theorie an, so daß er darüber sprechen kann, als hätte er sie selbst erfunden, oder als wäre er ein Professor der Astronomie und hätte jahrzehntelang auf einer Sternwarte gearbeitet. Und darauf fallen dann die berühmtesten Leute herein, bewundern seine Kenntnisse, seine erstaunliche Arbeitskraft und die phänomenale Auffassungsgabe.

Raeder fiel herein:

Wenn das deutsche Volk nicht nur die Hoffnung, sondern die feste Zuversicht hatte, daß Hitler den Weg aus der Not, in die uns das Versailler Diktat gebracht hatte, freimachen würde, und wenn es bereit war, dafür eine autoritäre Führung in Kauf zu nehmen, so konnte ich dieser Einstellung nur zustimmen — nicht zuletzt aus der Kenntnis der Persönlichkeit Hitlers, wie sie mir anfangs erschien.

So einfach ist es, einen Admiral zu gewinnen, und Hitler wußte seinen Raeder zu behandeln:

Hitler hat mich jederzeit mit der Höflichkeit behandelt, die mir in meiner Stellung und als Lebensälterem zukam ...

Vor anderen Lebensälteren hatte Hitler weniger Respekt bewiesen. So schrieb beispielsweise die Basler Nationalzeitung am 5. August 1933:

Wir haben in einer der letzten Nummern der National-Zeitung ein Bild vom Empfang der bedauernswerten Schutzhäftlinge im Lager von Oranienburg gesehen. Man konnte daraus einen Eindruck davon erhalten, welches grauenhafte Erlebnis es für die Männer bedeuten mußte, durch eine ihnen wohl selbst unerwartete und unbegreifliche Hetze sich plötzlich aus geachteter Tätigkeit gerissen und einem völlig ungewissen Schicksal und der Willkür feindlich gesinnter Menschen ausgeliefert zu sehen.

Doch sogar ein Massenmord trug dazu bei, Hitler für die Generale und Admirale glaubwürdig zu machen: Das Aufbegehren der SA wurde am 30. Juni 1934 durch Hunderte von Meuchelmorden niedergeschlagen, ehe es überhaupt zur Aktion geführt hatte. Die Wehrmacht war als Waffenträger der Nation bestätigt, die Franzosen fingen trotz deutscher Wiederaufrüstung keinen Krieg an, und weiteres Rüsten sollte eine scheinbare Wirtschaftsblüte sichern.

Gegenüber den Befehlshabern hatte der Führer wirtschaftliche Fernziele skizziert, noch recht vage: Der Bauer muß gerettet werden. Siedlungspolitik sei nötig. Vielleicht Erkämpfung neuer Export-Möglichkeiten, vielleicht — und wohl besser — Eroberung neuen Lebensraumes im Osten und dessen rücksichtslose Germanisierung.

Hitler hatte das Glück, erst zur Zeit der abklingenden Weltwirtschaftskrise an die Macht zu kommen. Teils konnte er die Maßnahmen der Regierung Brüning weiterführen, teils brachte der neue Kurs mit radikalen Maßnahmen Schwung in die Wirtschaft. Am 1. Mai 1933 wurde der Vierjahresplan zur Behebung der Arbeitslosigkeit und der Landwirtschaftskrise verkündet, das Ansteigen der Industrieproduktion und großer Bauprojekte brachte die Arbeitslosen von der Straße. Der Autobahnbau wurde bald zum Symbol einer goldenen Zukunft. Die Kraftfahrzeugindustrie hatte 1932 Erzeugnisse im Wert von 300 Millionen Mark produziert. 1933 stieg der Betrag auf 480 Millionen. 1934 auf 807 Millionen. Daß Bedarf und Produktion unnatürlich angeheizt waren, für die Staatsausgaben keine Deckung vorlag (bald schon eine Inflation durch Kraftakte — Preiskontrolle, Preisstop,

Devisenbewirtschaftung — verhehlt werden mußte) entging den unkundigen Generalen und Admiralen, die nun mit keinem kritischen Parlament mehr konfrontiert waren. Das ideologische Streben nach Autarkie, völliger wirtschaftlicher Unabhängigkeit vom Ausland, führte schon 1936 zum zweiten Vierjahresplan und brachte Probleme, die schließlich nur noch durch einen Eroberungskrieg gelöst werden konnten, der von jeher in Hitlers Konzept vorgesehen war und in den Untergang führte.

Daß das Geld für den Flottenaufbau nicht wirklich vorhanden sein konnte, nachdem eben noch viel geringere Beträge erbittert umkämpft waren, müßte dem Marinechef Raeder eigentlich aufgefallen sein. Aber wenn schon Tirpitz, der sich im Gegensatz zu Raeder für einen Staatsmann hielt, im Sinne seiner großen Ziele kein Verständnis für finanzpolitische Bedenken haben wollte, sperrte sich Raeder von vornherein gegen das Mitdenken. Die Staatsführung hatte der Marine ihre Selbständigkeit zuerkannt, griff nicht ins Ressort ein, also fühlte er sich Raeder starr zur Beschränkung auf seine Aufgaben als Leiter des Wehrmachtteils verpflichtet, den er so stark wie möglich zu machen hatte. Er kämpfte nur, wenn man ihm Mittel kürzen wollte. Eine Schlappe steckte er ein, als er eine eigene Marineluftwaffe als selbstverständliche Forderung vertrat. Hitlers Paladin Hermann Göring, hochdekorierter Jagdflieger des Weltkriegs, sah Schaffung und Aufbau der Luftwaffe als seine ureigenste Aufgabe an. Er war seit 1933 Reichsluftfahrtminister. 1935 wurde er Oberbefehlshaber der Luftwaffe, gleichzeitig Raeder Oberbefehlshaber der Kriegsmarine, eine verdeutlichte Abgrenzung der Kompetenzen, die Raeder allerdings eine Stärkung seiner Ressortposition brachte. Als Göring 1936 als Beauftragter für den Vierjahresplan in eine allmächtige Schlüsselstellung auch für die Materialversorgung der Kriegsmarine gelangte, mußte Raeder den offenen Kampf um eigene Luftstreitkräfte aufgeben. Nicht aber die Hoffnung. Vor allem in Verbindung mit den im Bau befindlichen Flugzeugträgern.

Raeder empfand den Ärger wegen der Luftstreitkräfte als besonders unverdient, weil er 1928 sogar dem sozialdemokratischen Reichskanzler Müller die geheime Luftrüstungsvorbereitung schmackhaft gemacht hatte:

Bei der Liquidierung der Lohmann-Unternehmungen im Jahre 1928 bestand die Gefahr, daß die von der Marine geförderten Arbeiten und die getarnt eingerichteten Organisationen ihr Ende fanden. Zum Glück gelang es mir — es war kurz nach meinem Dienstantritt als Chef der Marineleitung — bei den entscheidenden Persönlichkeiten, vor allem bei Reichswehrminister Groener, Reichskanzler Müller und dem Kabinett, Verständnis für die Notwendigkeit der eingeleiteten Maßnahmen zu finden und für ihre Weiterführung die offizielle Genehmigung zu erhalten. Von da ab wurde die Betätigung der Marine auf dem Gebiet der Marinefliegerei durch die Reichsregierung gedeckt.

Ein Brückenschlag zur Luftwaffe wäre möglich gewesen, wenn Raeder einem zentralen Wehrmachtsstab zugestimmt hätte, einem Generalstab für die gesamte Wehrmacht. Aber er war zu beglückt darüber, daß er als Oberkommandierender der Kriegsmarine endlich in seiner Person vereinigte, was nicht einmal der große Tirpitz erreicht hatte: Verwaltung, Admiralstab und Flottenführung, eine Admiralität wie einst, ehe die Interessen des Kaisers und das Kalkül seines Tirpitz zur unheilvollen Aufsplitterung geführt hatten. Ein Dispositionsrecht an einen Wehrmachtsstab abgeben zu müssen, lehnte Raeder glattweg ab und scheute nicht die Ausflucht, es fehle ihm an qualifizierten Offizieren.

So kam es auch nicht zu koordinierten Überlegungen, wie die Teile der Wehrmacht in organischem Verhältnis aufzurüsten wären. Jeder Wehrmachtteil kratzte zusammen, was er bekam und trug Sorge, sich die wichtigste Voraussetzung dafür zu erhalten: Das Wohlwollen des Führers Adolf Hitler.

Raeders Marine galt im Volksmund als ›kaiserlich‹, Görings Luftwaffe als ›nationalsozialistisch‹, das Heer als ›deutsch‹. Dem Führer willfährig waren sie alle. Und wenn Raeder sich dem Reichsgedanken mehr als dem Führer oder gar der Partei verbunden fühlte, so behielt er das für sich. Noch lastete der Makel von 1918 auf der Marine. Ihre Loyalität gegenüber der Führung des Reichs durfte keinesfalls in Frage gestellt werden.

So war die Marine durch die Hingabe an den Führer entpolitisiert wie die Masse des Volkes, die nicht politisch dachte, nicht mehr zweifelnd überlegte, sondern nur noch glaubte. Der ›Glaube an Deutschland‹, Titel eines weitverbreiteten Buchs aus dem Frontsoldatenerlebnis des Kriegs, war das Schlagwort, das auch eine ›kaiserliche Marine‹ mit extremistischen Nationalsozialisten verbinden konnte. Konservative Kräfte waren mit dem Reich, das seinen äußeren Glanz wiedergewonnen hatte, spektakulär am ›Tag von Potsdam‹ versöhnt worden, als Adolf Hitler dem alten Hindenburg in der Garnisonkirche seine Reverenz erwiesen hatte. Ein starker Führer war schon zu Kaiser Wilhelms Zeiten, noch mehr während der Weimarer Republik ersehnt worden. 1933 hatte der Philosoph Martin Heidegger der akademischen Jugend den Weg gewiesen:

Nicht Lehrsätze und ›Ideen‹ seien die Regeln Eures Seins. Der Führer selbst und allein ist die heutige und künftige deutsche

Wirklichkeit und ihr Gesetz.

Und von kleinen Literaten bis zum großen Ernst Jünger war das Fronterlebnis verherrlicht worden, in völliger Abkehr vom politischen Denken:

Nicht wofür wir kämpfen, ist das Wesentliche, sondern wie wir kämpfen.

So paßte es gut zu den Wünschen, die Adolf Hitler für die Erziehung der Jugend des Reiches entwarf:

Ich will keine intellektuelle Erziehung. Mit Wissen verderbe ich mir die Jugend. Am liebsten ließe ich sie nur das lernen, was sie ihrem Spieltrieb folgend sich freiwillig aneignet. Aber Beherrschung muß sie lernen. Sie soll mir in den schwierigsten Proben die Todesfurcht besiegen lernen ...

Symbolfigur für die Verbindung der kaiserlichen Marine mit dem Dritten Reich war der Vizeadmiral von Trotha, einst Admiral Scheers Stabschef, 1919-1920 Chef der Admiralität, beim reaktionären Kapp-Putsch aufs politische Glatteis geraten und nun als Preußischer Staatsrat, Schöpfer und Vorsitzender des Reichsbundes Deutscher Seegeltung und Ehrenführer der Marine-Hitlerjugend in hohen Ehren. Seine Ideologie:

Erfüllung und Abschluß meines einzig schönen Seemannsberufes wird erreicht sein, wenn ich etwas dazu habe beitragen können, daß eine neue Generation wehrhafter deutscher Männer und Frauen unter machtvoller Führung den Anspruch verwirklicht, unser Großdeutschland durch Seegeltung zur Weltmacht im Dienste der Menschheit zu führen.

Er wurde als Vorkämpfer des Dritten Reiches gerühmt. In einer Sammlung seiner Vorträge hieß es im Rahmentext:

Sein unermüdliches Wirken für den Seegedanken hat wesentlich zur Erstarkung der Nation beigetragen. Diese Gedanken eines Admirals, der trotz seines hohen Alters mit jungem und heißem Herzen an dem Bau des Großdeutschen Reiches mithilft, sind richtungweisend für Deutschlands Weg zur Weltmacht; sie gehören zugleich aber auch zur weltanschaulichen Grundlage der nationalsozialistischen Bewegung.

Er vertrat lupenreine Tirpitz-Argumente und trug viel dazu bei, die primär süddeutsch-völkisch und kontinental-preußisch geprägte NS-Ideologie norddeutsch-kolonial zu komplettieren.

Aber die Flotte wurde nie fertig. Die Kriegsmarine hatte nur einen kümmerlichen, taktisch und strategisch ungünstig konzipierten Schiffsbestand, als Hitler im Vertrauen auf seine brutale Überraschungs-

methoden und in der Flucht vor den unlösbaren wirtschaftlichen Problemen gegen die potentiellen Gegner losschlug.
Der Reichsbund Deutscher Seegeltung, in dem der Deutsche Flottenverein der Tirpitz-Zeit wiederbelebt wurde, ist nicht zu einer Massenbewegung geworden. Das Volk war schon reichlich in Organisationen engagiert, doch vor allem in Vorträgen und Ausstellungen wurde viel Flottenpropaganda getrieben, und die Auslands-Organisation der NSDAP stieß ins gleiche Horn. Ihr Leiter, Gauleiter Bohle, schrieb 1937 im Geleitwort zu Köhler's Flottenkalender, dessen Standard-Titelblatt bis 1942 den Bug eines kaiserlichen Linienschiffs zeigte:

Der Deutsche im Ausland ist heute wieder unbändig stolz auf das Reich. Das Reich wiederum fühlt sich seinen Brüdern und Schwestern und der deutschen Jugend im Ausland fest verbunden und weiß, daß der Nationalsozialismus dem deutschen Menschen jenseits der Grenzen den inneren Halt und die stolze Würde wiedergegeben hat, die die Angehörigen großer Völker auszeichnen.
Symbol für die Kraft und das Ansehen des Dritten Reiches sind die stolzen Schiffe unserer Kriegsmarine, die der ganzen Welt gezeigt haben, daß Deutschland seine Bürger im Ausland immer und überall zu schützen weiß ...
Auslandsdeutsche und deutsche Seefahrer wissen dem Führer zu danken, daß sie der Welt als Angehörige einer Großmacht entgegentreten können.

Köhler's Flottenkalender war vor allem für die Jugend bestimmt. Entstanden war er 1901 als Kalender des Deutschen Flottenvereins, herausgegeben vom gleichen Verlag (»Die Hälfte des durch den Kalender erzielten Reingewinns wird dem ›Deutschen Flottenverein‹ für dessen Zwecke und Aufgaben zufließen«). Schon 1902 wurde die Verbindung mit dem Verein gelöst, aber der Kurs blieb wie im Vorwort 1902 dargestellt:

Er soll dem Laien in leicht verständlicher Weise nicht nur mit dem Material unserer Marine, sondern auch mit denjenigen Einrichtungen und Hilfsmitteln bekannt machen, durch welche Industrie, Handel und Verkehr mit der Marine eng verbunden sind; er soll durch Beschreibungen und Stimmungsbilder sowie durch Novellen und Erzählungen in seemännisch richtiger Sprache dem Leser das Leben und Treiben an Bord, die Zustände an den Küsten und jenseits der Meere vor Augen führen, Episoden aus der Seekriegsgeschichte und der Entwicklungsgeschichte des Seewesens zur Darstellung bringen und dadurch sowie durch statistische Angaben über allgemeine wissenswerte Zweige des Seewesens sein Scherflein dazu beitragen, daß auch in solchen Kreisen, welchen die Form eines Kalenders eine liebgewohnte ist oder welche sich nicht den Luxus teurer Marine-

zeitschriften gestatten wollen, ein allmähliches Bekanntwerden mit seemännischen Dingen ermöglichen werde.

Das tat er bis zum 42. Jahrgang 1944, als er trotz aller kriegsbedingten Druckeinschränkungen noch mit 100 000 Auflage erschien (›Schriftwaltung: Konteradmiral Gadow, Berlin‹). Ein Schnellboot im Kampf war nun Titelbild, und eine Bildtafel zeigte Großadmiral Dönitz beim Händedruck mit dem Führer:

Der Führer empfing am 7. April 1943 den Oberbefehlshaber der Kriegsmarine Dönitz und überreichte ihm in Anerkennung seiner einmaligen Verdienste um die Führung des U-Boot-Krieges als 223. Soldaten der deutschen Wehrmacht das Eichenlaub zum Ritterkreuz des Eisernen Kreuzes.

Dem treuen Raeder war am 6. Januar 1943 von seinem Führer auf gröbste Art vorgeworfen worden, er habe die falsche Flotte gebaut, wozu sich Raeder erinnert:

Die großen Schiffe, denen immer das größte Interesse Hitlers gegolten hatte, und auf die er besonders stolz gewesen war, wären zu nichts nutze. Sie benötigten dauernden Schutz durch die Luftwaffe und durch kleinere Fahrzeuge. Bei einem etwaigen alliierten Angriff auf Norwegen würde die Luftwaffe von sehr viel größerem Wert sein, wenn sie eine Invasionsflotte angreifen würde, als wenn sie unsere Flotte schützen müßte. Die großen Schiffe hätten keine Aufgabe mehr und müßten infolgedessen nach Abgabe ihrer Geschütze außer Dienst gestellt werden . . . Er kritisierte sogar die Versenkung der deutschen Flotte in Scapa Flow . . .

Doch so Böses hat Köhlers Flottenkalender auch nach dem Zweiten Weltkrieg nicht angedeutet. Auch Jahrgang 1970 spiegelt unverändert die heile Marinewelt, beginnt zwar mit einem Artikel über die Gesellschaft zur Rettung Schiffbrüchiger, pflegt aber die ungetrübte Tradition mit Kanonenboot Iltis vor den Taku-Forts, Helgoland 80 Jahre deutsch, Doggerbankschlacht und anderem dieser Art.

In den dreißiger Jahren hat er viel Nachwuchs zur Marine gebracht. In gleicher Richtung wie die Marine-Hitler-Jugend (Marine-HJ), die 1933 gegründet worden war, als Sonderformation der HJ schon 1936 ca. 40 000 Mitglieder hatte, 1939 mehr als 300 000. Wo ein wenig Wasser von fern zu sehen war, gab es eine Marine-HJ. Wenn auch vielfach nur als Hobby-Club für Schiffsmodellbau und dergleichen. Man trug zum Matrosenanzug stolz das Seesportabzeichen;

es besteht aus einer dunkelblauen Armscheibe mit einem roten Anker und wird nach dem Bestehen der Prüfungen in folgenden drei großen Gruppen verliehen: Seemannschaft, Schiffahrtskunde und Signaldienst. Da muß also der künftige Seemann knoten und spleißen, Bootskommandos nennen, Riemen klarlegen, Wurfleine werfen, Kompaß erklären, Handlot und Handlog bedienen und im Signaldienst und im Morsen in 5 bzw. in 10 Minuten 100 Buchstaben zuwinken.

Der Führernachwuchs der Marine-HJ muß seine besondere Eignung in dem Ablegen der A-, B- und C-Prüfung beweisen.

Berichtet der Flottenkalender 1940. Die Weltanschauungsschulung war selbstverständlich. Flottenkalender 1937:

Die Marine-Hitlerjugend wurde gebildet, um innerhalb der nationalsozialistischen Jugendbewegung die Möglichkeit einer besonderen seemännischen Schulung auf weltanschaulichem wie praktischem Gebiet zu schaffen.

Mitglied in der Marine-Hitlerjugend gewesen zu sein, begründete aber nicht etwa eine Anwartschaft auf bevorzugte Aufnahme in die Marine. Allenfalls waren nachgewiesene seemännische Prüfungen nützlich, weil der Absolvent zur ›seemännischen Bevölkerung‹ gezählt wurde. Die Marine hielt sich an Sachliches:

Die Besatzungen der Schiffe der Flotte setzen sich nur aus solchen Freiwilligen zusammen, die handwerklich oder technisch ausgebildet sind, wobei geprüfte Gesellen besonders bevorzugt werden.

Vier Jahre Dienstzeit, Zuschlag für Sonderausbildung bis zu 9 Monaten, Unteroffiziere 12 Jahre. Für die Offiziere (zweieinhalb Jahre Dienstzeit bis zum Leutnant) galt:

Der junge Soldat, der schon vor seinem Eintritt in die Wehrmacht durch die Organisationen der Partei und durch den Arbeitsdienst gegangen ist, erwartet, daß er nun in der Wehrmacht und besonders in ihren Offizieren das Ideal des ›Führers‹ findet, zu dem er in jeder Lage aufblicken und Vertrauen haben muß und kann, der ihm auch in allen Fragen der Weltanschauung des Nationalsozialismus helfen und vorzuleben weiß.

Die Offiziersanwärter sollten ausdrücklich keine Leistungsurkunden vorlegen, somit auch nicht von der Marine-HJ. Abitur war wichtiger — und selbstverständlich der ›Ariernachweis‹:

Als nichtarisch gilt, wer von nichtarischen, insbesondere jüdischen Eltern oder Großeltern abstammt. Es genügt, wenn ein Elternteil oder Großelternteil nichtarisch ist. Dies ist insbesondere dann anzunehmen, wenn ein Elternteil oder Großelternteil der jüdischen Religion angehört hat.

Die Hitlerjugend war 1926 gegründet worden. 1933 wurden alle anderen Jugendorganisationen verboten, durch Gesetz vom 1. Dezember 1936 die HJ zur ›Staatsjugend‹ erklärt. 1939 wurde die Mitgliedschaft Pflicht für jeden Jugendlichen: Mit 10 Jahren Eintritt ins Deutsche Jungvolk, mit 14 in die Hitlerjugend (sofern man nicht noch als Führer im Jungvolk blieb), mit 18 Überführung in die SA. Dabei von der Marine-Hitlerjugend in die Marine-SA. Während der Militärdienstzeit ruhte die Mitgliedschaft in den Parteiorganisationen. Vor der Militärdienstzeit war ein halbes Jahr im Reichsarbeitsdienst abzuleisten.

So bekam die Wehrmacht indoktrinierten Nachwuchs und nahm das gern zum Anlaß, nicht mehr viel weltanschauliche Schulung im Sinne der Partei zu betreiben. Politische Kommissare neben den Offizieren wie in der Sowjet-Union gab es nicht, eher war die Wehrmacht Zuflucht für Skeptiker und Regimegegner, sofern sich ihr Defaitimus nicht in Wort und Dienstleistung äußerte. Die Seegeltungs-Ideale und die Traditionen der Marine waren am Reichsgedanken orientiert. Ganz stramme Nazis waren nur braune Tupfer im Marineblau, oft nicht ganz ernst genommen, aber kein Zweifel konnte bestehen: Die ›kaiserliche‹ Marine akzeptierte das Dritte Reich ohne Vorbehalte in unbedingtem Gehorsam.

Erinnerung eines Mariners:

Bis auf die üblichen markigen Reden bei Feierlichkeiten habe ich keine weltanschauliche Schulung wie noch im Reichsarbeitsdienst erlebt; man hatte das Gefühl, etwas besseres zu sein als in der braunen Uniform, die Waffen-SS betrachtete man hochmütig als Auch-Soldaten, sogar wenn das Ritterkreuz am Kragen hing. Als im Krieg die ›Nationalsozialistischen Führungsoffiziere‹ (NSFO) — Offiziere mit Sonderausbildung für die weltanschauliche Schulung — installiert wurden, drängten sich offenbar nur wenige dazu; ich habe keinen in Aktion erlebt, dafür aber offenes Gelächter, als der Maler Adolf Ziegler, ein hohes Tier der Reichskunstkammer, eine grotesk überschwengliche Rede auf den Führer hielt — das war in Pillau beim UWO (U-Boot-Wachoffizier-)Lehrgang, und bei einer Kundgebung in Kulmsee, wo wir als Lehrgangsteilnehmer der Navigationsschule mit Parteiorganisationen aufmarschierten, wurde die Rede eines bieder-primitiven Parteifunktionärs schwer verlästert, daß es beinahe einen Skandal gab. 1944 wurde vor der Front gefragt, ob jemand eine Freundin in Zoppot hätte; dort könne man sich beim NSFO-Lehrgang ein paar schöne Tage machen. Daß man kämpfen würde bis zum letzten, stand trotzdem fest. 1945 hörten wir die Musik von Feindsendern, sie war schräger als unsere, beim Text wurde abgedreht. Wenn der Kommandant mithören konnte, war Schluß, er war ein absoluter Nationalsozialist, hat aber keine großen Reden geführt, und einig waren wir Jungen uns: Als größte Ehre hätten wir es empfunden, wenn wir mit unserem Boot den Führer aus dem Untergang hätten retten können; er galt uns als Frontsoldat, die Ehre des Soldatentums stand über allem. Daran appellierte als Selbstverständlichkeit auch Dönitz bei seiner letzten Ansprache an die Offiziere in Flensburg: Er gab uns das Gefühl, an einer großen Stunde der Reichsgeschichte teilnehmen zu dürfen, als er die Hoffnung ausdrückte, im Bündnis mit den Westmächten gegen den Osten weiterkämpfen zu können.

Anderes war von den Bürgersöhnen nicht zu erwarten, die es zur Marine gezogen hatte, weil dort Ordnung, Sauberkeit und Romantik ein fesselndes Milieu bildeten. Ihre Elternhäuser waren durch roten Umsturz, Inflation und Wirtschaftskrise geschockt gewesen, die wenigen republikanischen Blütejahre, die Goldenen Zwanziger, erschienen ihnen als Talmiglanz, Hitler als Exponent konservativer Reform, braune Fehltritte betrafen zum wenigsten ihre Kreise, und wenn, dann schien der Sohn in der Wehrmacht am sichersten, in der Marine besonders sicher vor üblen Verstrickungen zu sein. Die Gefahren des Krieges waren Schicksal, der Heldentod ehrenvoll, das Überleben wurde ersehnt. Der Sohn als dekorierter Offizier war bürgerliches Ideal geblieben, und auch ein politisch denkendes, sogar nach links orientiertes Elternhaus hat manchen Sohn zur Marine gebracht, im Sog der Volksgemeinschaft, der früh gegründeten Kameradschaft mit Gleichaltrigen, und mancher ließ sich einfach treiben.

Was manche älteren Offiziere gedacht oder gewußt haben mögen, blieb den jüngeren unbekannt, wäre ihnen unverständlich gewesen, obwohl das Ende aller Träume sichtbar war — und sich kaum einer dazu drängte, etwa an der Landfront in Feldgrau mit der Panzerfaust zu kämpfen. Man war doch Marine! Eine seltsame Truppe hatte Raeders Geist geformt. Sie war sich selbst am treuesten.

Die beschränkte Gedankenwelt von Köhlers Flottenkalender hatte die Nachwuchs-Generation geprägt wie schon die Marineväter. Und auf dieser Linie waren sie zugleich gegen die Partei ablehnend, soweit es um braune Uniformen und abgedroschene Parteiparolen ging. Nur Soldaten galten.

Übrigens gibt es auch im anderen Deutschland, der DDR, einen Nachfahren von Köhlers Flottenkalender, den Deutschen Marinekalender.

Er verzeichnet beispielsweise 1969 im ›Marinepolitischen Kaleidoskop‹ als Rückblick ›vor 35 Jahren, 1934‹ . . .

. . . lief am 30. Juni das dritte Panzerschiff vom Stapel und erhielt den Namen ›Admiral Graf Spee‹. Dieser Stapellauf war Ausdruck der bereits zu dieser Zeit beginnenden Kriegsvorbereitungen der deutschen Imperialisten und Militaristen zur See. Wenige Wochen

zuvor, am 12. Mai, hatte Raeder den streng geheimen Rüstungsplan für die sogenannte dritte Aufrüstungsphase ausgegeben. Von Hitler erhielt er die Weisung, den Bau von U-Booten und von Schiffen über 10 000 t geheimzuhalten, denn noch war der Versailler Plan in Kraft. Zu dieser Zeit hielten es die Faschisten für zweckmäßig, sich dem Schein nach den Rüstungsbeschränkungen zu unterwerfen, die der Vertrag dem deutschen Imperialismus auch zur See auferlegte. Am 2. November formulierte Hitler in einer gemeinsamen Besprechung mit Göring und Raeder das Ziel der maritimen Aufrüstung. Demnach war es ›lebenswichtig‹, daß die faschistische Kriegsmarine »planmäßig vergrößert werde, da kein Krieg geführt werden könne, wenn die Marine nicht in der Lage sei, die Erzeinfuhr aus Skandinavien zu sichern«.

Hitlers Zorn, der 1943 zu Raeders Rücktritt führte, war berechtigt: Die großen Schiffe waren zu nichts nutze, in der Hast des Rüstens hatte der Admiral die falschen Schiffe gebaut. Ohne strategisches Konzept, ohne taktische Überlegung — bis auf den Risikogedanken, den Versuch zur Abschreckung potentieller Gegner. Aber das hatte einst unter Tirpitz schon nicht funktioniert. Und auch Tirpitz ist vorgeworfen worden, seine Schiffe hätten nicht zum Gegner gepaßt. Raeders Schlachtschiffe ›Scharnhorst‹ und ›Gneisenau‹ waren zu schwach armiert. Alte englische Schlachtschiffe waren ihnen gewachsen, in Reichweite und Wirkung der Artillerie wie in der Panzerung, zudem maschinell viel zuverlässiger. Ewige Pannen beeinträchtigten den deutschen Neuaufguß längst überholter Schlachtkreuzer.

Schlimmer noch war es mit den Schweren Kreuzern, von denen ›Blücher‹, ›Admiral Hipper‹ und ›Prinz Eugen‹ in Dienst gelangten. Jedes dieser Schiffe kostete so viel wie ein Panzerschiff der Klasse ›Deutschland‹ — ›Admiral Scheer‹ — ›Admiral Graf Spee‹ und taugte weniger. Man hatte den Flottenvertrag mit England allzu hastig ausnutzen wollen. Obwohl allen Seemächten klar war, daß der ›Washington-Kreuzer‹ mit seinen 20,3 cm-Kanonen ein verfehltes Konzept war, in der Aera schneller neuer Schlachtschiffe vollends nutzlos, war Raeder nicht etwa beglückt, seine Flotte gar nicht erst mit diesem Typ zu belasten. Die Amerikaner schlossen gerade den Bau einer letzten Serie ab und bauten von einem weiterentwickelten Typ nur ein Einzelstück. Andere Flotten hatten schon früher Schluß gemacht. So Frankreich 1932, Italien 1931, England 1929. Nur die Russen folgten deutschen Spuren, aber ohne Dynamik. Raeder erkannte durchaus die Mangelhaftigkeit des Kalibers, suchte es aber durch perfektionierte Feuerleitgeräte, durch Panzerung und Torpedoschutz auszugleichen, wartete auch für Kreuzer nicht die Vervollkommnung der schnellen Diesel ab, die immerhin großen Aktionsradius für Handelsstörung gesichert hätten. So entstanden überschwere, äußerst aufwendige Schiffe, die viel Geld und Werftkapazität auf Jahre blockierten. Sie haben im Krieg nichts Wesentliches ausgerichtet. Am wenigsten ›Blücher‹. Ein paar Torpedos und Artillerietreffer von norwegischen Landbatterien im Oslofjord versenkten das Schiff, das 87 855 000 Mark gekostet hatte. ›Admiral Hipper‹ wurde mehrfach gegen Handelsschiffe und Geleitzüge eingesetzt, was von vornherein in keinem Verhältnis zum aufs Spiel gesetzten Wert des Schiffes und der hohen Besatzungszahl — ca. 1500 Mann! — stand. Es brachte weniger Erfolg als der Einsatz eines einzigen U-Boots — Baukosten ca. 4 500 000 Mark, ca. 50 Mann Besatzung — und war von immer wieder neuen Maschinenschäden betroffen mit monatelangen Reparaturen. Mit ›Prinz Eugen‹ war es ähnlich, beide Schiffe sind öfters nur mit knapper Not wieder in den Hafen gelangt. Ein einziger Torpedotreffer hat beispielsweise ›Prinz Eugen‹ monatelang in der Werft festgelegt, Menschen und Material gebunden.

Raeder hat sich gerechtfertigt, er habe zur Zeit dieser Kreuzerkonzepte mit Krieg nicht gerechnet. Schon gar nicht gegen England, mit dem man eben den Vertrag abgeschlossen hatte. Doch wäre damit doch um so weniger Anlaß gewesen, den Bau dieser Schiffe so zu forcieren, da ein noch unreifes Maschinensystem in Kauf genommen werden mußte: Neben den schnellen Großdieseln befaßten sich die deutschen Marinetechniker mit den Möglichkeiten, durch ungewöhnlich hohen Dampfdruck zu Hochleistungsmaschinen zu gelangen — relativ kleine und damit leichte Maschinenanlagen in Konkurrenz zum Diesel-Konzept, das engere Geschwindigkeitsgrenzen setzte. Zahlreiche Kinderkrankheiten verfolgten diese Maschinen, und hoher Brennstoffverbrauch erwies sich auch bei Hochdruck-Kolbenmaschinen (›Dampfmotoren‹) der neuen Minensuchboote Typ 35 im Krieg als nachteilig. Trotz der Knappheit an leistungsfähigen ›aktiven‹ Schiffen dieser Art lagen sie oft im Hafen. Er waren nicht die einzigen teuren, für die Kampfkraft der Flotte riskanten Experimente im Überschwang des Rüstungsfrühlings. So hatten die ersten beiden 35er ›M-Böcke‹ den noch unerprobten, äußerst anfälligen Voith-Schneider-Drehflügelantrieb statt der konventionellen Schrauben und Ruder, zu denen man dann zurückkehren mußte, und eine komplette Klasse von 833 Tonnen-Geleitbooten mit Hochdruckturbinen und Schlingerdämpfungsanlagen erwies sich als Fehlkonstruktion. Statt einem Prototyp waren gleich zehn Einheiten gebaut worden, 1935-1937.
lust. Sie gerieten sehr schwer und teuer, Baukosten 54 749 Millionen
Auch bei den Zerstörern explodierte buchstäblich die aufgestaute Bau-
und sogar 67 249 Millionen Mark, die eingebauten Schlingerdämpfungsanlagen erwiesen sich als nutzlos, die Vor- und Achtersteven mußten umgebaut werden.

Die Schlachtschiffe ›Bismarck‹ und ›Tirpitz‹, bei denen in Bewaffnung, Panzerung und Geschwindigkeit der internationale Standard erreicht wurde, waren trotz maschineller Anfälligkeiten technisch bemerkenswert. ›Bismarck‹ sank am 27. Mai 1941 trotz schwerster Artillerie- und Torpedotreffer nicht — 1966 bemerkt Groeners Standardwerk mit unverkennbarem Stolz:

> *da Schiff kampfunfähig und zerschossen, obwohl unter Panzerdeck völlig intakt, selbst gesprengt. 1977 Tote, 115 Überlebende.*

Auch ›Tirpitz‹ vertrug viel. Die Engländer brauchten am 12. November 1944 sechs 5,45 Tonnen Spezialbomben, um das nutzlos in einem norwegischen Fjord versteckte Schiff zu vernichten; es kenterte mit 1204 Toten.
In der Kriegsmarine mußte man aber doch fragen, ob der ungeheure Aufwand von fünf Jahren Bauzeit, reine Baukosten von 196 800 000 und 181 600 000 Mark, die Bindung von tausenden Ingenieuren und Werftarbeitern für Bau, Überholungen und Reparaturen und ca. 5000 Mann Besatzung sinnvoll war. Mit diesem Aufwand hätte man vier stark armierte weiterentwickelte Panzerschiffe bauen können, die nicht nur in Nordsee und Ostseeingängen eine Risikomacht dargestellt hätten, sondern mit den drei ersten Panzerschiffen durchaus deren Konzept stützen konnten, wie es Raeders Vorgänger Admiral Zenker seinem ›Panzerkreuzer A‹ zugrundegelegt hatte: Die Schlachtschiffe der Franzosen an Handelsschutz zu binden und dadurch vom Operieren im deutschen Küstenvorfeld abzuhalten, dazu deutschen Nachschub auf dem Weg vom Atlantik zu sichern.

Hitler habe zum Schlachtschiffbau gedrängt, hieß es nach dem Krieg; Raeder kritisiert Wilhelminisches an seinem Führer:

> *. . . seine ausgeprägte Vorliebe für alles Technische brachte ihn immer wieder dazu, Schiffsgrößen, Armierungen, Panzerstärken und Geschwindigkeiten deutscher Kriegsschiffe mit denen anderer Nationen in Vergleich zu setzen und sich daraus ein oft recht theoretisches Bild zu machen. Daß vieles andere, wie der Besitz und die Lage von Stützpunkten, der Grad der Abhängigkeit eines Landes von der Seezufuhr oder die Unterstützung überseeischer Bundesgenossen eine entscheidende Rolle für die größere oder geringere Bedeutung einer Flotte spielen, ist ihm nie recht bewußt geworden.*

Hitler selbst aber hatte das Gefühl, es sei ihm nie recht bewußt gemacht worden. Beim Bruch mit Raeder 1943 brachte er es drastisch zum Ausdruck, Kronzeuge ist Raeder selbst. Die Marine hat es genossen, mächtige Schiffe bauen zu dürfen, sie hat sich hineingestürzt, Raeders behutsame Vorträge waren keine Bremsen für den Diktator,

der — wie stets — nur scheinbar schöpferisch dachte, in Wirklichkeit die Wunschträume seiner Umwelt zu erfüllen suchte und ihre begeisterte Anerkennung genoß. Was konnte schöner sein als einem Admiral stolze Schiffe zu schenken ...
Raeder ließ sie sich schenken. Er erlag einer Verführung sogar gegen seine Überzeugung: 1938 wandte sich Hitlers sprunghafte Aggression gegen die englische Politik. Raeder, der bis dahin einen Konflikt mit England nicht einmal theoretisch erwogen, seinen Flottenbau auf das Einverständnis mit den Engländern gestützt hatte, trat nicht zurück, sondern begann mit dem gehorsamen Eifer eines Roboters mit der Arbeit auf dem neuen Kurs.

Bisher war das Flottenabkommen von 1935 die Grundlage für alle Maßnahmen und Gedanken der Marine gewesen. Eine bewaffnete Auseinandersetzung mit England wurde als ausgeschlossen angesehen und nicht in Betracht gezogen. Ich hatte strikt untersagt, eine Gegnerschaft Englands auch nur bei Kriegsspielen oder Manövern anzunehmen. Am 5. November 1937 hatte Hitler in kleinem Kreise eine Rede gehalten, in der er ausführte, daß es sein Wille sei, die Fragen des Anschlusses von Österreich und der Ausschaltung der Tschechoslowakei als möglichen Gegner in absehbarer Zeit zu erledigen. Spätestens jedoch 1943-45. Noch vor Beginn der Ansprache hatte mir Göring gesagt, daß diese den Zweck haben sollte, das Heer bei der Aufrüstung anzuspornen. Ich konnte schon daraus ersehen, daß trotz des etwas scharfen Tones der Rede eine Abkehr von der bisherigen Methode der Verhandlungen und eine Schwenkung zu einer kriegerischen Politik, die man vielleicht aus einigen Redewendungen heraushören konnte, nicht beabsichtigt war.

So einfach hatte der Führer es mit diesem Admiral.

Hitlers Gedanken kreisten um die Politik, für deren Durchführung er das Vorhandensein einer deutschen Flotte, die von etwaigen Gegnern nicht übersehen werden konnte, für notwendig hielt. Nun war es Aufgabe der Marine, sich über die Zusammensetzung einer solchen — erst in weiter Zukunft fertigen — Flotte Gedanken zu machen und dafür Pläne aufzustellen . . . Ein verantwortlicher Offizier, der sich nicht jede Möglichkeit eines Kriegsfalles vor Augen führt und daraus seine Folgerungen zieht, versäumt seine Pflicht . . . Nicht durch die gedankliche und sachliche Vorarbeit der Soldaten werden Kriege herbeigeführt, sondern allein durch die Politik mit ihren Absichten, Handlungen, Unterlassungen und Fehlern.

So absolvierte sich Raeder von dem Vorwurf des Nürnberger Prozesses, er habe an der Vorbereitung eines Angriffskrieges mitgewirkt,

England hatte eine jährliche Einfuhr von etwa fünfzig Millionen

Tonnen, von der es abhängig war. Die Möglichkeit, gegebenenfalls diesen englischen Überseehandel wirkungsvoll bekämpfen zu können, mußte das Ziel des deutschen Flottenbaus sein. Hierfür waren Schiffe von erheblicher Kampfkraft erforderlich, die für den operativen Einsatz auf dem Atlantik geeignet waren, wegen unserer ungünstigen geographischen Lage und des Fehlens von eigenen Stützpunkten über einen außerordentlich großen Fahrbereich verfügten und nicht vom Gegner gestellt oder lahmgelegt werden konnten.

Solches vorzubereiten, hieß für den naiven Planer

aber keineswegs, daß sich damit das gute Verhältnis zur britischen Marine änderte; auch die Admiralität in London hatte natürlich Kriegsvorbereitungen für alle denkbaren Fälle getroffen.

Nur nicht für den Fall Hitler, der auch darin bestand, daß Hitlers Admiral den neuen gewaltigen Flottenplan aufstellte, den Z-Plan, der alsbald in Angriff genommen wurde.

Stärkste Einheiten sollten sechs Superschlachtschiffe sein. 68 000 Tonnen Wasserverdrängung, 277,8 Meter Länge, acht 40,6 cm-Kanonen als Hauptbewaffnung, schwerer Panzerschutz, hohe Geschwindigkeit — 30 Knoten — und enormer Aktionsradius von 16 000 Seemeilen bei 19 Knoten Geschwindigkeit. Um die Hälfte mehr als bei modernsten Großkampfschiffen potentieller Gegner. Auch die größten englischen Schlachtschiffe, die damals auf Stapel gelegt wurden, waren kleiner, schwächer, langsamer und erreichten bei gleicher Marschgeschwindigkeit bestenfalls 10 000 Seemeilen Aktionsradius.

Das Geheimnis der enormen Fahrstrecke war Dieselantrieb, der nun für so große Schiffe reif zu sein schien. 1941 entwarf man damit eine noch gewaltigere Schlachtschiffserie mit bis zu 141 500 Tonnen, 345 Meter Länge, acht 50,8 cm-Kanonen, bis zu 32 Knoten Geschwindigkeit.

Dazu sollten nicht weniger als zwölf 20 000 Tonnen-Schlachtkreuzer gebaut werden, die dann in der Planung auf 38 200 Tonnen wuchsen, so lang wie ›Bismarck‹ und ›Tirpitz‹ waren, aber leichter gepanzert zugunsten hoher Geschwindigkeit von 33,5 Knoten, ebenfalls mit Dieselmotoren, Hauptbewaffnung sechs 38 cm-Kanonen. Drei dieser Schiffe sind in Auftrag gegeben worden, die Bauzeit sollte nur zweieinhalb Jahre betragen, die Organisationsmaschinerie lief auf hohen Touren.

Vier Flugzeugträger sollte die neue Flotte haben, mit sechzehn 15 cm-Kanonen, fast doppelt so stark bewaffnet wie übliche leichte Kreuzer, durch Turbinen sehr schnell, 33,8 Knoten.

Sechzehn sehr schnelle leichte Kreuzer mit je acht 15 cm-Kanonen als Hauptbewaffnung waren geplant, mit kombiniertem Turbinen-

und Dieselantrieb, Geschwindigkeit 36 Knoten. So schnell waren beim potentiellen Gegner allenfalls die Zerstörer. Und für die Stationierung in den erhofften Kolonien wurden 6300 Tonnen-Kolonialkreuzer entworfen, schon 1938 aber mit Vorrang sehr schnelle Spähkreuzer, die aus den Zerstörern entwickelt waren, auch die Zerstörer wurden vergrößert. Mehr als 150 Zerstörer und Torpedoboote sollten diese Armada schützen, vor allem gegen englische U-Boote, 27 große und 222 kleinere U-Boote zum Angriff auf die Handelswege und Flotten der Gegner bereit sein.

Und da erwartete des Führers Admiral, daß sich das »gute Verhältnis zur britischen Marine« nicht ändern könne, die zwölf Schlachtschiffe aus den Baujahren 1913 bis 1918 besaß, davon drei schwach gepanzerte Schlachtkreuzer, zwei schwere — aber langsame — Schlachtschiffe von 1925 und ein Neubauprogramm von sieben modernen, aber nur mit 35,6 cm-Kaliber bewaffneten Großkampfschiffen. Die britischen Flugzeugträger stammten aus den Jahren 1916 bis 1919, umgebaut aus Großen Kreuzern, einem Linienschiff und einem Passagierdampfer. Als erster moderner Träger lief 1937 ›Ark Royal‹ vom Stapel, das weitere Neubauprogramm umfaßte zur Zeit des deutschen Z-Plans fünf Träger. Die britischen Schweren Kreuzer waren 1927-1929 gebaut worden, von den 46 leichten Kreuzern waren nur 19 seit 1931 gebaut, die anderen älter als 1921, erst Hitler hatte ein Neubauprogramm dieser gegen Handelsstörer wichtigen Klasse angeregt. Es umfaßte 22 Schiffe. Von den 159 britischen Zerstörern waren nur fünf so groß und stark wie die deutschen Typen, und 78 stammten noch aus dem ersten Weltkrieg. Das Neubauprogramm war bescheiden, nur 24 Schiffe, und an U-Booten besaß England nur 27 große und 24 kleine, dazu 5 U-Minenleger. Von den kleinen U-Booten stammten neun noch aus dem ersten Weltkrieg, von den großen drei, etwa zwanzig weitere waren mehr oder weniger veraltet.

Und die Engländer konnten ihre Marine nicht auf die Nordsee konzentrieren, die viel schwächeren Franzosen waren weitgehend ans Mittelmeer gebunden, und sie hatten parlamentarische Regierungen, die sich ihr Geld nicht einfach drucken konnten, während Raeder nichts dabei fand, daß allein eines seiner Z-Schlachtschiffe 240 500 000 Mark kostete — und ca. 2600 Mann Besatzung beanspruchte, die erste Serie somit auf 1 500 000 000 Mark und 16 000 Mann kam.

Zu Führers Geburtstag am 20. April 1936 war Raeder zum eigens für ihn geschaffenen Rang eines Generaladmirals befördert worden, Gleichstellung mit den Generalobersten der Armee. Am 30. Januar 1937 verlieh ihm der Führer ehrenhalber das Goldene Parteiabzeichen, das die Mitglieder der NSDAP vor 1933 auszeichnete. Am 1. April 1939 wurde Raeder Großadmiral wie einst Tirpitz, entsprechend dem Rang eines Generalfeldmarschalls. Doch die Flotte, die er wirklich hatte, als sein Führer das Reich in den Krieg stürzte, war so kümmerlich, zudem mit zahlreichen bekannten technischen Mängeln behaftet, daß Raeder spätestens zu diesem Zeitpunkt die ehrenhafte Konsequenz hätte ziehen können: Zurücktreten, gegen sinnloses Sterben der ihm anvertrauten Soldaten wenigstens moralisch protestieren. Wie es angesichts von Hitlers Kriegspolitik und der unwürdigen innenpolitischen Entwicklung schon am 18. August 1938 der General Beck getan hatte, Chef des Generalstabs:

Es stehen hier letzte Entscheidungen für den Bestand der Nation auf dem Spiel. Die Geschichte wird diese Führer mit einer Blutschuld belasten, wenn sie nicht nach ihrem fachlichen und staatspolitischen Wissen und Gewissen handeln. Ihr soldatischer Gehorsam hat da eine Grenze, wo ihr Wissen, ihr Gewissen und ihre Verantwortung die Ausführung eines Befehls verbieten . . . Es ist ein Mangel an Größe und Erkenntnis der Aufgabe, wenn ein Soldat in höchster Stellung in solchen Zeiten seine Pflichten und Aufgaben nur in dem begrenzten Rahmen seiner militärischen Aufträge sieht, ohne sich der höchsten Verantwortung vor dem gesamten Volk bewußt zu werden. Außergewöhnliche Zeiten verlangen außergewöhnliche Handlungen!

Beck wurde übrigens ehrenhaft verabschiedet, am 31. Oktober 1938 unter Beförderung zum Generaloberst, nach dem 20. Juli 1944 beging er Selbstmord.

Daß die subalterne Haltung der Marineführung gegenüber Adolf Hitler nicht als Selbstverständlichkeit im Geist der Zeit entschuldigt werden kann, beweist auch ein Appell, den der Vizeadmiral a. D. von Keyserlingk in einem Brief vom 12. Juni 1937 an Raeder richtete:

Inmitten eines in maritimen Fragen urteilslosen Volkes ist es für einen alten Seeoffizier eine schwere Aufgabe, still sein zu müssen gegenüber einer Selbstberauschung, die, so fühle ich, sich leicht als eine gefährliche Selbsttäuschung entpuppen könnte.

Raeder antwortete, die Ehre der deutschen Nation befinde sich »bei ihrem heutigen Führer in mindestens so guter Hut« wie bei Bismarck und den Marineführern der Zeit vor Tirpitz, die der Mahner als Vorbild bezeichnet hatte. In seinen Erinnerungen 1957 hat Raeder unverändert betont, er habe sich das Vertrauen Hitlers erwerben und erhalten müssen.

Dies war die Vorbedingung, um bei ihm die Forderungen der Marine durchzusetzen und zugleich bei unvermeidlichen Meinungsverschiedenheiten mit anderen Stellen eine Rückendeckung zu haben; es ist meiner Aufgabe und damit der Marine zugute gekommen.

Materielle Forderungen der Marine — politische Moral war nicht Raeders Ressort.
Die Mahnung des alten Vizeadmirals von Keyserlingk war von den Vorgängen während des spanischen Bürgerkriegs ausgelöst worden. Für die Marine war es eine der eigenartigen Duplizitäten ihrer Geschichte. Wie einst 1873 der Kommodore Werner die deutschen Interessen während spanischer Bürgerkriegskämpfe zu vertreten hatte, so wurden 1936 die Panzerschiffe ›Deutschland‹ und ›Admiral Scheer‹ mit dem Kreuzer ›Köln‹ und Torpedobooten nach Spanien entsandt. Werner war wegen seines selbständigen Eingreifens in Kampfhandlungen desavouiert worden, eine Demütigung der Marine durch Bismarck. Diesmal lag die Leitung strikt beim Oberkommando in Berlin. Auch die anderen Seemächte hatten Schiffe entsandt, 2000 Spaniendeutsche wurden auf italienischen und deutschen Handelsschiffen in Sicherheit gebracht, von anderen Nationen waren es 13 000 Flüchtlinge. Die ›Europäer‹ seien aus dem ›kommunistischen Machtbereich‹ gerettet worden, schreibt noch 1966 der Korvettenkapitän a. D. Fritz Giese in routinierter Verteufelung der Regierungsseite, Frankreich und Rußland unterstützten die Volksfrontregierung, während die Deutschen und Italiener dem aufständischen faschistischen General Franco derart unter die Arme griffen, daß er schließlich gewann. Ohne deutsche Hilfe wäre er nicht einmal von Spanisch-Nordafrika, wo seine Truppen stationiert waren, nach Spanien gelangt. Die deutsche ›Legion Condor‹ mit ihren Flugzeugen, dazu deutsche Waffen und Versorgungsgüter — auch die Marine steuerte aus ihren Beständen einiges bei und stellte Mannschaften — waren eine massive Einmischung. Aber dennoch trat Deutschland dem ›Nichteinmischungsausschuß‹ bei, der ab 12. März 1937 einen Kontrolldienst zur See mit englischen, französischen, italienischen und deutschen Schiffen begann. Dabei warf vor Ibiza ein Regierungsflugzeug zwei Bomben auf das Panzerschiff ›Deutschland‹. Es erlitt neben Beschädigungen Menschenverluste: 31 Tote, 78 Verletzte. Daraufhin beschoß das Panzerschiff »Admiral Scheer« den Hafen Almeria, und Hitler war nervös, bis die Nachricht kam, daß die Spanier zurückgeschossen hatten. Denn sonst wäre Almeria eine ›offene Stadt‹ und der Angriff ein schwerer Völkerrechtsbruch gewesen. Terrorangriffe wurden der ›Legion Condor‹ ohnehin vorgeworfen, Picassos ›Guernica‹ klagt sie an. Nach einem erfolglosen U-Boot-Angriff auf den Kreuzer ›Leipzig‹ benutzte Deutschland die Gelegenheit, sich aus dem Nichteinmischungsausschuß zurückzuziehen.

Der protestantische Kirchgänger Raeder zitiert stolz in seinen Memoiren, wie ein Mohammedaner die Deutschen lobte. Bei einem Besuch des Panzerschiffs ›Deutschland‹ in Ceuta 1938 sagte der Kalif von

Tetuan, Mulay Hassan:

Ich stehe hier auf heiligem Boden, der vom Blute so vieler Gefallener und Verwundeter getränkt ist, und ich bin stolz darauf, Spanien in seinem Kampf gegen die, die an keinen Gott glauben, unterstützen zu können ...

Die Marine fühlte sich in ihrem Selbstbewußtsein bestätigt, man hatte sie gebraucht, sie hatte sich bewährt und mitgeschossen. Und sie war zu mehr bereit. Die Toten von Ibiza wurden

in Gegenwart des Führers mit militärischen Ehren auf dem Heldenfriedhof in Wilhelmshaven beigesetzt. Mit heißem Herzen und begeisterter Anteilnahme erlebte auch die Kriegsmarine die erhebenden Tage des Aufbruchs der Nation in Österreich und der Heimkehr deutscher Brüder ins Reich. Mit der auf Befehl des Führers und Oberbefehlshabers der Wehrmacht neu aufgestellten Donauflottille ist auch der Kriegsmarine ihr Anteil an den neuen großen Aufgaben gegeben, die sie mit Hingebung durchführen wird.

Das war am 13. März 1938. Am 27. August führte die Sudetenkrise zur deutschen Kriegsdrohung, am 29. September zum Münchener Abkommen. Die Tschechoslowakei mußte die strittigen Gebiete an Deutschland abtreten, der Reststaat »Tschechei« sollte unangetastet bleiben. Aber Deutschland griff wieder zu. Am 16. März wurde aus der »Tschechei« das Reichsprotektorat Böhmen und Mähren. Am 22. März beteiligte sich die Kriegsmarine an der Besetzung des Memel-Gebiets. Am 31. März traten England und Frankreich mit ihrer Garantieerklärung für Polen ein. Am 1. April wurde Raeder Großadmiral. Am 28. April wurde das Flottenabkommen mit England gekündigt. Am 22. Mai das Militärbündnis mit Italien abgeschlossen. Am 22. August der überraschende Nichtangriffspakt mit der Sowjet-Union geschlossen, verbunden mit Handelsabsprachen — der im Bau befindliche Schwere Kreuzer ›Lützow‹ wurde zum namenlosen Tauschobjekt degradiert. Am 25. August verbündete sich England mit dem aufs äußerste gefährdeten Polen, am 1. September schlug Hitler gegen Polen los. Am 3. September erklärten England und Frankreich den Krieg.

Und Raeder war immer dabei. Nach dem Krieg hat er erklärt:

Wahrscheinlich hätte ich Ende 1939 oder spätestens 1940 um meinen Abschied gebeten, wenn der Frieden erhalten geblieben wäre. Im Krieg jedoch sah ich es wie jeder wehrfähige Deutsche als meine selbstverständliche — aber auch einzige — Pflicht an, an meiner Stelle, solange ich von Nutzen sein konnte, gegen den äußeren Feind zu kämpfen. Das ist die natürliche Aufgabe eines jeden Mannes in jedem Volke. Der Gedanke, mich zu gleicher Zeit mit einer Verschwörung oder Plänen für einen Staatsstreich zu beschäftigen, ist niemals bei mir aufgetaucht und lag außerhalb meiner Natur.

In seinem Schlußwort beim Nürnberger Prozeß sagte er:

Wenn ich mich irgendwie schuldig gemacht haben sollte, so höchstens in der Richtung, daß ich trotz meiner rein militärischen Stellung vielleicht nicht nur Soldat, sondern doch bis zu einem gewissen Grade auch Politiker hätte sein sollen, was mir aber nach meinem ganzen Werdegang und der Tradition der deutschen Wehrmacht widerstrebte. Dies wäre dann aber eine moralische Schuld gegenüber dem deutschen Volk und kann mich nie und nimmer zum Kriegsverbrecher stempeln; es wäre keine Schuld vor einem Strafgericht der Menschen, sondern eine Schuld vor Gott.

Hatte er keine Schuld vor seiner Marine, vor ihren Toten, wenn schon Verantwortung nach Ressort berechnet wird?

Aber die Kritik der Marine an ihrem Raeder hielt sich auch nach der Niederlage in taktvollsten Grenzen. Etwa so (1954):

Die letzte Entscheidung über Erfolg oder Niederlage wird immer beim Menschen liegen. Der Seekrieg 1939-45 hat deutlich gezeigt, daß vorzügliche taktische und operative Leistungen, alle Tapferkeit und Aufopferung vergebens sind, wenn die Strategie unzulänglich ist.

Oder ganz ohne Schatten (1966):

Seine unantastbare, energische, aber zugleich allen berechtigten Anschauungen gegenüber aufgeschlossene Persönlichkeit hatte ihm das Vertrauen aller seiner Untergebenen gewonnen und der ganzen Marine seinen Stempel aufgedrückt.

Demgegenüber ein wissenschaftliches Urteil (1958):

Man hat es sich auf seiten der Marine zu leicht gemacht, wenn man meinte, die eigenen Belange unbedenklich wahrnehmen zu können, ohne die politische Verantwortung dafür mittragen zu brauchen. »Gehorsam sein fördert auch in der neuen Wehrmacht Einsatz der ganzen Persönlichkeit, mit allen ihren Kräften, auch den Eigenschaften der Verantwortungsfreude, der Standhaftigkeit und der Überzeugungstreue«, warnte vergeblich der Marburger Staatsrechtler Prof. Schwinge 1939.

Raeders Ansicht über den Generalfeldmarschall Keitel, 1938 bis 1945 Chef des Oberkommandos der Wehrmacht:

Generalfeldmarschall Keitel war als Persönlichkeit in seiner ungemein schwierigen Stellung zweifellos nicht fest und sicher genug aufgetreten und war trotz bester Absichten dem stärkeren Willen Hitlers unterlegen. Er hätte dies erkennen und einem anderen Platz machen müssen. Aber er hat seine Pflicht, wie er sie ansah, unermüdlich und selbstlos zu erfüllen gesucht.

So auch Erich Raeder.

Er fand nicht die Kraft zum Protest, beruhigte sein Gewissen in kirchentreuer Frömmigkeit und im Kult der Pflichterfüllung. Sein Nachfolger war jener Dönitz, der bis zur Selbstentwürdigung auf Adolf Hitler eingeschworen war, sich gegenüber dem Führer als »ganz kleines Würstchen« bezeichnete und noch am 11. Mai 1945 den von den Engländern geforderten Befehl verweigerte, die Hitlerbilder zu entfernen.

Wenn das deutsche Volk einmal mit den Problemen der letzten Vergangenheit fertig geworden und zur Ruhe gekommen ist, so wird — das ist meine Überzeugung — die im Kriege gezeigte menschliche Größe des einzelnen die dunklen Schatten jener Zeit überstrahlen und in unser geschichtliches Bewußtsein eingehen.

Schrieb Raeder im Schlußkapitel seiner Memoiren, und Dönitz beschwört gegen ›Herabsetzung‹ des Soldatentums

die Ehrfurcht vor denjenigen, die in Erfüllung ihrer Pflicht gefallen sind.

Tote können nicht mehr tadeln.

PERSONENREGISTER

Braunburg
Ein Himmel voller Abenteuer
Flüge im Grenzbereich. Phantastische Abenteuer – vom Leben geschrieben.
174 Seiten, 9 ganzseitige Zeichnungen von Carlo Demand, Leinen, DM 24.–

Ring/Girbig
Jagdgeschwader 27
Die Dokumentation über den Einsatz an allen Fronten 1939–1945.
300 Seiten, 80 Abbildungen, Leinen, DM 26.–

Jackson
Die Israeli Air Force Story
Der Kampf um die Luftherrschaft im Mittleren Osten 1948–1971.
218 Seiten, 40 Abbildungen, Leinen, DM 24.–

Ring/Shores
Luftkampf zwischen Sand und Sonne
Die Chronik des Luftkrieges über Nordafrika 1940–1942.
472 Seiten, 235 Abbildungen, Leinen, DM 28.–

Schliephake
Wie die Luftwaffe wirklich entstand
Der Aufbau zwischen den beiden Weltkriegen.
240 Seiten, 220 Abbildungen, Leinen, DM 26.–

Sims
Jagdflieger – Die großen Gegner von einst
Luftwaffe, RAF und USAAF im kritischen Vergleich.
320 Seiten, 43 Fotos, Leinen, DM 24.–

Toliver/Constable
Holt Hartmann vom Himmel
Die Geschichte des erfolgreichsten Jagdfliegers der Welt.
344 Seiten, 52 Abbildungen, Leinen, DM 25.–

Toliver/Constable
Das waren die deutschen Jagdflieger-Asse 1939–1945
Eine Darstellung von hoher Fairneß und Genauigkeit über die teilweise phänomenalen Abschußzahlen deutscher Jagdflieger.
392 Seiten, 60 Abbildungen, Leinen, DM 32.–

Whitehouse
Fliegerasse 1914–1918
Biografien der tollkühnen Flieger-Asse des 1. Weltkriegs.
450 Seiten, 54 Abbildungen, Leinen, DM 28.–

Ziegler
Raketenjäger Me 163
Ein mitreißender Tatsachenbericht von einem der überlebte.
232 Seiten, 30 Abbildungen, Leinen, DM 12.80

MOTORBUCH VERLAG
D 7000 Stuttgart 1 · Postfach 1370

Motor buch Verlag

Aib

Beruf: Stewardess

Eine authentische und realistische Darstellung vom Beruf und vom Wesen der Stewardess.

144 Seiten, 50 Abbildungen, Leinen, DM 16.–

Braunburg

Beruf: Flugkapitän

Von „den Männern vor den Kondensstreifen“.
Ein umfassendes und objektives Berufsbild.

184 Seiten, 69 Abbildungen, Leinen, DM 22.–

Brütting

Die berühmtesten Segelflugzeuge

Eine großartige Dokumentation der internationalen Segelfliegerei. Von den zierlichen Sperrholz-Apparaten bis zu den Hochleistungsseglern unserer Tage.

200 Seiten, 270 Abbildungen, glanzk., DM 28.–

Girbig

Im Anflug auf die Reichshauptstadt

Die Dokumentation der Bombenangriffe auf Berlin – stellvertretend für alle deutschen Städte.

260 Seiten, 40 Abbildungen, Leinen, DM 20.–

Girbig

Die nicht zurückkehrten ...

Geklärte und ungeklärte Schicksale deutscher Jagdflieger.

196 Seiten, 30 Abbildungen, Leinen, DM 18.–

Schmidt

Flugzeuge aus aller Welt

in 3 Bänden

Die ausführliche Darstellung von über 1500 Flugzeugtypen.

Jeder Band 208 Seiten, über 200 Fotos, nur DM 19.80

Schmidt

Historische Flugzeuge

in 2 Bänden

Die ideale Ergänzung zu der Reihe „Flugzeuge aus aller Welt“.

Jeder Band 208 Seiten, ca. 190 Abbildungen, nur DM 19.80

Oswald

Kraftfahrzeuge und Panzer der Reichswehr, Wehrmacht und Bundeswehr

Alle Typen und Modellreihen deutscher Militärfahrzeuge. Eine historisch wertvolle Dokumentation.

344 Seiten, 560 Abbildungen, Leinen, DM 36.–

MOTORBUCH VERLAG

D 7000 Stuttgart 1 · Postfach 1370